南柯一夢

高仁河 導演

回憶錄

2010年金婚紀念日全家福合照

申相玉、崔銀姬（前排中、右二）訪問阿根廷，好友周建志（前排左一）
設宴招待全家合影留念

與台灣著名電視劇《包青天》主角金超群（右）合影

在美國好萊塢影展與著名明星安多尼昆（右）合影

與好萊塢日本忍者明星小杉正一（右）合影

曾廣順委員長（前排左）、宋心濂司令（前排中）與僑胞代表高仁河檢閱
戰車部隊

▌陪歌林公司董事長李克竣（左二）、總經理劉招沛（左三）遊阿根廷火地島

▌泛美亞機構成員布萊、永昌、高總裁、永興、永隆合照（由左至右）

推薦序一

國家電影中心執行長　林文淇

　　我接任國家電影資料館館長前並不認識高仁河先生。一是我過去多著重於電影文本研究，電影產業並非我的研究領域，所知十分有限；二是我長期專注於八十年代以後的台灣電影，一直到近幾年才開始回顧電影史，因此孤陋寡聞，不知道在台灣電影製作與發行界名號響亮的高仁河先生。

　　從諸多電影圈內外前輩皆為本書寫序，可見高仁河先生交遊廣闊，且為人備受尊敬。高先生數月前拜訪國家電影資料館，相談一見如故。高先生告知他在製作與發行電影數十年後，雖不擅電腦打字，仍一字一字敲出自己的回憶錄，更令我佩服到五體投地。蒙他看重，邀請我為這本詳細描述他個人生平與五十年電影發行事業大起大落經歷的回憶錄作序，當然恭敬不如從命。

　　這本一百集寫完的回憶錄，有兩個相當可讀之處。一是高仁河先生個人永不放棄的打拼精神。不論是在電影發行過程中遭遇什麼困難，他總是以樂觀的態度，在妻子寶雲女士的扶持下重拾勇氣繼續奮鬥。從本書中好幾章的標題，都可以看到高先生這種永不放棄的精神：「收拾殘局重新出發」、「樓倒從零開始」、「東山再起築新夢」、「努力重振旗鼓」、「重新再出發」、「痛定思定再出發」與「跌倒重新再出發」。一篇一篇的回憶，記錄當年一次又一次的人生困頓，與不向命運低頭的再爬起。高仁河先生不僅個人在事業有成，廣受朋友愛戴，他的子女同樣在個別的領域中，也都卓有成就，想必正是從高先生的身教中獲益。

　　除此之外，這本回憶錄也是一部從個人經歷與觀點所著的台灣電影發行業口述歷史。高仁河先生白手起家，與電影的淵源從戲院排片開始，爾後成立中興影業公司，一方面拍攝自製影片如《十二

星相》、《最後的裁判》等賣座影片,另外也代理進口韓國與香港影片,如《淚的小花》與李小龍的系列影片。在這本回憶錄中,高仁河先生細數當年在國內發行與導演的影片,以及如何開拓在東南亞的電影市場。這些與國外電影公司以及戲院接觸交涉的點點滴滴,都是十分難得的電影產業歷史。至於本書中,關於韓國導演申相玉遭北韓綁架以及如何逃亡的精采篇章,也因為高仁河先生與韓國影人的密切關係,讀者才得以在本書中,窺得當年宛若間諜片的驚悚內幕。

閱讀高仁河先生的回憶錄,讓我對於國內電影前輩過去的努力有更多的認識,也有了更多的敬意。本書所記載的絕非高先生自謙的「南柯一夢」,而是為台灣在六十與七十年代打造了電影黃金年代,一步一腳印,印印鮮明的台灣電影史。

推薦序二　古之俠客　今之異人

大葉大學創辦人　葉松根

　　縱橫國內外影藝圈、娛樂界五十年，有萬事通與活字典之美譽的高仁河兄，即將出版書名為「南柯一夢」的回憶錄。付梓之前求序於我，令我深感榮幸。為老朋友共襄盛舉，乃欣然同意。

　　高君和我相交相知數十年，對其為人處世及事業成就，非但相當了解，在欣賞羨慕之餘，更多了一份敬佩之意。令我想起的是，英國大文豪莎士比亞曾說過的一句話：「交不貴多，得一人可勝百人。識不論久，得一日可逾永恆。」高君就是我這樣的朋友之一。

　　在看完他回憶錄的初稿之後，我認為這是一本可讀性很高，非常值得推薦的好書。因為書中非但呈現高君一生獨特的人生經驗，更將其生涯起落，面對順逆不同處境時那種「不以物喜，不以己悲」的豁達磊落，鉅細靡遺，毫無保留的真誠陳述。此外，書中更提供了台灣影藝界數十年來發展的軌跡脈絡，此必將成為歷史的一部分。而更重要的是，他將經營影藝事業相關的製作、發行，以及編、導、劇務、場記等的實務、訣竅，以毫不藏私的坦蕩胸懷加以披露。這對後輩知識與智慧的傳承啟發實在是莫大的功德。

　　本書條理井然，文筆流暢，讓人讀來有迴腸蕩氣，意猶未盡之感。讀後我有四點感想，不揣冒昧，謹提出以就教於高明：

一、藝高膽大，智勇雙全

　　試想一個十六歲的毛頭小伙子，就敢以「初生之犢不畏虎」的勇氣，離家出走，奔走天涯。從花蓮闖到台北、嘉義……之後，韓國、日本、美國、阿根廷、東南亞，三山五嶽、千里單騎，追求夢想。這是何等的膽識！何等的奇幻！世上能有多少人會有如此際遇？誠如日

本名小說家村上春樹在「海邊的卡夫卡」中所言：「十六歲就離家出走，是早了一點。」然而，高君的確是十六歲就離家出走，並且闖出一番事業。若非「藝高膽大，智勇雙全」，怎能做到？

二、能剛能柔，能伸能屈

本書封面，除了書名「南柯一夢」之外，尚有「夢幻影壇奮鬥五十年、移民夢碎、心路歷程、辛酸悲慘、難忘史篇」的副標題。但從全書的內容來看，高君是真正領略到「天下斷無易處的境遇，人間那有空閒之光陰」的人生哲學。所以在複雜多變的影藝圈中，猶如在雲海中飄盪，時而浮，時而沉，時而仰，時而俯，時而倒懸，時而矗立，最終竟是翻滾起落，瀟灑如故。這種能剛能柔，能伸能屈的本事與境界，實非常人所能及。因此，我認為高君實在不必辛酸，亦不必夢碎，而應以「夢回仁河」的笑傲，回顧自己的特異與不凡。更要慶幸有如此豐富精彩的一生。了無遺憾哦！

三、失而不敗，敗亦不餒

回憶錄中，我們可以看見，高君所創的事業曾多次失敗，面臨血本無歸，夢想破滅的窘境。但他總能絕地逢生，東山再起。幾次積勞成疾，卻能逢凶化吉，履險如夷。此種挫而不折、失而不敗，再創生機的韌性，像是壓不扁的玫瑰，折不斷的海棠，令人浩嘆，亦讓人驚奇。其日曬不彎、浸水不縮的堅毅性格，正如俗語所說的：「良醫自要經三折，老將何妨敗兩甄」。真正值得我們為他高歌一曲「滄海一聲笑」！

四、明辨事理，善解人意

在為人處世上，如果能做到「明辨事理，善解人意」。那不僅是最高智慧，而且世界亦將掌握在他手中。我所認識的高君，就幾近是這樣的謙謙君子。友朋交往之間，他認為對的事會據理力爭，堅持到

底。錯的事，他會理直氣和、義正詞婉的規勸說服。結果是既能解決
問題，又不傷友誼。這種能耐，使他的好人緣，有口皆碑，得到眾人
的愛戴與信賴。

　　以上四點，就是我所認識及了解的高仁河兄。而他則款款細數，
娓娓道來，呈現在他的回憶錄中，分享讀者。

　　綜觀高兄「南柯一夢」全書及其一生行誼，我認為像極了古代浪
跡天涯，行俠仗義的豪傑「俠客」。而就今日而言，則是倜儻不拘，
孤標出眾的奇才「異能」之士。因此，以「古之俠客，今之異人」為
題作為推薦序。

推薦序三

前國防部長　伍世文

　　縱使高仁河先生與我年齡相近，若依事業的背景與淵源，實難想像我有機會與高仁河夫婦結識。

　　二〇〇二年，我從國防部退休之前，一直在軍事機關或艦隊服務，專注於建軍、備戰等國防事務，平日所接觸僅侷限於軍中同儕，與民間人士少有往還。尤其與演影藝界具有名氣的人士有距離，似乎更是遙不可及。二〇〇五年，無意中我接下華僑協會總會理事長，仁河兄是總會的會員，我們才得以見面。但多半是在總會舉辦的會員聯歡餐會中，聆聽他高亢悅耳的歌聲，僅能以熱烈掌聲表達欽佩之意，少有傾談之機會。後來回憶，由於女婿張文政工作關係，早於二〇〇二年，曾在台北市廈門街寓所，與他的工作夥伴餐敘，仁河先生也是座上貴賓，當時他們公司正在經營網路遊戲軟體設計，設計工程師為韓籍團隊，應該稱得上有緣。此外，由於澳洲、紐西蘭分會成立，總會組團前往祝賀；以及二〇〇八年，參加邁亞密分會主辦之僑協聯誼會，得以與他們賢伉儷同行。交往多年，僅對他待人謙虛、誠懇有深刻印象。去年歲末耶誕節前，仁河兄送來巨著「南柯一夢」，始得以略知他童年、就學、成長、創業、闖蕩海內外的的過程。歷經溫馨、坎坷、離家背井、獨立謀生、創業、乃至他在影藝事業方面的起與落。即使身處艱苦的困境中，他依然能夠面對辛勞的工作，努力不懈，接受磨練、學習技能，突破困難，不斷成長。讓我對他勇於開創、堅忍不拔的意志與愈挫愈勇的旺盛鬥志，深感欽佩不已。

　　仁河兄自幼喜愛文學與藝術，中學時期對寫作即有突出表現。無奈家庭變故，為分擔母憂，悄悄離家。曾在木瓜山林場、船務公司工作，因而熟習會計作業。嗣轉行應徵演員，踏入電影界複雜環境，從基層開始，經歷過劇務、製片、導演，乃至經營影片發行，遍佈台、

港、東南亞，甚至中美洲。他白手創立中興影業公司，拍過十幾部電影，培植許多導演、演員。由於他的膽識和國際觀，不僅為自己的影片開拓海外市場，也將韓片引進台灣，並推廣至東南亞，更與國際影界合作製片，成為國際製片人，建立了龐大的電影事業版圖，甚至在好萊塢也佔了一席天地，對我國影業界貢獻甚鉅。

我與仁河兄賢伉儷接觸機會有限，每次晤面，夫人總是依傍仁河兄身旁，靜默不語。若從外表觀察，仁河夫人陳寶雲女士似乎只是一位體貼的賢內助。然而，在仁河兄眼裡，她不僅能刻苦耐勞主持中饋，在事業上也給予極大助力。尤其在仁河兄事業日正中天之際，不幸感染肝炎，必須入院治療及靜養，高夫人獨力兼顧家庭與事業，安頓家中老小，掌理影片發行業務。與韓國合作的「最後命令」，適於此際恢復拍片，高夫人堅持仁河兄安心養病，她充滿信心，表現出她的果斷、機智，獨撐大局。正如仁河兄所言，「達成幾乎是不可能的任務。」民國六十年代，仁河兄在事業再度進入顛峰之際，國內、外情勢發生連串變化。我國退出聯合國、蔣總統逝世、越戰結束、美國尼克森總統訪問大陸、中美斷交等，夫妻思考商議，決定舉家七人移民阿根廷。許多親友受到他的影響，也紛紛隨之移民阿國，他深感責任重大，總是不辭辛勞，全力協助，讓他們能在海外異域謀求發展。即使後來有些至親好友，忘卻道義，也未以為意。仁河兄赴阿之前即購置住宅自用，後來卻變成親友抵達阿京後，落腳、喘息的第一站，便利他們轉進定居。人雖遠居阿國，並未放棄台灣的電影發行事業，更將業務擴張在南美洲發展。復進而在阿京經營房地產投資，也在美國南加州置業，盡心培育三男一女求學。仁河兄在阿國事業發展有成，卻因爆發英、阿福島戰爭，戰後阿國經濟一蹶不振，通貨貶值，房地產市場一落千丈，遭受無情打擊，因而憂鬱成病，乃暫時將阿國事業置之不顧，返回台北就醫養病，所幸終於恢復健康，再赴阿京收拾殘局。仁河兄在阿熱心參與僑社活動，曾膺選連任中華僑聯總會理事長兩屆，為期五年。期間奔走國內及南美洲各國僑社募款興建中華僑聯會館，落成之日並舉辦中美洲僑聯懇親會，成為南美洲僑界一大盛事，傳頌一時，並獲僑委會嘉勉獎勵。此外，曾於雙十國慶率團回國致敬，充分顯示彼熱愛中華民國的至誠。

　　拜讀高仁河先生回憶錄——「南柯一夢」，讓我對仁河兄有更深一層瞭解。彼堅持「講道義、重誠信」的為人信念，該是他成長、發展，屢仆屢起，成就事業的最大關鍵。祝福他們賢伉儷在今後的歲月裡，保重健康，繼續發光。

推薦序四　台灣影壇闖將

國立台南藝術大學名譽藝術博士　黃仁

影壇闖將，有勇有謀

　　高仁河在台灣影壇是有名闖將，他從花蓮闖到台北、嘉義、韓國、日本、美國、阿根廷、東南亞、南北美洲；又勤學語言能通英語、日語、韓語及西班牙語，有努力不懈的奮鬥精神，進步再進步的追求意志，膽大心細，有勇有謀。他二十一歲考上演員，進入影圈打天下，從零開始，無中生有，他放棄演員甘當老闆跟班，從基層做起，老闆感動提升他為公司秘書，經理。他努力學習編劇、劇務、製片、導演，白手創立中興影業公司，拍了十多部影片，培植許多導演、演員。他懂得會計學，會編劇本，會導演，他能寫歌詞，懂經營又有國際觀的膽識，會找合作對象，努力開拓海外市場。在自己影片中為主題歌作詞，結交各國好友，促銷影片。

　　他創業第一部片《李世民遊地府》與林福地聯合編劇，提拔林福地當導演拍《十二生相》，使林福地導演一炮而紅，影片非常賣座而奠定高仁河在影壇基礎。後來再拍一部愛情文藝影片《思相枝》，由林福地當導演，影片拍得非常藝術優美，佳評如潮。獲得中央日報社論評為：「《刮目相看》。台語片製片人高仁河年輕有為，低成本拍出超過國語片水準影片，令影壇震驚。」後來他自己執導一部新片《台北十四號水門》，被禁映四次，差一點使公司破產，他仍不灰心再三補拍，修改再修改，最後終獲通過。影片大賣座，續拍《最後的裁判》是一部有教育意義的勵志文藝片，推出後極獲好評，受邀參加第十一屆亞洲影展觀摩片獲得特別獎及金馬獎勵金，一九六五年《徵信新聞》主辦第一屆金馬獎獲選為最受歡迎導演第一名。他同時兼代理全省台語片院線排片業務，擁有大城市十幾家戲院排片權，還代理

埃克發底片進口公司賣底片給製片公司拍片，他的工作真夠繁忙，創
造事業顛峰。

首次引進韓片，開拓國片海外市場

　　一九六二年第一位引進口韓國片在台灣上映，陸續再進口新韓
片《第三特攻隊》、《板門店》、《大地支配者》等片，部部賣座，
造成台灣韓流。韓國片主題歌提供給唱片公司改配國語歌曲〈我在你
左右〉、〈水長流〉流行轟動全亞洲。他再將韓片配華語發行賣到東
南亞打開韓國影片海外大門，也介紹台灣影片到韓國，有郭南宏導演
《鬼見愁》、《少林寺十八銅人》、《鐵三角》，王星磊導演《潮州
怒漢》等片及香港邵氏影片公司王羽主演《獨臂刀》、《金燕子》，
嘉禾公司李小龍主演《唐山大兄》、《猛龍過江》、《精武門》，成
龍主演《師弟出馬》等片到韓國打開市場，及代表香港嘉禾公片司拿
李小龍主演《猛龍過江》拷具給日本東和公司試片而協助國片打開日
本市場，也曾介紹過郭南宏導演《少林寺十八銅人》給日本Herald公
司代理發行。

　　他二十八歲賺進了五百萬新台幣，夫人個性比較保守，她要先買
社子戲院老闆介紹的四千坪土地，當時只要一百六十萬，或要買武昌
街樂聲戲院旁四層大樓，可買入四棟大樓。高先生年輕得志，想再上
一層樓，要拍彩色大片，結果拍《最後命令》拍到超支預算，以致
生病進醫院，上片失敗只剩下一部電話，他的夫人不氣餒，很快再重
建新的建興公司，自己獨力苦撐籌措新資金。等他身體復原後，鼓
勵高先生重整旗鼓，她拿一張機票給高先生飛韓國去找好友──聯邦
映畫社社長朱東振先生。他耐心等四天才獲接見，朱社長很感動他有
此耐心與毅力，無條件給他六部韓國影片，他又買到大賣座的《淚
的小花》、《火女》、《離別》等片，東山再起創造第二次事業的
顛峰。

跨國合作拍片，夫人是好幫手

　　第一位跨國與韓國合作，也是台灣民營製片公司拍大銀幕彩色影片製片人，《最後命令》邀韓國導演康範九來台聯合執導，申榮均與王莫愁主演，中影製片廠拍攝經驗不足，當時拍彩色影片要配合色溫，如果天氣黑陰色溫不夠，要停機等候，演員是跨國常撞期，停停拍拍，預算超支還無法完成，讓高導演急成肝病不得不入院。拍片未完工作由高夫人獨撐全局，她決定退出中影製片廠，自己領軍製片團隊，還要在醫院照顧丈夫。她拍戰爭爆破大場面鏡頭，順利完成。他的夫人很賢慧又能幹，在公司負責財務兼影片發行業務，還要兼顧院線排片，安排工作人員寄片、寄宣材，還要做帳，更要關心照料四個兒女，還要孝敬照顧繼父母親全家人，是高仁河成功的好幫手。

開墾南美新天地，建會館辦報紙

　　高仁河一九七五年全家移民阿根廷，開天闢地，建立高氏王朝。引進功夫片到中南美洲發行，又協助宋家、娘家、親戚、朋友到阿移民定居超過百戶，擔任阿根廷華僑聯合會理事長，創辦《南疆新聞》提供僑民服務，募建完成會館、中文學校，獲聘為僑委會顧問。籌備召開第一屆南美洲華僑懇親大會，獲僑委員會頒發社團貢獻獎。後將子女送往美國受高等教育，深造有成，在美父子聯手建立「泛美亞娛樂機構」，由影視業跨入遊樂園硬體、軟體設計和表演節目製作事業，客戶遍佈全球。

仁愛信義傳家風

　　高仁河重視中國人傳統道德和家教，他一九七五年帶全家移民阿根廷時立下家訓：
　　「仁愛處世家自興　永守信義業必隆　成終創始子孫昌　良尚勤儉佳百莉」

　　仁愛、信義、勤儉是繼承高家的家風，兒女都在美國受高等教育，都有成就。其中幼女英文與西班牙文最好，她在就讀美國柏克萊大學時與政大交換留學生來台，到政大就讀時，曾替行政院新聞局翻譯總統文告等文件，將中文翻成英文。她大學畢業後回台擔任英文中國郵報記者時，曾報導蘇建和等三人冤獄死刑案新聞，轟動國際。長男、三男繼承父影業。次子經營地氈窗簾裝修公司，甚具規模。

▌國家資料中心執行長林文淇、黃仁博士與筆者合影

推薦序五　南柯夢未醒

國立台南藝術大學音像紀錄與影像維護研究所教授
前國家電影資料館館長　井迎瑞

　　高仁河先生是我景仰的一位電影界前輩，在電影界打拼超過半世紀之久，是個成功的企業家，九十年代初我擔任國家電影資料館館長時，開始整理包括台語片在內的我國電影史料，就曾經訪問過他，也曾經受過他很多幫助，他為人十分熱心，作風豪爽大氣，每次回國都會主動打電話詢問本館是否需要協助，並且不吝於提供資料並指點迷津，在當時國家電影資料館建構本土電影論述的工程中是一個很大的助力。

　　欣聞高仁何先生已經把在電影界打拼的歷程撰寫成「南柯一夢──高仁河回憶錄」一書並即將付梓，我能先拜讀試印本感覺十分榮幸，高先生的記憶力甚好文筆更佳，他對有關的數據、年代、人名、事件過程等均記載詳實，並將半世紀從影經驗鉅細靡遺娓娓道來，本書格局宏大是一部電影浮世繪，且書中人物眾多情節生動複雜，又是一部有關台灣電影界的「紅樓夢」，我將之比擬為「紅樓夢」，並不是取其過眼雲煙到頭來一場空的那個千古寓言，我看重的是本書所描繪的片場現形記，他紀錄的是一個時代，一個台灣電影最景氣最風光年代裡電影界的人、事、物，讓沒有經過那個年代的我們透過文字能夠理解台灣電影的發展軌跡與歷史脈絡，是難得的一部傳記體的電影經營寶鑑，可讀性高甚具參考價值。他十六歲入行，二十六歲創立了「中興影業」公司，三十歲因為事業順利而過度樂觀，在國際合作大片《最後命令》（一九六七）而受到重挫，但後來痛定思痛、穩紮穩打逐漸又從發行韓國片再次站穩腳步，這些過程描繪得非常仔細，是個資深製片給我們的最好忠告，充滿了人生智慧，我確信讀者從中品味必有所得，不會空手而返。

　　我在想為何歷經不同的年代而他還能屹立不搖，幾經挫折而能

東山再起，他重言諾講信用又存感恩之心，他字裡行間對於夫人之感激之情溢於言表，夫妻二人鶼鰈情深，胼手胝足開創電影事業，高夫人早年因婆婆不諒解，而忍辱負重相夫教子。在高仁河歷經事業挫敗後她能一方面照顧生病的丈夫，一方面又一肩扛起電影公司的中興大業，她如何獨立撐起電影公司運作，如何調頭寸、如何掌握預算調度劇組拍片大軍，書中描繪甚詳，「信用」、「義氣」是高仁河事業成功的不二法門，但看完本書後我方知「感恩」才是高先生至今屹立不搖的真正原因。

我曾經請教過黃仁先生有關高仁河先生的事蹟，黃仁第一句話就說他是個「闖將」，接著又說他具有「文采」，我拜讀高仁河先生的自傳終於瞭解黃仁先生為何要這樣說，高仁河先生是我國電影界具有國際視野並把台灣電影國際化的先行者，他從六十年代開始就單槍匹馬跑遍世界各地，發揮了台灣中小企業打拼的精神開闢台灣電影市場，他是把港台電影行銷到韓國的第一人，也是把韓國電影行銷到台灣與東南亞的第一人，他對於韓國與東南亞包括越南、泰國、新加坡、馬來西亞等地市場與發行運作嫻熟，在七十年代已經是舉足輕重的國際製片人，到了八十年代他的事業版圖甚至從亞洲擴及拉丁美洲，他這種敢想敢拼的精神實在值得我輩深思，他在沒有官方資源的情況下突破各種政治與外交的困境行銷台灣電影促成國際合作，這些心路歷程書中描繪甚詳值得當今電影人借鏡。

我甫於二○一二年十一月二十五至三十日參加第二屆河內國際電影節回來，看完此書感觸尤為深刻，此次影展有二十餘國電影參展，但並無台灣電影參加讓我感到很意外，台灣只有我與南藝大蔡慶同老師因為研究之需而自行前往，可見我們公部門與電影界的世界觀仍是以歐美為主要想像，越南與東南亞並不存在於我們世界地圖中，我國政府曾大聲疾呼要尋求加入東協的區域性世界組織，但缺乏積極性的作為流於空談，反觀此次越南影展，韓國展現強烈的企圖心，不僅贊助影展並組團參加，甚至爭取到今年影展的「主題國」位置，極力推銷韓國影視產品，看看本書想想高仁河其人其事，今天的我們能不有所警惕？

　　至於黃仁先生所指的「文采」也從書中得到了印證，高先生除了是一位成功的電影事業經營者外，其實他本人也是一位導演、編劇、甚至可作詞配樂，曾把韓國電影主題曲填詞翻成中文歌曲，在台灣大賣創下流行歌曲市場賣座之記錄，例如〈離情〉、〈水長流〉、〈我在你左右〉流行至今四十多年而不衰，見證了高先生的事業與台灣流行文化的關係，他的努力已成為台灣民眾的集體記憶。高仁河先生年近八十仍然雄心勃勃經營他的國際電影發行事業版圖，他雖謙稱自己的奮鬥是「南柯一夢」，但對於我們後輩而言好在他的夢尚未醒來，在一個逐漸喪失打拼精神的鎖國年代裡，他的精神實為我們的典範。

推薦序六　相交半世紀的好友寫序

台北第二高工同學　莊輝棟

　　世間的遭遇各有不同，一生起伏之大，令人嘆服。從上木瓜山至下海外到阿根廷、美國等地，展開多彩多姿的人生歷程。靠其勤奮加上好學和冒險的膽識，打開一番事業，實在值得做為奮鬥的典範。最後葉落歸根回台，熱情的心胸參與各種公益活動，組織同學會，使六十年未見同窗重聚一堂。

　　他幼小失怙，母親改嫁隨後依靠繼父，初中畢業無法升學，十六歲離家出走打拼。盤纏不足輾轉搭車回花蓮。到水源地挖水管做苦工，搭流籠上二千八百公尺的山上工作。利用業餘自修，獲長官之賞識，轉至船務公司當助理會計，晚間考進花蓮高工上學。參加會計稅務講座結業得第一名，學得算盤之技成為日後謀生之專長。

　　他從小愛好電影藝術，考上南洋影業公司，當不成電影明星並不灰心，自願跟老闆當跑腿，學作電影劇務、編劇、製作助理，在片廠跟導演學習教戲導戲，在公司學習影片宣傳、發行、戲院人際關係。南洋公司解散後，他與夫人攜手創立人愛服務社為人貼海報、送傳單、記帳、報關、排片，建立信用基礎，無中生有，創立中興影業公司，開始拍片，創作製片新潮路線。《思相枝》推出後，佳評如潮，各界讚舉比國語片水準還好，又拍出教育文藝片《最後的裁判》獲得亞洲影展特別獎及徵信金鼎獎最受歡迎導演第一名。《台北十四號水門》在淡水河邊拍外景時，勇救跳河溺水女性上岸，獲得各報稱讚他是智勇雙全導演，隨後引進韓國影片特將主題歌再配製國語，親自寫詞，如〈離情〉、〈水長流〉、〈我在你左右〉等歌曲風行東南亞四十多年之久，與韓國合作拍第一部彩色片《最後命令》雖經驗不足，天候不佳，演員撞期，預算超出，生病入院，夫人獨撐公司大局，在困難重重下她完成了不可能的任務，真是一位勇敢的女性。《最後命

令》上映賣座欠佳，夫人鼓勵他重振旗鼓飛韓，在韓國朋友感動他為人真誠，年輕有毅力，資助他六部影片，讓他再重振雄風，創造第二次影視王國。

阿根廷軍人政府執政後，經濟不穩，幣制無法控制，匯率一日三市，一年內貶值三次，與英發生福克蘭島戰爭不幸戰敗，阿經濟崩潰，很多餐廳關門，百業蕭條，房地產價值一落千丈，又加朋友投資合股，兒女在美求學，耗費浩大的壓力之下引起嚴重憂鬱症，夫人專程趕回陪他回台灣醫治，日夜悉心唇醫治照顧，才能及時將他從死亡關口救回。夫人不但輔助他建立事業又能盡責教育兒女、孝敬父母、照顧繼父家庭及兄弟，真是一位偉大了不起的女性。

一九八六年轉移到美國，重新建立第三個影視事業的王國，從影視界擴張到遊樂園表演，有節目製作，軟體硬體設計業務客戶遍佈五大洲，交由兒子繼承。他又輾轉回台，再引進韓國電視劇到台灣、東南亞創韓劇受歡迎的高潮。也把台灣電視劇《包青天》賣到韓國，創下新收視率。在美國設立汎美亞娛樂機構，兒子承接業務，客戶遍佈五大洲，他的小女美國哥倫比亞大學得碩士後再攻讀醫學院中。他也為日本NHK電視台連續劇主題曲作詞榮獲一九九七年新聞局最佳作詞獎；同年又獲台北市模範父親殊榮。他在影視界努力了五十五年，在夫人在強迫要求下，於七十五歲退休下來，加入獅子會做公益事業，在華僑協會總會、華僑救國聯合總會，當監事、理事，服務僑社。他並常籌辦同學會事宜，也努力學佛禪修解脫道，真是一位不平凡的同學。

推薦序七

國立宜蘭大學校友會理事長　李春男

　　台灣在一八九五年甲午戰爭被日本割據，一九四五年第二次世界大戰日本投降，台灣回歸祖國懷抱，我與高仁河兄於一九四九年從宜蘭中山國民小學和二百多位同學畢業。期間有日本啟蒙教育，須臾變為中華民國教育，思想背景差異至大，前者教育效忠日本；後者要慎終追遠，恢復民族靈，祖國情，南轅北轍，親自體驗國際變化、世事多變，號稱世界最強日本軍國武力，最終投降。

　　畢業後離開六十二年，從未正式開過同學會，因多各奔東西，為事業忙碌，無法聚首，誠為憾事。幸有南美歸國高仁河同學來尋找李長柏同學敘舊，暢談擬籌組國小同學會，經熱心同學李新梓、王松旺、廖耿山、黎金波、楊壽全……等等聯絡各已知同學，斟酌母校陳校長提供畢業紀念冊，擴大通告，經過二次籌備會議，終於在母校召開中山國小第四十八屆畢業生同學會，並邀請曾在學校任職退休老師參與，同時大會推薦高仁河兄為首屆同學會會長，報到時甚多同學認不出，歲月不留人，樣子變了，經寒喧各自道名報姓，還好都能憶舊兒時面容。開會時各大報來訪電視台現況錄影，連續轉播數天，報載題目「一甲子的約定」。學生返校，校園不同，教室巍峨，非昔日可比。

　　高仁河同學充滿人生經驗，有豐富的感情、熱心公益、有愛心，他雖遠離他國異鄉，無時不懷恩感念故鄉，想回來母校為我們組成同學會，他的組織、毅力及能力令人佩服。世事變化難預料，人生無常，每人遭遇不同。寒天飲冰水，點滴在心頭，冷暖自知，經歷過才會有銘心刻骨的感受。拜讀高仁河同學國小、初中輾轉求學，無力報考高中，浪跡社會五十年，經過無數浪濤、高潮迭起、豐富多姿、刻苦耐勞，逐一克服困境，自立自強，半工半讀完成高中教育，實在難

得，事在人為。其記憶力特別強，點滴匯集而成回憶錄，南柯一夢。得知其自幼失怙，逆境中化悲傷為力量，在生活環境裡，勤奮求知識；在大染缸社會裡，有智慧堅持向上提昇、步上光明大道。其一生作為，敬業樂群、義氣可風、慈悲心腸、言行坦蕩、助人無數、自信自立、念舊美德、生性樂觀、以和為貴、高風亮節、允文允武、敬賢勸善；可導正社會觀念、淨化人心、令人敬佩，謹抒數言，是為序。

推薦序八

中華文藝協會理事長　鄭弼儀

　　仁河兄寫的回憶錄，敘述他幼時失怙、少年冒險、青年奮鬥和發跡、中年帶領親友移民海外；可以當作是一個青少年勵志故事，或者是台灣光復早期台語電影發展史，抑或是台灣人移民海外奮鬥史來閱讀，甚至，也無妨以一部人生經營學來觀之。

　　他孩童，正逢日治的最後八年，今日卻仍能清晰細數在花蓮故鄉的家族、親戚，也能平舖直述失怙後母親另嫁，初中畢業後無法升學，未滿十六歲即決定離家「闖天下」；這是仁河兄特殊之處，因為一般寫的關於自己成長經歷總多美化，輕描淡寫，諱言隱私，失去了回憶錄紀實性的價值。而「闖天下」之能成功與否，也正好證明他有非凡之處。例如他國小時頑皮好動，繼父取別號「草猴」，而他在校成績每科幾乎甲優等；見在校鄰座一同學，每天上學前去沿街叫賣「油車粿」，下課後又去賣「枝仔冰」，他就陪那同學一起叫賣，懂得去磨練自己，不怕辛苦賣了一學期賺不少錢，也有了做生意的概念。

　　又例如他唸初中，見一同學喜歡讀文學作品，就請教那同學要如何入門，則從《天方夜譚》、《西遊記》等讀起，後來他參加全校演講比賽拿季軍。因為學校沒有游泳池，他領頭偷跑至酒廠深井學游泳，而且各種活動都領頭同學參與，英文老師為他取外號「Nice kid」，同學有時都跟著這樣叫。未滿十六歲即決定離家，是記起他祖父說過「命運是握在自己手中」；也曾夢想到美國好萊塢當明星，「偷渡到美國洗盤維生」。後來他在船務公司當會計助理，讀會計學習打算盤，結業時拿全班第一、升為主任。

　　仁河兄白手起家，唸夜校高工是和妻子以前戀愛時，受她的鼓勵；在一九六一年他成立「中興影業」公司之前，先創辦台灣第一家

廣告公司雛型的「服務社」，為各行號、戲院作文宣服務。「中興影業」他以二十六歲之齡擔任總經理，首部片是由他和林福地聯合編劇的台語片《李世民遊地府》，第二部片啟用林執導《十二星相》，第三部片是由游娟主演的《思相枝》；仁河兄也曾親自執導《台北十四號水門》，拍攝勵志教育片《最後的裁判》，在一九六四年第十一屆亞洲影展中，贏得最佳童星和最佳男配角獎，他自己也獲選最受歡迎十大導演第一名。仁河兄也是引進韓國電影來台第一人，也引進了韓國著名的石頭火鍋。

二○一三年二月，導演吳念真為電視紀錄片擔任主持，曾對台灣人勇闖天涯的決心表示佩服。而仁河兄，在一九七五年舉家移民西半球南端的阿根廷，並陸續協助親友同學上百家族移民；移民的第一課即是學習南美語言、生活環境，以及安排子女就學，他們大多重新開始從事餐飲業。仁河兄也曾幫助許多新移民解決疑難，他也是打進阿根廷影界外片發行的第一人。一九八○年他膺選擔任僑聯會理事長並連任，三年有成籌建的僑聯會館落成，並成功的舉辦了第一屆南美洲僑團懇親大會；同年十月率阿僑回台參加國慶，並獲選為海外各僑團總團長。

仁河兄在回憶錄講了許多人生、電影經營理念；他於一九八五年創辦阿根廷第一份僑刊《南疆新聞》，聘老報人卜少夫擔任發行人，卜乃夫筆名「無名氏」也為《南疆》寫稿，曾以王羲之〈蘭亭序〉詩句，親筆贈一幅翰墨對聯：「仰觀宇宙之大　俯察品類之盛」。誠不愧是著名大家，一語也道出今日品味仁河兄的回憶錄，又見聞「不經一番寒徹骨，焉得梅花撲鼻香」生命堅韌。是為序。

推薦序九　傳奇的歷程‧豐富的人生

天報台北總社社長　鄧蔚林

　　一般人寫回憶錄，在善惡分際，於人己之間，難免有一些適度的隱諱和喻揚作取捨，這是國人忠恕之道，原屬無可厚非，像仁河兄筆下這樣的直言無諱，包括自己的好惡和糗事，巨細無遺地一一呈現，不加節略或粉飾，就是難能可貴的率真，蓋人有臉、樹有皮，往往難自剝也。

　　作者一生，從貧困失學而因際遇立志力爭上游，以自強不息精神創業。天助人助至風生水起，又大起大落，一敗塗地而躁鬱到欲以一死求解脫，其歷練與挫折，自移民阿根廷開基創新局，旋以戰亂變生肘腋，萬事皆空，可謂閱盡世態，飽嘗「閱透人情知紙厚，踏遍世途覺山平」的炎涼，乃有「南柯一夢」的慨嘆！

　　這本書的可讀性，不僅具有峰迴路轉的趣味，主人翁的人生過程，堪作年輕一代的奮鬥借鏡，從崎嶇到坦途，必經一番艱難和險阻，多福須自求，禍不單行也是一種常數，但運從善念，相隨心轉，我們從茲可以得到一些啟發，既有入世的勇氣，就得承擔人世間的苦與樂，在得失之間，有為者不尤人，知命者不怨天，蓋知尤人者永窮，怨天者多妄，作者既達德又達道，也從而闡明了「書到用時方恨少，事非經過不知難」的至理。章節感人，幕幕新鮮，由於他曾為影業巨子，所以信手拈來，雖屬長篇，既富紀錄片的內涵，又具傳記片的氣韻，無須布局，但順自然。

　　我們無從進窺他的文學造詣，如何修來，但讀到他譜寫：「縱然是往事如雲烟，偶然你也會想起……」那樣的詞曲，就不得不讚嘆他的才思、用筆，以及意境的表達，殊非一般所謂新潮的泛泛「時代青年」筆觸，所可比擬。

　　若說高仁河有如一艘快艇後面所拖曳的衝浪高手，能夠屢仆屢起，成就偉業，與他默契無間，為他掌舵，又身兼救生大責者，則是他的賢內助高陳寶雲女士，這位全職的主婦，她的慧心與慧質，讀者不難從書中看到一個當代婦女最佳的懿範。

　　這是一本值得慢斟細嚼的傳奇寫實，謹藉先睹大稿一得，樂為推介。

自 序

高仁河

我自小就愛作夢，曾夢想乘船偷渡到美國洗盤，然後到好萊塢當明星。我三歲失去父親，隨母改嫁依人籬下，十六歲離家出走，奔走天涯，跳火車、走隧道、過鐵橋，挖過水溝，上中央山脈的木瓜山林場，刻苦耐寒、努力自習充實自己，並未忘記追求夢想，二十一歲考上演員扮演男主角，夢幻破滅，正想打退堂鼓，電影公司老闆勸我放棄演員學做老闆，我跟著他拿皮包當小廝，學做電影公司發行宣傳及製片公司的工作，努力認真被肯定後，被派到嘉義製片廠代廠長，學習製片劇務、編劇、導演的工作，後調台北總公司負責發行西片宣傳工作，不久公司業務停頓，我與同事陳寶雲會計小姐同時失業，商量共同創業，身無分文，我們隨著淡水河邊沒有晚餐的散步商議，我們有電影製片及影片發行的經驗，會計、報關的技能，不論有什麼疑難雜症都可以解決，成立「人愛服務社」。第一筆生意是我入影界教我演戲的老師洪信德先生，他給了我新劇本要我代寫鋼版油印，我收了他六百元支票，六十天到期退票，我們沒有絕望，我們持續吃陽春麵。等了二個月後接到好友告知要我到街上代貼海報，我們風雨無阻努力到全市每條街巷貼海報、分傳單，剩下的海報及招待券再退還影片公司，贏得公司老闆信任，協助公司發廣告辦宣傳，再介紹其他公司，業務遂漸增加代記帳、辦理報關、代辦會計師之作業、地方戲院排片。我弟弟仁壽及高工同學廖國祥及林福地兄加入人愛服務社陣容，兼公論報社影視版工作，代理地方戲院排片。我們的公司服務的戲院增加超過十家，很幸運恒春林中志先生協助成立中興影業公司，第一部片《李世民遊地府》、第二部片與林福地合編《十二生相》陸續推出放映，創下良好賣座紀錄，奠下影業基礎後，第一位引進韓片《第三特攻隊》、《東北游擊戰》、《板門店》在台上映轟動台灣，

主題配國台語出唱片也風行東南亞四十多年之久，繼又代理德國底片進口繼續拍新片親自導演《台北十四號水門》該片被禁四次，差一點公司關門，補拍再修剪第五次通過大賣座，第二部《最後的裁判》是一部教育文藝鉅片，獲得亞洲影展特別邀請參展，榮獲特別獎，得到最受歡迎導演第一名及金馬獎獎金，配國語、台語發行大賣座，創下事業的高峰，為了再上一層樓，拍第一部民間彩色寬銀幕片與韓國合作拍攝《最後命令》邀請台灣、韓國、香港一流明星主演，正式進入中影攝製，因年輕得志，好高騖遠，又無拍國際合作的經驗，天候不佳，演員檔期問題，預算超支，拍了二年無法完成，積勞成疾患上肝炎入院，我內人勇敢負起全局，單人支撐完成不可能的任務。影片推出成績不佳，血本無歸，我將公司轉讓給林中志兄，只剩下一部電話。

我內人鼓勵我東山再起，賒一張機票讓我赴韓，聯邦會社朱社長資助六部韓片，又買入《淚的小花》、《火女》及《離別》，我得以東山再起，從此發行影片部部賣座。韓國康範九兄他介紹東亞公司李于錫先生共同推銷韓片到東南亞，引進香港台灣功夫片到韓國、日本，尤其是將李小龍主演的《猛龍過江》介紹到日本，將李小龍影片及功夫片推上國際舞台，與韓國東亞合作拍片，創出不少影片賣座紀錄，事業又創第二次高峰。

一九七四年，台灣退出聯合國後沒幾年，為了孩子的教育與前途，我決定帶全家到阿根廷移民。阿根廷雖地大物博，但我們是東方移民，人生地不熟，我還帶了我親戚及朋友有百戶去，我要負責這些新移民的接機、住宿、居留、上學等。最初幾年，忙著為移民服務，籌設華僑聯合會，籌募建會館及中文學校並辦《南疆新聞》。後當選阿根廷華僑聯合會理事長，任內完成會館開幕並召開第一屆南美洲華僑十二國懇親會，蒙僑委會頒發僑社服務貢獻獎。阿根廷政情動盪不安，幾十年不斷軍事政變，經濟不穩定，一九八二年與英國為爭福島戰爭，戰敗經濟崩潰，全國商店倒閉關門，我們餐廳關門，公司業務停頓，房地產一落千丈，進口電視、雜貨無法售出，房客無法付租，每月又要付地稅、水費等，負擔沈重，日夜不安，子女在美受教育，不知如何是好，以致六十多天無法入眠，積勞又成疾，患上嚴重的「憂鬱症」。內人急請兩位友人送我回台醫治，進入三軍總醫院，病

況嚴重轉入精神科病房，我差一點從十二樓跳下去，幸有內人日夜不斷照顧，否則我就失去了生命，真是上天的庇佑。

病後我皈依三寶，努力學佛，禪修三個月後回阿結束在阿根廷產業，移轉到美國，建立第三次的事業基礎，再從電影製片、電視錄影帶做起，三兒永昌美國大學也畢業，帶他在好萊塢從小資本功夫動作片拍起。被北韓綁票的申相玉，已脫離北韓魔掌，到美國尋求政治庇護，我們重新見面，猶如再生，後永昌協助申相玉兄替美國哥倫比亞公司拍了四部影片，《小忍者》轟動美國世界影壇，我們在美國事業進展順利，嗣後轉入遊樂園節目表演硬體軟體製作設計，回台灣介紹電影、電視買賣，協助韓國爭取第三十二屆亞洲影展，獲得最佳影片、最佳導演、最佳女主角，名利雙收，再為長子永興與惠卿訂婚，是我五十歲最大的禮物，藉此屬垂暮之年的我，以此「獨白」供於世，岳武穆（岳飛）昔有「三十功名塵與土」的感懷，個人則藉「驀然回首」，大有無枉此生，不虛此行，聊報知愚於萬一而已。

▎第十三屆海峽兩岸導演協會與成龍、張艾嘉合影

Contents

第1部分　走入影劇事業

第4部分　勇闖電視版權之路

第 *1* 部分

走入影劇事業

❶ 我的童年

我的祖父與祖母

高家祖籍福建泉州安溪，三十六世祖高墀從唐山過台灣，三十七世祖父高查某，祖母白氏偷。父親高龍排行第三，母親是高家童養媳，生兩女兩男；我於一九三六年十二月九日生，係高氏三十九世，名字仁和是祖父取的，因命中欠水故將仁和改仁河（外文Lucas）。

祖父出生於基隆，住過瑞芳，後遷萬華龍山寺旁，開過金紙店，一九一一年移居花蓮港（市），店設繁華大街春日通二十七號，創立「高源成商號」，經營南北雜貨批發生意，並為煙酒代理和油鹽供應商，是東部大戶。祖母美麗又能幹，輔助祖父建立擁有數十甲不動產田園，掌握高家大權。

我有二個伯父和三個叔叔。二伯父年輕好玩不上進，有一次花蓮廟會演戲時，男扮女裝當小旦，演技迷人，轟動全市，祖父母也來看戲還稱讚，竟不知演出者是自己的兒子，因而笑話百出；二伯父生了一個女兒，與楊麗花一同出道，藝名高玉珊，現在是電視歌仔戲著名演員。

我父親愛好音樂藝術，二十歲去廈門和廣東拜師學拉琴、唱大戲，去過上海、杭州、廣州、南京遊學，遊覽過中山陵、黃花崗、海南島。祖母擔心父親在外，要他回台發展，後在花蓮開洗衣店，父親常用腳踏車載我遊街，要我跳跳，擺擺手才抱我上車，我雀躍萬分又叫又笑。後來父親去中國染上肺病無藥可醫，不幸於二十九歲病逝，當時我才三歲，弟弟仁壽出生才四個月。

六叔被日本徵召去馬來亞當憲兵通譯官，在日軍佔領地區救了不少華僑，日本投降時，同去南洋當軍伕的十二人中，八個被處死，三人失蹤，六叔被華僑救助秘密藏身，後來與華僑結婚定居吉隆坡，成

家立業，生了兩男二女，曾在日本駐馬來西亞大使館服務。六嬸受英文高等教育，家庭美滿，曾回鄉探視過祖父，一九九〇年專程到美國參加三子永昌的婚禮，我與內人寶雲也曾幾次去吉隆坡看他們。六叔最關心我們，常回憶講我Baby時的故事，父親過世入土時，母親抱著我，要埋棺時，我大哭喊叫：「爸爸睡在裡面，不可用土埋他，不要埋他！」當場送葬的親戚和群眾都感動流淚說：「真可憐，小小年紀就失去了父親。」

祖父是花蓮的老紳士，英俊瀟灑，父親像他，個性也相近，慷慨好施、學問好，還教過我背唐詩，如〈楓橋夜泊〉詩：「月落烏啼霜滿天，江楓漁火對愁眠，姑蘇城外寒山寺，夜半鐘聲到客船。」他精通算術，心算一流，文武雙全，年輕時抽過鴉片，點過煙盤，他告誡我鴉片是毒品會上癮，千萬不可碰。

他講道義，常為好友保證背書，賠了不少家產，與祖母因此常起齟齬，老年又被朋友所害，對方偽造證據誣害祖父入罪，被關了一年多，他受不白之冤，經常悔恨交加、憂傷過度，引起青光眼無法醫治，以致兩眼失明。他一生為人忠厚，光明正大，竟落此下場，莫非是前世業障？出獄後看破世情，於是結束生意將「高源成商號」收掉，所有土地、房產分配給各房兒孫，我家分得瑞穗良田，又與五叔合分花蓮市中山路房產一棟，兩老、五叔與我們住在一起。祖父失明後從不出門，每天沉默寡言，與祖母很少對話，我常要他講故事，他談他來花蓮開荒與原住民通商、換物的冒險故事，教我為人和經商的學問，是一位仁慈的長輩，也是我心中最敬愛的老人家。他寂寞的歲月裡我常陪他，牽著他到公園堤防散步，我阿姨說我的臉與個性最像祖父，他享年七十六歲；他有生之年我沒機會為祖父盡一點孝心，是我生平最大的遺憾。

祖母是有智慧的女人，高家掌權人物，家有三個養女、四個媳婦、六個兒子的大家庭。祖父仁慈，祖母篤信佛教，每天誦經拜佛，全家大小都尊敬孝順她，尤其是養女與媳婦唯她是從。父親去世後她很傷心，決心要好好照顧我們，想到我們沒爹就心酸，時常抱我痛哭，她因此積憂成疾得了腎臟病，五十多歲病逝，「高源成商號」從此便走入歷史，家業中落。

　　我五叔是紈袴子弟，經常花天酒地。祖父雙眼失明，二姊不得不過繼給東部旅社老板娘做養女，母親出外幫傭，阿姨同是藍家堂妹，來高家當養女，一起去電力公司幫傭，風雨無阻，剛好有一位是「協志商號」林提灶先生最得意的助手。在花蓮負責建築港口的宋天增先生是客家人，家已有妻室，因長年出外，看中我母親是年輕貌美的寡婦，託人向祖母求親，祖母當場拒絕。宋先生不灰心再三央求，祖母年老生病在床，仔細考慮後提出條件，要四百五十元聘金及禮餅，正式迎娶之禮，只可帶小弟過去，我與大姊不可帶去，安排由五叔扶養。祖母死後，五叔單身常不在家，我們所住的家又舊又漏雨，母親乃央求宋先生出錢修建新房，建後果然美輪美奐。

我的父親與母親

　　我對父親的印象十分模糊，他往生時我才三歲。印象中他長得很高，皮膚白又英俊瀟灑，他一生愛好文學，喜歡音樂、藝術，愛拉胡琴，為人厚道，喜交朋友，有祖父的遺傳，我與小女佳莉也有他的

┃母親高阿箱（左）與最疼愛我的舅舅藍壽元（右）

影子；掛在神桌上父親的黑白照片，還是那麼英俊瀟灑，可惜天妒英才，二十九歲就離我們而去，讓我變成無依無靠，流浪天涯歹命子。

母親心地善良慈悲，為人慷慨好施，思想單純，愛好面子，以子為榮。她常對親戚朋友炫耀說：「我大兒子是大導演，他帶我去過日本、韓國、美國、香港、阿根廷、巴拉圭，吃過各國美食。他略會講日語、西班牙語（吹吹牛），愛喝咖啡、吃比薩……」等等。

她最疼愛的兒子是我，其次是勝雄弟；我回花蓮與五叔住在一起，被感染得了肺結核，回台北醫治後經母親專心照顧，每天買豬肝和瘦肉讓我補充營養，才能很快康復，我今天身體能如此健壯，都要感激母親天長地久的愛心與恩惠。

我的高家親戚們

我二伯父一生遊手好閒，好賭，從無正業。二伯母最辛苦，三餐難繼，又生了四男四女，一生任勞任怨。我剛出社會二伯就來借錢，有去無回，還再求我拉同事一起投資漁業捉煙仔魚，保證獲利，我們拿了三個月薪水給他，同樣一去不回，讓我真愧對老同事。到老年其秉性不改，有難就找我，最後得胃癌要我替他送醫，不久往生了，費用當然也要我替他打理。

其長子樹貴十九歲志願當兵，調往上海與共產黨交戰，被俘後生死不明，伯父母去世前，音訊全無，四十多年後，大陸開放探親才找到台灣親人，真是人間大悲劇。他曾被送勞改二十二年，受苦受難，曾代表中共出席世運跳遠，全國紀錄保持人成績七點三公尺，後回台定居，如今高齡已八十四歲。

四叔高輝在電力公司服務，是標準公務員，一生奉公守法。四嬸很能幹，有五男三女都讀到高中，公務員收入微薄，四嬸懂得運用標會、養豬、雞、鴨補貼家用，她曾邀我參加入標會，每月五十元可儲蓄，二年半後可得到一千四百元，我每個月薪水只有三百五十元，原想買一部新腳踏車，到期後要向四嬸拿，她說：「你還想要拿什麼呢？你媽再嫁後十幾年來，祖先公嬤都是她替我們祭拜。」我聽了莫名其妙，真豈有此理，因她曾介紹我到林場工作又是長輩，我就算

了不予計較。四嬸一生辛勞為兒女，沒享到清福，六十多歲因胃腸癌往生。

四叔是好好先生，假日喜歡釣魚與睡覺，與世無爭，家事兒女全由四嬸掌管，四嬸去世後，兒女長大各自分家獨立，剩下四叔孤獨過生活。每當清明時節前後我與寶雲回故鄉祭祖時，一定帶他喜歡的洋煙去探訪，他老人家真高興，享年八十四歲。

五叔佔據祖母保存的聘金及孩子撫育金，房子重建全由宋先生支付，沒付我們半份房子租金，又把我瑞穗田地暗中賣給佃農，因我與仁壽未成年，過不了戶，拖了六十年買主已亡故，兩代到第三代還找不到我們，產權還是我與弟弟名義，買主佃農後代是老實人，五叔早已拿過了人家的錢，將心比心，決定說服仁壽同意蓋章，無條件讓他們過了戶，解決了半世紀懸案。

五叔開過日本料理店，五嬸是料理店服務生，倆人結為夫婦後，育有三男二女。他們開過撞球房，做山產出口生意，起落不定，後遷居台東鎮以賣檳榔維生。五嬸是賢妻良母，為家庭付出，千辛萬苦。五叔享年七十多歲。

我的舅舅與阿姨

我有一位舅舅，他是我一生最敬愛的長輩。我外祖父是礁踏石村漁民，舅舅從小就失去母親，看我沒有父親與父愛，需要親情和家庭溫暖，他常來探訪母親也很關心我們，帶我去遊玩，買衣物和玩具，我們回娘家時，下海捉龍蝦給我們吃，還有零用錢可拿，像自己爹娘一樣。他一生討海行船，當過潛水夫，生六男三女，都與我們建立很深的感情。舅媽慈悲有愛心，兩位老人家都享年七十多歲，讓我心底永遠難忘懷，清明回花蓮掃墓時，常去祭拜老人家。

我還有兩位姑姑，都是高家養女，大姑媽嫁給西裝裁縫師，福州人，講起台語口音很重，有聽沒有懂，開西裝店兼賣愛國獎券，六十年前中了第一特獎二十萬元，是相當大的數目，當時一間好店面才一萬多元，大姑媽中獎後變成大富翁，她很慷慨，親戚大小都有紅包，大家都很高興。她喜歡玩四色牌，也很心疼我是沒父的孩子，到她家

一定給我雞腿吃，還有紅包拿。

最小阿姑也可叫阿姨，高阿蕙，是母親堂妹，同是高家童養媳，祖母打算將她許配給六叔，但六叔被徵調去南洋當軍伕，無緣結婚。她十六歲出嫁到花蓮南寮農村的養鴨人家，姨丈在花蓮工業學校的工廠當技師，為人殷實，做事認真。姨丈與阿姨都很關心我們，姨丈後來離開學校，開大理石工廠，生產大理石雕刻藝術品，賺了很多錢，中年車禍亡故，讓我心痛又懷念。

阿姨很能幹，雖沒受過良好教育，但會做裁縫，手藝很好。姨丈往生後，接掌其事業予以發揚光大。她生有二男五女，很可惜長男瑞榮成家立業後，患肝癌過世；次子瑞欽是建築工程師；女兒瑞嬌與我同母異父的弟弟勝雄結婚，還生了一個傑出的女兒宋明璇，是美國哈佛大學法學博士，現任美國德州檢察官；么女蕙珍是傑出的女裝設計師，賺很多錢。阿姨一生刻苦耐勞，創業求進的精神不輸男人，身體健康活潑，還可跳社交舞，是一位女中丈夫。

宋先生繼父在花蓮工程結束後，調職遷移到清水建築港口，五叔要求母親把我與大姊一起帶去清水照顧，生活費他會供應，祖母所存下的聘金和儲蓄基金，他堅持要保管，母親也無可奈何，我與大姊只好跟轎後（台灣俗語）來清水與母親生活，五叔只寄了兩個月生活費，從此沒再寄。我到宋家很不習慣，不想叫繼父爸爸，宋先生較疼愛弟弟，高家親戚漠不關心，對我們也起反感，常對母親說高家要聘金、新房子和養育金，卻不要孩子，也不履行義務，使我感到很慚愧又自卑，為什麼自己的親戚無情無義。我弟弟仁壽小時候發育比較慢，三歲才會講話，有一天遊玩與我搶吃甘蔗，他搶不過生了氣，隨手拿把柴刀向我頭砍了一刀，血流如注，縫了不少針，現在頭上還有一塊凹痕，從此宋先生叫他「阿呆」偏名。

母親的堂妹嫁給謝隆盛，他曾幫姊夫林堉琪建立宏國建設王國，曾率領國大代表團訪問中南美洲，也來阿根廷訪問，我當時擔任阿根廷華僑聯合會理事長，駐阿代表徐斌，作風官僚，對僑民態度傲慢，與阿關係不佳，也無法進入機場內部接機，又騙說阿國會休會，不安排拜訪國會，幸我為要接謝隆盛姨丈，提早打通機場與國會關係，機場主任陪我直接入機場禮遇，順利通關接機，又透過阿國會秘書長，

帶國大代表團拜訪國會，阿根廷副總統接見國大代表團非常滿意，讓徐斌代表面子掃地，對我恨之入骨，後來我到駐阿辦事處遇見徐斌，發生巨大風波，這件事引起僑界釀成軒然大波，容後再細述。

謝代表曾帶我晉見李登輝總統，我們也拍照留念，真可惜，他當選國代副議長後，六十歲不到，腦中風昏迷八年後往生。

繼父忠心人格清廉

我們高家一九三六年生了四個嬰兒，三女一男，大房淑華，二房照美，三房仁河，四房麗子。大房與四房的女兒有父母疼愛，七歲就上幼稚園，穿新衣戴新帽上學，我與照美好羨慕他們真幸福。

我八歲時由媽帶我去明治國校入學，開始接受日本教育。小時我最喜歡小狗，那時已搬到花蓮美崙與母親住，有一次上學，工友帶我去巴士站等車時，屋旁有一群小狗，我看了真高興，馬上與小狗群玩在一起，巴士開到站時竟忘了上車，工友發現後帶我回家，我被母親打了一頓，現在仍記憶猶新。

我從花蓮明治國校轉學到清水國校，二年級學期結束，發通信簿給家長，宋先生看了很驚訝，我的成績每科都是甲優等，只有一科乙上，他感到意外，兄弟間竟然天壤的差異。我頑皮好動，繼父叫我別號「草猴」，我成績好，母親有面子，宋先生很開心，學校開運動會他捐了最多錢，繼父的肯定讓我內心真是高興。

第二次世界大戰爆發，美機來台空襲，警笛大響，廣播急報敵機到了，全民驚慌失措地往防空洞鑽。聽到天上傳來隆隆聲音，越來越大，抬頭一看，美國轟炸機群B29、24，就在天空上飛行轟炸，地上高射炮開始射擊，炮聲震耳，火光滿天，敵機俯衝丟炸彈，頓時爆炸聲響，驚天動地，哀嚎遍地。飛機過後，警報解除，烽煙滿地，死傷無數。過一陣子又來一群飛機，日方飛機升空迎戰與敵機追逐空戰交火，槍聲連連，火光閃閃，飛機被擊中空中爆炸，飛行員跳傘在空中飄下來，飛機俯衝著地爆炸，煙霧滿城，美國飛行員死了，有的受傷被捉送去俘虜營。這一幕幕戰爭實景我們親眼看到，人類如此殘酷，互相殺戮，為什麼要戰爭呢？

　　為了逃避空襲，全家搬到石岡鄉山中暫住，轉學至山下學校上學。暑假時，我與同學們結伴到林中小溪捉魚，樹上蟬聲演奏夏天交響曲，百鳥唱歌真好聽，有時去小溪游泳捉青蛙，上山採野果，生活融入大自然，這是我童年最愉快的一段日子了，我們一時都淡忘了戰爭的可怕與殘酷的戰況情景。

　　一九四五年日本戰敗，我們全家又搬回清水，協志商號承包台中港建築工程，由日本海軍部特別部門管理，所有建築資料、鋼材、鐵條、水泥、石材、玻璃、木材均由海軍此部門控管；因日本已戰敗投降，工程停頓，等候中國軍來接受負責部門。首長海軍大佐與繼父是非常好的朋友，有一天深夜來家探訪，他對繼父說：「日本已投降，我們是戰敗國，馬上會被遣送回日本，現在我所管的倉庫，建港材料沒人知道多少數量，我將資料實物名冊全套帶來，倉庫所有鑰匙想交給您，由您處理，中國軍不知何時來接收，這是個好機會，您一定要把握。」兩人舉杯對飲，他很感激繼父待他親如兄弟，不知何時才能再相見，淚流滿臉，繼父聽到此事緊張萬分，不知如何回應，他說：「這……這……事，天大地大，我不敢承受，我私人絕對不可接受。」日本大佐很失望，繼父最後向大佐再說一句：「讓我向我老板請示看看，再向您回答此問題。」大佐很失望的回去，繼父馬上回台北向林老板報告，林老板聽了表示很高興，他說：「此事由我直接處理。」後來馬上將繼父調職到台北。這事過十多年後，經常在報章上看到海軍控告大同，侵佔國家財產，官司打了十幾年，也不知道和前清水建築港口，大佐與繼父之事是否有關連？我們不清楚。繼父雖不像廖金海先生成功得意，但是他一生為人忠心，清廉人格真令人欽佩。

如何無中生有

　　台灣光復，我們又遷到省會台北市，我轉學到東園國校。以前我受日本教育，剛學會「アイウエオ」略聽懂日語，台灣光復後開始教漢文，講台語背三字經「人之初，性本善」，後來又要改讀注音符號，學講國語，真讓學生感到濛濛渣渣。

　　我班上的鄰座同學家裡很窮，每天上學前，六點就要起床開始沿街叫賣「油車粿」（油條），下了課又去賣「枝仔冰」（冰棒），他有如此孝心能為父母分憂，我真感動。我想了解窮人家為了生活奮鬥辛苦的精神，要求他讓我陪同一起去賣「油車粿」跟「枝仔冰」，他同意我陪他幾天，後來我也知道如何割貨，販賣，成本多少，利潤多少。為了磨練自己，自己也去賣，不怕辛苦賣了一學期，賺了不少錢。

　　我們住家隔壁是繼父的姪子宋盛房，我叫他阿房哥，繼父介紹他入「協志商會」當會計，他與前妻生的長女梅子與我同年，長男哈利Boy少我一歲，同在東園國校，上下學都一起走。前妻病故後再娶繼室又生一男，她與母親同樣命運，她們感情很好，常稱讚我年紀輕，就想賺錢，真有志氣，將來一定會出人頭地，後來媽不再讓我去賣東西。

　　阿房嫂也帶我去過繼父大媽的家，大媽叫范姜五妹，客家人，是典型賢妻良母，與繼父生了四男，大哥烈蛟在電力公司服務，大嫂合妹賢慧很能幹，二哥盛先在讀中學途中肺癆病故，三哥樣杰當國校老師，三嫂新妹刻苦耐勞，幫助三哥建立家業，功勞不少，四弟暉雄出生那年，我媽也生了勝雄，同一年宋家生了兩個兒子，真是雙喜臨門。

　　大媽在鄉下長大，個性善良，我去看她一樣招呼我，是一個沒有聲音的女人。繼父長年在外，再娶二房，她無可奈何忍耐持家，為照顧染肺病的二哥，台灣光復後不久就病故，真是一個可憐的女性，讓我印象深刻。我小小的心裡，也開始明白人生無常，學習如何做生意，怎樣從「無中生有」就是「空中妙有」的道理。

　　不久又搬去宜蘭市，繼父宋先生為公司開發林場，在市內設立「大同林業製材工廠」，建設輕便車路，從林場運木材經員山到市區工廠，住員山鄉很多的人都利用輕便車做為交通工具。我轉學到宜蘭市中山國校三年禮班，級任老師李錫樓，班長江作舟，我最好同學李長佰還有黎錦波、李坤樹、黃永裕、林銘進……等，常邀同學下課後到我家工廠內玩輕便車。

　　民國三十六年發生二二八事件停課，市民非常緊張，宜蘭農林學校學生到軍械處找到步槍，包圍車站後軍事倉庫，與守倉庫衛兵持槍對峙，不敢開槍，僵持幾天，後來蔣介石派兵來台灣大開殺戒鎮壓，

造成台灣人民最悲慘的事件；政府為了撫慰台灣民心，藉戒嚴時誤殺孕婦的大陸士兵五花大綁，在宜蘭戲院旁空地槍斃，死狀淒慘，在校同學都跑去看，慘不忍睹，至今仍歷歷在目，記憶猶新。

繼父的老板林提灶先生將「協志商號」改為「大同公司」，需要技術工人，由繼父在宜蘭找一批又一批的青年上台北大同公司報到，當時交通不便，民風保守，去台北好似上京考狀元，工人不知台北在那裡如何找到「大同公司」？繼父知道我鬼靈精，就派我帶工人乘火車上路到台北，有旅費可拿，晚宿大媽家，可玩一整天，真是美好的回憶。

學校下課休息時間，我們都跑到操場玩躲避球，追來追去，謝老師選我為選手，參加比賽，在校這一段是童年最快樂的時光。體育課老師謝鏈鎰，師娘林環也是我們的老師，我發起組「四十八屆宜蘭市中山國校同學會」成立大會時，已過了六十二年他們還來參加，替我們拍照，做成光碟片送給每位同學，老師對學生感情真是天長地久。

我宜蘭鄰居中最要好的兩位朋友，一位是宜農初三學生林火西，經常玩在一起，家中開木材行，他促成他三哥林水盆與我大姊秀雲結婚，以後成為親戚。火西兄有江湖大哥的氣魄，朋友多，能喝酒猜拳，常帶我去吃拜拜。另位好友陳春青，他的母親是寡婦，宜蘭市著名的產婆，接生過萬名嬰兒的助產士。母子倆相依為命，母親對他管教很嚴，他的學業不錯是模範生。他母親也很疼我，常留我在他們家吃飯，一起讀書。可惜兩位好友現在都不在人世，真讓我懷念。

小學畢業後，同學們有的上宜中或宜農，有的則進社會工作，各奔前程。

少年情竇初開

我以優秀成績考入宜蘭市「宜蘭中學」，第一學期作文比賽我的文章被選為壁報頭版，真是喜出望外。第二學期我們又搬遷到埔里，轉學要再考試，訓導主任商大榮主考，他看了我的作文後，點點頭說很好，對我另眼看待。

有一位同學蔡進松，以第一名考入埔中，性情怪僻，很少與同學

交談，腦筋聰明，喜歡看書，讀文學作品，善於寫文章，作新詩。我好奇問他看什麼書，他說看「莎士比亞」，我嚇了一跳，他說已看過中外名著超過百本，我肅然起敬，請教他要看世界名著如何入門，他告訴我先從《天方夜譚》、《西遊記》、《茶花女》等開始。我也迷進看書的世界，他借了很多好書給我看，兩人變成無話不談的好友。後來我們都參加全校演講比賽，他講的題目是可惡「英不列顛小帝國」用鴉片毒害中國人，英國發動鴉片戰爭，欺負中國人，清朝軟弱無能，割讓香港和九龍給英國，我們一定要自強，要打倒「英不列顛小帝國」，講得慷慨激昂，獲得很多掌聲，拿到冠軍；我則講「我的故鄉」得季軍。我在校慶活動時還編了一幕啞劇，上台自導自演，受蔡進松同學的影響，我對文學藝術發生興趣，對寫作更有信心。

體育老師劉慶，是省運鐵餅和鉛球的冠軍，學生很崇拜他。同學中有幾位家境較富有的同學，謝錦銘有網球拍，常帶來學校與邱老師對打，好神氣；林昭平有拳擊手套，常拿來炫燿；陳維中有口琴，也帶來學校吹，又掛bass真讓人羨慕。

我頑皮好動，喜歡籃球，自封隊長組隊參加縣運比賽，球技較差，被對方打得落花流水。學校成立樂隊還未請到老師，我們土法煉鋼，自己練習，陳維中吹黑達仔，蔡松林練小喇叭，顏金龍拉長喇叭，我學小鼓，急忙上台表演。第一次朝會升旗唱國歌，我們出場演奏，我太緊張，打小鼓就像下西北雨，聲音大小不均，小喇叭又變調，洋相百出。學校沒有游泳池，我們偷跑去酒廠大圓pool古井學游泳，水真深，真夠膽。各種什麼活動都是我領頭參加，英文汪老師特別為我取了外號叫「Nice kid囉」，同學們有時也叫我外號，令人印象深刻。

同年級有三班男生一班女生，我們同學是懷春的青少年，剛好情竇初開，對女生特別有興趣。女生中有二朵花，一朵是女班長黃玉惠，成績全年級第一名，又生得漂亮，唱歌高音一流，後來當過歌星高不可攀。另一朵花是乒乓球高手，家裡開印刷文具店，在市中心十字路口，算是有錢人家。她長得很文靜秀氣，兩隻眼睛黑溜溜、皮膚潤白，真迷人，她與我同樣都拿過乒乓球賽冠軍，常在禮堂打球碰面，我們都很害羞，不敢隨便講話，不好意思正面對視，只在心中單

思暗戀，我對她印象很好，日思夜念在心中。

　　我最好的同學洪貴和取她別號「Goose」（鵝子），他常陪我騎踏車，一次又一次繞過她家店前，偷看她的倩影，看到時很開心，看不到就很失望。洪貴和同學鼓勵我寫情書追她，我猶豫不前，心思紊亂，無心讀書，回家不作功課，在家又沒人管教，功課荒廢；繼父忙事業，對我是否升學考高中不表關心，我心茫茫。學校舉辦畢業旅行，母親不贊成我參加，因家中兄弟眾多我又是拖油瓶，不想讓繼父講閒話，只好放棄，眼看同學們由家長們陪送搭巴士車離去，我只能抱著校樹喊：「我為什麼沒有父親？」心酸酸暗自哭泣。

　　初中畢業後，埔里沒有高中，需到外地升學，母親又是沒受過教育的養女，不知升學重要性，繼父常譏我的親戚自私自利，自然對我的前途漠不關心，不聞不問。畢業後我無所事事，恰好繼父被客戶倒了一筆帳，贖了一家公共茶室，委託經理陳先生去打理，我跟著去協助，去了我才知道，這原是底層社會，三教九流不良分子出入場所，不久發現這裡不是我適合的地方。高中入學考期又過了，前途茫茫無措，我想到祖父告訴過我一句格言：「命運是握在自己的手中。」突然我被點醒了，決定離開黑暗處的地方朝向黎明的前方走……但是懷春浪漫的心還念念不忘……心中的情人「Goose」鵝子她知道嗎？日夜相思……也許是……單戀，……胡思亂想……要自強……要志氣……下決心……離家出走……「闖我的天下」。這是我未滿十六歲以前的童年故事的回憶。

② 離家出走

流浪到海角天涯

我決心離開家與母親，但不想告訴她，否則她會擔心我沒人照顧，會阻止我，就走不成。我留信給繼父與母親，寫道：「感謝父母親養育之恩，讓我上學，現在我初中畢了業，可以自立，出外打拼奮鬥。原諒我向家裡偷拿了六十元做旅費，我走了不要找我，別擔心，我會照顧自己，有一天成功了我會回身邊孝敬你們，請爸媽身體保重。」

我一夜無法入睡，天未亮大家沒起床前，就跨出家門離家出走了。該去那裡呢？我想到可回花蓮找親戚，有房子住，又有祖父可以做精神的依靠，很多事可以請教他。心意已定，我搭上往台中的巴士，費了三個多小時到台中火車站。車水馬龍，街市繁華，我走入售票處先查看北上列車班次，不久便搭上十一點鐘開往基隆的平快車，約五個多小時的車程抵達基隆。步出車站，看到海港，小舢板和渡輪停泊在岸邊，碼頭靠近車站有港務局和海關大樓，紅男綠女，熱鬧非凡。

黃昏五點到了伯父的宿舍，伯母與四個女兒都在家，她們見到我高興又驚奇，伯母問我：「為什麼沒通知就突然來呢？」我說：「回花蓮路過想來看看伯父和伯母。」他們不知道我是離家出走，但伯父關心我升學問題，我就隨便說要回花蓮考師範學校，他表示贊同。晚餐時伯父很高興倒了一小杯威士忌慶祝我初中畢業，我第一次喝酒，不知酒的威力一飲而盡，舌頭又麻又嗆，臉通紅全身發熱，昏沉大醉睡著了。我在基隆住了五天，暑假也快過了，伯父是小公務員孩子又多，難再容下我，我想該走了，就向他們辭行。

我獨自漫步在街頭，走向車站的大道，旁邊是海港碼頭停靠幾艘大小郵輪，我停歇了腳，心在凝思，夢想到美國好萊塢當明星，可

偷上輪船秘藏船艙，偷渡到美國洗盤維生，學語言當臨時演員，有一天會變成大明星。快到火車站前，我聽到輪船氣笛長鳴聲，心想在船上的旅客是多麼的幸福，他們可到異國留學遊世界，當明星，看美國的月亮，我要去何方呢？去宜蘭找秀雲大姊，姊夫在鐵路局服務，新婚不久生活小康，拿定了主意，但我再摸摸口袋僅剩下五毛錢，沒錢寸步難行，怎麼買去宜蘭的火車票呢？猶豫不前發楞坐在碼頭船柱的旁邊，眼睛看著深藍色的海水，水波亮晶晶地漂蕩，我失了神似的坐了三個多小時，不知所措。突然風雲變色，天空打起雷來，幾道閃電在天邊發光，下起西北雨，我來不及閃躲就變成落湯雞，我心慌了要如何來踏出第二步，沒家的孩子真是歹命子嗎？算了，跳下海好了，可隨波盪漾沉到海底，結束我短短的人生旅程；再想想祖父的話，做人不怕困難要勇敢站起來，不可以投降要克服難關，提出勇氣向前走吧！雨停了，太陽又出來，衣服被海風吹、太陽曬慢慢乾了。我一心想去宜蘭，走進了基隆火車站，看車班與票價，但身上只有五毛錢，不夠買去宜蘭的車票，不知該怎麼辦？在候車室徘徊肚子又餓，火車已進站，我只好用五毛先買月台票，偷偷先上車再說。

沒票上車冒險闖關

　　沒票上車是違法的，我生平第一次犯法，心裡很不安。車開了十多分鐘到八堵站，我趕快轉車去宜蘭。當時的火車頭都是燒煤炭，去蘇澳是山線要爬坡，穿山洞入隧道，過山谷鐵橋，黑煙濃濃的冒出，窗若沒關好會燻得滿臉烏黑。瑞芳站過了是侯硐，再來是三貂嶺和牡丹坑站，第一車開始查票，當時二二八事件剛過不久，還是白色恐怖時代，列車上要查逃犯，捉匪諜。查票大隊有兩個憲兵、兩個警察（持槍帶彈）、一個車長和一個查票員共六個人，來勢洶洶，我看到查票大隊緊張又害怕，不知如何是好。若被當匪諜抓去可就大事情，我急得退到後車廂等候下站，停車時再跑去前車即可躲過查票員，可是火車爬坡走得很慢，頂雙溪站遲遲未到，查票大隊已到前車廂了，我想躲入廁所又看到車長在敲前車廁所門，心想不妥馬上改變主意，打開後門下車口往稻田裡跳了下去，生死交給上天安排，我的動作幸

虧沒被人發現，我的腳部被樹枝勾傷，血流如注，摔了小傷無大礙，還可站起來，真是謝謝上天保佑。

我決心再向前走，約走了半個多小時到頂雙溪站，停歇休息了一下，又有列車到站，我再沒有膽量上車了，肚子又餓又渴，只好喝車站的自來水充饑。車站很荒涼，除了幾位驛夫沒看到其他人，我心裡發慌，覺得待在這小站不是辦法，只有接受挑戰沿著鐵路用腳走吧！有信心總會有一天到達目的地。那時正是炎陽當空，我滿身大汗，走過山谷，跨過鐵橋，一步又一步小心地走，還要看有無來車，提心吊膽走了一個半小時，到了貢仔寮站。再走還要通過兩個隧道，一短一中，約走十到二十分鐘，洞裡很涼快，水滴掉在頭上真是冰涼又心驚，洞中黑漆漆，又怕有蛇，想到就全身發抖，只能往前直走，總算順利到達了澳底車站。

火車站前不遠處是福隆海水浴場，正值暑假末，人潮不多，也已近黃昏了，遊客陸續趕乘火車回家，旅客漸少，車站前商店也打烊了，車站還有微微的燈光，椰樹和榕樹的樹枝被海風吹動交叉飄浮，幻影顯得很淒涼，我又累又餓躺在候車站的長椅呼呼睡著了，慢慢進入了夢鄉。突然看到了初中女同學Goose穿泳衣出現在眼前，拿著泳圈對我說：「我們一起去游泳！」我高興得跳起來，身體差一點翻到椅子下。車站有人跑來說：「要關門了，前面有小客棧可去休息」我說了聲：「謝謝！」走出了車站，我身無分文怎麼住客棧呢！還是拖著沉重軀體漫步到大榕樹下，讓疲累的身體躺在地面樹根上，第一次體會到浪跡天涯的味道，眼望天上星星，海邊浪濤拍岸與田蛙奏樂的聲音，一幕大自然旋律正演奏著。夜幕低垂，有父母的孩子真幸福都早已進入了夢鄉，海風拂吹，我再度進入夢鄉等候黎明的來臨，偶有火車通過帶著氣笛長鳴的聲音。

晨曦第一道曙光射進我的眼簾，我醒了起身看到有一班到澳底的移防部隊，貨車停留在站上，有幾位阿兵哥下車在月台上走來走去，我提起了勇氣走去問阿兵哥：「您們去那裡？」其中一位阿兵哥說：「小鬼，幹什麼？」我說：「可不可以幫幫忙，讓我搭乘您們的車去宜蘭找我姊姊？」阿兵哥問：「為什麼不搭客車呢？」我回答：「我離家出走，身無分文，流浪到此地。」阿兵哥說：「我們是移防到礁

溪，不到宜蘭。」我求他們只到礁溪也可以，兩個阿兵哥互相使眼色點點頭，我真感激他們同意讓我上車，他們還說：「小鬼真有膽量，沒錢敢走天下。」又給了我兩個饅頭吃，餓了兩天的我狼吞虎嚥。這兩位阿兵哥有仁慈心，到礁溪後幫我買到宜蘭的車票解決了我的困難，我才能夠順利到達宜蘭姊姊的家。

投靠親戚靠不住

我告訴姊姊我離家出走經過，她聽了痛哭流涕，真是「無父疼惜歹命子」。在姊姊家住了一個月，學校考期也過了，我向姊姊說要回花蓮，她給了我車資以及姊夫的舊衣服，送我到車站，依依不捨地讓我回到故鄉花蓮。

我心想投靠五叔也可以與祖父住在一起，以前我住過的房子在舊新港（又稱為電氣頭，現在的中山路），我入門看到祖父坐在大廳，叫了一聲：「阿公！」他認出我的聲音，喚我：「阿河，你回來了！」是阿公對我的回應聲，阿公真高興，我也高興。五叔聽到我的聲音從後面走出來，問我：「前次寄來的信是請誰代寫的？」我說：「是我自己寫的。」他很驚訝地說：「你文章寫得不錯啊！」他說後半樓有一間小房間可住，我走入後房上後樓，躺下床昏昏沉沉地睡著了。第二天五叔問我：「有帶錢回來嗎？」我感到很意外，回答沒有，他表示失望。吃早餐時，我向祖父及五叔說：「宋先生不贊成我升學，我要自己打拼，所以回來故鄉找頭路。」五叔說：「你才十六歲太小了，很難找到工作。」

當時五叔開彈子房，店內有四位女服務生，我就代他送餐，有時還要代替小姐計分，平時在家都與祖父聊天，請教如何謀生創業，他說不怕辛苦努力向前，不怕失敗越挫越勇，最後一定會成功。我曾向祖父提出抗議：「為什麼五叔不關心幫助我們？」祖父長嘆了一聲說：「五叔年輕時好玩，喜歡結交三教九流的朋友，每天花天酒地，喜歡冒險，開酒家、餐廳和彈子房又不認真做生意，每天睡到過午才起床，大伯和六叔共有春日通『高源成商行』房地產也被他賣掉，俗話說：『惡妻孽子，無法可治。』他那有時間去關心別人呢？」這簡

直就是二伯父的再版，高家的不幸，我想一定要努力挽回高家的這股低潮，讓「高源成」恢復祖父時的昌盛年代。

回到花蓮已過了一個多月，還找不到工作，沒錢寄信，頭髮很長，只有向祖父開口借錢理髮，我決定理成西式髮形頭，比較像成人模樣。隔鄰有一位阿茂叔常來與祖父聊天，他晚上到熱鬧地段擺地攤，賣手工藝品，我向他求職自願做他的小廝幫忙看地攤，他也同意了，我跟他去了三天沒有生意，我不好意思再去。

後來有一位阿松伯住在山腳，自己種水果叭啦仔（番石榴），常挑擔子來市內賣叭啦仔，中午休息時常帶幾瓶米酒與祖父酌飲，不醉不歸，是一位快樂的果農。我們常吃到他出產的水果，他很喜歡我叫我黑狗兄，常開玩笑要介紹孫女給我，半醉半搖著身，挑著擔子唱酒歌走回家。

他好久沒來市內，再來時我問他：「老伯去那裡？」他說：「去水源地做工。」我又問：「有工可做？可否幫我介紹工作？」他說：「你若不怕辛苦，我可以帶你到水源地工作，挖水溝很辛苦啊！」我說：「我不怕苦，可以試試看。」他認真的說：「你真的想做工，就必須七點以前趕到我水果園的家，再去水源地工地報到，八點開工。」

苦力用力挖水溝

我清晨六點就起床，走五十分鐘路到阿松伯水果園，他請我吃早點後帶我到工地，見到領班他問我：「你這麼小，有力氣做工嗎？」我說：「可以！我會認真的工作。」他點點頭就走開，阿茂伯也帶了兩份畚箕相關工作器具領我到工地，跳下約有一米二十公分深的大溝開始挖土，我力道不夠，只能鏟半畚箕再跨上墊高的模板，才能把畚箕上的泥土往上面丟送，我從來未勞動過，確實很吃力，但為了生存下去，只好接受挑戰。

鏟了半小時，已滿身大汗，突然聽到有人叫罵三字經說：「這樣小的孩子做什麼工？」原來是承包商的經理來巡視，領班回答說是阿茂伯的侄子，他同情是歹命子，工作很認真，這些走江湖包商還是有

一點慈悲心。我聽到三字經心裡很難過，這也許是我的逆上緣考驗著我，讓我越挫越勇，我下了決心一定要打出我的天下。

　　我每天清晨五點半起床，準備行裝，六點走路出發，天還未亮，繼續做了兩個月苦工。第一次領到工資時真高興，先買襯衣、卡其褲和新鞋，再給祖父五十元，老人家真高興，他說：「你有志氣，高家要再起就靠你了。」

　　有一天休假在家，四嬸來看祖父，正好碰到了我，問我幹什麼工作，祖父搶著說：「他在水源地挖水溝做小工啊！」四嬸聽到我做小工，她很驚訝！她說：「無父仔真可憐，我來替你找工作吧！快去準備一張履歷表，我帶去找結拜姊妹，她先生是『木瓜山林場』場長楊清枝先生，人很好。」我太高興了，就等候好消息。

　　一個禮拜後四嬸來帶我到楊場長家，楊場長看到了我說：「我們的林場在中央山脈二千八百公尺山上，要轉搭三站「流籠」上山，再乘柴油車兩個半小時車程到哈崙作業所，現在是冬天很冷，溫度在零至十度左右，你願意去嗎？」我馬上回答：「我很願意。」楊場長說：「我們開始先用臨時雇員試用，這一次錄取三名，你是初中畢業月薪二百二十元，高中二百四十元，服務成績好可以升為正式職員，下禮拜五是十二月三十日，你要到『壽豐木瓜林場』池南作業所報到。」真感謝楊先生的提拔，我的人生又是另一段歷險的開始。

3 開始上山工作

流籠上木瓜山林場

　　民國四十一年十二月三十日，我與兩位林場錄取的同伴，上午十一點到「壽豐鄉木瓜山林場」池上作業所第一索道站報到，等候搭乘「流籠」到第一索道站。

　　「流籠」就是由高山運木材下山的運輸工具，人也可搭乘，第一站是在海拔一千一百公尺山上，鋼纜掛鉤在石壁上裝滑輪套在鋼纜上，吊掛木材，利用下衝力量拉上地面站，木板載架上可站載四個人與簡單行李，我們三個與一位職員同乘一個木板載架，我們登上載架約五分鐘後，第一站敲了鐘表示要開動了，又通了電話確定一切妥當才開動，地面溫度攝氏十八度陰天，其他三位都有準備帽子、手套、大衣加雨衣，我們身站在簡陋無邊載架上，手握緊鐵鍊望地面下看，大地和人、車都變小了，身在空中飛，手若放了馬上摔下山谷，粉身碎骨，風大又冷，緊張萬分，他們有戴帽子穿雨衣，只有我沒人替我準備，「流籠」的速度很快，頭上又有潤滑油從纜線飄下來，我滿身都噴灑油漬，從頭淋到臉，到海拔七百公尺已進入雲間，氣溫下降到十度，因沒手套，捉緊鐵鍊的手像捉冰柱一樣，手指都凍僵了，又沒有穿大衣，冷的全身發抖，忍凍受寒，內心祈求上天庇佑，大約十分鐘到達第一站流籠頭。

　　我再轉乘第二站「流籠」上升九百公尺高，與之前不同的是，看不到任何東西，神遊在白雲間，氣溫驟然下降了三度左右，再轉走上第三流籠站還有八百公尺高，更寒冷，能見度不到十公尺，大景站有警局駐站把關，檢查入山證，通過了檢查站已下午三點半了，在大景站休息室內有火爐烤，讓我們鬆了一口氣，等下一班來的人到齊，五點鐘搭乘柴油機關車，坐在空車上繞山過嶺，穿越隧道，風又冷，雨

又大，我全身冷得發抖，考驗我是否能過第二關，車在雲霧中走了兩個半鐘頭，到了哈崙作業所，下了車所長吳保琛先生來接，帶我們三位新人入住招待所，放下行李先到浴室泡個熱水澡，暖和全身後，與所長共進晚餐，一夜好睡到天亮，外面只見一片白霧世界。

冬夜沒棉被的孩子

哈崙作業所有三百多人，員工分五隊開採木材。我們是新來的臨時雇員，廖建智，高中畢業，擔任木材檢尺員；曾李淵，高工畢業，擔任集材檢尺，月薪二百四十元；我擔任小製材所管理員，月薪二百二十元。七十七林班作業中心是中央山脈紅檜木最多最好的林班，海拔有二千八百五十公尺，大部分是提供原木出口到日本，冬天有時會下雪，春天還是很冷，平均溫度五到十度，夏天和秋天很涼快，員工種了很多青菜，因高山有原始黑土很肥沃，種出的青菜果實特別大又好吃，白菜生長有平地兩倍大，菜頭有十五斤左右重，又嫩又好吃。

我的職務很輕鬆，製材工廠只開半天工，空閒時間很多，我努力自修，看傳記和小說，也學作詩詞。工人很多是文盲，有時替他們代筆寫信，久而久之成為哈崙寫信代書。吳所長也是詩人，對我很關心，常指導我寫詩作詞，鼓勵自修升學，我更加珍惜機會半工半讀。過了兩個多月，有一天來了很多客人，棉被優先給客人使用，我們一起來的同伴都由家人替他們準備大衣、棉被和毯子，沒人代我準備。我平時都向招待所借用，當天晚上很冷，大約零度左右，我找了三、四家同事，棉被都被招待所借走了，最後到陳機師家，他們正與幾位同事圍在火爐旁喝酒聊天，陳家棉被也被借走，陳機師邀請我一起烤火，取暖聊天。夜深了其他人都走了，他給我一件大衣，叫我坐在爐邊睡覺，他回去臥房，我在爐邊不斷添木料，室內很暖和，有父母的孩子是多麼幸福，沒家的孤兒受冷受凍多可憐，慢慢我也睡著了，過了兩個多小時爐火熄了，室溫下降，我手腳慢慢僵硬，冷氣澈骨，全身發抖被凍醒，我趕快再生火，一直捱到天亮，這一夜讓我真難忘，體會到流浪天涯，無家可歸孩子無奈的感覺。

我在哈崙作業所工作一年多,感到很充實,只是精神上覺得空虛,有時想到初中同學心中的情人Goose就六神無主,我的好同學貴和兄,曾鼓勵我寫信給她,我遲遲不敢動筆,想了有半年之久,終於鼓起勇氣,寫了第一封情書寄給Goose,希望有回音,等了很久如石沉大海,也許我配不上她吧,還是努力充實自己,漸漸把這件事淡忘吧,兩位同來伙伴透過人際關係調職下山到花蓮工作,我努力進修補習功課,楊場長來哈崙視察,吳所長再三推薦我,做事認真負責,肯上進,是可造之材,楊場長對我印象不錯,又有慈悲心,他問了我:「你住山上習慣嗎?將來有什麼打算?」我回答場長:「我真感謝楊場長提拔,讓我有機會來山上工作,我若可到花蓮總公司工作,我想考花工夜校。」他點點頭表示很好,答應想想辦法。

在社會認真努力學習

兩個禮拜後,楊場長通知吳所長叫我下山,安排到他主持的花蓮船務公司擔任辦事員,我非常高興有機會考夜校,感謝吳所長兩年來的照顧與知遇之恩。到了船務公司即台灣省機帆船聯營處,楊清枝先生擔任主任,派我做會計主任李春生的助理。李先生算盤一流,做事認真謹慎,為人厚道正直,重義氣,有修養,真是我的好上司和好老師,向他學習很多。

楊場長告訴我他有一外甥張西村與我同年,住嘉義,初中畢業後考不上高中,整天遊手好閒,想叫他來花蓮與我同住,希望我可以影響他改邪歸正,努力補習一起考花工夜校,我很樂意地接受了這任務。西村兄搬來與我住後,白天到壽豐鄉公所工作,晚上我們一起補習漢文,我中午利用休息時間也補英文。我在服務單位受到同事們肯定,當時花蓮市稅徵處舉辦會計稅務補習班,公司派我參加,讀了六個月會計學,學習了算盤,讓我受益良多,結業時我拿到全班第一名,真是一分努力一分收穫。

楊先生很器重我,他母親過世時,我擔任治喪總幹事,競選縣議員時,我當他的助選員,後來選上議長有公家專用車,他的自用機車也給我與西村兄自由使用,他出差時重要私章常囑託給我,同事常開玩笑

說我是楊家未來的女婿，其實他的女兒才國校四年級，還言之過早。

　　我在會計補習班時迷上在土地銀行上班的傅小姐，她上下班都必須經過我公司前面的道路，常常碰面打招呼。她長得很秀氣可愛，我們日久生情，我約她郊遊到月眉糖廠找我朋友吳先生玩，她答應了，我喜出望外。我們週日乘火車到壽豐站下車，向東走要渡河過沙洲，兩人手牽手渡河，一路上情話綿綿，我人生中第一次與女性接觸，墜入情網，嘗到初戀的滋味。吳先生招待我們在糖廠午餐吃海鮮，真是快樂似神仙，永遠難忘，從此兩個戀人開始約會，花前月下，散步談情。我每週都寫情書，寫現代詩給她，充滿了人生的新希望，白天上班，晚上去夜校和談戀愛，生活很忙碌。

　　會計補習班結業後，傅小姐告訴我她要去台北兩個禮拜，我很驚訝為什麼決定去台北？她說到台北會每天寫信給我，很快就會回來，臨走時我到車站送行，心中很不捨。她走後我每天盼望郵差帶來她的訊息，結果一天又一天，一週又一週過了，全然沒消沒息如石沉大海，讓我心急如焚，失望又著急，坐立難安，白天無心工作和上學，晚上難於入眠。我們沒有吵過架，我也沒得罪過她，沒理由不來信，更沒理由拋棄我，我無法理解她的心情，也不知道她是什麼理由，若是不喜歡我，也可以坦白告訴我，真是解不開的迷網。

　　我的情感越陷越深，第一次嘗試到愛的苦果，我很痛苦，滿腹疑問，男女感情為什麼會從如膠似漆而突然杳如黃鶴。有一夜我到公司值夜班，心情苦悶，又想到我是沒家的流浪兒，情緒爆發令我忍不住痛哭失聲，許副主任住在公司後樓，他看到我的狼狽樣，關切地問：「有什麼事讓你傷了心？」我真不好意思，隨便搪塞其詞說：「沒事！沒事！」我應付過去，也真正品嚐到失戀的滋味，時間很快過了半年多，傅小姐的事也漸漸淡忘了。

失戀邀友茶室解悶

　　我們船公司會計主任李春生被徵召入伍，我升為會計主任，我與西村兄同時考上花蓮工業學校，楊先生很高興。我們晚上一起上花工夜校，與從台東和池上來的同學廖國祥和梁萬逢變成好伙伴，四人經

常一起吃喝玩樂。我第一次帶西村兄與國祥兄上茶室,南港來了一位十八歲姑娘「梅子」,青春活潑,皮膚白晳又豐滿,比傅小姐漂亮得多,溫柔又熱情,我被她深深迷住,夜校下課後一定與她相會,她請我吃最好的宵夜,我們就像一對熱戀中的情侶。有一次我要回台北,她去車站送我,我們只是小小離別,她竟淚流如溪水般。我們曾同回台北到她南港的家,一起回花蓮途中遇到颱風,蘇花公路坍方,困在蘇澳旅館住了五天,真情讓人難忘,雖是歡場紅粉知己,事過五十年仍不能忘懷。

當時也帶過夜校同學上酒家,都是由我帶頭,買襯衫和運動帽,每人都有,吃喝大部分都由我買單,因為我的薪水收入比他們多,同學們都稱我們是「四羽毛」。春節休假一起到照相館拍照留念,也拍了個人藝術照,老板把我的照片放大排在照相館的大櫥窗裡作樣本,照片擺出後很多人以為我是日本偶像明星,相館老板鼓勵我去考電影明星。

南洋影業公司拍《基隆七號房慘案》在台中市農教製片廠開鏡典禮,導演莊國鈞先生與全體工作人員合照留念

　　有夢最美，我受父親遺傳喜歡藝術，常幻想當明星，開始注意報紙廣告。當年上海和香港影人紛紛來台拍片，台灣也成立許多新公司拍台語片並招考演員，我寄出五、六家公司報名資料，每一家初審都通過，要到台北面試。我很高興有機會做演員當明星，來船公司也快三年了，待遇又不錯，好多同學很羨慕，我的心蠢蠢欲動，最後決定再冒一次險試試看。我選了最具規模的南洋影業公司，該公司拍的片正在台灣各地上映中，《基隆七號房慘案》很賣座轟動。我請了三天假上台北面試，被公司錄取了，再回花蓮向楊主任辭職，他很驚訝，反對我去冒險當演員，但我心意已定，感謝楊主任提拔知遇之恩，為了實現生平夢想，不得不離開船公司，投奔到另一個不同的世界。

▌年輕時代二十歲投考電影演員被錄取

4
夢幻的世界

進入影劇的世界

　　我二十一歲到台北南洋公司，張雲雁經理要我馬上到台中市昇平旅社報到，接受演員訓練。第二天我趕去台中找到昇平旅社，日式建築的大眾旅館，大廳裡坐了一位裸著上身只穿白短內褲，口嚼檳榔的中年人，與三位女服務生打情罵俏。我進門後，問：「請問南洋公司是否此地報到？」這位中年人搶著說：「你是入選男主角演員高仁河嗎？」我馬上回答：「是的。」他自我介紹，原來他是教戲老師洪信德，《基隆七號房慘案》的編劇。他叫服務生帶我與另一位新人翁居山住同一間日式塌塌米房間。翁居山先生是嘉義人，小我一歲。

　　洪先生分給我一本《梅亭恩仇記》劇本後，又來一位少我四歲的劉明裁，藝名劉方，是立委劉金約先生的兒子，長得很帥，我們三個人同住一間房間；來自豐原的蕭錦松，藝名蕭河，也是男主角人選，我們四個人結拜為兄弟。吃飯時，工作人員與新來的人都到對面租的一間大飯廳，擺五、六桌，每桌有四張長椅凳，像廟會吃拜拜，戲班後台的吃飯方式。台語片初期，拍片為節省成本，以土法煉鋼的克難方式製作，與我想像中的美國電影公司的製作環境相差十萬八千里，我很失望也很後悔，但又沒退路，也不可能再回花蓮，只好走一步算一步。

　　晚上我們新人都集中到大房間，來了一位副導演涂良材先生，嘉義朴子人，台大外文系畢業，是老板兒子林輝遄的中學同學，負責訓練新演員。當晚他與大家一起念劇本，翌日再分配角色和讀對白，我們受訓約兩個月。

　　新片《梅亭恩仇記》導演是李嘉，演員有張麗娜、吳萍、李松福、陳麗華、南方燕、劉方、蕭河、高峰，我飾演老師的角色。開鏡

典禮在一間學校的教室舉行，同時招待媒體記者參觀，觀眾數百人圍觀，第一個鏡頭拍我教學。導演講解劇情之後，李導演喊一聲：「預備……預備……卡麥拉！……」很大聲，我非常緊張，因為有幾百雙眼睛在看我，又是第一次上鏡頭。攝影機開動了，我開始演了，差不多五分鐘，導演喊一聲：「卡……！」，我不知喊卡，身體和手不可動，因導演要接拍近景，我手放下來，李導演大聲叫罵：「他媽……的，我叫你不可動，為什麼動？重來！」我在眾人前出洋相，真是無臉見人，我不會演戲真差勁，對自己失望極了，這條不是我走的路，我應急流勇退嗎？

　　南洋公司董事長林章先生對我很器重，公司對內外的行政，來去公文、電報，跑銀行，劇務等雜事都由我幫忙處理，（林董事長了解我的心情，告訴我：「演戲沒前途，你跟我來學做老板。」）我被李導演這一喊，正進退兩難時，又經林老板的指點，讓我改變了整個想法，該換一條路走走看吧！從此我就去當林董的秘書。

嘉義南洋製片廠

　　自辭掉花蓮船公司好的工作，加入影界拍第一部片當演員失敗後，感覺有很大的挫折感，回想在花蓮這一段生活多彩多姿，想到與天真無邪的梅子的一段情緣，就像《茶花女》的故事令人難忘，又想到護士蘇小姐，她無條件帶藥劑替我長期打針治肺病，默默獻出一片痴情，我們卻沒緣份，成為我永遠的虧欠。

　　隔鄰建智兄是前木瓜林場同事，他有兩個妹妹，大妹巧鳳，聰明機智，我很喜歡她，可是大我兩歲；老么月秋，在公賣局當打字員，曾打字寫情書邀我出遊，我對她卻不來電。隔壁還有一家理髮廳，老板的女兒是理髮小姐，很活潑又漂亮，每天有很多阿兵哥來理髮，西村兄常笑她是陸、海、空三軍統帥。過了半年，西村兄對我說三軍統帥他已下了手，我聽不懂。不久統帥肚子大了，西村兄與她結婚，生了一個女兒很漂亮，二十年後變成電視大紅星張富美。人生無常，大話不可說，我也說過誰娶到她（南洋會計小姐）會倒霉，結果卻是自己娶到，緣份都是天註定。西村兄後來考到法警，一生奉公守法，家

庭美滿，十多年前腎臟癌往生了，他是我一生最忠誠的朋友。

　　我來到嘉義南洋製片廠，就想到西村兄。南洋公司在嘉義正拍一部台語片《純情淚》由老導演吳文超執導。我來嘉義片廠每天盯著製片拍片進度和演員調配，了解劇務、場務、拍外景、服裝、道具、燈光、設備、化妝等，各種製片分門別類都要學，最重要的是控制預算，尤其是財務的拿捏，來了半年漸漸熟悉製片的程序與方法。片廠進出人士很複雜，三教九流都有，訓練演員老師涂良材是朴子人，常來廠裡，帶他的同鄉林福地介紹給我，我們後來成為好友，他在國校當教師，很想來參加電影工作，我就安排他先從學化妝開始，他有空就來片廠幫忙；台北時代照相館老板王志遠兄，是嘉義製片副廠長，也是老板兒子中學的同學，我到嘉義時，他回台北胃部開刀，病癒後來廠一起工作，與我、福地三人變成莫逆之交。

　　在嘉義製片廠中有一位新進的女演員，南投人，長得很清純的少女，個性天真活潑，常來辦公室找我聊天，每天晚上花前月下，我們慢慢談起了戀愛。因我有了一次初戀的失敗經驗，就把交女朋友當做遊戲。

　　她拍完了戲要回南投，留下了她的地址要我去看她，再三懇求不可失約。我調職到台北總公司時，路過南投去看她，她的家開布店是有錢人家，看到我很高興，請我去吃日本料理後送我去車站搭車，似乎有熱戀中的感覺，相約兩週後到台北看我。到台北後，我住在老板的公寓，每天寫一封信給她，時間真快過了兩周後，她來到台北與我相見，我帶她去遊樂園逛，晚上去新公園談情說愛。我第二次墜入情網，對女性還是有些不信任，她知道公司發不出薪水，每週來信都寄五十元給我零用，我真感謝她是我的及時雨。

　　約有半年之久，南洋公司老板也到香港投資拍廈語片，又喜歡打牌，輸很多錢，台灣賺的錢不斷匯出，以致公司財務週轉困難，有時幾個月發不出薪水。我來到台北總公司，林老板大部分的時間都在香港，我很失望深感英雄無用武之地，常在辦公室椅子上睡覺。

　　在嘉義片廠認識了不少女演員常來找我，都叫我哥哥，公司會計陳寶雲小姐常叫醒我說：「小妹妹找你！」她很不情願，想我年紀這麼輕，天天睡覺，無所事事，又有很多美女來找，似乎很蔑視我，有

一點討厭我。她很嚴肅，不苟言笑，臉長長，頭髮又摻雜很多白髮，我看她是怪物。有一次我口袋空空要向她借五十元，她說沒有錢，下班後我偷偷打開她的抽屜，發現還有幾百元現金，因此我對她印象不好，常對同事說娶到她一定會倒楣。

後來公司要向稅徵處報稅做帳，拍片開支繁雜，陳小姐趕不及做，林老板叫我幫忙，他知道我會會計，幾天過了我沒動靜，陳小姐想這位戲遊子，那會打算盤懂會計！真人不露相，一週過後我請小姐把帳簿傳票拿到倉庫，我把上衣脫掉，開始埋首整理，算盤拿來手勢熟練，陳小姐嚇了一跳，想不到這戲遊子也懂得會計，從此對我印象慢慢改變。

我們在公司裡無事時，常與同事玩紙牌，拿破崙攻擊我最有雄心，每次都想作莊，想作老板，需要點一位秘書來搭檔配合，每次都點到陳小姐，每一次都很配合，每一次成功，百戰百勝，變成最佳拍檔。南投女友信也沒來，漸漸淡忘了，後來聽說她要去參加林松柏歌舞團隨片登台，從此就沒有消息了。

南洋公司又成立大和影業公司，邀了南部戲院投資西片，由他們的代表，王東西先生當總經理，我做業務經理，我們進口了很多西片，其中如《菩提樹》和《野玫瑰》都是很好的教育文藝片，上演後佳評如潮，賣座也不錯。

我與陳小姐感情漸漸有改善，我們常領不到薪水，我與陳小姐想辦法向公司租了這兩部片，再去找學校請老師與校長看試片，再與學校合作，找學生來看包場與學校分帳，賺了不少錢。我們所賺的錢可在三重市買兩棟新販厝（廉價屋），我把所賺的錢都寄存母親，準備結婚要用。突然我接到兵役檢查身體通知單，要回花蓮檢查體格，我告訴陳小姐，我要去入伍當兵，她很驚訝，就邀幾位同事設宴為我送行。我回花蓮檢查體格，發現有輕度肺結核，被列為戊等，暫時緩調明年要再檢，我本想不回台北，要在花蓮做生意，計劃做運輸把牛車改用拖拉機，快速又省事，我只是腦中做白日夢，想要實現是不容易的事。

我離開台北後，每天想到與陳小姐一起玩拿破崙，叫她做秘書，百分之百成功，租片到學校包場工作，她暗中協助我，又沒有好處

給她，內心真虧欠，我決定改變主意，趕回台北看陳小姐去，好好補償她。

沒有晚餐的散步

我回到台北，陳小姐看到我真高興，當晚我請她吃晚餐。當時中興大橋剛重建好，開通沒幾天，我帶她去看新橋，這條橋是我們第一次的約會，真值得紀念！走到了三分之一路程，橋下有浮洲小半島，我們隨橋梯走下，橋下有微弱燈光，照在淡水河面，水靜靜的流，天空有半枚月亮，我們手牽手無言漫步在沙洲上，我突然拉緊她雙手抱緊了她，她沒反抗，她的第一吻獻給了我，從此愛上了，緣訂三生，跟著我辛苦了一輩子。

南洋公司老板林章在香港沉迷於牌局酒色，台灣公司收入揮霍散盡，南部戲院老板投資大和公司收入都被挪用，帳務不清，引起訴訟糾紛，差一點動武拿出武士刀。後來南洋公司倒閉，我與陳小姐都失業了，我搬離林董事長住的公寓，暫回三重埔母親家住。

我白天與陳小姐在西門町籌組人愛服務社，中午一起吃一元五毛的陽春麵，黃昏下班回家沒錢吃晚餐，我與陳小姐一起從中興橋淡水河旁，沿路散步走回家。途中我們談如何白手創業，建設家庭的計劃，走到撫順街陳小姐家已八點了，陳小姐母親趕快到鄰近店家買一大杯冰涼紅茶給我喝，真是心涼脾肚開，這種滋味永生難忘！我再乘14路公車回三重埔，到家吃飯已快九點鐘了。我與陳小姐沒有晚餐的散步這段艱苦的日子，也是很快樂的，因為我們內心充滿著希望。

繼父與王永慶的關係

繼父服務協志商號服務四十年，在埔里退休時兩袖清風，退休金僅夠買一座坐落在埔里初中正對面的日本舊宿舍，另分些大同公司的股票。

林提灶左右手廖金海先生是製圖師，負責台北行政院大樓及總督府官舍承建工程，在日本戰敗投降後，日本人遣回日本時，據說他

私自也得了日本官員贈送宿舍，房子有五、六十間，後來他辭去協志商號的職務，專心經營房地產生意。台灣光復後需建房舍，總統府前後、南京東路和敦化北路一帶土地、聯合大樓、福華大飯店都是屬於廖金海家族，幾十年經營累積變成台灣大財閥，九個兒子全都大學畢業出國留學，有醫生、律師、工程師、博士，個個傑出，老先生夫婦活到百歲，財、子、壽全有，真有福氣。

繼父經營木材生意並不順利，他的侄子在中壢經營三陽木材行，資金不足，要繼父加入合作，全家搬到中壢，合作三年，虧損累累。原來是被侄子暗中掏空，家有十幾口，生活開銷浩大，不得不再另謀出路，後經營採砂石場，天無絕人之路。

王永慶先生年輕時在嘉義受雇於米店送米，認真又勤勞，繼父是現場經理，協志商號承包建設空軍嘉義飛機場工程，工人有幾百人，也是王永慶的客戶，兩人交情不錯，後王自己出來當老板，要求老宋向他買米，繼父全力支持他，有此恩情木材業生意也有交往，老宋老實正直，知道有難特來關心探訪，邀請繼父到「莊新發公司」當他的代表，該公司有四位股東經營木材與磚廠，繼父擔任公司的經理待遇很好，三重埔大同北路二樓給繼父全家住，王的妹婿謝德修先生住樓下。

不久王永慶的父親往生要繼父代買棺木，要求最大俱和最好的木材，不論價格，繼父就由香港進口一具福州杉十二萬元，太貴的印象還留在腦中。後來王先生投資台灣塑膠公司要繼父與謝德修一起去台塑公司，兩人原本都不想去，最後謝還是去台塑當高級職員；繼父沒有福氣，六十多歲得心臟病，就從公司退休，七十七歲往生。他一生忠直、清廉、盡責，效忠老板，做事認真，每天清晨五點鐘起床，我學習了很多他的長處。我去韓國常帶回高麗人蔘給他，他很高興。生病期間寶雲常去探訪關心，他常對寶雲說：「你們對人有情有義，對父母有孝，將來一定大富大貴。」

台南好友蔡先生是劇照師，也是嘉義片廠同事，來台北找我。他有照相器材和燈光設備，想找我合作在台北開照相館。南洋公司前股東吳心布先生，在成都路大世界戲院對面有一棟三層樓房，二樓空在那裡，地點不錯，我去找吳先生洽談，他馬上答應租給我。我向母

親借了一對金手環當作保證金，蔡先生出機器和燈光，我又向母親拿三千元作裝修費，王志遠兄建議我們用美國雜誌「Life」（生活）為店名。開幕後照相館在二樓，很難引人注意，沒什麼生意。南洋公司以前老同事都失了業，常來走動，吃飯時間一到，最少也有六、七個人，我們都到西寧南路的菜市場路攤吃魯肉飯，買單付帳當然是我，收入不夠支出，三個月後，我無條件退出給蔡先生經營。

我借用了相館前段做暫時辦公室，陳小姐每天來辦公室關心，嘉義朋友林福地有難從水里鄉來投靠我，弟弟仁壽也失業，我與陳小姐儲蓄漸漸用光，中午大家只能吃最便宜的陽春麵，麵攤在昆明街小巷，陽春麵摻一點黑醋，也滿好吃的，一碗一元五毛，有時我們要兩碗才夠飽。

我每天送陳小姐回家，我們從中興大橋沿淡水河岸，在黃昏夕陽西沉手攜手，空著肚子沒晚餐的散步，走到她家差不多快八點半，我們一路研究做什麼行業？將來怎麼如何建設家庭？她鼓勵我再回去上夜校，所以我後來再去北二工夜校上課。我們身無分文，想來想去只能靠我們的智慧「無中生有」。

1962年2日6日台北市第二工業學校高級部機械科畢業同學合照留念

5
創業無中生有

創立人愛服務社

我們現在有四個人，陳小姐、林福地、仁壽和我，有人力要靠智力配合體力，我想開一家專門替人家或公司服務的公司（無中生有），取名人愛服務社，凡是有什麼疑難雜症需要解決困難事項，都可以替人服務，但我們只懂電影業工作，那就從影業界來開始吧！服務項目有製片、編劇、劇務、場務、化妝、道具、交通及代寫鋼板、印刷劇本、貼海報、發傳單、記帳、報稅、報關、申請影片進口、檢查申請公司登記、代辦宣傳和辦記者招待會等。

當時沒有廣告公司，我們已先開始籌組類似廣告公司，從而試探市場。我們印了傳單寄給二、三百家的影業公司，兩個多月沒有一通電話，也沒有客戶來詢問，只好耐心等待。有一天在路上碰到我當初踏入影界的第一位教戲先生洪信德，他問我現在幹什麼，我給了他一張人愛服務社名片及傳單，他看了問我：「你們有代寫鋼板、代印劇本嗎？」我說：「有，當然有！」他說：「那太好了！我正有一本編好劇本需要趕印六十本，可以給你們做。」這是我們第一筆生意上門，真是令人高興，我與福地分開寫鋼板，陳小姐與仁壽負責油印，一週後印好六十本交給洪先生，他給了我們一張六十天支票六百元，我也勉強收了，拿去向王志遠兄調現金分發大家零用，不料那張支票竟跳了票，永遠收不到這筆錢。

不久在路上碰到大同影片公司盧美柔先生，他的前公司就在「南洋」隔壁，我們是好友，他現在投資西片與朋友剛成立新公司，他很關心問我最近好嗎？我介紹人愛服務社業務項目，他看了傳單很驚訝的說：「你們也可貼海報，真了不起。我公司就在萬國戲院對面，我們有新片快上映，可到公司拿海報幫忙貼。」我接到第二筆生意太高

興了，海報拿回後，心想我們沒本錢，最少要建立信用，讓客戶有信任感，於是將海報分成三分，我貼甲區，福地乙區，仁壽丙區；因每貼一張海報，公司會送一張換票券，我就規定每貼一張，什麼地點、店名列表登記。海報留剩下六張與交換券一起交還公司，盧先生看到張貼有地點明細表，很驚訝說：「您們太老實，年輕人好好幹！」把六張招待券再加六張送給我們，因通常請戲院員工幫忙張貼海報，最多貼了三分之二就很不錯，剩下部分海報、交換券換戲票，每張十二元，海報又私下可賣，但是我認為該正正當當的賺，不要賺不正當的錢。

盧先生對我們很信任，傳單也交給我們分發，又介紹了幾家公司，於是業務漸漸增加。有一次我到盧先生公司，他在寫新片廣告稿，我在旁看有錯字加以更正，他看著我說：「高先生是南洋公司的才子，也做過西片宣傳廣告，對了，你來代替我寫稿好啦！」從此我替他的公司新片發文宣稿，福地設計鋅板、特刊，生意越來越多。

因為福地學美術設計，鋅板、傳單、特刊設計得很美，很多公司找我們設計。完成要請製板廠製成鋅板，我就問光台製板廠老板陳敏聰先生：「鋅板每坪多少錢？」他說：「每坪一元八毛，這是公定價。」我又問：「若是我們設計專給你們做呢？」他說：「一元四毛就好。」君子約定，從此每接了一部片，鋅板就可多賺七、八百元。我先去問彩色印刷廠印傳單、特刊印工多少錢，他們告訴我彩色要印三色，基本色每聯六十元，是給設計公司價，又去查問製彩色版，每版要一百二十元，再去問紙行老板紙用幾磅，每聯多少，德記紙行老板說一般傳單是毛造紙四十至五十磅，也有銅版紙價錢相差很多，毛造紙每聯四百元左右，可開三十天期票。我們開始承包印海報、傳單、特刊及宣傳物，要買紙先向好友王志遠先生借支票，他撕了三張空白支票給我就去台南出差。我真感激他對我的信任，二話不說又介紹了林中志先生幫助我成立影片公司，是我一生最大恩人。王先生給我三張支票，我只用了一張，開給德記紙行三十天期票，到期存入該付款項，其他兩張再退還給他，我們對業務從此大概都知道成本，如何分開作業增加業務利益，因為我們能寫、能編又能畫，服務好，信用佳，生意也越來越好。

　　賴國材先生的台聯公司是電影界大公司之一，他也代理南部四、五十間戲院排片、寄片工作，又自己拍片發行，大和公司王東西也在該公司負責南部戲院排片工作，賴先生影片宣傳工作都交給我們做，後來他公司與稅捐單位有麻煩，報稅有很多問題，賴先生知道我懂會計，找我來替他重新整理報稅，再向稅捐處交涉，得以順利通過，從此替台聯公司記帳，台聯賴先生又介紹了很多公司代記帳，只好請陳小姐協助。

　　吳文超導演要成立新公司，來找我代辦申請登記，這應該是會計師辦的事，我想天下無難事，只怕有心人，就去請教北二工的幾何老師，他正是會計師。他說要公司組織章程、股東名冊、資金證明、會議紀錄及會計師簽證等，我要求他協助蓋章簽證，他也同意，每次收三百元費用，我就照表填改各項文件，再找在八信當經理的堂兄設法買一張資金證明，付三天利息，再請老師簽證蓋章，拿到經濟部申請，又請教主辦人員，如何送件會順利領照，我送了電影招待券給他們，效果真的不錯，兩週後拿到經濟部執照；之後還要向新聞局台北市政府申請兩個執照，如法泡製，三張證照四、五十天完成，比一般會計師辦得快一倍的時間，我收費只有會計師一半，後來就有很多要成立新公司，委託申請公司登記。人愛服務社生意接不完，公司增加不少人手，包括影片通關、檢查、出入境出國、辦護照、影片宣傳，這可以證明事在人為，只要有心努力向前求進就會成功。

　　在這期間，前南洋公司前輩同事涂良材先生集資執導了一部十六釐米台語片《望您早歸》，林福地也來幫忙，演員有易原、吳萍、陳錦鳳等。我代東興影業公司申請拿到公司執照，還特別拿十六釐米機器到電檢處放映，檢查通過後先安排在朴子上映，演員隨片登台。但新導演、新演員沒號召力賣座不佳，十六釐米又沒戲院要排映，我也無能為力。

　　涂良材兄愛好電影藝術，全力投入製作電影、編劇、導演、訓練演員和研究工作。南洋公司倒閉後，涂良材繼續辦演員訓練班，又籌拍《望您早歸》賣座失敗，他回嘉義國中教英文，晚上替學生補習，又忙寫劇本，每天工作超過十八小時。他為人忠厚仁慈、做事認真、敬業謙卑、讓人尊敬，我們成為莫逆之交。後來中興公司也請過他拍

一部新片《在室男》成績平平，同學邀他來台北廣告公司負責拍廣告片，生意很不錯。後我移民阿根廷後，在台與朋友合組貿易公司，也請涂先生兼總經理，也可以說他是林福地朴子的老師，可惜好人不長壽，他工作體力透支，四十多歲因過勞腦溢血往生，真可惜，影藝界又失去一位英才。

立業結婚生太子

人愛服務社業務繁忙，廣告美術設計福地與仁壽常通宵熬夜，我對外業務忙得不可開交，陳小姐記了很多公司的帳，另外還有三個人負責貼海報、發傳單、及送稿工讀生，算規模不小的廣告公司。

前南洋公司業務經理張雲雁先生到公論報當廣告部經理，他打聽我經營人愛服務社成績不錯，尤其是對電影公司廣告宣傳關係很好，就來拜訪我，要求協助公論報承包電影廣告版，因過去在南洋公司，他是我的上司很照顧我，我就答應了。我們分成兩部分，白天我跑業務，當影劇股長負責拿影片及戲院廣告，林福地當排版股長，晚上在

| 1960-3-13結婚在家拍照留念

報社負責設計排版，我們日夜忙碌。過了一年多，與陳小姐訂的婚約也超過兩年了。

我事業已有一點小基礎，母親對陳小姐這門親事不是很贊成，因謝先生常說要介紹股東莊太太千金，母親想我可變金龜婿，何樂不為，我聽了笑笑而已。最後母親勉強同意我與寶雲的婚事，我們決定在一九六〇年三月十三日結婚。之前存放在母親那筆結婚儲蓄金，約可買三重兩間販厝，錢都用光，當然我與仁壽、福地住在母親家也花了不少錢，最主要母親不會理財，所以我結婚不得不向宜蘭好兄弟林火西兄借五千元，向光台製版社陳敏聰兄，代我賒了結婚雙人床六百元，結婚宴客場所借宏國新建新販厝席開二十五桌，請了電影界客戶、夜校同學、親戚朋友也算滿熱鬧，林福地還準備十六釐米攝影機全程拍攝。去年慶祝我倆金婚紀念，小女佳莉特別找出之前拍的十六釐米底片，重新沖洗、剪接，重現五十年前寶貴歷史的鏡頭。

我們結婚後暫住三重埔大同北路繼父與母親的家，二樓中半樓不能站立，小房間白天很悶熱。我們到台北市上班搭的公共汽車是十四路，當時公共汽車只有十九條路線，是0加東、西、南、北路線四條，及1～14路有十四條共十九條路線。跑三重埔算跨過淡水河，過市區界有14路及0北、9路，14路是最長的路線，從台北車站經延平北路第一劇場，再過台北鐵橋到三重埔，到我們住的大同北路已算是郊區，要花五十至六十分鐘車程。上車要先向車亭買票，車上有車掌小姐撕票，最後站是菜寮，已是到鄉下了。我有一位花蓮同鄉好友，以前木瓜山林場同事曾李淵弟弟曾耀輝，讀國防醫學院已到實習階段，住在菜寮伯伯的房子，晚上做診所，我常去找他看小病，當時從大同北路到菜寮都是農田與菜園，人煙稀少。

宏國建設公司初期開始就在鄉下農地大批建設廉價販厝，我宜蘭市中山國校同學李茂清做廣告，幫他們畫販厝廣告看板。宏國公司的親戚謝隆盛說他每天都需拿布袋去裝鈔票，收賣屋款一期約五至六百間，一週間全都賣光，也可說是台灣建商第一代黃金時代的開始。

寶雲已有身孕，有時下雨要坐三輪車回家，車資要三十至四十元，每天幫忙母親家，有五男一女都在求學，加我們四個人及父母親共十二人，準備吃飯、買菜、洗衣、打掃，每天清晨五點必須起床準

備七個便當及早餐，還要趕去公司工作，下班回家吃過飯後，還要洗十二個人衣裳和卡其褲，有時洗到凌晨一點鐘，辛苦極了，寶雲無怨無悔，真是難能可貴的好媳婦。

我們結婚後住在母親家已有一年，寶雲因害喜，每天想吐，吃不下東西，身體漸漸衰弱，又要早起作飯，晚上洗衣受不了，我跟母親商量想搬到外面租屋獨立，母親不贊成，她認為我太聽太太的話，弄得雙方氣氛尷尬。最後我們勉強離開宋家，包括仁壽與福地都搬到台北市重慶北路三段租的二樓。

一九六一年九月十四日生下第一胎兒子，在第一劇場旁巷子的福生堂醫院誕生。寶雲到福生堂是十三日晚上八點半，肚子開始陣痛，痛得全身冒汗發抖，哀叫十二個鐘頭不停，我與岳母一直陪伴她整夜，我的手拉住寶雲的手，不敢放鬆，一直陪伴在身邊。到清晨八點多女醫師說差不多了，我聽到她哀嚎哭叫，女醫師大聲說用力，加油鼓勵，努力生下了第一胎男兒永興。我親身感受到當母親生孩子的痛苦，要懷胎十個月，再經過生死掙扎，賭命換取新生命，母性真的

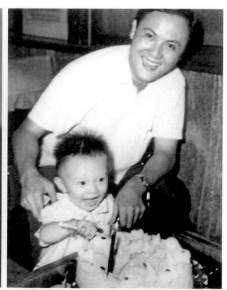

左：1960年3月13日結婚，王志遠兄代拍黑白照片留念
右：1962年9月14日永興週歲合照

太偉大了。助產士將嬰兒抱出來交給我時，我心喜若狂，我已做爸爸啦！上午九點一刻，跑到福生堂斜對面的遠大影業公司，將這個好消息告訴好友詹錫藩兄，他替我高興祝福，並立即通知我母親和兄弟。這是我人生第二階段的開始。

代理戲院排片業務

　　妻舅陳金土與岳父經營金源鑄鐵工廠，承包中壢近郊第一軍團駐在地龍岡介壽堂座椅工程，由印尼僑領童益我等人合作投資。龍岡地區軍人與家眷有數萬人，由於附近沒有電影院，介壽堂開幕後生意很好，時常客滿。經理廖良先生是印尼華僑，前在泗水負責中國國民黨黨務工作兼中學老師，因印尼發生排華事件，他們回來台灣，政府輔導投資電影院，開業已三個月，雖然生意不錯，但上映影片老舊，不受觀眾歡迎。我妻舅後再接裝台北市中國戲院座椅工程，廖先生來找妻舅陳金土兄，請代物色一位安排新片源的人，我妻舅就介紹給我。一開始廖良先生看我太年輕有一點擔心，先讓我每個月排一部片試試看，試三個月後，改每個月三部片，我對工作賺多賺少都不重要，先建立自己的信用與好服務，片租實報實銷，報酬隨意。半年後他決定整月交給我排片，月薪一千五百元，是當時公務員兩倍高薪水，因為介壽堂開幕時委託台北大公司的人排片，片租高又貴，和比我相差數倍。往後廖先生對我很信任，私下共同買二輪西片來發行，也賺不少錢，從此我對經營戲院、排映影片努力研究，打通與各影片公司排片經理的關係。

　　半年後，王志遠兄介紹恆春來的朋友林中志先生，他是經營瓊麻出口日本的大供應商「山海瓊麻廠」老板，在恆春鎮買了一間大倉庫，想改成電影院，因恆春人口不少還沒有戲院，希望在台北委託一位提供影片，所以專程來拜訪。王先生是林先生台南長榮中學同學，當然相信他推薦的朋友，我告訴他請他放心，因為恆春是孤行獨市，片租沒有行情，我盡力壓低片租，照龍岡介壽堂價格一千五百元，他很高興，我們結成好友。後來助我成立影片公司，他也是我最大的恩人之一。

　　公司越來越忙碌，堂弟高大山加入，妻弟陳金義也來幫忙，寶雲妹妹陳寶卿來做助理會計。屏東市仙宮戲院放映機師詹先生，介紹吳國政先生來台北找我，因屏東信生堂醫院張簡庸生院長在水底寮正興建一間新電影院，預定新年開幕。吳國政兄是新戲院經理兼辯士（解說員），因張簡庸生醫師太忙，特邀請我與寶雲一起南下水底寮與他見面。張簡庸生醫師在屏東縣很有名，他擅長於急救農藥巴拉松中毒，救活很多人，醫生娘也很仁慈，在地方上常佈施濟貧，因此信生堂醫院醫德聲名遠播。張簡庸生醫師夫婦與我們一見如故，特別請我們到東港吃海鮮、紅蟳，生蚵。他同時又在枋寮租　間電影院，也是委託我們排片，新年時一起開幕。

　　王東乾先生是花蓮戲院老板，接著來委託排片，台東曾清風兄東台戲院也要與花蓮戲院走台語片路線，也要我們排片，高雄縣路竹戲院鄭李葳先生也是由屏東詹機師介紹來委託我們排片，我們一年內已有七家戲院委託排片的業務，人手不夠，花工夜校同學廖國祥當兵退伍也加入公司，協助我排片工作，台東五叔長子高郁峰，也來公司幫忙寄片寄宣材。「人愛服務社」開業三年，業務忙碌異常，影片宣傳、廣告、公論報影劇版承包由福地、仁壽負責，會計記帳由寶雲姊妹負責，排片工作由我與國祥負責。「人愛服務社」在電影界短短三年異軍突起，「從零開始」，「無中生有」，就是靠信心、毅力與智慧。

成立中興影業公司

　　林中志先生的恆春戲院開幕後，生意很好，每天收入多達數千元，每部片發行費不會超過五百元。一部片放映兩天，一個月收入超過十萬元，片租與費用不會超過三萬元，林先生非常滿意。

　　屏東縣恆春車城一帶農民大都種植瓊麻，林先生主要生意是瓊麻最大出口商，岳父又是恆春農會理事長，在恆春可說是大財主、土皇帝。他每個月都來台北與日本丸紅會社接洽出口瓊麻業務，他與台北市重慶南路榮記攝影器材進口商潘文宏先生，找王志遠兄協助，代理日本相機、相紙，都是當兵同袍常一起吃飯喝酒，每次都邀我參加，我們變成無話不談好友。

　　林先生被恆春一家工廠倒了一大筆帳收不回，到台北委任我找律師設法催討，經與律師討論後再與債主幾次商洽，以工廠機器、土地抵押分期攤還，解決了問題。林先生很感謝我，請我吃飯問起我家事，我就告訴他，我三歲失去父親，跟轎後去「繼父」家，十六歲離家出走闖天下，從零開始創業，他聽了很感動，回恆春也告訴他的太太，對我留下良好的印象。

　　過了一個多月他來台北問我將來有什麼計劃，我對他說我從小夢想做電影明星，現在想開製片公司，他問我要多少資金，我說最少新台幣二十萬元，他說資金他負責，工作由我來處理。我與寶雲萬萬想不到，林先生夫婦會全力支持我們成立製片公司，林當董事長，我當總經理，我們商量用林中志先生的「中」字及我剛出生兒子永興的「興」字取名為中興影業有限公司，租用林先生姊姊在懷寧街四十一號的房子做辦公室，正式向經濟部申請註冊登記掛牌成立，我當時二十六歲，離我十六歲離家出走剛好努力十年，事業有成。

　　為了感激林先生無條件支持我們，我承諾與寶雲兩人工作不領薪資，林先生資金以月息六釐計算。我們公司第一部片決定拍台語古裝片，我與林福地兄選了《李世民遊地府》聯合編劇，請邵羅輝做導演、林福地副導演、攝影吳家俊是吳文超的兒子，請歌仔戲團為班底，莊玉盞小生及王麗卿小旦很紅，又加反派角色吳炳南、柯佑民、王哥、小王等，租社子戲院搭佈景，化妝請中影公司的葛香亭先生。開鏡當天準備三牲酒禮、炮、燭敬拜福德正神，開鏡大吉大利。開拍後每次出外景工作人員數十名，為節省開支，午餐便當全部用由寶雲與岳母在家準備，能省則省，在刻苦克難之下殺青完成，包括錄音、配樂在三個月內完成。第一次試片大家都認為有很多特技鏡頭，拍得有創意、節奏又快，台北首輪戲院大光明戲院吳經理、大觀戲院洪經理都說年輕製片人拍得很讚，馬上安排上映檔期，首輪賣座算是中等，在台北市收了二十多萬，全省也收有三十多萬，扣除成本賺了十萬多，也算不錯，初開始就立於不敗之地。

　　我們已有了基礎和信心，計劃再拍更進步的特技片。當時日本片有限制要有配額才能上映，每部生意都很好，尤其是「東映」映畫

出品，日本古裝、武士、動作片，如《宮本武藏》、《丹下左膳》、《盲劍客》賣座每部都非常好。

我們住大橋頭附近，每天都經過第一劇場，正上映「東映」出品古裝武俠神怪片《里見八犬傳》，由中村錦之助主演，人山人海，一票難求，為什麼這樣賣座轟動呢？我與林福地兄去看了兩次研究的結果，第一它是彩色片，色彩鮮麗又是大銀幕，我們還在拍黑白小銀幕，時代差了一大截，劇情通俗趣味性高，劇中有八個神珠，每個神珠可變一隻神犬，又可救主人，特技變化也很多，都是新噱頭，當然比台語片和國語片好太多，所以大受台灣觀眾歡迎。

我們參考《里見八犬傳》的劇情中有八隻狗，改為十二生肖，都是很可愛的動物，可以用七俠五義及水滸傳的故事來改寫劇本。兩個人討論了一個多月，把劇本改修完成，片名決定為《十二星相》，用新藝綜合體大銀幕拍攝，鏡頭要特別租用，每天一千元租金，決定由林福地第一次當導演，再請邵羅輝做導演顧問。開鏡還是在社子戲院搭景，用歌仔戲武打根底演員易原、吳萍、武拉運，及上次飾演李世民的主角莊玉盞、王麗卿、吳炳南、柯佑民、王哥、小王等。

開場戲劇情敘述太子被奸臣篡位，忠臣為救太子，將剛出世太子小嬰兒放在小船放水順流。這一場戲由我的兒子永興飾演，他剛出生半年多，在拍攝中，寶雲與岳母緊張萬分，深怕嬰兒掉入水中，急得快哭出來，我永遠不會忘記這歷史的鏡頭。

6
建立影業基礎

推出《十二星相》

一九六二年拍《十二星相》是新公司的第二部戲，我們很慎重，因為劇本中人物太多，故事太長，只好分成上、下集，由於有很多特技工作，又是新藝綜合體大銀幕，拍了半年才完成。台語片首輪在台北市只有大光明與大觀戲院一條院線，新公司或新導演很難有機會排入上映。恰好圓環旁有一家大中華歌仔戲劇場改建成電影院，計劃上映國語片，我想這機會難得就去拜訪葉生進董事長，他當時也是市議員，為人四海，我也請該院總經理、副總和高錫圭、李魁傑先生一起吃飯後看《十二星相》試片，他們看過試片後很讚嘆又驚奇，都認為台語片比國語片拍得更好，非常滿意，決定開幕第一炮獨家上映，我很高興；但是大中華是歌仔戲劇場改的，又沒放過台語片，在北區、西區又沒戲院，是一件很冒險的事。

仍值得冒險一試的考量，則因為大中華是重新改建，比大光明戲院設備新，座位棒、地點好，我們又是新公司，拍新潮流特技片，我想只要好好的宣傳廣告，一定會有突破性的成效。結果出乎意料的成功，上集在大中華放映三個多月，下集更好，上下兩集超過半年多，轟動全省。中興公司監製林中志、製片人高仁河、新導演林福地一夜成名，首輪獨家兩部賣座超過百萬，全省淨收入近二佰萬，扣除成本賺了成本兩倍多。公司已有收入，馬上把林中志董事長墊出二十萬資金加息全部還清，公司已有資本金及週轉金，中興影業新公司第一步已建立影業基礎，及享有年輕製片人與青年導演稱譽。

▐ 《思相枝》電影海報（陳子福手繪）

感恩拍《思相枝》

　　恆春林中志先生無條件助我成立中興影業公司，兩年內拍了三部新片，已把中興影業公司基礎與聲譽建立起來。

　　一九六三年，我為了感謝林董對我提拔之恩，公司的第三部片應該到林董事長家鄉恆春拍台語民謠片《思相枝》。我提議用〈思相枝〉民謠作主題，編適合恆春的故事，全部在恆春拍，由林福地導演，陳忠信攝影，場記蔡揚名，我與林福地編劇。林董事長很高興，又請了當兵同袍屏東洪江再先生當助理製片。女主角是游娟，男主角我啟用新人，因當時最紅男星石軍、康明、陳劍平、陳揚、龍松都太忙，部分是新劇團出身，年紀都不小，沒有新氣象。主要演員還有易原、吳萍等。

　　中興公司新作法是敢嘗試、敢冒險，我用了立委劉金約兒子劉明朗來當男主角，當時他在國光保險公司上班，我替他取藝名為「劉明」，一炮而紅，後來轉入電視界主演華視電視劇《西螺七劍》，演阿善師改名為「劉林」，變成偶像巨星。

　　《思相枝》導演林福地很用心，用新潮流的手法，每個鏡頭都用藝術角度取景，拍得維妙維肖，又配迷人民謠主題曲〈思相枝〉，試片後出乎意料感覺非常好，大家起立鼓掌，想不到拍得超過國語片水準，文藝愛情作品推出後轟動影壇。當時一般影評人看不起台語片，

但有一位最權威的影評人鄭炳森「老沙顧影」在中央日報登出《刮目相看》標題，指出台語獨立製片中興公司竟可拍出如此超水準的影片，製片人、導演是年輕小伙子，令人讚佩；人材濟濟的中影公司應該檢討，引起影界迴響。中影公司總經理龔弘先生馬上情商借拷貝，請全體工作人員觀看後再檢討。之後龔先生來電商請合作拍野柳義人林添禎落海救人故事，因中影組織複雜，工作效率差，沒談成。

由於《思相枝》的成功把林福地導演名聲捧到最高峰，中興公司氣勢如虹，紅透半邊天，台中市五洲戲院林朝顯、台南市王后戲院王梅明、基隆市遠東戲院林先生、高雄市壽星戲院許火金、潮洲戲院周金土，這些戲院老闆都來找我委託排片。中興公司變成主控台語片最強的院線，我要籌劃公司製片計劃又要為戲院選片、看試片，有時一天要看三、四部新片，還要應酬各影片公司戲院老闆吃飯，有時上酒家，還要應付媒體記者，每天忙到喘不過氣來，晚上都要超過十二點才能回家休息。

代拍《西門町男兒》

華龍影業公司進口日本片賺了很多錢，董事長李道法先生、總經理毛炯先生、經理林國華先生都是我的好友，因他們公司影片宣傳廣告全委託人愛服務社代理，大家已建立深厚的感情。李董對我特別欣賞，又看到我們製作的《十二星相》、《思相枝》影片賣座成功，造成影壇新風潮，希望我們代華龍公司拍一部台語片。我有感華龍公司一直支持又信任我們，我馬上無條件答應，請林福地導演編一部像日本小林旭主演的現代青春動作片《西門町男兒》。當時跟林導演做場記的蔡揚名很想當演員，請林導演推薦，我認為不適合，後來林就讓他先試演小角色司機一角，他沒有演戲的經驗一連NG了二十多次，我還是決定男主角用易原，女主角游娟，配角矮仔財、辰斗、楊月帆、武拉運、吳萍、吳炳南、柯佑民等陣容堅強。

攝影師我想用台製陳玉帛，他是時代映畫協會正式訓練出身，又到日本大學研究攝影，已成為一流攝影師，拍一部要求報酬三千元；林福地導演要用他同鄉好友陳忠信當攝影師，他報酬堅持要四千元，

他以前是在嘉義開照相館，不是科班出身，怎麼可與陳玉帛相比，又不減價；林導演個性較偏激極端，常感情用事，輕重不分，堅持用陳忠信，我與陳玉帛談過，我們意見不同，林福地悶悶不樂又不敢當面向我表達說明，就搞失蹤，幾天找不到人，最後我還是妥協同意他用陳忠信為攝影師，從此他有很多堅持。我是想這部戲是替華龍代拍，能省一定要替人省。

　　又因他拍孩子戲常用大人的對白，五、六歲小孩說出「我怨恨你」、「我要報復」、「我永遠恨你」等話，我認為他是走舞台劇方法，我們是拍電影要有新的拍法，要寫實、節奏快、變化多，但是他還是拍他的想法，我們之間南轅北轍。他認為他已是大導演，不要有人指揮他，藝術沒有界線。我的想法不同，凡事要合情合理，不要超越現實，講一些空中樓閣，他拍他的，我看不對就剪掉，他不高興就又搞失蹤，我們意見很難統一，為了片子趕快完成，只有互相忍耐，把片拍完最重要，因為這部片是替別人拍的。就從拍這部戲開始埋下了分道揚鑣的伏筆。我拍這部戲沒拿製片費，完全是想回饋華龍公司李董對我們人愛服務社創業支持及信賴，好多電影界的朋友都笑我真傻，製片、劇務全是我包辦，要多少錢華龍公司就給多少，我向天發誓一毛都不敢賺，清清白白忙了三個月只賺到一部買來做道具的小兒玩具車四千元而已。現在想起這件事，電影界想法是大傻瓜，太單純天真，在影界當製片大權在握、吃四海、當老大好神氣，當劇務、場務、道具、服裝也都可變小財神，不賺鬼相信，在製片界大染缸中不就是大A、小A差別而已。但是我現在想來過去堅持是對的，今天有這個基礎，完全是靠做人清白，對人忠誠，堅守自愛、誠信、努力的結果。

合拍《守財奴》往事

　　拍攝《西門町男兒》時，因為與導演意見不合，拍片過程不是很順利，華龍公司推出後賣座不理想，林福地與蔡揚名到外面租屋，不辭而別。大中華戲院《十二星相》上映大獲成功，葉董高總與李魁傑兄對我們有很好印象，提議拍一新喜劇《守財奴》，他們想投資合

作。嘉義遠東戲院經理魏一舟先生來訪，也願意投資幫忙並編劇本，我與林董商量後決定三方合作拍片，魏一舟先生是有水準的文人，又會寫劇本，乾脆出任導演，他沒經驗，我請陳玉帛攝影師幫忙，我曾捧出林福地，應該也可捧出第二位新導演。

魏一舟在我的鼓勵下也下海執導，演員有游娟、夏琴心、矮仔財、戽斗、楊月帆、易原、吳萍。我請李魁傑掛名當製片，他為人幽默、熱情、有義氣，我們每天一起工作，臭味相投，變成莫逆兄弟。葉董與高總都是過去江湖好兄弟，還有他們一夥朋友，真正老大是日本馬自達汽車代理商王初生先生，他也是大稻程老紳士和領袖，及英文雜誌社代理陳國政先生，我們常一起去著名日本料理店「銀鍋」喝啤酒、吃沙西米、スキヤキ火鍋，就像一家人稱兄道弟，可惜葉董後因患喉癌，很早就過世。高總最喜歡圓環魯肉鹹菜肉包，常叫人買回辦公室請客，他有兩個太太，常吵架，真麻煩，勸我們不要自找麻煩，喝牛乳用買就好，不必養一頭母牛太麻煩啦！不久他就生病往生了。

李魁傑後與中壢國際戲院邱煥城先生合作投資西片，買一部《諜王鐵金鋼》成本很高，他對影片發行外行，凡事都要請教，為了爭取好戲院與好檔期，用盡苦心爭到暑假排在國賓上映，賣座收入很好，逼近007紀錄，真是意外的成功。可惜福無雙至，禍不單行，影片上映第三週，賣座越來越旺，李先生突然緊急入台大急診，我準備去探望他，李太太說醫院禁止訪客；原來他太勞累得了猛爆性肝炎，昏迷兩個禮拜就往生了。我也快要昏倒了，好友突然離去實在無法接受，李太太是家庭主婦，向來相夫教子，突然受此意外打擊承受不了，我馬上出面為李太太處理喪事，以及蓬萊影片公司業務。

李太太對影片公司完全外行，與邱先生又陌生，需要我出面與邱先生對口做她的依靠，邱先生很紳士亦公道，很尊重我與李太太。蓬萊公司剛成立第一部片就大成功，第二部片收入也不錯，李太太也漸漸了解影片的經營之道，繼續買片與邱先生合作。期間我又介紹一部法國片《大進擊》給他們在日新戲院暑假檔上映，賣座又創奇蹟，與《諜王鐵金鋼》收入差不多。也許是李兄在天庇佑，蓬萊公司越做越順越好，李太太與邱先生合作超過四十年，李太太在西門町新世界對

面本來已有一棟舊樓，又買了一棟六層新樓重新改建，兩棟樓一、二樓店面出租月收入百萬元，收入穩定，算是富戶人家，李兄在天之靈應可安慰。

　　李兄與是我生死之交，比親兄弟還要親，他有兩個兒子，老大明勳小時讀私立徐匯中學，常蹺課逃學險被校方退學，我出面去向學校交涉，提供保證才能畢業。可惜老二明揚已上了中學，冬天洗澡時瓦斯中毒身亡，也算是李太太命中註定。我們與李家相交超過五十年，若我們在台灣，每年過年時常一起吃年夜飯，共度春節，與李家的世紀感情是永遠不會變的。

　　我們與大中華戲院股東結緣及魏一舟，三方合作了《守財奴》，完成後推出成績平平。「人生無常」，「諸法無我」，人事變化都預料不到，已經都是幾十年前的往事了。

戲院老板兒子寄宿

　　水底寮新戲院老板是信生堂醫院的張簡庸生醫師，他最喜歡信任辯士吳國政兄，他建議在水底寮再建立新戲院，建成後交給吳國政兄全權經營，委託我排片。來台北接洽排片業務時，就住在我家，喜歡喝兩杯，與我無話不談，他前妻生有一對孿生兒子，老大吳亮氛，很喜歡讀書，另一位兒子好玩。亮氛初中畢業後，考上建中，來台北寄宿在我家，他平時很努力又有禮貌，建中畢業考上中山醫學院，當了外科醫生，後在永和開診所，未忘恩情，常有聯絡，他父親離開水底寮，轉石光見自營戲院，因喜歡杯中物，五十歲肝癌往生，真可惜，未能享受兒子孝順福氣。

　　潮洲戲院周金土先生也是委託我排片，他是飽學詩書紳士，有兩位兒子來台北報考高中，老大周彰賢考上附中，弟周彰瑞考上北商，後來周兄也要求兩位兒子在台北寄宿我家，彰賢後考上中興大學。後來周金土兄離開潮洲搬來台北定居，我去阿根廷移民時曾寫詩祝賀贈送「南疆大展鴻圖」。彰賢大學畢業後，我介紹他到林中志兄貿易公司服務，後來自己創立貿易公司，做得很成功，周金土先生已往生，享年七十多歲。

7

當導演拓韓關係

被迫上梁山當導演

　　林福地在人愛服務社時，因為邵耀輝（又名邵關二）委託印歌舞團海報，我拒絕承印，林暗中以人愛服務社出面代印，後來我發覺，林拍胸說他負責，因此為收這筆款要仁壽陪他南下大甲找邵關二。他們正籌備訓練新歌舞團，陳劍平、王哥、柳哥等演員及新招考男女新人共有五十多人，林去收款當然收不到，要等歌舞團上演後有收入才付款，邵關二還要他幫忙畫布景，林收不到錢不敢回台北，只好等下去了。

　　歌舞團訓練完成後，第一檔排在豐原劇場表演，由大甲訓練場所將佈景、服裝、道具、團員、行李，全部運到豐原劇場，入住劇場內。第二天，劇場要求歌舞團拿出表演許可證，邵團長無法拿出證件，因檢查還未通過，劇場無法上演，全班人再回大甲原租地，又因前積欠租金沒付清遭拒絕，進退兩難時邵團長乘機落跑，歌舞團群龍無首。

　　林福地本來是債權人卻變成事主，到處找落腳處，到了烏日鄉，有一位老媽媽正有一棟日本舊宿舍空房，讓他們跟團員落腳。團員無錢可吃飯，仁壽及福地的手錶、戒指全部拿去典當，為了團員糊口，帶歌舞團去勞軍換東西吃，表演時又遇水災落難，到處流浪。老媽媽的侄兒是烏日鄉代表，人很慈悲，常資助歌舞團，因此林福地認識了這代表的女兒，後來兩個人談起戀愛，結婚對象就是她。

　　蔡揚名當時在王華階先生公司拍了一部片《無情夜快車》，來人愛服務社租了一張桌子做為連絡，他是隨片監票，因此與林福地在人愛服務社辦公室一起認識。

　　不久收到仁壽當兵召集令，我不得不找他們回台北，後來蔡揚

名到頂雙溪戲院做監票員，老板鐵牛仔對他印象不錯，留他當戲院經理，替他管理戲院排片，請仁壽、福地寄片。

導演林福地與蔡揚名一起離開中興公司後，他的同學見林已是大導演，是好機會，即與林導演合組「宏大公司」，由林主導計劃，連拍三部《世間人》、《婦人心》、《我的命運》現代新片。

新公司三部新片都用蔡揚名為男主角，又請白蘭、何玉華、金玫三人。金玫是新劇出身，也算新人，出資人是林福地朴子的同學，對電影發行又不懂，男女主角都是新人，結果拍出電影排不出去，出資者破產，公司關門，可說是全軍覆沒。電影事業是很現實的，成功要很多條件及因素，失敗有失敗的原因，林福地以為他也可以闖出一片天地，一下子開拍三部片，真是好膽量，但事與願違。林有一段時間很失意，我也想叫他回中興公司，他還是很固執要用金玫、蔡揚名（藝名陽明），遭我拒絕。人對事的是非要分明，不要感情用事，我認為更應該要飲水思源，吃果子要拜樹頭。我們是患難之交，有創業的革命情感，我與林意見不合，也可商量各退一步，他要離開我出去也不講一聲，在拍片期間與烏日女友結婚也沒知會我一下，從此音訊全無。回想當初他走頭無路時，跑來台北投靠我，我們一起吃陽春麵，與仁壽一起睡半樓，天氣太熱無法入睡，只好跑上頂樓露天睡，半夜下了雨被淋的像落湯雞一樣，買不起一包新樂園香煙，合資共買半包各抽一口的時代多麼珍貴！他所穿衣服都是我母親和寶雲替他洗燙，離開我們之後已過了五十年，從未再來過我家，真是絕情又絕義。有一天一位出家老和尚到公司找我，他說是林福地親生父親，但是我從未聽過他父親之事，也不知道他父親是出家人，他問我林福地住何處，我說不知道也找不到他，老和尚很生氣說想找這不孝子，還準備了武士刀，為了怕發生意外，安慰他暫時安頓住在我家三天，後來找到林福地地址再通知他來接回去。這件事到現在我還想不通，林福地來台北生活與我們一起打拚，卻從未聽他提起父母或兄弟姊妹之事，我真無法了解他的為人心態，我想了再想：「好！我要證明讓你看，我可以培養你做導演，我自己也可以做導演，而且我下決心要比你做得更好，拍出更好的影片！」

拍攝《台北十四號水門》

　　為了爭一口氣，我決心下海當導演，雖過去從未有當導演的念頭，為了林福地不告而別的刺激，讓我下了很大的決心，沒有經驗可靠毅力和學習並加倍努力，任何障礙一定可以克服，萬事難不倒我，為增加信心，我拜吳文超老牌導演為師，請他兒子吳家駿為攝影師，洪信德提供故事，描寫新竹名人鄭家千金，嫁給滿洲國外交部長謝介名的公子，結婚後日本戰敗，滿洲國崩潰，謝公子失敗，吸毒迫妻下海到寶斗里為妓女，最後無奈跳水自殺，浮屍台北十四號水門。由洪信德編劇，女主角游娟，男主角則請南洋公司演員翁一菁，還有蕭河、吳炳南、吳老吉、易原、吳萍等人演出，在淡水河十四號水門開鏡，在中興大橋淡水河邊拍外景。

　　到第七天正是寒流的冬天，天氣很冷風又大，中午要休息吃便當時，突然中興大橋有人從橋上跳下，我聽到有人跳水，橋上聚集了很多人，叫喊：「救人啊！」我正在河邊拍戲，看到水中有人掙扎打滾、浮沉，沒人下水救人，我馬上急跑兩百公尺距離，用最快速度衝刺跑到橋下，把大衣、上衣、長褲、鞋全脫掉跳入淡水河，河水很冷又深，人在水中浮沉，我拉住女人的手與身體，往上面游，用盡了力量拖上水面往河邊游，她一再掙扎打滾，雙手把我抱緊，兩人一起再沉下去，我奮力拉硬挺往上游，水又冷又黑，她越抱越緊兩人繼續沉下，離岸約有三十公尺距離，因我沒有準備暖身運動，激烈地跑又加上我很久沒游泳，我的心臟激烈跳動、呼吸急促、後力不繼、載沉載浮，掙扎不可放棄，我賭上生命也要把她救起，瞬間我的心臟好像快停了，喘不過氣來，我堅持再奮戰往上游，拉開她的身體再浮上，再拉再游，終於靠近岸邊，救護車已到河岸橋上，河邊看熱鬧的有數千人，沒有一個人肯下水幫忙救人。被我救起的女人約五十多歲，即時被救護車抬走，我到了岸邊後已累癱了，躺在岸邊不省人事，結果生了一場病，住了院三週才康復。

　　我岳母責怪寶雲，沒有向受難人家族拿紅紙來沖沖衰氣，救人是好事，古人說救人一命勝造七級浮屠還有福報，報章登了不少「高

導演見義勇為、捨身救人」的新聞。救人是出自慈悲心，有勇氣才重要，不管自己生命安危、捨身救人的精神最可貴，好人有好報。事過一年半後《台北十四號水門》上映，我們公司用三輪車掛看板海報宣傳，當時規定不可越區廣告，有一部公司的車被萬華分局扣留要罰款，主辦人看到海報是《台北十四號水門》高仁河導演，又發現就是去年在淡水河救人導演高仁河所屬的公司，馬上請示局長准予免罰放行，真是善有善報，又是一件最好的證明。

　　《台北十四號水門》拍攝期間狀況連連，首先我為救人生病住院，拍片工作停了一個月，新竹鄭氏家族向我提出妨害名譽告訴，我和洪信德忙於跑法院找律師，官司拖了兩年，最後被法院判罰款伍佰元解決了事，該片拍好後我親自寫詞做主題歌配樂出唱片，使影片成為一部感人心弦的文藝大片。這部片真是多災多難，送檢被禁映四次，收到第四次禁映通知文後，我去電檢處找屠義方處長理論，向他提出抗議：「老百姓辛苦工作累積資金，用盡心血拍成影片，外省檢查委員不懂半句台語，沒有字幕聽不懂對白意思，對台灣歷史、風俗習慣不了解，又說違章建築、貧民窟、妓女戶、寶斗里不可拍，滿洲國不能提，依意識形態判決影片生與死，真太不公平、太殘忍了！請問你們有沒有替我們老百姓想一想看？一個年輕人要累積多少心血和歲月才可拍出一部影片！檢查委員一念之差，可謀殺一位年輕製片家，影響一個家庭幸福，一個公司的成敗！」講到激動處我眼淚不斷流了下來。

　　屠處長也受感動，站起來用手拍我的肩膀安慰我說：「不要激動可以補救的，我請委員告訴您如何修改補拍，修好再送檢。」我再補拍修改後第五次送檢真的通過了，推出後賣座特別好，超支成本加倍收回，這部片證明好事多磨，經得起考驗，不怕跌倒，倒了再爬起，一次又一次努力，一定會達到目標，這一次拍《台北十四號水門》的經驗使我對自己的能力更有信心。失敗為成功之母，只要有信心和毅力，加上努力一定會成功的。

引進第一部韓國片

花蓮同鄉讀國防醫學院的曾耀輝，花蓮中學張泉桶，也是我在花蓮同樣愛好游泳的好友，我曾自告奮勇與張泉桶一起求見花蓮縣長林茂盛，要求獲准組隊到台北參加省運游泳比賽，之後他考上空軍軍官學校，但因不適合飛行，轉讀國立政治大學教育系，放假時常帶政大同學來公司找我要求看電影女明星，有時我請他們與演員一起吃飯，去海水浴場玩。其中有一位韓國來的留學生盧京根想追女明星，我們變成熟朋友，我問他韓國電影界熟不熟，他說暑假回去可找關係介紹，不久回台告訴我，有家公司願提供韓片《椿姬》交他發行台灣，可否合作試探台灣市場。我將資料及預告片拿去給戲院主人看，大家對韓片陌生不敢嘗試，只有嘉義一家戲院同意，但要求有女演員隨片登台，韓方也同意了，我們簽了約，盧京根也同意，回韓帶女主角來台，由盧女友出資協助陪伴女星登台，結果韓國影片台灣觀眾還未熟悉，賣座奇慘，只再放了三個地方，其他戲院不願排，就沒戲唱了，我們賠了不少錢。做事起頭難，只要不灰心有勇氣再戰，就有反敗為勝的機會，我這一生賺最多錢就是由韓國片賺回來的。

遇到韓國大騙商

韓國政大留學生盧京根，帶一位韓國商人李元教來看我，帶了三部片資料想賣台灣版權，我招待他吃飯上酒家到北投玩，與我簽了合約書，他在台灣住亞士都飯店欠了十二萬多元，要求我代付可由片款扣抵，我同意簽付，他回韓後卻將三部片轉賣給台灣另家公司老闆林信吉先生，其中影片有《手銬》和《黑蜘蛛》，台灣上映的賣座成績都還不錯。

盧京根去韓國找李元教，他避不見面，我又沒有時間去韓國找他，我想他總有一天會再來台灣，我沉著應戰先找立委兼律師趙石溪先生，商量研究將合約和收據等資料交給他，我們決定先下手為強向法院提告，等他來台時再扣提，由於證據確鑿，法院判准，我知道他

會再來台灣。等了三個月後，他來台找片商林信吉先生，我們密切注意他在台行蹤，確定他要離境的日期和班機時間，並請書記官配合，果然他按時要離台，林信吉送他到松山機場，我與趙律師、法院書記官、助理及兩位法警早就在機場等候，他要出境前就被法警攔下，出示法院裁定公文，不准他離境，他大驚失色，大聲喊叫來送機的林信吉先生趕快出面，幫他解圍，林先生不得不救，說他的客人要求法院不要扣人，又請我幫忙別再向法院請求賠償，欠款願今日內用現金代他付清。他再三要求，看在他熱心救助外國人的情義，我與趙律師商量後同意收款放人，解決了一件國際詐欺大騙案，讓韓國人知道台灣人是不好欺負的。

韓片主題歌被盜錄

開始發行韓國影片

我們第一次向韓國商李元教接洽，在台簽訂進口三部韓片合約，不料他又賣給他人，幸虧我們發現得早在機場扣人，得以拿回欠款，其中兩部片《手銬》和《黑蜘蛛》是康範九導演拍的，夠水準賣座不錯，台灣觀眾印象良好獲得影評稱讚，我也對康範九導演手法很欣賞。

韓國留學生盧京根又帶來另一位韓國片商崔讚斗先生，拿了十部韓片資料來，我們也如儀招待上酒家、去北投，崔先生很滿意，我們簽訂了其中五部片。次日他要轉香港，我去送機時，在機場巧遇金玫小姐，也搭同一班飛機去香港，我在機場介紹兩位互相認識。第二天崔先生來電，感謝在機場介紹台灣影星金玫小姐，昨夜一起晚餐，玩得很愉快，一週後我去機場接人，又碰到金玫，她是一位很紅又很會演戲的好演員。我們向韓國買的片內有一部康範九導演的《沒窗戶的監獄》，很好的戰爭片，內有一首主題歌非常動聽。當時李憲龍先生引進一部韓國申氏公司出品，申相玉導演的彩色寬銀幕片《紅巾特攻隊》，在台上映賣座很好，我們趁熱將康範九導演的《沒窗戶的監獄》改片名《第三特攻隊》，首映賣座非常好。由於主題歌動聽，馬上被盜錄做唱片發行，大受歡迎，廣播電台、理髮廳、餐廳、公司、家庭、大街小巷都可聽到《第三特攻隊》主題歌，後來又有人改名為中文名〈我在你左右〉翻唱國語版、台語版、粵語版等，從台灣風行到大陸、東南亞、美洲、歐洲乃至全世界，大概最少有幾佰萬片，至今已流傳四十六年之久。

我們公司再推出第二部韓片《板門店》，為了與另一家大公司爭取台北和國泰兩家戲院新年檔期，我採取攻勢，每天下午請兩位戲院老板周志成和許崙先生，與好友盧美柔兒，約到一家開雅小酒店喝

酒，當然有美女奉陪，每天都到深夜才散，連續三個禮拜。院方老闆對我非常滿意，內定新年檔期給我們公司，為不得罪大公司起見，特請盧先生出面調解，兩家公司同意用抽籤決定新年檔期，盧先生公開作了兩支籤，結果對方是抽到白票，當然是我抽中。商場如戰場，必要時要用戰術和智慧取得決勝。

　　《板門店》原本預定上映到春節前下片，有三個禮拜檔期，但生意越演越旺拖過春節，連映兩個月比《第三特攻隊》賣座更好，中興公司變成台灣引進韓國影片最火紅的公司，更增強我的信心，對事業雄心萬丈！公司業務擴大，金門又來七家戲院委託我們排片，我將戲院排片權交給廖國祥與高仁壽，再請金門戲院連絡員謝金龍和前台聯公司同事游文隆做他們助理。

　　台南王后戲院老闆王梅明兄兼作魚漿外銷日本，在基隆設有大型魚漿冷凍庫工廠，我介紹連襟陳天賜當他的管理員，每日直接由漁船買魚，加工做魚漿出口日本，銷路不錯賺了很多錢，後來向日本買製造かまぼこ（魚餅）的技術在台灣生產，品質不錯又好吃。他需要宣傳廣告又找到我，一定要我出主意，表示台灣販賣代理權要給我，我實在太忙，心有餘力不足，後來我的最好朋友，光台製版陳敏聰兄有興趣，我推薦由他代理，王先生一定要我也加入，我不得不參加。每天清晨我與陳兄帶一批人馬、廣告旗及「魚餅」試食品，親自領頭出馬，手拿擴音機、麥克風到市場大街小巷叫喊，使出渾身解數為了助朋友一臂之力，但時不我與，不料王先生所生產的「魚餅」品質不穩定，出貨不順，半途叫停，我們賠了不少時間和金錢。事業有成功也有失敗的時候，總算是為了朋友情誼盡了一點心力，應該可以交代，真的夠忙碌，辛苦努力為了什麼呢？只能說為了明天會更好！

執導《最後的裁判》

　　一九六四年發行兩部韓片成功，我意氣風發信心更強，決定再開拍第二部新片《最後的裁判》，與編劇林東陞用心討論劇本，要製作出一部敘述一位女老師幫助苦學生求學的勵志教育片，歹命子奮鬥的故事，演員有游娟、易原、小龍、小王、吳萍、高鳴、武拉運、楊渭

溪，攝影是陳玉帛。

　　開鏡前結拜兄弟劉方的哥哥劉明哲（也是立委劉金約的兒子）由嘉義來台北找我想當演員，我馬上為他安排一重要角色，他要我幫他取藝名，說要姓高，我想了一下，一鳴驚人就叫高鳴好了，他說就這樣決定。我們拍戲中途的某天早晨，有人送來一封緊急通知信，打開一看是高鳴為情自殺的遺書，讓我緊張萬分，趕快通知119急救台，回話說已無事了。後來我們才知道，他拋棄妻兒與酒女私奔來台北同居，女友改邪歸正，努力工作，他不事生產，女友失望離他而去，他想挽回女友的心，所發生的烏龍事件。

　　《最後的裁判》中小龍飾演苦學生，戲演得很好，雨夜大街小巷叫賣燒肉粽，替盲母洗衣煮飯，場面感人，令人落淚。我們情借大橋國校學生六百人當臨時演員，在禮堂拍畢業典禮，借台北地方法院拍審判實景，力求拍得盡善盡美，花了三個半月的時間完成。試片時，觀眾看完莫不感動得淚痕斑斑，推出後果然生意不同凡響，口碑稱

1964年《最後的裁判》在台北大橋國校拍外景，西德底片廠派代表來參觀合照留念

讚，佳評如潮，賣座非常好。巧遇台北將主辦第十一屆亞洲影展，中
影公司龔弘先生是主辦第十一屆亞洲影展主委，向我借《最後的裁
判》拷貝給亞展籌委看，他們一致認為夠水準，是有教育性的好片。
但參加競賽片已報名截止，來不及補辦報名，應請《最後的裁判》改
配國語作參展觀摩片，龔弘先生邀我去商量，請我們將《最後的裁
判》趕配國語版，他願安排在亞展期間於六家戲院上映，我馬上答應
配國語版，提出拷貝參展。

震憾影展空難悲劇

　　一九六四年六月十五至十九日第十一屆亞洲影展在台灣主辦，是
一件國際盛會，各會員國如日本和韓國均組龐大代表團參加，星馬國
泰機構富商陸運濤夫婦、邵氏公司邵仁枚和邵逸夫也都參加盛會，盛
況空前。開幕典禮在中山堂舉行，由行政院長嚴家淦先生主持，世界

參加漢城亞洲影展酒會中與邵氏機構總裁邵逸夫先生合照

各地媒體記者雲集，攝影機閃光燈金光閃閃，電視台現場轉播，節目精采，各國代表團員上台介紹、致詞，高潮迭起，美不勝收。我夫婦倆能有機會成為台灣代表團員，作夢也沒想到，我從小夢想做明星，有夢最美，我已做到了；我是少數有資格入場參加大會的台語製片人，深感光榮，我與內人都訂作了晚禮服參加晚會，在會場互相介紹與名人握手敬酒。韓國《紅巾特攻隊》製作人監督申相玉兄，與影后崔銀姬是本次影展中最紅人物，我自我介紹認識，我們一見如故，同意合作發展電影事業，還拍照留念，後來變成好友，真想不到的事。我與內人生平第一次參加國際盛會，能看到這麼多大人物和大明星真是快樂到極點，永生難忘。

　　沒想到樂極生悲，於六月二十日影展頒獎閉幕次日，已準備下午六點在圓山大飯店舉行答謝祖國各界晚宴，台灣製片廠廠長龍芳先生邀請了國泰機構陸運濤夫婦及隨員、聯邦董事長夏維堂先生、香港代表等五十多位人士，上午乘飛機去台中參觀中興新村，並參觀故宮文物及擬建大片廠廠地。當天下午五點鐘在圓山大飯店晚宴來賓開始陸續入場，但過了六點半主人還在台中未回來，七點鐘突然傳來噩耗，陸運濤等回程乘飛機在台中郊外上空爆炸，機上五十多人全部罹難，有如晴天霹靂，台灣全國人民和影劇界陷入愁雲慘霧，全國下半旗致哀一天，戲院停演三天。星馬香港罹難親人趕來認屍，各界組成治喪委員會在南京東路與林森北路口極樂殯儀館，有兩個禮拜交通管制，弔祭團體、機關、社團、影視、藝文界、各地影迷等人山人海，絡繹不絕。消息震驚世界影壇，東方影業損失一大批優秀人才，真可惜，現在轉眼也已過五十年，往事現在想來心頭還會痛，歷久難忘，記憶猶存。

《最後的裁判》的掌聲

　　第十一屆亞洲影展大會請行政院長嚴家淦頒發特別獎給我們公司《最後的裁判》。亞洲影展空難失事悲劇收場後，次年台灣日報也舉辦第一屆台灣電影金鼎獎及觀眾票選最受歡迎十大導演和男女影星，《最後的裁判》獲得最佳童星「小龍」，最佳男配角「易原」，我獲得票選最受歡迎十大導演第一名，同年國片輔導金馬獎《最後的裁

判》也獲得最佳童星及教育片特別獎，獲二萬元輔助金。《最後的裁判》改配國語在台北有六家戲院，台語版四家，共有十家戲院上映，生意越映越旺，越南和星馬來買版權，前推出兩部韓片賣座好，可說連打了三支全壘打片！

　　為加強對韓國文化了解，我還請了一位韓語老師，每週補習韓語三次。這是中興公司開業第三年，我二十八歲，是我事業最高峰的時候，我意氣風發，有很多同業都很羨慕，影界人士逢迎應酬不斷。我的理想抱負愈訂愈高，台灣電影還停在拍黑白片時代，中影李行導演拍《蚵女》和台製廠卜萬蒼拍導演《吳鳳》都是用彩色寬銀幕，台灣卻沒有彩色沖印廠，都要送日本東方沖印廠，沖底片成本很高，他們要的拍彩色片都是公家廠出資，我真希望民營第一位拍彩色寬銀幕是中興公司。當時我年輕，事業有成，得意忘形，目中無人，自己提醒

1965年台灣日報舉辦觀眾投票最受歡迎十名大導演表
（台灣電影創刊號刊登）

十位大導演

▍《最後的裁判》得最佳男配角、最佳童星、最佳音樂、最歡迎導演

▍高導演與最佳音樂黃錦昆、最佳童星小龍、最佳編劇林東陞（由左至右）

可別忘記自己以前是一無所有的時候怎樣窮困艱辛的走過來，要珍惜先「忍辱」，要「謙卑」，要「禪定」思考，自以為了不起就是失敗的開始。

再推韓國片第三部

繼《第三特攻隊》和《板門店》後，第三部韓國片準備推出彩色寬銀幕鉅片《大地支配者》。因戰爭片流行，我們改片名為《東北游擊戰》，也是在台北國泰戲院上映，賣座很好，內也有主題歌，改成國語歌〈水長流〉，非常動聽，馬上就被盜錄者做成唱片發行，大受歡迎，大街小巷都可聽到〈水長流〉，翻唱國語版、台語版、粵語版、國際版等唱片，從台灣風行到全世界，大概最少也有幾佰萬張，與〈我在你左右〉一樣，也是流傳四十多年之久。當年韓國片配額用其他國家配額，每年只有七部，配額難求，每部需要權利金要二十至二十五萬，我們公司計劃推第四部韓國片時，我想克服配額限制障礙，設法買兩部韓國同類型神怪片取名為《鬼火怪談》，當作長片上下集，用一部配額進口，拿到准映證後先推出上半部，等一年後上半部放映差不多時，再申請複檢片名改為《妖花》，再推出上映，省一部配額，這兩部片生意也不錯又賺一部配額。我們公司業務順利，自己拍的片既賣座又得獎，名利雙收，韓國片推出五部，內有兩首主題歌風靡流行到大陸、東南亞，全世界同時推出，五部韓國片在台灣發行，收入創奇蹟。

我的名聲地位步步高升，影界人士莫不羨慕嫉妒，有一位老前輩是某協會理事長，來電要錢，開口就要五萬，理直氣壯地說：「你的公司一定要捐，你們韓片配額一魚雙吃，我會當作不知道？」他用半威脅口氣要錢，我只好照付，消災求平安。所以商場如戰場，步步要小心，韓國片配額一魚雙吃，我利用法律漏洞，雖有投機取巧之嫌，並不算違法，古諺說：「為商不奸，不是商人。」是古人見識，我認為做人要誠、為商要實，生意要正正當當做，正正當當賺，才能立於不敗之地。

石頭火鍋引進台灣

我很喜歡吃韓國烤肉與泡菜，當年台灣只有一家韓國料理烤肉店，在西門町萬國戲院對面，叫「阿里郎餐廳」。我剛到韓國康兄就帶我吃不同烤肉，石鍋烤肉是用牛小排烤，肉質又香又鮮嫩，入口即化，吃後口中津津有味，回台告訴海報大師陳子福兄。黃鴻玉先生在萬國戲院旁有店面，不知經營什麼生意好，子福兄告訴他韓國有石頭烤肉可試試看，他託我帶石鍋回台，我特別在韓國學配料煮法，回台灣教他們做法試吃後覺得口味鮮美，黃先生決定開店，託我帶五十個石頭鍋回台，陳子福兄代取店名用「名城」韓國石頭火鍋料理店。我是引進石頭火鍋料理來台第一人，開業後深受顧客歡迎，生意興隆，每天客滿要排隊，黃先生賺了很多錢，也很感謝我，從此台灣各地跟著學開石頭火鍋店，風行全台。此後石頭火鍋料理煮法有火烤加水煮，風行流傳到東南亞歐美各地幾十年，真沒想到無心插柳柳成蔭。

9

夢想再上一層樓

尋找韓國合作拍片

　　中興公司進入第三年，自製自導《最後的裁判》獲獎又賣錢，發行韓片推出五部大豐收，代理戲院排片已超過三十多家，王志遠兄又介紹代理比利時Gevarto拍片黑白三十五釐米底片，委託銷售給製片公司，每月也銷售十幾部底片，業務相當繁忙，我又獲一九六五年台灣日報台語片影展觀眾票選最受歡迎導演第一名金鼎獎，事業飛黃騰達，名利雙收，意氣風發，真想找韓國製片公司合作拍一部彩色寬銀幕大型戰爭片《紅巾特攻隊》。男主角申榮均在台是非常受歡迎的偶像明星，獲第十一屆亞洲影展最佳男主角，正好有一團韓國歌舞綜藝團在台表演，王志遠先生好友李安和先生，是位愛好藝術的本土歌唱家，認識了歌舞團長朱琴詰與音樂總監黃文平先生，李安和兄安排我與韓國兩位先生見面，他們會講日語，我也會，互相溝通方便，我們見面後談我的構想，他們很讚同又欽佩，馬上連絡韓國製片公司，我自動提出要求，要康範九導演，男主角申榮均和朴魯植，演職員十一名來台拍戲，來回機票由我全部支付，約兩週後他們已找到韓國製片家朴眠先生，他願意接受條件合作，我非常高興，馬上與朱琴詰簽約，並擬定拍攝類似007類動作戰爭片，台灣最新紅星王莫愁正在拍李行《蚵女》，暫定為女主角，男主角王豪是港九自由影人聯合會主席，還有丁蘭等人，預算四百至五百萬成本，等於可拍二十部台語片，雄心萬丈，勇往直前，向上衝的計劃。

▌拍《請問芳名》在彰化八卦山大佛前外景隊合照留念

內人要投資房地產

我與韓方簽約，內人堅決反對與韓合作拍片，因我們國際合作沒有經驗，時機也還成熟。

社子戲院老板宋先生常來公司排片與內人很熟，向她推銷社子葫蘆島土地，當時堤防未建，重慶北路只到大龍峒，過橋是葫蘆島，會淹水，每次颱風來就變成澤國。他說每坪只要三百元，他已買了五萬多坪，將來會建堤防，重慶北路會打通，最慢三至五年內會動工，土地一定會大漲，現在百齡橋復興廣播電台附近有四千八百坪才一百四十二萬可以投資，內人答應了。

我想與韓國合作拍片，她將我的合約撕掉，丟入馬桶，我很生氣，兩個人因此冷戰三個月。後來她要求改買武昌街樂聲戲院旁四層樓，每棟一百一十萬，當時我們銀行已存有五百萬，實力可買四棟大樓，我堅決要拍片，租西寧南路一棟四層樓作辦公室與住家，再與韓方簽第二張合約，馬上寄出十二張機票給韓方。籌備拍大片工作緊鑼密鼓，很多人都建議我應進入中影公司製片廠，委託他們製作拍片，當時年輕得志，眼中無人，想做什麼就勇往直前，從未想退路，若不順利，製片人員無法控制，三地合作演員調配，若有阻礙如何應付，天氣無法預料怎麼辦，外國演員住食如何安排等都要仔細考慮。我當時太過於自信，不知苦頭開始了，才好好去體會到做大事的人應三思而後行。如果我聰明聽我內人寶雲的話，今天可能是房地產大亨，我還是自嘲人各有命。宋先生在葫蘆島做建商建公寓大樓，照他預料所說，建了堤防並打通重慶北路連到百齡橋，再通到士林、北投，土地漲了五百至一千倍，可是宋先生命薄，得了癌症，十五年後往生了，我常對內人安慰說：「宋先生賺的錢也沒帶去，我雖沒有福氣賺地產錢，我還健在，就比他更富有了。」我妻笑笑地說：「敗筆假好手。」

開拍大片最後命令

一九六六年《最後命令》開拍，先請韓方導演康範九導演，編劇權龍和音樂黃文平三人，來台討論劇本，租一間公寓請一位女傭煮飯，楊祖光先生做總製片，又請一位媒體公關，正式進入委託中影製片廠拍片，該廠派出製片康成祖、攝影師賴成英和林贊庭、佈景王童與助理、兩個副導演孫揚和王戒、服裝侯淨與助理、道具兩位、化妝兩位、劇務和場務共六位，爆破兩位，共二十多人，台灣演員有王莫愁、丁蘭、王豪、易原等人。當時歐威一直要爭取一角，來了幾次要求先借一萬五仟元，我心軟借給了他，未簽合約，因劇本內無適合角色，不了了之，沒向他要過錢。這位性格演員已往生了，錢借沒有還，反面成仇人，為什麼呢？態度之惡劣，至今難忘。

我母親常講演戲的無情無義，真是一點也沒錯，高鳴和劉林兄弟都是我們公司提拔成名，至今時過五十年，從未來過公司或打過一通電話關心，真讓人心寒。

《最後命令》正式開鏡在中央製片廠，搭好內景韓國演員來了四位，香港兩位，台灣十幾位，邀請報紙和電視台媒體記者來參加，由我主持開鏡，外地演員全部住在第一飯店（當時最好的飯店），第二天報紙登出中韓合作拍片，開展新頁，台灣進入彩色時代，繼中影《蚵女》和台製《吳鳳》，中興《最後命令》青年導演高仁河，將大顯身手更上一層樓。我不知道已搭上了賊船，駛入暴風圈，將受到狂風暴雨的教訓，還好船破人還在，還可以回到原點重新再來。

受挫拍大片的教訓

《最後命令》開鏡後，中影製片廠按照公務員制度運作，每天工作八小時，超時加班論，要加倍計算，不像拍台語片在北投旅社，白天出外景，晚上拍內景，日夜趕工，刻苦克難，土法煉鋼，一個月趕出一部片，力求節省成本，一人當三人用，校長兼打鐘，完成品質不遜國片。公家廠拍的國片錄音，一部片有時要花二至三個月時間，

我們台語片最慢一週內可完成，這就是公家片廠與私營拍片成本的差異。公家片廠人員通常習慣下班後年輕的晚上跳舞，中年以上喜歡喝酒打牌，工作慢慢來不急，如要下班後趕工，要加班費，我們真看不慣，為了配合申榮均要趕去香港拍《妲己》，只好日夜趕拍。出外景又因要等太陽夠亮度色溫才能拍，有時等了半天可以準備演練OK了，正式要拍了又沒有太陽，今天就報銷了，明天再去拍了幾個鏡頭，天黑下雨又收工了，真倒楣，一週內只拍了三分之一的鏡頭，新搭內景又未搭好，服裝不對，道具不適合都要重來，浪費時間，沒有想到的事太多了。

　　停拍每天演員住食都要損失，我們到埔里去霧社途中，山谷中搭了俘虜營、收容所、倉庫、兵舍等佈景，種了很多假樹，有香蕉樹和椰子樹，每天要三百至四百人臨時演員飾演俘虜、日本兵和軍官，還有服裝、槍枝、彈藥、槍炮道具等都要準備好，早晨就集中臨時演員在旅社前廣場，需十台卡車將演員送到現場，要準備五百份便當，臨時演員也要穿服裝和化妝，很費時間，工作人員很多東西沒準備充足要設法去補充，全部又得等待設備齊全，要教臨時演員演戲，調配進出程序和打鬥場面都要時間練習，排演得差不多，等太陽出來了正式開拍，導演喊了一聲：「開麥拉！」，演到一半導演喊卡，演員分隊走錯了路線再來，演得不逼真又再來一次，第三次爆破不靈，電池沒電，趕緊打電話給埔中同學洪貴和（埔里電池廠），他馬上騎馬達車趕來也要三十分鐘，要再來一次，黑雲來了，太陽看不到，雨也下了，看來今天又拍不成，只好收工回去休息了，一連兩個禮拜上午晴天，人馬都入山準備開拍了，又出問題再解決，卻天黑又下雨。

　　每天我與寶雲凌晨四點半起床，先祈拜天公庇佑今天要放晴，不要下雨，可以順利拍片，事與願違，連續兩個禮拜下雨片也拍不成，但臨時演員便當五百個一樣要準備要付錢，我與寶雲欲哭無淚，每天要準備現金十萬元當紙燃燒，不得已只好移轉移陣地到日月潭拍旅館內景。中影工作人員怕耽誤很多拍片時間，藉口去台中市搭Taxi去準備道具買蘋果、香蕉、橘子及租了一個時鐘二百元，據說他們每晚都到台中市跳舞，白天拍戲沒精神，水果可在當地買，時鐘也可向旅館借或是買一個新的，才三百元車費報一千元，劇務如此報帳，太過份

了，我內人很生氣，這是公家片廠的文化已算客氣，其他項目可想而知。當時寶雲一再反對委託中影廠拍戲，現在真的已搭上賊船，只好讓狂風暴雨洗禮，才知道航海要具備什麼條件與技術，只能忍受狂風暴雨的滋味，記取用金錢換來的教訓。

在埔里拍《最後命令》期間，我們住在埔中女同學吳淑惠住家兼印刷文具行對面的旅館。有一天，寶雲接到了一通女生打來的電話說要找高仁河導演，寶雲說：「他不在，請問是那一位？」她說是高先生同學吳淑惠，「請問有什麼貴事？我是他的太太，有事可以告訴我嗎？」她問高先生什麼時候會回來，寶雲說不一定，她說好了再連絡就掛斷。我與康導演去看外景晚上才回來，寶雲神態嚴肅地問我：「吳淑惠是誰呀？」我嚇了一跳，早已忘記的夢中情人，為什麼突然出現呢？我感到太意外：「是……是……我初中女同學。」「你坦白告訴我，為什麼她會找你？」「我不知道。」寶雲很疑惑再問：「你們在外是否有見面？」我堅決聲明絕對沒有。這一天晚上，我輾轉難眠，想不通吳淑惠找我幹什麼，真想不通。

第二天，我偷偷請康導演陪我去文具行找吳淑惠，心情非常緊張，與吳同學真正面對面第一次對話，像少男少女初戀害羞的心情，走入她的店內，她看到我們來訪也很緊張，我問她：「吳小姐，您找我有什麼貴事？」她反而先問我：「您結婚了嗎？」我回說：「是的。」她又說：「噢！我知道您常出國，我想託您買チューリップ（鬱金香）種子好嗎？」我回說：「我最近忙不能出國。」她說：「不急，有機會再買好了，這位是？」我馬上說：「是韓國導演康範九先生。」他說：「您好！您好！」互相問候，世紀無緣之會約十五分鐘就結束。

⑩事業失敗的滋味

危樓愛妻岳母支撐

韓國申榮均約定來台拍《最後命令》檔期到了，我們只好先拍沒有男主角的戲，俘虜營種的香蕉樹和椰子樹都要重新種，佈景損壞嚴重要修補，總算拍了半個月，因為氣候不穩定卻已花了四個月的時間，每天都要大筆開銷，已花了三佰多萬只拍了一半。讓韓國演員與香港演員先回國，工作人員留在台灣等，五個月後申榮均來台灣再補拍。因為拍片不順利，連續兩個禮拜雨下不停，製作單位無法控制，受挫失算及引起憂慮自責，日夜難眠，擔心《最後命令》無法完成，不久病倒了進醫院檢查，是急性肝病，需要長期住院治療。

拍中韓合作片《最後命令》時，不聽妻言，委託中影廠製片，又遇到在外搭景氣候變化不定，連十五天雨下不停無法拍片，中途韓星離去，不得不停拍，因此我每日悔恨交加，引起焦慮、精神困頓、日夜難眠，以致茶飯不思，不知如何是好，急送燕春醫院檢查，才知是急性肝炎。周院長是名醫也是台北醫院院長，專心為我醫治，每天打十六針，連打六十天九百六十針。寶雲晚上到醫院照顧我，白天要掌理製片大局，指揮公司業務和調度資金以應付製片每日開銷，還要公司、醫院來回跑。她每天買蜆仔煮湯給我喝，她說可治肝炎，又燉雞液人蔘給我補身；岳母由家準備三餐兩地來去送，還要照料永興，因為公司忙應付合作製片，還要發行影片和看管代理戲院排片廣告，大家忙碌異常，無法抽出人手來醫院照顧我。

韓方康範九導演、黃文平先生和權龍兄常送花來探訪，戲院老闆、同學和朋友也不少人來關心，人在危難精神脆弱時，最需要有人關心，我突然感到奇怪？怎麼宋家、我的母親及弟弟、妹妹們都沒有一人來探頭，後來我研究調查出真正的原因。我們離家搬出去母親還

在生氣，她知道岳母天天在醫院，不願意相碰，她說我已變成陳家兒子，不要母親了，這是一般婆媳之間的情感變化，引起的矛盾，寶雲有苦難言說來話長。我要與寶雲結婚，母親反對，因為寶雲家沒資產又沒嫁妝，正好有人替我作媒讓我有機會當金龜婿，我不從，母親很失望；南洋公司關門後我失業，不得已再回住宋家，我與寶雲熟米已成飯，母親勉強同意我與寶雲結婚。我們當時一無所有，還向好友林火西兄借了五仟元結婚，在三重埔家住了將近一年，我們與仁壽、福地共十二口人，煮飯、洗衣和清掃都要寶雲幫忙，每天清晨五點鐘要起床準備早餐，要做六個便當給弟妹帶去學校，白天還要上班工作，回到家吃飯後已九點，再洗衣服，有時到十二點才能上床，寶雲又有了身孕，身體受不了，我們不得不搬出來獨立。母親堅決反對，我們只能向母親求情，體諒同意離家，此後我們每月都有六百至七百元拿給母親補貼家用。

母親誤會起波浪

我們在台北市重慶北路三段租了一層樓，不久長子永興出生，寶雲白天要上班，又沒有帶嬰兒經驗，岳母不甘女兒受苦，自告奮勇來家無條件帶小嬰兒永興。為了日夜照顧外孫兒，睡在走廊的竹床，幫他泡牛乳和換尿布，半夜嬰兒哭又怕吵醒我們，真有耐心；白天還要替我們買菜和煮飯，無條件奉獻，我內心非常感激。我們努力創辦人愛服務社，四人同心協力再建立中興影業公司，慢慢有了事業的基礎。

寶雲的妹妹是台北高商畢業，請她幫忙做會計助理，她弟弟金義初中畢業不想升學，叫他來公司打雜寄片，外孫女純良來幫祖母帶永興，娘家人已四個人與我們住在一起，家母很自然聯想我是被寶雲迷惑困住，變成陳家兒子，常對親戚朋友抱怨，我吃了岳母符仔水忘了親娘，讓未成年的弟妹們有些疑惑，不想到我家或公司辦公室，我們之間感情漸漸疏遠，最大因素我弟弟仁壽雖在公司幫忙寄片，代小戲院排片比小舅金義資深。仁壽國校畢業不想升學，個性好玩有些像二伯父做事馬虎，喜歡跳舞和賭博，薪水常不夠用，下午工作時間常

與影界同伴去打牌，有時找不到人，叫金義去找原來正忙於打牌中，我再三勸告他切不可賭，要有上進心，但沒有效果，他輸了錢就想借薪，已透支太多，為了防範不讓他再賭，我禁止寶雲再借給他。

因此種下禍根，他回家向母親告狀，高家兒子已被陳家招贅去了，對寶雲相當不滿，當然母親更加誤會和生氣，連堂弟大山也跑來替母親指責寶雲不是，真是跳進黃河也洗不清。這些誰是誰非我最清楚，我是拖油瓶，十六歲離家出走與寶雲兩人空手打天下，我們未受到家庭任何栽培，事業剛建立起點就負起繼父全家重擔子，只有付出難道還不夠嗎？家庭婆媳間，交錯複雜之感情矛盾，外人無法了解。

只有大伯母讀過書較有智慧，常來安慰寶雲說：「妳要忍耐，以退為進，時間可以證明一切。」寶雲非常感激她老人家的鼓勵，她也是一位很有智慧，刻苦耐勞的女性，母親的反彈，她默默接受，逆來順受，從無怨言。我身為丈夫，最了解寶雲受不白之冤，我也了解女人心態，尤其是婆媳之間的矛盾是一般家庭都常發生的事，母親對寶雲所指責罪名等等，都隨著時間流逝煙消雲散了，莫須有的罪名不攻自破。幾十年後母親也在天國了，現在弟弟和妹妹們都能了解這位嫂嫂是偉大的女性，大家可以開懷一笑，也不會怪她老人家，這應該是一般家庭婆婆對待媳婦的心態。

供養宋家一家八口

我們搬離宋家後努力創業，已建立事業小基礎，繼父辛苦工作超過六十歲，突然患心臟病，隨即退休在家靜養。一家大小有八口需要開銷，家無生產無收入，弟與妹還在求學，我與繼父長子烈蛟兄商量，繼父已退休，原住家是公司提供應退還公司，他沒住屋到三重市郊區買一棟廉價屋，三萬元屋款由大哥烈蛟負擔，生活費用每月需二千五百元，由我單獨負責，這個數目當時等於四位公務員的薪水，幸虧我事業順利有收入。住了兩年後擬換較大房子，看好在士林芝山岩的一層公寓，新台幣十六萬元，舊屋也可出售十六萬元，但家用已花掉七萬元，為了湊足這七萬元，我再付三萬元，烈蛟兄出五千元，樣杰兄三千元，盛房兄二千元，再加向繼父侄子盛興兄借三萬元，總共

十六萬元交新公寓之款（以平鎮宋屋池塘地，口頭上說做為抵押），
遷入新屋安居。

　　翌年次子永隆出生第三天，母親突然跑來要求抱走嬰兒照顧，她
說不想再麻煩岳母照料，寶雲不敢反對，忍耐哭了幾天，祖父母悉心
照料永隆轉眼有三年時間，需上幼稚園，我們要求帶回，永隆與祖父
母已有感情，難捨難離，永隆也不情願離開祖父母，我們勉強帶回，
雙方為愛流了不少眼淚。宋家二弟智雄初中畢業後不想升學，當太保
不務正業，常與人打架鬧事，腳受重傷住院需開刀要一萬多元，費用
都是靠寶雲設法張羅支付，康復後改邪歸正，我介紹他到好友公司當
小廝，他非常聰明又勤快，老板很看重，不幸酒醉，駕機車在平交
道出車禍身亡，真可惜！他最敬重寶雲嫂，智雄出事她也傷心哭了幾
天。三弟文仲，考上中國文化學院，每學期學費要伍仟多元以上，
到畢業五年時間，只有靠我們支撐，繼父幾年內進出急診、住院，
保證金和醫藥費除了有時烈蛟兒也資助一部分外，其餘全部由我們張
羅，直到勝雄弟開南高工畢業後到大同公司上班，薪水不多也幫助家
用不少。

　　繼父心臟病越來越嚴重，每次要到名醫陳炯明醫師診所時，都是
寶雲陪他看診，有一次緊急送台大醫院還是靠寶雲安排住院看護，烈
蛟兒趕到醫院看到寶雲對繼父盡心盡責的孝心，很感動的對寶雲說：
「您們對我父親全家付出孝心，我們很感激，您們要去阿根廷移民放
心去，母親我會一樣的照顧她。」並從此開口叫出我的母親「媽媽」
兩個字。

　　烈蛟兒真是有情有義好兄長，他對我夫婦就如親兄弟幾十年如一
日，我們出國接機送機及住他家裡，年節邀宴，過春節賀年不間斷。
他享年八十歲，走後令人懷念，真是好兄長，寶雲過去常回去看繼
父，常帶韓國人蔘給繼父補元氣，他感動得對她說，他的姊姊對他常
說：「前人子要疼，我沒有虐待過妳們，仁河與妳有孝心，對待我們
協助撫養弟妹們，將來一定有好報，會出好子孫。」好話講了不少，
很多親戚都稱讚我與寶雲，比自己親生兒女還有孝心，我說這是為人
子女應盡之責任。我最感激寶雲有這份雅量及忍耐性，不像一般普通
的女人，再說繼父向侄子盛興一九七五年借三萬元買士林房子之用，

平鎮宋屋的池溏三千坪口頭上說抵押，二十年後變成都市計劃縱貫大路旁的建地，他的侄子盛興已往生，他的兒子繼承將池塘賣了三千萬元；可以說繼父無怨無悔，雖沒有立押據還是同意蓋章給他們。繼父一生清白，不欠任何人，他講求誠信的偉大人格最令人敬佩。

妻有刻苦耐勞DNA

　　《最後命令》拍到一半氣候不順，演員撞期，不得不暫停，我病倒入院，又要照顧繼父患病退休，家無財源，要負起八口生活費用，還要安頓住家，寶雲還要掌理公司影片發行業務，全部她一人負起處理責任。她從小就在窮苦家庭長大，不怕驚濤駭浪，堅苦硬撐，渡過苦難；我岳父當年是鐵工廠翻沙師傅，有一天遇颱風，工廠屋樑吹掉擊中頭部受重傷臥病三年，無法工作沒有收入，家內八個小孩嗷嗷待哺，全靠岳母一人張羅，岳母清晨就要到淡水河摸蜆仔，在河邊種菜，寶雲姊妹沿街擔菜叫賣，做散工到農田找稻穗、菜市場撿菜葉，為兒女糊口維生，照顧岳父醫治頭傷，為家庭獻出千辛萬苦，鄰居石產婆看在眼內，很同情岳母悲慘的遭遇，自動願意幫助，請當醫生的女婿去免費醫治，但岳父頭骨已腐爛嚴重，只好去說服院長免費為他開刀手術，因無病房只能在走廊治療，自己負責飲食。

　　岳母為感激兩位仁心醫師，專程到南方澳買魚乾、魚脯送醫師，岳父頭骨已傷三年開始生瘡，需大手術刻掉頭骨瘡處，院長技術高明救回岳父一命，岳母為補丈夫身體，每晨到圓山橋下，渡船老伯每夜有網捕鰻魚，知道這婦人窮苦為救丈夫，船夫特別優待賣給岳母，買小鰻魚回來燉米酒給岳父補營養。寶雲只有六歲，也都看在眼裡知道母親辛苦，自動到醫院照顧父親，為他倒尿壺、送罐餵藥、供茶水，每當醫院送飯時間，就嗅到青瓜的美味，口水直流，窮苦的童年記憶難忘，母親努力醫治，父親千辛萬苦，半年後渡過難關，父現恢復健康。寶雲從小就很孝順，國校念書時，學校有給學生供應營養早餐，分給她的牛乳自己都捨不得喝，要留到下課帶回給父親喝，雖一路小心端回難免漂失，剩下了七分左右，也可讓父親補體力，孝心可貴，真是偉大的女性。

　　我患了肝炎住院，兩個月雖可出院，但周院長再三交代需靜養至少一年以上。《最後命令》等了五個月後，韓星申榮均再來台恢復拍片，製片大隊開去埔里小山谷，俘虜營已破損不堪要再修建，服裝道具重新整理，寶雲不要我出面，要我安心養病，獨撐全局，要求康導演臨時演員減半，中影工作員減半，提早準備不要浪費時間，預定二個月內趕完，雖比前順利，在埔里拍片期間我最要感謝，是我埔里中學最要好的同學洪貴和兄，他在埔里經營蓄電池廠，除了供應內外景大小電池外，爆破器材物色找尋材料，臨時演員及其他重要道具，都靠他支援，把自己工廠業務放其後，不計較報酬，真再也找不到像他如此熱心的朋友，但到半途氣候變化，拍片還是不順利，拍拍，停停，申榮均要趕去香港拍邵氏的片，也只好再喊停，我只能乾焦急，製片費用又燒了一大半，戲剩下大場面爆破阿美族豐年祭慶典大場面，還是要請申榮均再來一次就可殺青，《最後命令》已拍了一年又兩個月了，我心如坐針氈，擔憂《最後命令》影片無法如期完成，寶雲一直鼓勵安慰我，她有信心，一定會克服困難完成。

完成不可能任務

　　我們在《最後命令》停拍期間，寶雲又生第三胎，兒子永昌，岳母日夜辛勞照顧永興與嬰兒永昌，我們公司有三輪車與車夫，永興很喜歡坐三輪車遊街，巧遇霍亂大流行，一般人不喝普通水改飲汽水。祖母常陪永興搭上三輪車，他就吵著說：「要喝汽水，我要喝汽水……汽水！」這聲音永遠難忘。

　　我們等韓星申榮均三個月後趕來，我要出來拍片工作，寶雲堅持要我把病養好，我只好在家休息，寶雲決定不再進中影廠，將拍《最後的裁判》工作團隊重新組起來，全部工作人員十二人，馬上率隊到金山沿海公路拍外景，這一場戲是諜對諜追車戲，我們買了一部半新跑車，借了一部軍用車，在山路追蹤，從上午拍到下午都很順利，最後一場戲是跑車衝下路，掉下山谷爆炸燃燒，幸虧拍得快有九成完工，不幸被海防巡邏隊發現，趕來查緝大隊長大聲叫喊：「誰是負責人！」寶雲應聲：「我是。」隊長說：「這裡是海防禁區，怎麼

可闖進來拍片？有沒有申請拍片許可證？」寶雲說：「我們公司有派劇務申請過，今天劇務有事沒來，在交談中。」攝影師很機靈將拍好底片藏起來，隊長說：「你們是違法的。把底片交出來，負責人跟我到海防部做筆錄。」寶雲向攝影師使一眼色，他知道，將一卷空白底片交給隊長，寶雲交代他們馬上收工回台北，她跟隊長去，因下大雨後土石流把路沖斷，走路要走半小時山路，才到山上的石門巡邏隊辦公室，隊長帶寶雲見政工主任，他見她是女人有些好奇，他說：「妳是女人家當製片真了不起，有男人的擔當，妳要拍海邊要向海防部申請，沒有准拍文件，不可以拍的！」寶雲推說：「有交代公司劇務申請，他今天家有事請假，請長官高抬貴手。」他又說：「那麼我就將底片曝光作廢，妳同意嗎？」寶雲點頭，具了結，把這件危機化險為夷結了案。

　　已經黃昏七點鐘了，她問主任：「那裡有車搭回台北？」主任告訴她：「要下山，金山有公路局班車，路斷我們部隊吉普車回不來，沒辦法送妳。」寶雲說：「沒關係，謝謝主任幫了大忙，我可以走路。」主任說：「太晚了，妳自己敢走嗎？」寶雲說：「可以，放心。」她就道謝辭行離去。在高山峻嶺山道上，一個婦人行走，真冷清又寂寞，天空有幾顆星星，還可看到小路看不到月亮，下著濛濛細雨，用絲巾包著頭髮，走了一個小時才到金山站，又等了三十分左右巴士才來，上了車又餓又累，不知不覺睡著了，到了站客人都下了車，司機看車內還有人睡著喊醒她：「小姐，到基隆終點站了！」寶雲突然驚醒趕快下車，再轉乘火車回到家裡已十二點半了，我與岳母焦急萬分，差一點去警局報案。寶雲就有她母親堅毅不拔、刻苦耐勞的DNA及智慧勇敢的精神，令人欽佩。

　　韓星申榮均部分全部拍完，剩下兩場大場面，最先拍本片最後結束，最高潮爆破大場面，我請在政工幹校當教官的姊夫明秋水先生，委託兵工署同事，代製造爆破彩色煙火，再去往俘虜營秘密基地，拍爆破炸毀俘虜營基地營房場面，拍攝過程，爆破煙火衝入雲霄，彩色繽紛美不勝收，可說達到本片最高潮效果，是最成功的鏡頭也是花了最少費用，最後我們把外景隊開到花蓮市，先找花蓮市花蓮戲院老板王東乾兄，要拍花蓮原住民豐年祭跳舞大場面，請他幫忙接洽阿美族

觀光表演團，及物色一百人臨時演員，安排在花所有工作人員住宿交通，拍戲服裝道具全都靠他叫人協助。在花蓮拍片一切順利，真感謝替我們賣力的好友王東乾先生，我們先拍歌舞的場面，先練習三天後正式開拍，忙了一星期，終於全部順利拍完結束殺青，《最後命令》在困難重重的日子情況下，寶雲獨撐大局完成「不可能的任務」。

⑪ 最後命令收尾工作

開始剪接與配音

　　《最後命令》殺青後將底片寄日本東洋沖印廠沖洗，在東京委託華僑蔡東華先生代理，與東洋沖印所接洽，洗出底片後，請東洋沖印廠寄韓國大映製片公司朴眠先生收，交給康範九導演先生，配合剪接師開始剪接工作，音樂家黃文平先生在台灣錄很多台灣民謠，改編配樂帶配在本片裡。為了配合戲院檔期匆匆忙忙推出上映，賣座不理想，因戰爭間諜類戲已過時，也因該片拖了兩年才完成，超出預算很多，我聽到這消息後心裡已做了最壞準備，生意不是贏就是輸，這是天經地義。

申請出國登天難

　　《最後命令》韓國已配音剪接完成，推出上映成績不理想，我心裡已有數，在家養病休息半年多，業已康復，寶雲同意我恢復工作。我急著要到香港去瞭解東南亞市場賣版權，當時嚴格管制之下申請出國，須有特殊業務需要才能獲得通過，第一關要向新聞局申請，等部會聯合審查獲准後，再向出入境管理局申請出入境證，並需要有香港公司出證明，經自由總會公證之邀請函，核准後再向外交部申請護照證件，等全部辦妥香港簽證拿到手才能出國，但出境前二十四小時還要透過航空公司向警總呈報，才能正式走出國門。當時國府還是沿用戒嚴戡亂時期條例，人民根本沒有自主與自由權利，出國真是比登天還難。

第一次到香港

我從小就夢想出國,就快實現,第一個目標是到香港,當時出國好似特殊人物的權利,一般人認為好像天大的榮耀才能出國。我為了出國精神緊張了一個多月,拿到護照之後,馬上告知周邊的親朋好友,大家都以我為榮,輪流安排設宴送行,最少要花兩個禮拜禮尚往來。出國日期到了,來送機的人開了四部車到機場送行,好像當兵去遠洋出征的氣勢。當時民風封閉,不知海外天地,認為出國是天大喜事,想起也真可笑,現在的人聽起來真會說見怪不怪的事兒。

香港是東方明珠

由於是第一次出國到香港,請台聯公司賴國材先生幫我介紹香港富華影業公司葉銀漢先生,請他來接機。在台北松山機場出關時,送行人員二十多位跟到送機樓層,揮揮手之後,我走入停機坪再次道別揮手,好神氣,走近民航公司CAT,螺旋槳的飛機是中型的老飛機約可乘七八十人,我心情充滿了希望可以再去尋夢,飛了兩個半小時抵達香港九龍啟德機場,下了機看到大港灣,有貨櫃船、大郵輪、遊艇和渡船來來往往,高樓大廈看得令人眼花撩亂。機場各國人士穿著十花五色,應有盡有,尤其印度阿三及阿拉伯人包頭巾,穿白袍,很有特色,香港移民局的警察人員,都是穿短袖短褲感覺很清涼。

走出機場,葉銀漢先生手拿著牌,示明「高先生」,我一眼就看到他。葉先生也是福建人會講閩南話,很有親切感,他開車送我經彌敦道,這條街是九龍最直最長的一條街道,穿梭在櫛比鱗次的高樓之間,一路上看到雙層巴士行駛,橫掛在大樓的廣告看板又大又醒目,車走在霓虹燈光下面有著花花綠綠的感覺,街上行人靠邊走,交通井然有序,約三十分鐘到新樂酒店。辦完手續放好行李,葉先生帶我到尖沙咀金莎酒樓吃晚餐,這是一家正宗廣東菜店,裝潢金碧輝煌。他點了幾道菜,是我平生首次吃到最好佳餚,有燒雞、乳鴿、白醋蝦、粉腸、叉燒包,鵝肉真嫩,廣東菜色香味俱佳,這些菜都是第一次嘗

試太可口，終生難忘，又喝玻璃茶，好像發過霉的味道，有些不習慣，每樣都新鮮；尤其看到香港夜景，霓虹燈閃亮五光十色，高樓聳入雲霄，真不愧是東方明珠。

吃過飯後他送我回酒店，後來我自己再出來逛街。在彌敦道上有兩家大陸國貨公司，掛著五星旗，我經過店面就看到大陸五星紅旗和大海報文宣，聽說國府有派人監視照相，有些緊張心跳害怕，當時是禁止台灣人民進入共產黨經營的百貨公司。我半走半跑離開這個店面，轉彎入後街是夜市，叫做廟街，通道上有許多臨時搭的小攤，賣百貨與小吃，應有盡有，人潮密集，各國人種都有，車水馬龍，東西多又便宜像萬國展覽會，我順手買了不少玩具、瑞士刀、打火機等小紀念品，準備給祝福我一路順風的朋友。

第二天我要去香港找葉先生，他的公司在香港畢打街，先搭計程車到尖沙咀碼頭，車資港幣一元。乘渡輪過海樓上一毛五角，樓下一毛，渡輪在九龍和香港間對開，有十幾艘之多，是港九交通唯一渠道，每班乘客都大排長龍，可說班班客滿。當時只有渡輪還沒有海底隧道，一九七二年才建成海底隧道。過海時間及上下船約需二十至三十分鐘，兩岸碼頭人山人海，抵達香港下渡輪走出碼頭，前面有廣場，左邊有市政廳，大廈右邊是文華商場，正對面街上矗立著匯豐銀行與人民銀行兩大廈，在銀行街上外面掛有毛澤東彩色人像，看來心裡毛毛的，建築雄偉無比，比台灣銀行大好幾倍，德輔道中的鐵軌上有行駛中的雙層老電車，景象好像回到四十年代的上海街景，還有大、小車，行人行走，混雜來往也都順暢不亂，看來香港的交通比台灣好，真的很不一樣。

畢打街離渡輪碼頭很近，約走十五分鐘就可到達。富華影業公司葉先生為人誠懇親切，有兄長的風範，代理台灣台聯公司，賴國材先生對他最信任，還代理建華公司和中美公司等，新加坡金星公司葉振福先生也是委託他買影片做代理。我到了他公司，搭電梯好像在十七樓，內有職員七八個人，業務繁忙，從公司窗戶往外看到大海港，對面是九龍，高樓林立的繁華大都市，真是大開眼界。與葉先生談完業務概況，對於海外市場買賣來龍去脈已有了一點概念。

晚上葉先生又帶我到九龍塘和沙田吃海鮮，是水上人家，開車

約需四十五分鐘路程，餐廳在靠岸碼頭邊一艘大船，有兩條大龍漆紅色，是專門招待觀光客的地方。海鮮有龍蝦、鮑魚、石斑魚翅和乳鴿海膽，與昨天第一次的菜完全不相同，我像劉姥姥進大觀園大開眼界。第三天乘纜車上太平山頂喝咖啡看香港夜景，可看到啟德機場飛機一班接一班降落起飛，以及九龍海港一班接著一班郵輪，一排又一排渡輪對開頻繁，高樓林立，燈光燦爛，美不勝收，我一生未曾看過如此美景，可以說上有天堂，下有明珠是香港。停留期間也受朋友邀請用餐，飲茶當午餐是廣東人的飲食文化，各酒樓都要排隊等待，幾乎家家客滿，酒樓人聲吵雜，他們飲茶聊天起碼超過一小時以上，也利用飲茶吃點心，有各式各樣點心，精美又好吃，大部分在台灣沒看過。談笑之間交換情報，談買賣，這是香港人重要生活節目之一。

我住九龍五天，買了不少中藥、人蔘、冬蟲、紅棗等補品，衣料、洋煙、洋酒滿載而歸做為送禮之用。香港是英國殖民地，建設美輪美奐，行政和交通管得有條有理，英國真是第一流國家。

載譽回國忙接機

由香港返回台灣前，我先通知公司抵達時間，之前送機朋友急著要聽海外的情況，都來打聽我到台時間，我一家大小也有二部小包車接機，真是勞師動眾。我下了機，神采飛揚，好像打勝仗歸來的心情，手拎滿的行李禮物箱都是舶來品，真神氣。走出海關，家人與朋友一擁而上圍住歡迎我回國，拍手握手真感到人間溫暖，現在的時代再也找不到這種的現象，接下來還有接風宴，大家輪流聽我出國所看所聞的故事，順便笑納我帶回的禮物，從此我逢人一次又一次講出國見聞，口沫橫飛，似乎出國多有見識、多神氣，令人得意洋洋，現在想起當時社會封閉，真是井底之蛙，感覺真是好笑又幼稚，當時的社會卻真有人情味。

學習開拓海外市場

我這一次到香港，最重要是了解國片在海外與美加華埠的市場，

學習如何開拓銷售影片與認識客戶。我輾轉獲知星馬有兩大集團，邵氏公司與國泰機構，他們都有自己院線，還有光藝何氏兄弟、榮華公司與左派綜藝公司，是中型院線，買國片和韓片，競爭很激烈，泰國買片公司有溫比利、余道俠、馬慶豪、周獵夫等人，越南有張偉大、郭育訓、林溫和，都有買國片及韓片，印尼有戴文豪、陳梓河、李連興等。《最後命令》星馬是由楊祖光介紹賣給榮華李浪觀代表，要抽15％佣金，因為我初出茅廬，不知道商場情況，應繳學費，這些買片的大爺到台灣來，我們製片商競相邀請，不是酒家就是北投，一個月最少三分之一的時間要應酬他們，我還要協助寶雲發行影片業務與戲院排片代理工作，真也夠我忙。

我兒子老三永昌在一九六三年出生，特別可愛，頑皮又好動，我常叫他Kuma（小熊），還好有我岳母帶。剛學會走路時，不小心攀倒一杯開水淋到頭部，燙傷痛在父母心上，現在頭上還有些傷痕，頭髮長不出，岳母自責沒有看好。

公司人手不夠又增加兩位女助理，一個是會計助理，另一位是寶雲的助理，又用小舅及小姨子女兒淑瓊與純靜，母親更加深對寶雲誤會。仁壽到芳園去經營戲院有一年多，有人介紹芳園的美髮院小姐阿蕉，仁壽成婚後決定回台北公司上班，結婚住三重繼父家。我的兒子永隆雖已帶回我家，我們每月還是要負擔生活費二千五百元，仁壽結婚時大伯母送來一萬元，她說是五叔賣掉您們兩兄弟瑞穗田地，五叔與大伯共有的田，五叔的份交代要給兩兄弟，這一萬元算替五叔補償你們，我想這些財產都是祖父遺留給我們，大伯和五叔都往生，還計較什麼，我也徵得仁壽同意接受一萬元，給仁壽做為結婚費用。

仁壽搬進繼父家，我們再補貼一千元給母親，每個月我們要負擔三千五百元，但是母親還是對媳婦寶雲有很多不滿和怨言，婆媳之間之造成矛盾，當然有很多因素，一般人沒有辦法去了解。母親的家庭孩子多，壓力大，智雄弟弟上初中結交不良同學當太保，常翹課惹事生非，打架受傷搞出許多麻煩問題，還是要寶雲出面解決，母親與寶雲岳母之間感情變化令人頭痛萬分，寶雲只好默默承受，母親的責難她內心有苦難言只有我最了解，這是人間正常婆媳之間的戲碼。

12
收拾殘局重新出發

代售底片收不到錢

我拍攝《最後命令》不順利，超出預算甚多，加上後來對銷售底片業務也無心經營，未用心查核製片商信用，有人訂貨就出貨，兩年期間，貨款收不到被退票金額超過貳佰萬元以上，真是禍不單行，屋漏偏逢連夜雨，底片退票包括支票貼現借款的製片商，同意拿影片抵押發行，但只拿到三部片，有洪信德《霧社風雲》欠十九萬，楊祖光《我們六個》欠二十萬元，田清《七七事變》欠二十一萬元，三部共欠六十萬元，雖影片交給公司代理發行，但三部賣座奇差，收不到十五萬，等於代售底片就損失二百萬以上，運氣不好倒霉加雙倍，幸虧我還有代理戲院排片服務及韓片發行收入還賠得起，否則將瀕臨破產邊緣，只有靠與寶雲併肩再戰，走一步算一步。

日本東京大都會

韓國將《最後命令》底片寄回東洋現象所，我在中影廠配好國語發音，完成後馬上帶聲帶去東京東洋現象所，進行套片印出拷貝工作。我尚未去過東京，也是第二次出國，朋友盧美柔兄是老日本通，去過東京很多次的識途老馬，提供了很多東京的旅遊資訊，告訴我到羽田機場如何搭機場巴士，到東京中央車站轉乘國鐵電車山手線到新宿站下車，再搭乘計程車到柏木町二丁目，有一家大同俱樂部，是台灣人開的小客棧，住一天一千二百元日幣，若住大飯店，起碼要日幣五千元以上太貴住不起。東京都有國鐵、電車、都營地下鐵，路線縱橫交叉，東京都內都可到達，交通非常方便又快，車站有漢字可看，我日語可通很方便；第一次到東京乘CAT翠華號，有四個螺旋槳，飛

了七個小時到達羽田機場，下機後機場大廈分南北兩大棚，比香港大，很有氣派，移民局海關人員服裝整齊，對旅客彬彬有禮，讓客人有賓至如歸的感覺。

走出海關沒人來接機，看指示牌找到乘巴士處，買票登上豪華空港巴士進入市區，高樓漸多，已有很多高架高速公路交叉在東京都上空，公路不寬有四條或兩條線的車道，房子規格較小，因日本是島國，平地很少人口又多的關係。行車約五十分鐘到東京中央車站，按照盧先生指示，轉乘國鐵走入中央車站，我太驚訝比台北車站規模大十多倍，站內像市場，人潮洶湧，有電車、地下鐵、新幹線和全國JR路線，太多太複雜要看指示牌，看不懂再問服務人員才能找到方向，買票全部用自動購票機。

四十五年前日本已有高速與高架公路、電車、地下鐵、新幹線和自動購票機等等，日本的社會建設進步比台灣提早了三十年，使我感覺到我們太落後。國鐵山手線是東京環繞線，可以轉車到都內任何地方，我在新宿下車。車站規模很大，有兩層地下街，如地上街市一樣燈火通明，人來人往。鬧區商店街有百貨公司、餐廳、服飾店和咖啡廳，各式各樣商店應有盡有，熱鬧非凡，冷氣空調又好，跟地上的感覺一樣。計程車在地下廣場，我叫一部TAXI直開到柏木町大同俱樂部。

進入東洋現象所

我對日本印象良好，東京是一流的國際都市，各項建設新穎前衛，工業發達，國民水準高。我所住大同俱樂部是台灣人黃生開的，很會招呼客人，旅客都是來自台灣，住這裡就好像在台灣一樣，早上又有豐富的早餐，日本米飯特別Q又白，香菇燉魯肉更香，味噌湯摻鮭魚骨味道之好真難忘懷，當時正是冬天要烤電爐取暖，白天氣溫約攝氏八至十度左右，我早已與東洋現象所聯絡，蔡東華先生也派人帶我去東洋現象所與海外部長和技術部負責人見面，先看已印出A拷貝，下午才排到放映室，看完試片後很多需要修剪，還要調整影片顏色，要我再來工廠三天進行溝通與修剪工作。東洋派了一位女機師配合工作，她態度良好，溫柔美麗，使我感到精神愉快，我很感謝東洋

現象所禮遇，這所工廠是全亞洲唯一洗彩色的洗印廠，規模相當大，設備新穎，工作人員有一百二十人，非常敬業，工作效率很高。《最後命令》修剪與調整彩色，在女技術員良好配合下，工作提早一天完成，第三天看過試片後，覺得滿意完成東京工作任務。

暢遊銀座夜東京

第四天我自己開始安排遊覽東京市區，先看銀座鬧區商店街，參觀三越和伊勢丹百貨公司地下樓，有點心小吃街，後再去看最著名日劇圓形劇場，看上空歌舞表演，我們真沒有想到在舞台青春貌美少女，三至四十幾人脫光上衣可公開表演太美太好看，真是眼睛吃冰淇淋，沒有想到日本是如此先進文明又開放的國家，晚上到新宿夜總會、酒吧也有色情真刀真槍，裸體表演秀，真是奇形怪狀，節目琳瑯滿目，大開眼界。翌日再去淺草，是日本戰後風化區，很多美女，來自本國及世界各國都有，觀光客也很多，尤其最多的是美國大兵，有黑人也有白人，生意興隆，又有很多日本廟寺，紀念塔有日本文化的味道，值得一看的好地方，很多紀念品可買，晚上再去東銀座看「寶塚歌舞團」表演，這是大歌舞劇，已表演十多年，服裝布景，非常漂亮，表演少女貌美，都是寶塚歌舞學院，經三年以上訓練出來的高材生，個個美艷異常，最多五、六十人一起歌唱跳舞，場面豪華美不勝收。日本電影比台灣電影水準進步有二十年的差距，我們應該好好努力才跟得上世界潮流。

禮物滿載超過重

最後一天開始採購電氣品，大同俱樂部黃生老闆告訴我，東京要買電器品要到秋葉原價格較便宜，整區有十多條街都賣電氣產品，成藥在神田區，服裝在淺草區，有大批發，也有零售。

秋葉原約有萬華龍山寺這樣大，有電視、冰箱、手提收音機、錄音機、電鍋、照相機各種大小電器類產品，各式各樣的廠牌應有盡有，看得人眼花繚亂。在台灣電視機還是黑白時代，日本已有彩色出

來，我買了一台十八吋黑白電視，手提收音機和錄音機各一台，照相機一個，用TAXI載回客棧後，再去神田買成藥，孩子玩具空心磚、戰車和小飛機等，然後去淺草區買服裝，各買了三套給三個兒子，母親、岳母和寶雲各一套裝，我自己也買了西裝一套，夾克和襯衣各一件。回到客棧，黃生的媳婦又拿了十幾套很漂亮的女裝來推銷，我選了三套禮服給寶雲，加上香菇和海帶，行李二大箱裝滿，還有電視、電鍋、電器類另外再裝紙箱，到機場過重多付了一百元美金運費，回到台北過海關麻煩就大了，電視、電器類都被扣留，出關隔日向海關付稅才可領回。

　　寶雲、岳母和兒子來接機。回到家，兒子們看到玩具及新衣，高興地跳起來擁吻老爸，寶雲一直說買太多、太浪費，但她穿上新裝特別美麗動人，她的妹妹、侄女與岳母多稱讚又羨慕，我才鬆了一口氣，再來又要對朋友發表日本觀感及遊覽的故事，忙了好幾個禮拜，當時電影界出國的人寥寥無幾，我是幸運兒的一個。

推出最後命令慘敗

　　《最後命令》已洗出拷貝由東京寄到台北，我馬上準備推出上映，剛好是年底院線有檔期，雖不是好檔期，因為春節檔期都是大公司早已定了，我們沒機會上只好趁機上片，招待記者看試片，大家都說拍得夠水準有大片氣勢，但是抗日戰爭間諜片已過時，碰上武俠片《龍門客棧》當紅正在上映，所以《最後命令》賣座不理想，該片總成本八百萬台幣等於二十萬元美金，外埠版權與台灣收入不到美金五萬元，損失十五萬元美金，台幣六百多萬元。

再拍新股東加入

　　因《最後命令》失敗，將中興公司四年來所賺資金耗盡，林中志董事長不服氣，鼓勵我再拍下去，找了他姊夫蘇介臣先生投資中興公司，他對售底片代理很有興趣，因底片還有印刷製版底片，市場很大，他有興趣投資二百萬台幣，佔三分之一股份，要求我將底片銷售

代理給他，我只好同意。他代表我到香港，找玉聯影業公司黃玉麟先生談合作拍片，又買一部德國登山片，結果片沒有著名明星，戲院排不出。與玉聯公司合拍《南海蛟龍》影片，請韓國權龍編劇，康範九導演，到香港與玉聯公司合作，即時在香港開拍，並指定要請國聯公司頭牌演員江青為女主角，我與李翰祥簽訂，江青演員報酬新台幣捌萬元，先付四萬元頭款。

第二天下午三時送江青到機場，要飛香港，在機場接辦手續時，突接李翰祥導演電話，要取消江青合同，他認為劇本不適合江青角色，只好取消去香港之計劃。中興公司外景隊在香港與玉聯公司已拍了三個禮拜外景，突然發生女主角變卦，玉聯公司又發生財務危機，無法繼續再拍，新片計劃就胎死腹中，我們公司損失慘重，加上《最後命令》失敗，真是雪上加霜，兩部損失八百萬台幣，我估計中興公司還有五部片發行，其中兩部韓片排隊等配額中，最少資產還有三百五十萬價值，為了揹負失敗之責任，自願將我的股份給兩位股東，我無條件退出中興公司，只要求給我一部常用的電話，他們要求我最少要再幫忙一年發行業務，我馬上答應。一年期間我請了涂良材兄為中興公司拍一部台語片《在室女》賣座不大理想，一年後，我正式離開中興公司，我很感激林中志先生，助我一臂之力，才能在二十六歲時成立中興影業公司，讓我初嚐美夢成真的味道，建立我的事業基礎。

⓭ 樓倒從零再開始

失敗如何再站起

　　我十六歲離家出走步入社會，努力闖蕩影藝界，到二十六歲建立中興影業公司，開始在電影的夢幻世界裡築夢到三十歲，一九六七年失敗好像是從高樓摔下，只剩下一部電話，將中興影業公司拱手交給別人。我雖已一無所有，但上了一課人生過程中跌倒的寶貴經驗，我無怨無悔。中興公司改組時，我將辦公室四層樓退租，遷入蘇介臣先生新股東在開封街二段四十一號辦公室，可減輕開銷，住家則搬到長安東路小巷蘇先生的公寓。為中興公司服務一年後，我離開了中興公司，在武昌街二段九十六巷五號租一間辦公室，成立建興影業公司，將之前的團隊整理重新出發。

侄女小妹視如家人

　　一九六八年寶雲生了第一個女兒佳莉，好可愛。寶雲要負責公司業務，又要兼顧三個孩子就學，岳母又去幫寶卿帶女兒廖家怡，事情忙不過來，就託草屯秋香妹介紹一位十六歲少女阿琴來幫傭，個性單純，長得清秀可愛，協助帶佳莉。以前永興、永昌都是純良侄女幫岳母學帶大的。

　　我的家已有六名成員，三個男孩都上靜心幼稚園和小學。戲院代理排片工作維持不變，收入還能平衡，影片公司從零開始認真打拼。

　　阿琴帶佳莉從嬰兒到學會走路，她很有耐心照顧佳莉，我們視她如家人。純良侄女在家幫忙家事和孩子，一直到嫁人，她對我與寶雲很孝順，如我自己的女兒一樣。

因果自己種林朝顯

我自《最後命令》失敗後退出中興公司，運氣走入谷底。前台聯公司委託排片時我認識了台中五洲戲院老板林朝顯，他託人買到巴西移民綠卡，委託我申請出國手續，辦出入境證、護照，很快辦妥，他非常高興，專誠招待我去台中，後決定找建興公司排片。五洲戲院是二輪戲院，原本生意不好，我就用自己發行的韓國片讓他當首輪放映，一部接一部上映把戲院炒紅，變成最興旺的戲院。

林先生夫婦對我們很感激信任，當時他妹婿在中興新村工作，知道當地一家員工電影院生意非常好，租約到期再招標，借建興公司執照投標，標高出三倍底價的租金，林與妹婿接手經營困難，要求我與草屯戲院張鏗仁兄加入經營。我當時沒資金，他願代墊三萬元股金，免利息只要求開一張無日期支票給他，因與中興新村租約是以建興公司名義簽，我不得不也請張鏗仁兄一起加入。

永新影片公司老板戴傳李是台語片拍最多、最賣座片商，他一直想爭取戲院排片權，五洲林朝顯來台北就請他上酒家，一再遊說，稱我連中興公司都保不住要換排片人，朝顯經不起他的誘惑，切斷跟我的關係轉給永新公司排片。

維護信用跑三關

台中市五洲戲院給永新公司代理排片，日新戲院剛好在五洲對面，是對台的競爭戲院，日新陳先生馬上來找我替他排片，變成競爭搶片，當然我比較老手又有韓片為支柱，五洲戲院賣座從此一落千丈，又為一部片簽雙包引起結怨。五洲林老板竟不預警通知將寶雲支票存入而被退票，按規定在三天內補足就可註銷退票紀錄。我正好有越南片商前來沒時間處理，為了維護建興公司信用，寶雲只得當夜趕夜車到水底寮，夜車沒座位站到高雄八個小時沒睡覺，再到水底寮找張簡醫師，調借三萬元現金。當天再趕回台北補付存款，後來法院還要罰同額三萬元，真是冤枉！我曾替林朝顯背中興新村戲院賠錢的責

任，他竟恩將仇報，我們雖吃了大虧，也學到好的教訓，以後凡事都要小心。

　　林老板在台中很出名，戲院戲票漏稅第一名，一張票可轉二十八次，與稅徵處打官司頻繁，又與親兄弟爭財產六親不認，連八十多歲母親也告，常出入法院，是地方頭痛人物。他對國民政府不滿，主張日本戰敗退出台灣後，聯合國說台灣主權未定論。人若不守天理一定會受天譴，因果不會不報，不久必自食惡果。我們夫婦背靠背，同擋狂風暴雨，從什麼地方跌倒，再從那裡站起，這是我想的邏輯。韓國也許與我有緣，我只有這條路可走，我與寶雲商量，決心去韓國碰碰運氣。

韓國是我的方向

　　為了去韓國，寶雲賒了一張漢城來回機票，我身上只帶了一百元美金就飛到漢城，康範九與權龍兄來接機安排入住大元Hotel。這是我第二次到韓國，時值冬天很冷，天空是灰色，機場到市區約一小時路程，道路崎嶇不平，郊外都是休耕農田，房宇簡陋，公路沿漢江走半小時跨過漢江大橋就進入漢城外圍，城市建在小丘陵上，建築物像九龍塘難民營在半山的房子。韓戰後韓國還很貧窮，比台灣落後，我住的旅店在電影界中心區明洞，與台北西門町一樣，康兄為人平實誠懇是我的好兄長，熱心招待我，讓我開了眼界。

　　當夜帶我上韓國藝妓館並邀請朴眠、黃文平兄、權龍兄作陪。這家餐館是韓式，有藝妲女服務生，年輕貌美，全部著韓式服裝，菜色眾多，大部分是冷菜、海鮮，也有烤肉和泡菜，很合口味，客人不必動手全由藝妲服務送到口中，溫柔體貼按摩並敬酒乾杯，歌唱表演與客人跳舞唱歌猜拳，比台灣上酒家有過之而無不及，但韓國小姐不會跑場，從始至終專心替您服務，宴會盡歡。曲終人散，小姐留客人共度良宵徹底服務，使客人有賓至如歸，真是男人的天堂名不虛傳，我早已聽過日本藝妓服務好有技藝，可是比較老又太貴，韓國藝妓比日本好，年輕又貌美，花費便宜又熱情，一夜情後藕斷絲連，每夜到旅店陪伴並洗衣，陪逛街買禮物送機，讓我一生難忘。

忍辱才能成大器

　　我來韓國不是觀光度假，初到幾天，應付到過台灣受我招待韓國朋友的回請飯局，再帶我去韓國藝妓館兩次各有不同味道。康兄帶我去拜訪製片公司，其中聯邦映畫會社朱東振社長與經理崔春芝到過台灣，託我辦理韓片在台上映證明，讓他的公司得到進口外片一部配額，當時韓國外片配額設限，韓國十四大公司每年一部，朱社長他為了感謝我，曾說要送給我韓片回饋。康兄正替他公司執導一部片《馬克斯的弟子》與朱社長關係密切，帶我去公司拜訪，正好有客人在社長室，秘書告訴朱社長後，他出來見我一面與我握手，請我等一下，又進去社長室，那時是上十點鐘，我與康兄等到十二點還未出來，客人早已走了，他十二點十五分出來，對我說：「對不起，中午有飯局，請明天再來！」韓國人很現實，也許我《最後命令》失敗的影響，讓他視為不重要的人物，康兄安慰我只好忍耐明天再去。

　　翌日我們九點就到聯邦公司，朱社長九點四十分才到，見到我打了招呼就進社長室，沒說半句話，我們等了三小時，過中午他才走出來又說有事要走了，我與康兄出去吃飯，下午再去等，結果他去打球。第三天我們九點鐘到公司，他十點多才來，看到我與康兄說一聲嗨，又進去，我們等了很久，請秘書問他，又說今天忙明天再來。我真是悲從心來，我是專程從外國來的客人，為什麼用如此態度對待我？真不想再等下去了，康兄安慰我要忍耐，明天再來。第四天再去，他沒上班，聽說昨天下午就飛去濟洲島打球，這時我想起一句名言「我的字典沒有放棄這兩字」，下了決心要等到成功為止，康兄再三解釋，勉勵我。第五天我們耐心等到下午三時，他才回到公司，看到我與康兄很驚訝，大聲說：「Sorry，Sorry，請到我辦公室。」他又說：「Mr. Kao您讓我太感動，您真有耐心，一定會再站起來，告訴我需要什麼，我會幫助您。」我說：「以前您不是說要送我影片嗎？」他說：「OK，No Problem，明天請再來公司，我們準備十部片任您挑選，無條件給您！」真沒想到我還有機會，我選了六部片，立刻寄去台灣排隊等配額，賣東南亞版權，讓我有機會重執發行韓片

牛耳的地位。

結合東亞輸出公司

　　康範九兄為我介紹一位好友李于錫先生，多我一歲，計劃出口韓片到海外，住過日本懂日語，我們可溝通。他想在韓國電影界打開一條路，在鄭武路二層樓辦公室與四家公司合租樓下，他只有一張桌子，計劃推銷韓國片到海外，我們談得很投緣，他決定公司名字「東亞」兩個字，我建議用中文式加輸出公司，他同意命名為「東亞輸出公司」。我們雙方約定，我提供台灣片及香港片給他，開拓韓國市場，他提供韓國影片給我，開拓東南亞及台灣市場互相資助交流，我們三人一言為定。從此我們相交四十五年，親如兄弟，包括康範九兄在內，他來台灣由我接機，安排住宿，他要的資料我去設法提供，我去韓國也是他接機，安排一切，我們三個相約努力開拓雙方市場，都是空手打天下。

與韓國相交五十年的好朋友東亞輸出公司社長李于錫（左）合照

　　他與康兄首先請我去郊區看一部很賣座的愛情片《淚的小花》，我認為不錯，回台後建興公司剛成立，沒有韓片配額與買片資金，找高雄壽星戲院老板許火金先生投資合作，講《淚的小花》故事給他聽，他的經理陳旭輝也在場聽，我沒在意。過兩個禮拜後，陳旭輝託人把《淚的小花》台灣的版權買走。我真想不通怎麼又與第一次向韓國人買片受騙一樣，好片未到手又被別人捷足先登。後來《淚的小花》上下集在台灣大賣座，陳旭輝發了大財，我也想通了，是自己當時沒有警覺與福氣，加上時間與資金無法配合，也沒賺錢緣份。

　　花工同學廖國祥來幫忙我代理戲院排片當經理。寶雲妹妹寶卿是會計助理，近水樓台日久生情，突然通知我與寶雲他們要訂婚，我們都嚇了一跳，兩個最親近助理談戀愛很久，全公司同事都知道，只有我們兩人被蒙在鼓裡，保密到家。半年後他們正式結婚，我們為他們祝福，岳父和岳母更高興，公司內有兩個女兒，兩個女婿，親上加親，母親與弟弟仁壽心理上更不是味道，建興公司變成陳家的天下，寶雲立場更尷尬。

▌參加亞洲影展酒會我與李于錫兄、勝新太郎兄、王東海兄舉杯祝福

　　事業又遭挫折從頭來，但我與寶雲有信心再努力，上天不負苦心人。康、李兄介紹韓振映畫會社社長韓甲振先生來台，即《淚的小花》製片老板想來買台灣影片，我接待他安排看試片，招待上北投酒家，對我印象良好，他說要再拍《淚的小花》第三集，台灣及東南亞版權要賣給我。很高興貴人再出現，有耐心、等待加上努力，黑夜將過去，我要再迎接燦爛黎明的來臨。

14 東山再起築新夢

韓片救我重新再起

　　韓國聯邦公司給我六部韓片，排隊分到兩部進口配額，即《生為女人》與《風流金龜車》，重新恢復建立發行公司的功力，建興影業公司正式開始營業。這兩部片是聯邦公司資助，配額是排隊分到免費，人助天助，從零再開始，急忙推出，賣座平平卻給建興公司打了一針強身劑，讓公司奠下好基礎賺了幾十萬週轉金。正好郭南宏兄女秘書新婚，買了公寓在華江大橋旁，人壽一村三樓三十坪要轉賣二十五萬，我從週轉金中拿出第一次置產。

　　我與寶雲內心充滿興奮，我們有了自己的財產，心裡萬分感恩上天恩賜與貴人相助。三男一女上靜心小學及幼稚園，靜心小學是蔣緯國為紀念夫人所辦的私立貴族學校，學費既貴又很難進去，因我與寶雲未受到良好的學校教育，我們決心讓孩子上最好的學府。我的事業漸漸有起色，再進一步到東南亞去考察，學習開拓新市陽。

風流才子黃瑞吉

　　丁伯駪先生是製片協會理事長，對外推銷國片，常到海外旅行，認識很多海外華僑片商。新加坡華僑黃瑞吉先生來台，丁理事長介紹給我認識，他是影星鍾情的男朋友，前太太是新加坡最紅歌星張小鳳，再前女友是Miss Singapore。他是很出名的Play Boy，大我七歲，英俊瀟灑又慷慨，喜歡交美麗名女人，之前賺了很多錢，全花在女人身上，錢花盡了，被鍾情拋棄失意來台，住在小旅店，剩下美金七千元帶在身上，他問我可否幫忙投資影片挽回失敗邊緣，我的情況與他一樣正等候機會合作。他雖身上存款不多，酒家、北投照上，風流本

愛妻寶雲與黃瑞吉（右一）、龔金星（左一）、高世杰（右二）合照

性不改，我們很談得來，他結交海外不少商界好友，生意頭腦靈活。他說可透過朋友爭取印尼Paneline航運公司台灣代理權，我們合作爭取，他回新加坡時，透過林鴻模先生的關係真的抓到機會，請我先租辦公室做籌備處。

籌資買版權與配額

　　韓振映畫會社韓甲振先生照計劃拍《淚的小花》第三集，半年後推出賣座一樣好，他照約定把第三集台灣及第一～二集東南亞版權全部賣給我，簽了約後我向花蓮戲院王東乾兄調借了十萬台幣，再向二重埔戲院王平先生借十萬元，寶雲開始向各大埠頭戲院收訂金，配額花了二十萬元買《淚的小花》第三集及第一～二集東南亞版權，花了一萬元美金手續費全部完成影片順利進口，公開試片轟動影界。房東黃德順先生是萬國戲院老板，要求在他的戲院上映，自動付了十萬元

訂金，萬國是西門町最好地點，高雄光復戲院也來，其他地區戲院爭相簽約，兩個禮拜寶雲收了七十多萬訂金，不費吹灰之力本錢與配額之款全部收回。

做每一件事先要有創意，有了明顯目標，要經過嘗試摸索更要專心，從失敗中吸取教訓得到啟發掌握新知識，而後就是生意；所謂生意在於如何運用四兩撥千金，可以無中生有，利用智慧再配合運氣和工夫，賺錢易如反掌，最重要不可目中無人，要居安思危，再投資要穩紮穩打，才不會再失敗。

推出《淚的小花》第三集

《淚的小花》第三集按計劃在光復節推出，萬國戲院上映，果然不同凡響，勢如破竹，比第二集更賣座。岳父幾乎每天都站在戲院對面巷口看購票入場的人潮，看到大排長龍，暗暗竊喜，真是可愛又可敬的老人家。台北首輪上映兩個月總收入三百萬，高雄、台南、台中、基隆各地方都賣座很好，全省收入將近四百萬，打了一次大勝仗，向花蓮王東乾元調借十萬元及二重埔王平兄十萬元，沒超過半年，為了感恩助我一臂之力，加一倍奉還，他們兩位都感到意外的驚喜。影片剛要上映前，寶雲已看好了一棟位於康定路十八號之二，四層樓房子，談好價錢二百二十萬，公司週轉金拿去二十萬付訂金，再去銀行貸一百六十萬簽了約，寶雲懂財務就會運用，資金調度，配合膽量，等於花二十萬買進二百二十萬的房子，銀行貸款一年不到全部還清，手法高明讓人佩服。房子重新裝潢花了一百多萬，美輪美奐。

火女導演金綺泳結緣

康兄前助手鄭鎮宇兄的宇進Film製作一部黃色情殺懸疑偵探鉅片《火女》，由金綺泳導演，拍得非常好又賣座，康兄幫我爭到台灣版權，美金三萬元包底分帳，我邀請製片人鄭鎮宇兄與金導演來台做宣傳，賣座也不錯，因此我們結下幾十年交往的友誼，金導演與夫人皆是牙科醫生，金兄棄醫從事導演工作，在韓國拍了很多超水準賣座影

片。我曾招待金兄與醫生夫人來台觀光，他們也回請我到韓，建立深厚感情。未料他們竟在一九九八年二月八日在寒冬夜半於睡夢中，住家火爐不慎引起大火雙雙葬身火海，享年七十九歲，震驚影界。失去一位好友，鄭鎮宇兄非常傷心，金導演曾替鄭鎮宇兄拍《火女》很賣座，讓他建了兩棟大戲院，鄭鎮宇兄韓國著名導演，是康兄徒弟，很尊敬照顧康兄，我到韓常邀康兄陪我招待我，我們成為幾十年異國兄弟，難能可貴。鄭鎮宇兄現任韓國影人互助福利基金會理事長。

成立泛亞航運公司

我與瑞吉忙找承攬報關、供貨等作業公司，代表組成臨時航運公司與代表開會，帶他去基隆和高雄看港口，招待上北投、酒家，美女投懷，讓印尼代表滿意回去向總公司報告，一個月後與新加坡林鴻模兄簽約。

黃瑞吉成立台灣泛亞航運公司，由黃兄當董事長，我與林兄當常務董事，還需聘一位懂英文的當總經理，我介紹了南洋公司二老板林輝遄擔任。公司租一層樓做為辦公室，裝潢後夠氣派，第一艘貨輪到岸業務全交給作業代理公司處理，我們三位簽發貨倉單要用英文簽字，我練了幾天才不會變形，簽貨單一簽馬上可收現款，一艘船運費可收到一百五十多萬，公司金光閃閃。瑞吉兄與輝遄兄每天應酬海內外客人，不是酒家就是舞廳，美女隨時作陪，我自己公司繁忙無法天天參與。瑞吉為增加公司聲勢派頭，馬上訂兩部轎車，一部新型林肯轎車，另一部Cadillac，給董事長和總經理各一部。在陽明山租了一間豪華公寓還包了一名舞女。

泛亞公司營運三年收了五百六十萬，花掉五百五十萬，幾乎全部花光，我除了陪他們應酬到酒家和舞廳玩樂以外，只得了一個空有其名公司常董。瑞吉在台期間，前新加坡小三歌星張小鳳為他生了一男四女，與大太太生一男共有六個孩子，張小鳳也來過台灣幾次都是寶雲陪她。

好友常罵瑞吉風流成性，有一天會栽在女人身上。他在台灣包養舞女有五個月身孕，讓她到香港住好友羅醫生公寓，請羅醫生兒子做

伴照顧。他是瑞吉秘書，因瑞吉在台灣忙，秘書年輕又英俊，兩人乾柴烈火，雙出雙入，親熱異常，代替瑞吉照顧到床上，後來懷孕墮胎讓瑞吉兄帶綠帽醜事爆發，轟動台港影界。

⑮ 開拓東南亞市場

第一站泰國訪問

　　韓國聯邦公司送給我六部片，又買了《淚的小花》三集共九部片，因東南地區版權問題，需要去了解市場和拜訪片商，我決定與寶雲一起去考察與旅遊。第一站去泰國找結拜兄弟老大蕭錦松，他已到泰國兩年多，由他安排接待。寶雲與我結婚後為了公司家庭辛苦多年，這次旅行讓她休息慰勞一下。她是第一次出國精神夠緊張，我們乘國泰飛機到曼谷，蕭兄來接機，當時機場還很簡陋，機場到市內約五十分鐘。公路兩條線而已，郊外都是農田，公路兩旁種很多椰子樹，天氣很熱約有三十六至三十八度，真是有南洋風味。住入四星級第一飯店，蕭兄帶我們到唐人街參觀，這區大部分是潮州人後代，已有三百多年歷史，有很多金店、珠寶店和中國餐廳，我們到餐廳蕭兄先叫冷凍椰子，真可口涼快，再點潮州粿條和燕窩魚翅，大吃一頓，別有風味。

　　第二天去泰國皇宮與玉佛寺，泰國佛教立國有二千多年歷史，佛教為國教，男子滿十六歲就要當和尚兩年，像我們當兵是國民義務。皇宮建築是泰國尖塔式，金紅色屋瓦築成，王城在市中心，有高尖瓦塔用純金箔建成，金碧輝煌。旁邊是玉佛大寺，有一尊白玉佛約有三呎高，歷史悠久，和尚幾百人，香客興旺，寺廟範圍有小皇宮之規模，觀光客人潮洶湧，熱鬧非凡。四周都是公園，馬路廣闊，有很多噴泉和紀念塔，全部遊覽要兩天時間，天氣很熱真受不了。第三天邀我們去湄南河看水上人家，船上放置很多蔬菜、水果和點心在河上販賣，撐船大部分是婦女，穿著黑色衣褲，帶竹笠，有的還帶孩子做生意，生活還比台灣落後。第四天到城中心看戲院，新建戲院很多，泰國也拍很多泰國片，生意不錯，我們也去買紀念品。

對泰國的印象是地大物博，農業立國，盛產稻米，工業落後的佛教國家。在二次大戰沒有受戰爭波及，城內大樓比台灣多，曼谷已有三百五十萬人口，比台北大，交通很亂，人民善良，印象還不錯。下一站是新加坡。

第二站新加坡旅行

我們來到第二站新加坡，來接機是黃瑞吉兄和他的朋友林猶幹先生，他是泛亞航運公司新加坡常董林鴻模兄侄兒，招待我們住他開的旅館，設備普通卻很乾淨。新加坡是大海港，從機窗可看到廣大海灣，港口船隻密集，有大船、小帆船、遊艇和郵輪。碼頭旁邊高樓大廈林立，馬路都是樹蔭蔽天，車輛開左邊，到處是花園，很乾淨又很美麗，有馬來人、印度人、華裔和英國人等，是經濟建設先進的國家。當晚林鴻模先生設宴招待，有林猶幹兄及高啟芳先生作陪，他是林的好友，也去過台灣互相認識，新加坡海鮮特別好又新鮮，廳餐在港口頂樓宴客可看到港口，夜景像香港一樣，燈光燦爛，有南海大明珠之稱，世界三大港口之一名不虛傳，我與寶雲對新加坡印象良好，是最乾淨又美麗的國家。

第二天，林猶幹兄帶我們去吃最著名的新加坡肉骨茶，門庭若市，很多觀光客排隊，特色是排骨配胡椒與漢藥蒸燉，氣味特殊香又開胃，茶甘純印象深刻。高啟芳先生陪我們去大丸和SOGO百貨公司都是日本人來開的，日本商品應有盡有又便宜，也去先施百貨公司全部是歐洲英國貨品，我去香港和東京去過百貨公司，寶雲是第一次到外國百貨公司，大開眼界，買了不少衣物。再去看邵氏與國泰戲院，都很漂亮，地點又好，看電影人潮眾多，晚上到牛車水觀光夜市，觀光客很多，點心好吃，有福建人的口味。第三天去海洋公園，參觀亞洲最大水族館及博物館，收穫良多。

新加坡居民都會講英語、馬來話、北京話和廣東話，福建話是最起碼的，還會講海南話和印度話，真是語言天才。新加坡政府清廉，國民守法，治安良好，是第一流的國家。

第三站馬來西亞探親

我們從新加坡飛馬來西亞首都吉隆坡，探訪六叔高泉安。他在二次大戰時被日本徵召來南洋當軍伕，日軍戰敗後被華僑救助，留在馬來亞與華僑結婚，長居馬來亞已超過三十多年，在日本駐馬大使館服務，育有二男二女，生活過得快樂又幸福。他與六嬸來接機，六嬸受英文高等教育，思想卻很傳統還穿民初衣褲，她會講閩南語摻雜英語或馬來話，聽起來滿好聽，六叔開了一部Datsun轎車，據他說已開了二十四年，還保存很好的古董車，汽車公司用新車要跟他交換，他捨不得。他們很高興台灣故鄉有親人到訪，接我們住新搬入的華僑新村，西式洋房有庭院、小花園和停車庫，美輪美奐，是白領階級主管住所。晚餐買了很多海鮮有蝦、石斑魚、螃蟹以及沙嗲牛肉，榴槤味道好濃，我吃不習慣，寶雲甚至不敢嗅。六叔幾十年沒會過親人感覺很親切，他說我三歲父親亡故下葬時，我媽抱著我，棺木要掩土時，我大哭喊著：「不要掩土，爸爸在下面睡，不要！不要！」大哭大叫，周圍的人都一起哭，感動場面終生難忘，六嬸和寶雲包括我，都流下親情的眼淚。

六叔在台灣時最關心照顧我們全家，他曾就讀宜蘭農林學校，現已改成宜蘭大學，現校友會長李春男就是我中山國校的同學，宜農還有一位傑出校友楊正宏兄，是世界最佳種豬的研發先鋒，我們叫他豬哥王。六叔小時候祖母領養童養媳──阿姨高阿蔥要配給六叔，因戰爭六叔被徵調去南洋，兩人無緣結合。如今六叔家庭美滿，六嬸賢慧學問又好。

六叔帶我們參觀總統府、回教堂、首都市政府、中央車站、大市場及市中心。吉隆坡氣候很熱，建設與新加坡一樣是英國式，市內樹木、花園廣場、紀念塔很多，市容乾淨又美麗，比台北市更進步。六叔向日本大使館請假一個禮拜，陪我們遊馬來亞看半島，自己開車由六嬸作陪，四個人向太平市出發，這段約有三百多公里的高級柏油公路，沿途都是橡膠園、椰子樹和棕櫚樹園，風景秀麗，大部分是小丘陵地帶，森林和農村交錯。鄉村房子都建有高腳，約高出地面一米

五,防淹水與蛇及昆蟲等入侵,很清涼別具特色。約四個小時抵達中部大城太平市,是州政府所在地,也是六嬸娘家,我們就住在她弟弟家,他是陸軍中將,有侍衛官舍。太平市也是個美麗的花園城市,比台中市大。住了一夜再向北開了四百公里到大山腳,也算檳城管轄區域,即是港口。對面小島是檳城,大部分是華人,福建人最多。在這觀光之島有著美麗海灘、海水浴場、遊艇碼頭、滑水及衝浪海灘,西方人很多,潛水海底,清澈透明,可看到大小魚群游來游去,美不勝收。我們人與車一起上渡船,三十多分鐘後登上檳城島,住在五星級飯店,先吃海鮮,有龍蝦、紅蟳……尤其螃蟹特別大,紅蛋仁多又好吃。山上有觀音寺建築宏偉,香客眾多,後來曾有台灣著名勝能法師當上住持。山頂可瞭望全島,山下有一間蛇廟,蛇供養在廟內神案上,群蛇亂舞看來令人驚心動魄,以致寶雲不敢進廟!

南洋大開眼界

在檳城玩了兩天,也吃了當地肉骨茶,與新加坡的味道不一樣,有漢藥味道,榴槤粿也很特殊,炒粿條和沙嗲味道超棒,馬來亞冷飲冰咖啡和甜點種類夠多又好吃。馬來亞走了半圈又回到吉隆坡,六叔朋友賴先生介紹了吉隆坡前國泰電影機構業務經理湯百器先生,現已轉任到綜藝公司總經理談影片發行。六叔陪我們玩得很愉快,又有生意上的收穫,六嬸也準備了很多禮物讓我們帶回,寶雲也有準備一條純金項鍊給六嬸紀念。完成南洋三地星、馬、泰考察,看到各大城的戲院也認識很多朋友,並遊歷了南洋各地美麗的風光,大開眼界,受益不淺,滿載而歸。

海外業務開始擴大

東南亞考察回來後,中興公司又進了兩部韓片《愛之罪》和《秘女》,賣座也不錯,發行業務越做越旺,後來南部地區也來買韓國片。首先香港劉恩澤先生來買《淚的小花》三集,又來了郭育訓先生買了《最後的裁判》及《鬼火怪談》和《妖花》,另一家有戲劇院的

江伯庭與楊先生買《生為女人》和《風流金龜車》，我也請他們上黑美人酒家，他們很高興又滿意，他說台灣藝霞歌舞團去西貢表演非常成功受歡迎，公演三個月，再去星馬公演轟動滿座，希望我代找台灣好的歌舞團來越南，再三拜託後他們離去，我就託人到處去看歌舞團的表演。

建興公司業務轉型國際化，寶雲忙於國內影片發行，我則應付海外買賣。新加坡黃瑞吉兄看我拿到《淚的小花》，也想加入韓片東南亞地區的股東，我接受他拿了《淚的小花》等六部新片，賣給新加坡綜藝公司，先拿了錢再投資入股金。

湯伯器先生已離開綜藝公司要拍馬來西亞電影，由自己導演，該片殺青後來台灣看了《最後的裁判》非常喜歡，很有自信要帶演員去隨片登台，由他安排星馬代理發行，我也很樂意與他合作。簽了合同後送他到門口，握手道別，他長得很胖，比我年長，轉身離開時摔了一跤，我嚇了一跳，幸虧只是小擦傷無大礙，我心想是不吉利預兆。申請演員出國拖了半年，星馬戲院都談好檔期，湯先生來台幾次，都未能獲新聞局批准，可能是湯先生曾在左派綜藝公司工作關係，所以出國之事只好放棄，胎死腹中。

湯先生學問好，中英文一流，是位很有修養的紳士，白花了半年時間與精力真可惜，事雖沒有做成，我們卻成為好友。後來他導演拍片與女主角有了感情，導致家庭生變，屋漏偏逢連夜雨，影片又賣座失敗，只好跑去泰國投靠好友，在銀行當顧問。到泰半年後來台灣找我，他說他們有一位負責大戲院宣傳的廣告經理譚學謙先生，與他曾是華僑週報同事，我已找到泰國銀行界的朋友有興趣來代理韓國的影片，我把韓片資料海報給他帶回去，不久來電話邀我去泰國曼谷。

又有韓國東亞公司李于錫兄來台想買台灣片，正好有一部郭南宏導演的武俠片《鬼見愁》正上映，賣座鼎盛，郭兄開價要版權三萬元美金，台灣片從未賣過韓國且開價太離譜，李先生出了一萬元美金，郭兄堅持不降，因為他拍的武俠片《一代劍王》在香港也很賣座，我對他說：「台灣片在韓國沒上映過，機會難逢，比您更好的片太多，不要失去搶頭香的好機會！」我們再加碼二千元以一萬二千元，他同

意成交，第一部台灣片《鬼見愁》到韓國拓開市場先鋒很成功，之後韓方再買《百忍道場》及《鐵三角》，郭南宏導演很感激我。

泰國成立汎泰公司

湯伯器先生回到泰國，請譚學謙先生邀請銀行同事林偉海與他的好友陳漢洽來商量討論代理韓片之事。林偉海是泰國僑領廖五湖銀行董事長的妻舅，是財務公司經理，一群年輕的朋友常玩在一起，對電影事業是門外漢。台灣有公司提供影片合作，他們有興趣，要請我到曼谷商談，我馬上飛曼谷與湯、譚兩兄見面，再與林、陳見面談成共組泛泰影片公司，林偉海與陳漢洽結交很多名歌星，每次吃飯都有台灣女歌星作陪，夜夜笙歌。

我回台北後馬上把韓片《淚的小花》三集拷貝寄給泛泰公司，又忙於應付韓國出《鬼見愁》國片，還去韓國會李于錫兄，再看兩部韓國新片《秘女》和《星星知我心》不錯，又買下東南亞地區版權，回台北又趕去香港找龔金星先生幫忙韓片配國語發音，並代理建興公司海外發行工作。他是南洋公司林章在香港小三的弟弟，越南片商江伯廷兄又來台灣督促找歌舞團之事，後來經立法院許委員介紹國華歌舞團江先生也一起去看，印象不錯，但服裝布景太差，節目需再改進，可以考慮，江先生口頭約定合作，歌舞團訓練由建興公司負責，越南公演分帳簽約後，他們可先付二十萬訂金，江先生回越南後我找姊姊秀珍，她開過舞蹈社教過學生，與許委員再去看國華歌舞團，看後結論要重新再訓練改頭換面，經費需投八十萬，華老板也同意合作，我只好再冒一次險，跳下火坑了。

重訓國華歌舞團

泰國汎泰公司正式成立，《淚的小花》推出上映成績平平，我又去香港協助配音出片再飛泰國了解《淚的小花》為什麼上映沒預期好，原來是戲院是二輪，宣傳不夠，林偉海與陳漢洽當著玩票，每天捧歌星吃喝玩樂，帶我上酒家，洗泰國浴，真把我嚇壞；泰國浴室有

大飯店的規模，店面有大櫥窗，服務小姐像百貨公司樣品，分成兩邊坐，每邊像球場階梯似的排坐亮相，約有上百人，一邊穿白色泳衣，可以洗澡泡沫按摩全套，另外各顏色都有洗澡！按摩，價錢不同，生意興隆，各國觀光客都有，生意興隆企業化管理，把美女當貨品展示，讓客人自由挑選，個個年輕貌美，胸前有號碼，任君挑選，花費又便宜，真是男人世外桃源，讓我大開眼界。

　　我希望汎泰公司努力經營，要把第二集宣傳好再推出，我又急忙趕回台灣，籌備改造國華歌舞團，請姊姊秀珍當訓練老師，姊夫明秋水當策劃，開始訓練花了三個多月，換了節目服裝面目全新，越南星馬都有人來看，泰國汎泰公司林偉海，陳漢洽兄，也來看國華的表演，都認為夠標準，林兄馬上要求投資入股佔一半股份，我也同意，他們回到泰國馬上匯五萬元美金給我，但是我每天都為此事操心，因為西貢正在越南外圍，與北越戰火連天，星馬地頭不熟，我又對歌舞帶團外行，越南江伯廷兄來台說西貢市歌舞昇華，郊外偶爾有炮聲已聽慣了，對我們保證可以如期來表演，要我們趕快去西貢市一趟正式簽約，我馬上通知泰國汎泰公司林偉海兄，他們決定派陳漢洽兄陪我一起去西貢簽約。

　　我安排了公司一切業務後，飛曼谷會陳兄再一起飛越南西貢，是法國式的情調不同建築的國家，但已戰火連天。

努力重整旗鼓

接洽歌舞團出國

　　越南江伯廷先生邀我去西貢簽歌舞團合約，我先約泰國汎泰公司陳漢洽兄計劃行程，飛曼谷與陳漢洽兄會合，再一起飛西貢，當時由曼谷飛西貢是小型飛機，西貢機場有很多美國軍機，美軍出入頻繁，是要塞戰地，比台北松山機場繁忙。江先生與楊先生來接我們，到華人區堤岸的八大嶺酒店，剛好有兩位台灣雙燕姊妹駐唱，是漢洽兄朋友，大家異地相逢很高興。堤岸是西貢市第五郡，離市中心半小時車程，湄公河貫穿市區，有港口碼頭、輪船和機航小船，車水馬龍，繁華異常，沒有戰地的氣氛，有很多軍用卡車、吉普車和美國大兵。

　　他們先招待我們去吃越南菜，有甘蔗烤蝦、越南春捲、魚餅、粿條、大頭蝦和炸雞，魚露味道很特殊，再帶我們看中華劇院，有一千二百位座位，地點在堤岸鬧區，藝霞歌舞團也在此表演。老板林溫和先生買過韓片的老客戶，很高興又見面，晚上歡迎宴他也來參加，還有其他片商張偉大先生、郭育訓先生也應邀參加，熱鬧非凡，還特別請兩位女記者，穿白色越南旗袍，長髮披肩，婀娜多姿，全程陪我們。

　　第二天應其他戲院主人參觀戲院後，請我們到郊外海濱勝地吃海鮮，第三天遊覽西貢市內看古蹟，參觀總統府和天主大教堂，晚上江先生招待我們上夜總會，霓虹燈之下，笙歌夜舞，美女如雲，賓客滿堂，人說西貢是「東方小巴黎」，真是不為過。兩位少女記者充當嚮導陪我們遊覽，溫柔美麗，令我們永懷難忘。

　　與江先生簽妥國華歌舞團合作合約後，轉返曼谷再飛到新加坡住兩天，並拜訪邵氏機構蔡丹經理，他們有意願合作，約定等去台灣看表演後再談。後再飛去吉隆坡，住在六叔家，六叔託吉隆坡賴總經

理，安排帶我們去芙蓉市，見李先生與檳城趕來的陳振芳先生，見面後也約定新年去台北看國華歌舞團公演。翌日，飛返台北看國華歌舞團，燈光音樂加以更新，我們充滿了信心與希望，能超過「藝霞歌舞團」水準，可在東南亞巡迴公演。

越戰歌舞團夢碎

我與泰國陳漢洽兄為國華歌舞團東南亞公演，一起到西貢、曼谷、新加坡和吉隆坡等地快跑了一圈，已談妥了各地合作意願對象，等台北新年在國光戲院公演後，就可去越南西貢公演，歌舞團訓練預算超過八十萬，泰國汎泰投資一半，應再匯三十萬股款卻遲遲不到位，建興公司只好先代墊。

一九七一年，中越戰局轉急，北越游擊隊迫近西貢郊區，海上難民逃亡潮開始，美軍也準備撤退，局勢急轉直下。國華歌舞團已完成訓練，等候出國表演，但江伯廷先生找不到人，等了半年時間越南音訊中斷，去越南公演夢碎，只好改在台北國光劇院於一九七二年新年先公演。因局勢轉變，我國退出聯合國，台灣海峽緊張對峙，公演賣座不理想，星馬人員又打退堂鼓，只好在台灣找基隆和板橋等地接下來公演。

在台灣公演三個月賠了二十萬元，已投下一百二十萬資金，汎泰公司應負擔一半責任，因我們沒簽合約，泰國這班人就賴帳不理，他們匯了二十萬投資歌舞團，連建興公司寄給汎泰公司韓片《淚的小花》三部，泰國汎泰代理發行帳也不清不楚。所以我在生意的道路上又上了一課，為歌舞團加汎泰公司，全部損失超過二百萬元，浪費一年半時間與精神，我學會了合作要找對人，要查明他過去的信用紀錄和人品，絕不可與愛玩樂的朋友合作，尤其是不同族群，潮州人與外地人合作不容易，這是鐵的教訓。

幸虧天助人，讓我打開韓片東南亞市場，台灣推出多部韓片，又推銷國片到韓國，歌舞團失算，影響不了建興公司的實力。第二次踢到鐵板是好的教訓，我應該切記勿貪、勿驕，不可濫信、亂打，生意雖可無中生有，若是濫信、亂打也會有變，一事成無。

兒子音樂恐懼症

我的事業失敗後能重整旗鼓，完全是內人寶雲賢慧，主持建興公司發行及財政管理的幫助，我對外開拓海外市場，夫婦同心協力配合，才能重振雄風。

家裡四個小孩全在靜心小學和幼稚園上學。靜心是貴族學校，學費貴，教學嚴謹，學生競爭激烈，成績差會遭淘汰，作業很多，錯一題要重複寫十次，寶雲有時要陪兒子做功課到深夜。

老大永興五年級時，每當要上課就喊肚子痛無法上學，到處求醫查不出病因，求中醫和求神拜佛也都沒效果，差一點就要開刀，好友曾耀輝醫生建議看精神科。在醫生悉心查問之下，才知他恐懼上音樂課，男女合班覺得害羞，又要看五線譜馬上唱，唱不出緊張過度引起「音樂恐懼症」，每次要上音樂課就肚子痛。從此我對症下藥，請老師配合，少叫他唱五線譜，開導他別緊張害羞，總算慢慢恢復了。岳母與寶雲為了孩子受教育，盡心盡力，難以計算。

中華民國已退出聯合國，美國也快斷交，我心慌慌。自己盤算有機會要帶孩子到美洲移民，讓下一代有好環境，輕鬆受教育，是下一個要尋找的目標。

冒險色情片闖關

我推薦香港吳宇森導演的《應召女郎》，這是一部社會警世倫理大悲劇，在香港賣座超過港幣一百五十萬，是一部非常好的片，又向台灣徐氏公司買入一部洋片《Three The Hard Ways》轉賣給申氏公司，再向王南深先生買一部港台合作片《黑道行》賣給韓國合同公司。

在香港買入一部《春滿丹麥》，該片是美國華僑林念宣先生拍的色情片，暴露鏡頭很多，拍得很美，有可看性。台灣若通過檢查一定大賣錢。我躍躍欲試，再冒險一次買下台灣版權，先將黃色鏡頭修整下，送檢後果然通過，我太高興。新竹市新世界老闆很喜歡該片，想買下台灣版權，轉手以十五萬新台幣讓我賺，以無修剪鏡頭給他為條

件，他有自信可以原版放映，我考慮後決定賣給他，因為他是專映黃色片的公司，他有特殊關係可以做，這部片他也賺了不少錢。

我又去韓國買入《星星的故鄉》，劇情感人，主題歌又動聽，在韓國比《淚的小花》還要賣座，但是台灣上映時生意卻不理想，不知什麼原因，也許該片名不適合。之後再改片名為《處女秘密》，海報重新設計，比較誘惑，賣座立刻變好，真沒想到電影片名很重要，同一影片不同片名有不同命運。

法國有一部《Crazy Boy》（傻瓜世運會）是一部喜劇胡鬧片，到處很賣座，我就去找香港法國百代公司，介紹給韓國貨泉公司朴先生，檢查無法通過，拷貝又退回去真可惜。之後又介紹楊祖光先生賣了一部王羽主演片給韓國合同公司，談妥合作拍功夫動作片。東亞公司李于錫與康範九兄，我們三個為中、韓、港影壇合作拍片盡了不少心力。

17
——事業基礎暫入佳境——

置產國片銷到韓泰

韓國片於台灣和東南亞地區在我與康範九兄、東亞李于錫兄三人的密切配合下漸漸打開市場，將香港邵氏，嘉禾李小龍影片輸到韓國，台灣武打片《鬼見愁》、《鐵三角》、《百忍道場》、《少林十八銅人》、《大漠英雄傳》、《潮州怒漢》等幾十部在韓國上映。

寶雲在葫蘆島買了一塊地，提供給娘家兄弟做翻砂工廠，又在士林中影廠旁買了二百四十坪別墅建地，另外在康定路十八之二號買了四層樓房，第一層店面無條件供給寶雲二姊開餐廳，因她一家六口需要生活。

泰國汎泰公司朋友建議她買香港與台灣武打功夫片，賺了很多錢，泰國朋友他們來台灣吃住全由我招待，買片由建興公司出面經手，也將前歌舞團和韓片《淚的小花》給他們代理不結帳之損失全部賺回。我建議泰國與香港合作拍武作俠片，由我陪陳漢洽兄找劇本，連絡演員和導演，找剪接師，慢慢他們也有拍片經驗，後來擴大再組拍泰片，成立五星公司大量拍泰國影片，參加國際影展，組院線，買戲院，變成泰國五大製片公司，屹立泰國四十年。現在公司有大樓，也有院線，變成大企業。

事在人為，只要有目標，努力不斷學習，繳學費，要有毅力，不怕困難，最後一定會達成目標，接近成功的日子。

代理韓國振興公社

韓國政府為促進韓片輸出，由政府出資成立韓國映畫振興公社，設立大型製片廠和錄音室，進口新電光器材，擴大沖印設備，輔導韓

片獨立製片，並在香港設立分社。第一任香港分社派全範式先生擔任社長，他透過李于錫兄介紹，要我協助他，因為他不懂華語，只會簡單英文會話，人生地不熟，他日語可與我溝通請我協助。

台灣韓片代理權無條件給建興公司，給我十部最好韓片，拷貝全部韓方提供，發行收入扣除費用後各半分帳，也不必發其他交際費，簡直是天上掉下的禮物，當然我也努力介紹星馬地區金星公司與印尼泰國地區片商買韓國片。全先生是一位作家，很有紳士修養，他來台灣當然上賓款待，也不會讓他失望，我們變成知心朋友，代理三年上映十二部韓片，賺進百萬元美金，真要感激韓國政府及全社長範式兄協助信任與支持。他自香港退休後生活較苦，我曾匯去伍仟元感謝他。

香港又有一部色情片《愛慾奇譚》很賣座，我敢再冒險買下，事後經過修剪後台灣檢查才能通過，才會有機會賺錢，賺錢要有眼光和膽量。

韓國總統夫人被刺

一九七四年七月十四日亞洲影展再度在台開幕，我忙於招待各國代表與客戶。七月十七日中華民國製片協會成立，丁伯駪先生當選理事長，我當選理事。八月十九日韓國朴正熙總統夫人被刺震驚世界。韓國駐台大使是前韓國參謀總長轉任，金大使是韓國大映公司金仁東先生的連襟，金仁東先生在漢城有首輪戲院，很有財力。

康範九兄推薦我代他買港台影片，專程來台北看片，拜會金大使。當時在國父紀念館後方公賣局的地建立了新的韓國大使館，斜樓式新建築剛落成時，金大使帶金仁東先生一起參觀，招待慶祝午宴，後來金大使當朴總統秘書長，涉嫌刺殺總統案，被判無期徒刑，真沒有料想到。

合拍《尋母三萬里》

《淚的小花》在台灣及東南亞地區很受歡迎，捧紅了女主角文姬及童星金延勳。康兄找了這兩位演員介紹給韓國導演崔寅炫先生

▎韓國影后文姬（中）來台拍《尋母三萬里》，高導演前來接機

▎《尋母三萬里》在花蓮舅舅的大廳拍內景後全體工作人員合照留念

合作，劇本由我提供故事，請韓名編劇李奉承先生編寫《尋母三萬里》，在台開鏡拍外景，三分之一內景在韓國拍，男主角是香港的張揚，與台灣的林璣和易原等聯合主演，籌備開拍四個月完成，推出上映受觀眾歡迎造成大轟動，很容易就賺進五佰萬台幣。

要拍此片時黃瑞吉兄又吵著要加入投資，我也同意。韓國影星文姬來台，他看她貌美心動，每天派出美國林肯轎車接送和請客，大獻殷勤。等片拍完後，招待文姬到香港度假，三天內就征服韓國頭牌紅星，送給文姬四克拉半鑽石做為訂婚手戒，手腕高超出乎影界意料之外。文姬回韓後父母反對此婚事，又遇到大韓日報老板兒子熱烈追求，文姬改變主意，退回鑽石並取消婚約，最後瑞吉兄請我出面調解，順利化解糾紛。後來文姬嫁給大韓日報老板獨生兒子，公公過世後，他先生接棒，文姬變成老板娘，十年後丈夫生病往生，文姬繼承大韓日報成為財團董事長，掌理幾佰億財產變成韓國大富婆，世事難料。

若嫁給黃瑞吉真正倒霉，瑞吉兄還要我買退回鑽石，寶雲堅持不要。後來我去新加坡，綜藝公司許董事長招待我，非常感謝建興公司提供《淚的小花》三部片大賺錢；瑞吉兄又拿來兩部新片要與《淚的小花》同價不合理。我一查原來瑞吉兄淚片是每部賣港幣伍萬，報建興公司帳是兩萬，每部差額三萬元又私自隱瞞。買進兩部韓片委託香港冀金星賣片，真是意料之外。他初來台落魄被鍾情拋棄時，我協助成立汎亞航運公司，拿到代理後花天酒地，我沒分享任何好處，當我有賺錢的機會他又想摻一腳，違背朋友不守信義，又愛美色，後來食色過度五十九歲得肝癌過世。過世前他對太太說對不起高先生，再三道歉，三天後離開了人世，剩下三個太太八個孩子爭奪財產打官司，為此爭吵不休。

明知大學校長來台

幫我補習韓文的韓國留學生金先生其韓國母校明知大學的俞校長來台灣考察，由我招待，請他到埔里參加高樂戲院的蘇先生婚禮。俞校長能親自參加婚禮蘇兄很高興，邀請俞校長上台祝賀致詞，因高樂戲院正上映韓片《祕女》很賣座，又能請到韓國大學俞校長參加，蘇

兄感到無限光榮，喜宴後我帶他遊覽日月潭，台灣之行讓校長能親自體會到台灣風俗民情，感覺非常滿意。

我正想找時間去韓國上大學，我半玩笑地問校長，可否收我為貴校學生，他馬上答應，希望我九月就去漢城註冊入校。我到香港告訴申相玉兄，他說：「校長是好友，常一起打球，你事忙不完，有可能抽出時間嗎？」我說再安排研究看看。我九月如期到漢城，康範九兄陪我去看俞校長，他非常高興，馬上叫秘書拿他批准的入學文件，去辦理註冊手續，約定晚宴招待。我真沒想到我可進入大學念書，註冊繳了學費，決定選讀經營學，領學生證及一堆書籍，全是韓文，真是不知所措，我心裡很高興，終於有上大學的機會，但是我的事業正起步，台北、香港、漢城，每兩週必需走一趟，如何安排我上大學計劃？還是回台北再與寶雲商量。上學或移民，心踏兩條船不知怎麼辦呢？

我與日本Herald公司關係很好，突然中島兄通知我韓國朴雲三先生在東京往生，享年八十五歲，他提携後輩，幫我最多，這位長者風範永記我心內。

18
巨星李小龍誕生

功夫新星李小龍出現

　　誕生在香港影劇世家的李小龍，從小隨父母拍廣東片當童星，拍了幾部粵語片後移民美國西雅圖，勤練武功，並自創截拳道，開武館授徒。之後參加美國片青蜂俠演蒙面俠，曾有人推薦到香港邵氏拍片，面談開價片酬美金兩萬元，邵氏認為新人價錢過高沒談成。後來嘉禾公司羅維導演的太太劉亮華知道李小龍功夫高超，特地飛美邀他拍《唐山大兄》。當時嘉禾公司初創資金不足，到泰國拍實景請泰國天一戲院馬天一先生協助，真沒有想到《唐山大兄》一炮而紅，馬上再拍《精武門》，再創記錄後再拍《猛龍過江》，又創記錄變成東南亞功夫偶像，後來美國華納公司與嘉禾公合作由李小龍主演拍《龍爭虎鬥》，完成後即拍《死亡遊戲》。

看準李小龍影片

　　泰國譚學謙兄好友梁風先生是嘉禾公司董事，掌管發行業務。嘉禾公司初創，梁與鄒文懷、何冠昌三人，從邵氏公司跳槽組嘉禾公司，想找新投資者，正在泰國拍攝新片《唐山大兄》，由羅維導演，新人李小龍為主角的功夫片，他幫我介紹合作投資。

　　譚兄到香港安排梁風邀請我們到潮州館見面，他說從美國請了一位真功夫新人李小龍，讓他來拍《唐山大兄》一定會紅，讓我印象深刻。我後來再去香港，正好《唐山大兄》午夜場首映，全線爆滿，報上看到消息，立刻向梁風電話祝賀，他又約我飲茶，告訴我香港西片院線也要加入聯映，拷貝超過五十個，一定會破賣座紀錄。當時王羽主演最賣座武俠片《獨臂刀》是二百六十萬港幣，西片《007》是

三百二十萬,《唐山大兄》首映創下三百六十五萬的最高新紀錄,我去戲院看三次,場場爆滿,笑聲滿堂,尤其打洋人為中國人爭氣,滿堂喝彩,從未看過如此受觀眾喜愛的功夫明星,李小龍立刻變成新偶像。商場變化無窮,有智慧加上膽識、魄力就有機會穩操勝券。

冒險下注買大片

我看準嘉禾公司之《唐山大兄》可推薦到韓國,乃向梁風兄商量談好版權價碼,優先簽約預付訂金伍仟元美金。我去韓國請了六位片商來香港看試片,結果沒有一位敢下手訂片,主要因為李小龍是新人,沒有知名度,一位主角可打敗十幾位強手,好像卡通片,沒有真實感,再去韓國遊說找新買主,等了一年,還是興趣缺缺。

嘉禾再推出第二部李小龍主演《精武門》更轟動,又創新紀錄,嘉禾公司鄒文懷不愧是商場高手。《精武門》慶功宴後,鄒文懷送了一紅包給李小龍,他不在意地放入口袋,回家換衣時想起小紅包,打開一看是一張五十萬港幣支票,李小龍嚇了一跳,比報酬多太多,馬上打電話給鄒先生約明晨去看他,會面後李小龍表示給了太多要退還,鄒文懷說:「這是董事會決議,主演很成功感激您,這是您應得的禮物,下一部片請您主演兼導演,故事預算由您決定。」李小龍聽到感動萬分的說:「我一定好好為嘉禾公司效力,報答鄒大哥的誠意!」他整個的心被嘉禾公司擄去。

當時邵氏公司高價請他拍戲,他不為所動,鄒文懷先生有先見之明,又有好的手腕和智慧,令人欽佩。《精武門》在香港賣座雖好,我再去韓國推銷也沒人要,我再設法找日本通的朴雲三先生合作。金子先生住東京,他最愛韓國人,和漢城國際戲院老板有關係,仇恨日本侵韓,《精武門》正好是李小龍痛打日本鬼子影片,又有朴先生與我唱雙簧保證買下《精武門》韓國版權可賺錢。原本韓國片商都不看好,推出後卻不同凡響,漢城首輪戲院賣座創四十萬人紀錄,我手上《唐山大兄》馬上被申相玉兄高價買走。

第三部李小龍《猛龍過江》推出又創新紀錄,我馬上簽韓國地區版權,價錢一下子跳五倍訂金要貳萬元美金,對我說是天文數字,還

是要冒險一試。韓國東亞輸出公司李于錫兄，幾年來互相配合，介紹《淚的小花》系列給我重新站起，為了報恩，決定將此片給他。他當然願意接受，但是他沒有進口配額，需等時間，又付不出高額訂金，請我代墊，我只好君子約定，堅守信用，在此期間有幾十家韓片商，出高價爭取，申相玉兄出美金貳萬元再加分紅，我心都不動搖。我等了兩年守口信，讓李于錫兄得了此片起家，在韓國《猛龍過江》又刷新賣座記錄，因有這個因緣，東亞輸出公司能有機會繼續代理嘉禾公司成龍主演的影片持續三十年之久，賺進數十億韓幣，建立兩座大樓和十幾家戲院，我們相交四十年親如兄弟，建立國際情誼留下佳話。

　　韓國朴雲三先生再合作買西片，剛好有一部南非出品勵志影片「My Way」（台灣片名《奪標》）在台北戲院上映，劇情感人卻沒有著名演員，主題歌很流行，上映最初不甚理想，但越演越盛，是一部很感人的教育片。我聯絡韓國朴雲三先生來台看片，他是韓國最權威的西片仲介人，看過片後說值得冒險，先買再售，我就透過台灣片商代買韓國版權，以四萬元美金談成。朴先生回韓找合同公司，郭貞煥先生出價九萬元，三句話就成交，三週內賺進五萬元美金。這就是要有天時、地利、人和加魄力與膽量，三年內，國際買賣賺超過美金二十多萬元。皇天不負苦心人，有心打鐵鐵成針。

巨星李小龍突然殞落

　　一九七三年七月二十日電視播出緊急快報：「獲悉中國功夫巨星在李小龍在女星丁珮家中猝逝，搶救失效，嘉禾公司巨頭鄒文懷震驚萬分，轟動亞洲影壇。」

　　美國華納公司請李小龍拍《龍爭虎鬥》還在剪接配音中，人卻已歸西，傳聞死在丁珮床上，服用興奮劑過度、心臟麻痺或是其他原因，到現在還是一個謎。李小龍的死亡真可惜，多少影迷為他哭泣！拍華納公司《龍爭虎鬥》後，嘉禾公司再拍《死亡遊戲》，片名不吉利真的死亡了，但美國華納公司《龍爭虎鬥》推出後大轟動，變成世界影壇功夫天王巨星，把中國功夫片帶進國際影壇，使嘉禾公司地位可與邵氏公司並駕齊驅。

　　嘉禾公司梁風知道我與韓國、日本影壇關係不錯，又用心打開李小龍影片的韓國市場，他很感謝，給了我一個《猛龍過江》拷貝，希望透過我去打開日本地區市場。我透過朴雲三先生，安排給東和公司看試片，山根社長與外國部長先看過後再請發行部看。開會討論時他們說不寫實，一個主角可打倒十幾位敵人，很可笑像動畫片，他們沒有把握，拷貝放了半年。我再問朴先生，他解釋台灣在亞洲影展的最佳影片《龍門客棧》，東和發行賠了廣告費二十多萬元美金，因此對中國功夫片怕怕。

　　後來朴先生將拷貝給Herald公司看，水野部長與中島兄先看，認為不錯，再寄拷貝到大阪給社長看，再請三十多位記者看過，卻沒有結論。中島問我日本版權開價多少，嘉禾公司梁先生說請他們出價，最低美金一萬元，因為沒有市場，先作犧牲打，要我再努力。日本是會社制度有倫理又保守，不敢冒險，拷貝放在日本已快一年應寄回香港，梁風在電話中告知不必把拷貝寄回，代理發行也可以，Herald公司說嘉禾公司拿二十萬元美金廣告費，公司就同意發行，當然談判無疾而終，拷貝寄回香港。

Bruce Lee功夫片震憾世界

　　日本Herald公司寄回《猛龍過江》拷貝三個月之後，華納公司發行《龍爭虎鬥》在日本首映賣座創出新記錄，我在台北半夜接到Herald中島兄電話，他說真跌破眼鏡，李小龍主演《龍爭虎鬥》首映創紀錄，要我馬上飛東京商量。第二天朴雲三先生也來電話說東和商事會社要李小龍主演影片，快來東京接洽，日本松竹公司也來電報。我就與嘉禾梁風先生聯絡，他告訴我：「鄒文懷先生與蕭秘書後天由美國飛東京，住帝國飯店，你可以找他談。」我馬上去東京與朴先生會面，東和公司與Herald公司都要李小龍主演影片。我到帝國大飯店等了兩天，嘉禾公司巨頭鄒文懷到東京後，我與鄒會了面，告訴他日本電影公司爭搶李小龍影片。鄒先生很穩重的回答：「嘉禾公司已與美國華納公司正在商洽中，暫時等候一下。」鄒先生與蕭秘書只在東京住三天就回香港，我只好請日本片商耐心等消息。

　　《龍爭虎鬥》在東京越映越盛，賣座收入創記錄參拾幾億日幣，日本片商等不及親自跑去香港競想買李小龍的片，嘉禾公司遲遲不開價，日本片商相爭加價，半年後東映公司以包底美金百萬元以上分帳得到《猛龍過江》，結果嘉禾公司分得超過數百萬元美金。後來日本東和公司及Herald公司的人都再三向我致歉，稱讚我有先見之明，他們沒有眼光。從此東和公司與嘉禾公司能合作李小龍及成龍等的片，在日本打出一片天下，朴先生和我也盡了不少心力。

　　往後我向Herald公司介紹郭南宏導演《少林十八銅人》等片，在日本打開香港和台灣的功夫片市場，實在也要感謝韓國朴雲三先生的幕後協助，功不可沒。朴先生八十五歲高齡在日本東京往生，讓我很懷念。

東亞合拍《黑女煞星》

　　東亞輸出公司李于錫兄，由康範九兄介紹認識，與我一樣從零開始，三人携手合作，開發韓港台影片買賣，交流合作拍片。從一九六七起到一九七二年，五年的時間，做得有聲有色，李于錫兄買了辦公室和別墅，我也買了四層大樓。

　　之後康兄建議李兄拍韓國片，由康主持拍了不少韓片，與我合作拍一部動作間諜片，由《淚的小花》導演鄭素影執導，男主角申文禮是韓國華僑，有功夫底子，女主角招考新人，台灣派張秀蘭和武打演員三人參加，由高仁壽製片，在漢城與香港拍了三個月。動作間諜片已過時，加上演員都是新人，鄭導演又沒拍過動作片，推出成績平平，只能收回成本而已。拍片劇本最重要，題材要符合觀眾的口味，導演要適合，演員更重要，要有號召力，偶像更好，才會立於不敗之地。隨意亂拍注定失敗，所以製片是最大的學問。

　　菲律賓馬尼拉吳文芳兄有戲院放映國片，也委託代買一部台灣《小飛俠》，後來丁蘭也拿我們的韓片《淚的小花》去分帳，吳先生說丁蘭分很多拿走了，到現在未結帳。吳先生於八十五歲往生。

⑲ 出國移民的契機

困惑上大學或移民

台灣與大陸政治鬥爭不斷，美國總統尼克森訪問大陸，與毛澤東、周恩來談中美建交。台灣與美國馬上要斷交，越南美軍要撤退台灣，局勢越來越不利。

阿根廷移民綠卡三個月後拿到，我很高興又困惑。我的事業正進入顛峰，海外基礎剛建立，韓國明知大學又註了冊，該如何是好？我與寶雲商量後，毅然決定移民去阿根廷，到韓國上學只好放棄。要移民阿根廷，寶雲建議我先去試探看看，確定好了再去也不遲。於是我決定請鞏永祿兄帶我去阿根廷，旅費來回機票由我付，他很樂意接受。

新竹市國際戲院老闆林象賢先生是北平輔仁大學畢業，參加過世運中華民國舉重領隊，夫人是北大畢業，他們是一對很有學問又有修養的夫婦，與我們相交多年。他兒子老三林強，剛從專科畢業，他們希望我帶他一起去阿根廷見識一下。

出洋第一站美國L.A.

一九七四年四日三日先到漢城住幾天辦一些業務，到東京辦日本簽證後決定八日出發，飛美國再轉飛阿根廷。經美國過境需美國簽證，我們不知道，無法登機，只好在東京多留三天。辦妥美國簽證後於四月十一日由東京出發，飛往太平洋另一邊，費了六個小時，途經夏威夷，已進入美國國土，要下機到移民局辦入境手續，再過海關檢驗行李，手續辦完才可登機飛洛杉磯。

到夏威夷機場下機是第一次踏上美國土地，呼吸到自由天堂的空氣，真有偉大國家氣氛，看到黑人婦女在機場內開大型巴士，男女

平等，感覺真了不起，海關人員有東方人、黑人、洋人，各國人種都有，是移民的國家。

我們從夏威夷上機飛了五個半小時抵達洛杉磯機場，已是美國境內，直接出關。機場很大，跟著同班旅客走，領妥行李，走出機場大門已快黃昏了。第一次來美國都沒人接機，就叫了一部計程車送我們到機場附近的飯店，路上很多黑人，路燈又昏暗，心裡毛毛的，約二十分鐘到達Quality Inns Hotel。我們三人開一房間，每天二十九美元，洗完澡後，大家上床蒙頭就睡，因有時差睡不著，到了凌晨二點鐘又醒了。

三人聊天到天亮，吃過早點後乘巴士到市中心看看，再去中國城吃飯，看一場電影，回到飯店已晚上十一點。第三天計劃去迪斯尼樂園玩，搭飯店旅遊巴士約一個小時車程可到。園區太大，停車場就有松山機場半個大，入口有單軌鐵路可搭乘，買票處大排長龍，又不知如何入場，跟人走是沒辦法的辦法，又要排隊，真是大開眼界。美國科技發達，節目千變萬化，各項場景美不勝收，只能邊玩邊看，五大項目花了五個小時，看到眼花撩亂！回到飯店我們在餐廳裡各點了一份大牛排當晚餐，當晚因時差睡不著，只好聽鞏先生從前當流亡學生從大陸逃難到台灣的故事，聽了心裡很焦急。

隔天早上十點搭乘泛美航空出發往阿根廷，第一段航程飛了三個半小時到達墨西哥市停一小時，再飛七個半小時到利馬加油，休息兩個小時，再飛了七個小時到阿根廷，在機上共飛了十七個小時，我第一次從北半球飛到南半球，這是一段最長飛航紀錄。

南美移民國家阿根廷

一九七四年四月十四日早晨七點四十五分，到達阿根廷首都布宜諾斯艾利斯機場，在晨霧中降落，沒人來接機，叫了一部計程車，開到鞏先生朋友城外Olivos住宅區，一路都是大草原、農場、森林和花園，牛群在大草原上吃草，悠哉悠哉。

約五十分路程到達目的地李叔琪家，他是跛子約三十多歲，全家已移民去美國他正看家等美國綠卡，我們在門口按鈴沒人來開門，

等了一個半鐘頭李先生開了門，才知道我們在門口等了很久，他表示很抱歉，因他睡著電視開著沒聽到門鈴。11：30趙神父與韓安邦兄趕來，接我們去城內SanTonio他們住的教堂房子，還邀請台灣來的針灸大夫趙連岐先生，及巴西來的另一位針灸大夫趙先生，一起吃水餃。異地相逢親如家人，聚會氣氛永難忘懷。我突然接到台北寶雲電話說，妻舅金土兄於四月十七日腦溢血往生，我請寶雲代我轉告大嫂請節哀順變，並安慰她我們會照顧她家人。

首都Buenos Aires小巴黎

阿根廷首都布宜諾斯艾利斯市有九百萬人口，一九〇四年就有地下鐵建設，市中心獨立大街有二百公尺寬，中間來去各六條車道，旁有三車道共十八條車道的大道。紀念碑在中心屹立，是地標，高度超過百公尺，兩旁高樓大廈林立。國會與美國華盛頓一樣莊嚴，美輪美奐有大國會氣派，對街粉紅宮是總統府，前有紀念塔和噴水泉，花園大道有十車道寬。旁有大天主教堂和歌劇院，是世界三大歌劇院之一，有一百五十年的歷史，建築古典藝術，真雄偉。有一條街Lavalle，電影院有二十多家，有三千二百位、二千四百位和一千五百位座戲院，大理石金碧輝煌。商店街Forolta像東京銀座，街道只可供行人走，觀光客很多，車水馬龍，世界各種品牌都有，有許多像巴黎和羅馬的建築。市內Palmon公園二約有台北新公園一百五十倍大，建在La Plata大河旁邊，河寬如海，對面是烏拉圭，公園內又有湖。

布宜諾斯艾利斯建城已有三百多年歷史，文化水準很高，有小巴黎之稱，加上附近Buenos Aires州也有七百萬人，約佔全國一半人口。全國是三千四百萬人，土地有二百七十三萬平方公里，台灣九十倍大，La Pampas大草原是世界三大平原之一，畜牧業很發達，牛、羊、小麥、大豆、玉米供應歐洲大糧倉，礦產豐富，未開發土地資源有五分之四。

阿根廷人民生性樂天又好吃少做，貝隆夫人執政後，政治腐敗，貪官污吏橫行。經濟不穩，美金對比索，天天匯率變化不同，我們下機時一元美金兌100比索，一個月後1兌150元比索，貶值幅度真嚇人。

考察阿根廷一個月

早我們兩週前出發來阿的趙連岐是第一位來阿行醫的中國針灸師，開始在診所接受來阿根廷針灸治療的人，電視台現場轉播轟動全市，來求診患者排隊長達幾條街，趙大夫每天可收入壹千多元美金，真發了財。

我先託韓安邦兄帶路到警察局，辦好居留戶口身分證後，阿華僑蔡先生帶我們去六十公里外La Plata，Bs As首府，南美最著名史前動物博物館參觀，有史前恐龍、大鯨魚、海底巨龜、長毛象等幾千件稀有珍貴動物骸骨化石的博物館，很有價值，不虛此行。

跟我一起來阿的林強，觀光入境簽證已快到期，他二哥林健在玻利維亞開餐廳，所以他轉去拉巴斯找他二哥，我的責任完成。我去收集貿易可出口資料，拜會駐阿台灣商務辦事處主任黃文海先生，他非常客氣又請我吃飯，介紹華僑聯合會理事長楊榕鑑及王茂全兄認識，當時台灣來的華僑只有三百多人，請秘書陳克志兄幫我到移民局申請全家及母親移民許可證，一週後拿到文件。

來阿感覺地大物博，樹高參天，廣場公園多，馬路還有很多是十九世紀花崗石砌建，牢固耐用。歐洲移民有西班牙人、意大利人，猶太人也很多，沒有黑人，文化水準高，喜歡度假、踢足球和喝咖啡。做事慢吞吞，凡事明天再說就是典型的阿根廷人。

省長招待乘機看農地

趙神父帶我去外省Santa Fe，乘火車約七小時。離開首都後是一望無際的大草原有牛、羊、農舍和葵花田園，但荒地很多，人煙稀少，到了Santa Fe首府，我們住教堂招待所。第二天省長以貴賓之禮接待，我們到他農場，烤全牛和全羊吃，用大禮歡迎接待，用私人飛機載我們看他所屬的農地、森林、甘藍園及未開墾的荒地，約飛行全省一個小時，搭乘小飛機我很緊張有點怕怕，但我很滿足能有機會當省長的貴賓可乘飛機漫遊南美洲天空，感覺太幸運又幸福。又參加

農場烤肉大宴，全羊整隻倒掛碳烤，全隻牛分解，內臟分別火烤，香腸、土雞、魚香味四溢，各種葡萄酒和水果太豐富，第一次看到農場烤肉宴會，真大開眼界；來參加宴會來賓約有八十多人非常熱鬧，省長很熱心，介紹Santa Fe省各項資源，歡迎台灣投資移民開發，使我感到無限高興與希望，給了很多Santa Fe省資料帶回台灣，真不虛此行。

我來阿根廷Olivos李叔琪家也住了一個月，他想把房子賣掉可去美國依親，我想幫他解決困難，他開價一萬七千元美金，也很便宜我就決定買下簽了約，付美金一千元訂金，韋先生做見證人，他很高興幫了李先生解決房子的問題，讓他可以去美國與家人團圓。我決定趕快回台灣，回程是乘Avion Vianeca Coloba航空，飛智利Santiago再飛利馬，轉法航飛大溪地停三小時，再飛往東京。在機上日夜兩天不知天日，到了東京住機場酒店住一夜，再轉乘日航飛香港，再搭國泰航空飛回台北，地球繞一圈費了四十多小時回到台北我的家。

準備全家移民阿根廷

到阿根廷考察一個月，結論是一個充滿了機會，有豐富資源的國家，現在台海危機，美國快斷交及小孩教育環境評估，結果決定舉家移民阿根廷，預定一年內準備完成。一九七五年四月帶全家出發，我同鄉好友曾耀輝醫生，與劉伯離兄及同學李錦富、同事陳國成、好友陳秋義，都想去阿根廷移民，我們每周都集會研究，聽我去阿根廷的資訊，我的連襟廖國祥與妹妹寶卿曾說：「我們生為台灣人，絕不移民。」結果他們心也動搖了，改變主意也參加阿根廷移民團隊，大家委託趙神父辦阿根廷移民綠卡，請一位老師舒立彥先生來補習西班牙語，並成立了立晉貿易公司，請我好友涂良材兄當總經理。我還要飛韓國，賣了一部港片《唐人鏢客》，到越南賣韓片《釋迦》。繼父心臟病加劇，寶雲忙於照顧，韓片《250條》分到配額，進韓片《女子挺身隊》生意不錯，向前電檢處長林秋山兄買一部韓片配額進韓片《女子感化院》生意也很好，我又一邊忙阿根廷移民工作，真是千頭萬緒。

㉔
申相玉導演命運

韓國電影教父申相玉

　　韓國最大電影製片廠由導演申相玉創辦，他是韓國最受敬重的影壇教父。於日本藝術學院畢業後投入韓國電影，由美術設計、攝影師轉入導演工作，對電影藝術創造成就非凡，在韓國與國際間得獎無數，在亞洲，日本黑澤明導演、香港李翰祥導演和韓國申相玉導演，三大導演享譽世界影壇。夫人崔銀姬是韓國影后，與香港李麗華齊名。

　　申相玉導演拍的第一部彩色片《春香傳》劇情哀怨動人，受觀眾歡迎，如李翰祥導演《梁山伯與祝英台》連映半年，觀眾瘋狂如痴如

▎申相玉導演（左）與好友邵氏公司製片蔡瀾（右）合照

迷，創下最高賣座記錄。再拍大製作《大院君》和《紅巾特攻隊》再創記錄，申相玉與崔銀姬是韓國最受歡迎的導演與影后。

申相玉擁有製片廠、戲院和電影學院，可說與香港邵氏公司邵逸夫齊名，康範九兄曾當過他的攝影師，與他有交情，介紹我協助取得嘉禾公司李小龍《唐山大兄》韓國版權給申氏公司，我也向申氏公司買入《霧夜香港》和《離別》等，與申相玉導演建立良好的關係。

建議申氏進軍香港

一九六四年申相玉來台參加第十一屆亞洲影展，參展影片《紅巾特攻隊》拿到最佳導演獎，在東南亞也受觀眾歡迎，主題歌是好友黃文平兄譜曲，唱片大暢銷。在影展閉幕當天，他因香港有事提早離開，沒參加影展代表團搭乘機到台中旅遊，躲過空難。參展代表有國泰陸運濤等代表，造成幾十人喪生慘案，他說他真幸運。

申相玉喜歡台灣中國菜及水果，幾年後常來台灣看外景，我招待

我與永昌、寶雲、岳母招待申相玉、崔銀姬夫婦（中）招待吃中國料理

他吃台灣小吃，到故宮博物館，帶他去洗上海浴和修腳甲，他很稱讚台灣上海浴師傅按摩、修甲工夫及服務好。

他想到國外發展邀我一起合作，我建議他在香港發展，找香港、台灣與韓國大明星，拍出國際性迎合大家口味的性感動作片，他也有同感，回韓後開始策劃。他台灣有一位朋友金奎華先生，曾在韓國申氏公司有關係，也是我的好友，常替申氏聯絡，申相玉請他哥哥來台，金去接待，想把合作對象介紹給另外台灣製片公司，因我已決定移民阿根廷，申氏合作計劃，遲遲不想進行。

代表申與鄧光榮簽約

申相玉兄決心在香港發展，他也了解我要去南美洲移民，他要求暫時協助他在港設立公司，開拍第一部性感動作片《落花情》。我協助申氏與香港最紅男星鄧光榮簽妥演員合約，當時他與甄珍拍瓊瑤偶像劇，是當紅明星，片酬兩集港幣十四萬元，創最高片酬紀錄，申兄很感激，我自己也忙於推銷韓、港、台片到東南亞各地。

韓振公司韓甲振社長想拍功夫影片，找我合作，動作片名《東風》由李新明導演，他曾執導過《秘女》，該片東南亞版權由我取得非常賣座。我派仁壽帶三位男女演員去韓國參加合作拍片。因李導演是文藝色情片高手，但動作武打片還是生手，拍得不理想，我看過試片後決定放棄賠了兩萬元美金。我忙於香港、台北和漢城，申導演也一樣忙於籌備拍片及成立香港製片公司。

《離別》片名被改《離情》

向申氏公司買入申相玉導演執導的《離別》全東南亞及台灣地區版權，該片到巴黎拍外景，是一部超水準的淒艷愛情文藝時裝鉅片。

主題歌「離別」轟動韓國，街頭巷尾都可聽到歌聲，非常動聽，我就計劃把主題歌翻唱成國語，錄入「離別」，本片我親自下工夫，改寫歌詞。我放原版唱片，讓女兒佳莉聆聽歌曲，再學唱我的中文歌詞，她雖年紀小小，還會建議，改修歌詞如下：「縱然是往事如雲

煙，偶然也會想起那一段卿卿我我日子裡，總有一些值得您回憶。雖然萬山相隔離，千水望無際，我也要寄語天空……」小女佳莉說改「白雲」好聽，「對呀！」我馬上將「天空」改為「白雲」更順暢，再接上「祝您永遠幸福」。我寫好了歌詞後找海山唱片公司鄭老闆，請他看試片，他同意請歌星唱中文，他看了我寫的歌詞後說：「高先生歌詞寫的很美。」我說：「還要請你公司作詞家修一下。」他又說：「要修可要用他的名義出唱片，你同意嗎？」我答：「OK，沒問題！」唱片出來配入本片後，電檢處送檢後，認為片名太悲情影響台灣民心，要改片名為《離情》，這條新歌曲歌名也改為「離情」。唱片推出後一炮而紅，銷路突破一百萬張，捧紅了歌星，海山唱片公司賺了很多錢，「離情」這首歌無意插柳柳成蔭。經我手中推出的三部韓片主題歌都創出奇蹟，除了《離情》之外，還有《大地支配者》改中文歌〈水長流〉，《第三特攻隊》改中文歌〈你在我左右〉，大家都很熟悉的歌曲在東南亞港台風行四十多年。

《離別》改為《離情》這事件，我連想到申相玉兄因拍《離別》影片影響他命運變化撲朔迷離，令人不敢相信。申相玉導演赴巴黎拍《離別》，帶男主角申星一、女主角金芝美及新星年輕貌美的吳淑美，在異國巴黎浪漫氣氛拍片，導演精力充沛，看到新星吳淑美年輕貌美，近水樓台，相親相愛，珠胎暗結，秘密藏嬌在香港生下一女，因申相玉與崔銀姬沒有生子女，申導演很高興又守密，連我都蒙在鼓裡，事久了紙包不了火，被記者查知登出報章，崔銀姬知道後很生氣與申相玉大鬧，結果離婚收場，申相玉不得不將申氏電影學院及部分財產分給崔銀姬，這件新聞轟動全亞洲影壇。

影后崔銀姬失蹤

崔銀姬與申相玉鬧離婚新聞轟動韓國，崔銀姬在韓國影壇地位，還是頗受尊重，多數影迷同情肯定女星影后最高地位，離婚後雖得到申氏電影藝術學院，並擔任院長，心情消極沉重，決定到香港散散心。到港後住入半島酒店，由金奎華先生與在香港女友Miss Lee陪伴購物遊覽，住三周後，突然崔銀姬與女友失蹤，酒店未結帳，衣物行

李原封不動，機場、港口查不出有出境記錄，港警方和韓國CIA也協助偵查，找不到任何線索，也找不出證據。金奎華被警方懷疑查扣，問不出結果，申相玉由韓國趕到香港配合警方，仍然沒有找到，韓方CIA對申氏公司有疑問，在韓國搜查公司並調查公司員工，檢驗申相玉各項事情。

崔銀姬失蹤事件發生之後，全世界媒體、報章、電視相競報導三個月，當時是朴正熙執政時代，申相玉深怕政府誤會暫時不想回韓國。崔銀姬找了一年仍沒消息，申相玉要我去香港會面，我馬上前往香港，他問我可否代他辦阿根廷移民，他說韓國護照有效日期就快到期，我說：「阿根廷很遠，辦事很慢，我不一定有把握。」他很失望沮喪，我安慰他歡迎來台灣住，我可陪他，他點了頭說會加以考慮。

北韓綁架申相玉否？

崔銀姬發生失蹤事件過了一年仍然找不到，韓國CIA懷疑北韓與申相玉有問題，加緊調查搜集證據。申相玉怕被拖累不敢回韓國，政府對申氏公司萬般刁難，外片配額暫停，他憂心忡忡韓國護照有效日期快到期，去東京韓國領事館找到同學關係申請展延了一年給他。這期間也常來台灣找我，我陪他去洗上海澡、按摩、修足腳甲、吃台灣小吃、聊天、談劇本。他沒心情工作，香港、台北、東京來回跑，有時我去香港找他，申相玉困境中，我們變成莫逆之交，總期待奇蹟出現，申相玉在海外已流浪一年半時間。

我又忙於影片及準備移民工作，香港雷鳴公司來買香港電視與礦場版權，台灣韓片舊片黑白都要，第一批賣了三十五部。第二批三十部。每部版權港幣五千元賺了不少錢，朴雲三先生代我買了第二次世界大戰海空大決戰紀錄片珍貴好片，但台北戲院對紀錄片沒興趣，地方戲院放映成本收不回；替泰國五星公司買國片，我找黃卓漢拍的《黑道鐵拳》，其他公司的《南俠展昭》、《少林十大弟子》、《陰陽有情天》、《約會在早晨》、《南拳北腿活閻王》賺了不少佣金。

我帶了全家移民阿根廷後，過一段時間在報上看到韓國申相玉導演再度失蹤，比崔銀姬失蹤事件更轟動，媒體報章電視連續報導了半

年，不知人在何方，很多記者猜測申相玉導演可能投靠共產集團，或者是被北韓綁架；但也沒有北韓方面任何消息，各界議論紛紛，莫衷一是。經過幾年後，申氏公司製片廠財產被他的兄弟接收拍賣，公司解散，申氏電影學院也不知申家或崔銀姬親戚拿去。申相玉再娶夫人吳淑美，與申相玉曾生一男，過了三年沒有申相玉任何消息，吳淑美再出嫁。

申相玉為了拍一部《離別》改變了他一生命運，我親自參與見證，看到他從韓國電影教父，變成走頭無路，真是「人生無常」，禍福天註定，料想不到事太多。後段還有更精采故事待我慢慢述說……

徒刑十五年金奎華

金奎華先生是李于錫兄好友。我與李于錫兄交往後，他很早跟李來台，與陳天來先生合作介紹電影買賣、貿易工作，與新和興林錫金兄也有密切往來，介紹申相玉先生哥哥與林錫金兄買《老虎嶺女子監獄》一片，在台灣住有五至六年之久，曾託李于錫兄關係向我週轉借新台幣壹萬元後再借肆仟元，約定一個月還款結果沒有履行，我也從未向他開口。

據說他在台灣有一位情婦也有孩子，只是傳說常替申氏公司連絡，他與申相玉的哥哥比較有往來，後到香港協助申氏公司在香港製片、作公關。他在香港有一位韓國女友Miss Lee，協助金翻譯連絡。崔銀姬來香港住半島酒店，也是金與Miss Lee全程陪她，崔銀姬在香港失蹤，Miss Lee一起不見，韓方懷疑金奎華與Miss Lee兩人有關。金奎華幾次被警方查扣查不出證據，因金在港居留無法延期，韓國護照有效日期快到期，不得已回韓國，抵達漢城下機後，馬上被韓國CIA請他去就不知去向，據李于錫兄打聽，他是以涉嫌協助北韓綁票崔銀姬和申相玉被韓國判刑十五年徒刑。

獄中被關二十年出來，我和李于錫兄曾見過他一次面，之後他移民住加拿大。人生無常，政治無情，申、崔、金三人都是政治鬥爭的犧牲者。

第 2 部分

移民阿根廷

21

移民成真「南柯一夢」

全家移民到阿根廷

　　我們按照計劃一九七五年四月出發移民阿根廷，我到學校辦四個孩子轉學證明，公司發行業務交給國祥及仁壽接管，海外業務委託香港寶華公司蔡光顯先生，他是日本蔡東華先生侄子，日本大學映畫系與蔡瀾同學，是日本東寶駐港代表，後開影片字幕公司，是一位誠實可靠的代理商，金錢出入委託他我很安心。

　　我們移民出發前，烈蛟兄邀宋家兄弟姊妹聚餐歡送，岳父全家族大小聚餐拍照留念。四月五日夜，大雨雷電交加，蔣總統逝世，全國哀悼。四月十一日我們全家與母親七人到台北松山機場，送行親戚好

┃1975年移民阿根廷，宋家繼父、母親及兄弟姊妹、侄兒聚餐後合照留念

友超過百人，依依不捨拍照紀念。之後搭乘星航班機先飛香港辦簽證手續，踏上移民艱辛的路程。

香港辦阿移民簽證

我們到香港住彌敦酒店，孩子與母親第一次出國，看到香港高樓大廈，海港郵輪渡船，燈光輝煌，吃廣東美食欣喜萬分。全家搭乘渡輪，遊港看九龍，香港島吃海鮮。

我們先辦美國簽證，等了兩天拿到，再去阿領事館辦移民簽證。去年我來過阿領事館辦移民簽證，見過阿領事，這次帶了台灣茶葉送禮，又邀他吃港海鮮，他很高興，我們成為好友，簽證馬上順利拿到。

母親依親要到阿申請，無法拿簽證，決定順便帶她去韓國日本觀光再回台灣。這時印尼陳梓河兄來香港簽韓片十二部合約，想跟我們去韓國日本觀光，印尼四人與我們共十一人於四月十八日乘韓航飛漢城住Astoria Hotel。東亞李先生招待我們十一人，以韓國國宴館貴賓規格，康兄帶我們遊韓國文化村。韓國振興公社簽代理二十六部影

▌1975年移民阿根廷，娘家父母及兄弟姊妹到松山機場送行

片，並招待我和印尼朋友上藝妓館，鄭鎮宇兄也請上藝妓館，陳梓河兄非常滿意，稱我在韓國吃的開。

東京張簡醫生招待

四月二十四日乘韓航到東京，朴雲三先生來接機，住入Shanpia Hotel。晚上帶印尼朋友到川崎洗三溫暖，然後帶他們拜訪東映公司Herald中島兄。二十六日母親與印尼朋友搭新幹線到大阪轉乘韓航回台北。

之後拜訪來日本在無醫村當醫生的台灣水底寮醫師張簡庸生，他來日本移民在群馬縣黑保根村開診所，患者很多。久別後在異國重逢非常高興，他留我們住黑保根村農莊一夜，田野竹林與小溪流水之幽雅清靜，永難忘懷。

回東京後去找寶卿同學林公子，在相武台住了一夜，第二天到秋葉原買不少電氣品，還去銀座伊勢丹百貨公司。朴雲三先生陪我去東和公司拜訪，他們還提李小龍的片子，真是有眼無珠之事。張簡先生夫婦跟我們建立深厚的感情，週日回東京住所又邀我們吃大餐住一夜，共享快樂時光，他的情誼永記心頭。四月三十日乘韓航KE-002 Jampo飛美經夏威夷到L.A.洛杉磯。

路過美利堅合衆國

一九七五年四月三十日由東京乘韓航飛夏威夷。全家移民行李太多，寶雲事先把每個孩子貴重的東西分配，用背包自己揹，再拿手提各兩個包，在家先預習，託運行李減輕很多。到了夏威夷過移民局，在海關，老大、老二幫我拖大件行李，老三、佳莉看住小行李，分工合作順利入境。

續乘韓航共飛十二小時到洛杉磯，好友鄭正雄兄來接機，安排住城內Hacienda Hotel。小孩子第一次腳踏美國國土非常興奮，看到美國很多高速公路，市中心高樓大廈，房子前後都有花園，汽車滿街跑是不同的世界，真想留在美國。第二天泰國陳漢洽妹妹來接我們全家

在城內重要地區導遊一天，再接我們去住她家，她的家像別墅，門前有花園，孩子都很羨慕。第三天要帶我們去迪斯尼樂園，孩子們高興地大叫：「Oh……My god！……萬歲！」

旅遊新樂園與賭城

　　陳漢洽妹妹帶我們全家到迪斯尼樂園。我一年前來過，這次來又有新的節目，觀光遊客人潮太多，要排隊很久才能看到第一個項目。我們先搭摩天飛快車讓孩子過過癮，再上海盜船，人群推來擠去，我們都滿身大汗，再去看蠻荒非洲，觀賞動物奇觀，還有孩子們最喜歡的卡通世界，他們每首歌都會唱，我們玩到園內大遊行及放煙火才盡興而歸。

　　第四天租了兩部旅行車，陳漢洽妹妹全家與我們下午出發，開往沙漠地帶行駛四個半鐘頭到賭城Las Vegas，又是另外的一個世界。賭城有幾百家大小旅館、賭場、酒店，Motel燈光燦爛，霓虹燈亮閃繁華，熱鬧非凡，遊客很多。我們先找一家Starwars酒店入住再去吃自

1975年移民阿根廷過境美國洛杉磯，全家在旅社休息合照

助餐，菜色應有盡有。酒店大廳有各種吃角子老虎機，又有幾拾桌賭二十一點百家樂輪盤，從全世界各國來的賭客都有。因為有孩子我不想下去玩，我們去看白老虎魔術秀，整隻老虎瞬間消失，孩子們都很驚奇。翌日，帶孩子們看馬戲團館，回洛杉磯再去環球影城看大白鯊特技、牛仔秀、大地震特技秀，孩子滿意美國之旅，讓孩子一生難忘。

美國停留一個禮拜，於五月七日乘阿航AR-0215搭飛阿根廷。

到達目的地Bs As

我們由洛杉磯凌晨二點，飛墨西哥市，再飛哥倫比亞波哥大，休息一小時，再轉飛秘魯利馬加油，到Bs As共飛了十七個小時。孩子們是第一次乘飛機，移民實在很辛苦又勞累。

一九七五年五月八日零時三十分抵達阿根廷首都布宜諾斯艾利斯，駐阿商務處黃文海主任夫婦、韓安邦兄、尚武兄、解儒林等好友一起來接我們，真感謝！我們移民來到異國天邊海角，半夜還有同胞來接機，太感動！此恩此德沒齒難忘！

我們住入李叔琪的房子，寶雲進了門，看到西班牙式老房子，凌亂不堪，燈光昏暗，心冷截了一半。只有一間房有一個床，堆了很多東西，有兩個客廳，行李先放入前廳，後廳打地鋪讓孩子們先睡，蓋帶來的毛氈大衣。孩子們肚子餓了，寶雲看到廚房又髒又亂，不知怎麼辦，只好泡生力麵給孩子們吃。

寶雲看到孩子們睡地板，好像離鄉背井逃難到阿根廷，舉目無親的感覺，語言又不通，如何在他鄉把孩子帶大，越想心越酸，眼淚禁不住奪眶而出。寶雲跟我結婚以來，為了創業為了移民，受苦受難，她也都隱忍下來，我心有千萬個不捨，她是最偉大堅強的女人。

22 移民辛酸第一課

南美生活學習開始

　　五月八日零時三十分全家安抵Bs As（布宜諾斯艾利里斯），台灣駐阿商務處黃主任及好友接我們到Olivos李叔琪家。安頓小孩打地舖就睡，整理行李後上了床一陣子天就快亮，孩子早已醒了，決定先整理房間，清洗廚房，安置孩子床、書桌，開始學習南美洲的生活方式。

　　韓太太早上帶寶雲去買菜，中午韓先生接我們去他家吃飯，孩子幾天來沒有吃過家鄉口味的米飯狼吞虎嚥津津有味。第三天趙連岐大夫，迎接我們到中國大飯店，席開二桌請黃主任、韓安邦、解儒林夫婦、尚武兄作陪，開了很多紅葡萄酒，三個男孩好奇，以為是果汁都試喝一口，馬上臉紅頭昏，寶雲緊張萬分，怪我沒有管好孩子，幸虧回家都沒事地睡著了。

　　凌晨三點半，寶雲突然肚子痛，起來半小時又急痛，只好叫醒李先生打電話給醫院，三更半夜電話沒人接，話又不通叫不到車，不知如何是好，寶雲痛得受不了，不由得痛到叫出聲來，我束手無策，真是叫天天不應的地步，只有請寶雲再忍耐，四個孩子也驚醒，為母親的危急緊張萬分，急得不知怎麼辦，四個孩子急得眼淚直流，只能叫媽媽忍耐加油。我帶四個小孩，到天井向上天下跪，祈求上天：「觀世音菩薩，救苦求難，保祐寶雲渡過難關。」我們一起念佛號：「觀世音菩薩，救苦救難……」過了一陣子，急痛真的緩和下來慢慢好些。

　　忍到天亮，叫到車，我不會講西語，請李先生當翻譯，陪我送寶雲去醫院。急診醫生以為是急性盲腸炎需要開刀，老醫生再診斷判定不是，而是勞累緊張過度引起的胃痙攣，打了針再冰敷，下午就出院。謝天謝地！感謝觀世音菩薩庇佑！這是我一生在地球最遠的天邊

海角，帶全家到海外求生活，經過艱難的路程中的一段道路，上了最緊張的移民辛酸的第一課。

神父教西班牙語

我們到達阿根廷，由於趙神父的關係，天主教教會派了一位阿根廷的神父Lunez，為新移民義務教西班牙語。他非常有愛心，每週教一次，替我們全家人取西文名字，我叫Lucas，寶雲Paula，永興Juan，永隆Louis，永昌Carlos，佳莉Julia。他很幽默，但不懂中文，只得用表情動作表達解釋，真的用心良苦。他喜歡吃中國菜，好吃西語叫「rico」，他將手指放酒窩打轉，逗得大家都哄堂大笑，連續教了我們十幾個禮拜。我們也請了一位教西文女老師Guraciela，努力學習語言，她帶孩子到教會學校入學，也帶我們到郊外買30kg米、醬油和罐頭。

五月十四日孩子學校開始上課。我們是靠換美金生活，阿根廷幣制不穩定，一日三市，來阿美金1比32比索，兩週後1比50，再過兩週1比100，比索貶值率百分之一百，世界少有的國家令人憂心，不知此地人民如何生活？

我們住家靠近La Plata河邊有遊艇碼頭，很多人到河邊釣魚乘遊艇，小孩子吵要釣魚竿釣魚。我們住的房子去年與李簽一萬七千元美金，突然要求增加四千元，我覺得再找房麻煩，就付清了房款。

劉日星先生帶我乘火車夜車到La Pampa省的General Pico市。天亮時可看到大草原上很多野兔到處奔跑，到了夜晚用手電筒一照，野兔不敢動，獵射三小時約可獵取二百隻，可供出口歐洲。General Pico市長帶我們看工業區作簡報，歡迎我們去投資。

美金黑市差額100%

我們到阿移民於一九七五年四月十一日從台北出發，先到香港辦簽證再到漢城、東京、洛杉磯，五月八日凌晨抵達阿根廷首都。走了二十七天，全家遊了四個國際城市，到阿後馬上安排去警察局領取居

留證、身分證，送孩子入學，買房子辦過戶，開始請老師補習西文，買校服、傢具及其他之事，一晃快要兩個月時間過去。

　　台灣的電影公司業務不能離開太久，我心裡很焦急，家人初到異國，話不通，加上人不熟，應多住幾天，寶雲替我著急，請我放心阿根廷的事，她可以打理，叫我先回台灣。

　　我去訂回台機位。阿根廷出國可正式向中央銀行申請外匯，美金一千元可用公價匯率計算1比50，等於拿了五萬比索轉換美金一千元，買機票一千五百元美金可用公價匯率計算1比50，是七萬五千比索。黑市1比100付七百五十元美金剩二百五十元美金，回台灣機票一千五百元美金付二百五十元美金可省一千二百五十元美金，只付全價的16.6%就OK全世界沒有的，我想不通，真是奇怪的國家。

　　有一天，勞工罷工孩子們不上課，吵著要看電影，我就帶他們去Lavalle電影街Atlas戲院，正放一部阿根廷拍的影片《人狼戀》很多人排隊買票，主題歌「When I was a child」很好聽，我們就買票進場。戲院有一千八百座位，很漂亮，金碧輝煌。

　　這部片已在首都演了半年，觀眾已超過一百萬人，創阿根廷最高賣座紀錄，片子拍得很美又好，我想買下亞洲版權，找劉日星先生打聽製片人是阿根廷最著名導演Favio，他很年輕是意大利後裔，上一部片「Jaumolera」創最高紀錄也是他拍的。他是貝隆黨支持者，貝隆總統很喜歡他。劉兄帶我與製片人Anatacio、導演Favio見面，他們很高興有人要來買他的片《人狼戀》。我表明要買全亞洲版權，他開價美金參萬元，我說亞洲從沒放過阿根廷影片，根本沒市場，我是喜歡冒險開拓市場，敢嘗試玩火的人，若成功Favio導演將名揚亞洲，我還價壹萬元美金，最後以一萬五千元談成。他很高興，請我們去他的農場烤肉。

　　七月九日是阿根廷國慶，提早一天慶祝，等於假日休息兩天，這個國家假日又多又常罷工，學校沒有補習，上課時間不會超過半年，我想對孩子的教育太放鬆，應該再檢討，寶雲也認為太鬆，會寵壞變成阿根廷人，心裡很擔憂。

　　七月二十五日乘PA-402飛紐約，寶雲帶四個兒女送我到機場，寶雲眼裡含淚，再三交代出門要小心，保重身體，早日回來，孩子也

叫爸爸趕快回來。我帶他們到他鄉異國，放他們在天邊海角，臨別依
依地走入機場，我不敢回頭看家人。為什麼會選擇走這條移民坎坷之
路呢？

紐約聯合國、帝國大廈

　　七月二十六日晨八點到紐約，洪文祥醫師來接機，他是寶雲結拜
姊妹洪金灶夫人的兒子。洪先生是台灣日本精工社總代理，是一位謙
虛紳士，他的夫人與寶雲感情很好，知道我會路過紐約，交代文祥接
待我。文祥剛新婚，太太出國時我曾協助她辦出國手續，他們非常感
謝，向醫院請假三天，帶我遊曼哈頓，參觀聯合國，看帝國大廈，無
線電城，再去洛克菲勒中心、博物館、時代廣場，乘船遊港，看自由
女神像，我曾在電視上看過，但到現場看又有一種完全不同的心境。
文祥又開車到維州西點軍校，位在海邊，風景美麗，校舍壯觀，再請
我去唐人街吃中國菜，第五街吃美國西餐。他熱情招待，讓我看到美
國的都市美景，感謝洪大姊及洪文祥夫婦。

幫助新移民赴阿

　　七月二十八日PA-001飛舊金山轉飛東京二十九日下午五時到達
東京與朴雲三先生見面，向他報告我已買了一部阿根廷拍的影片《人
狼戀》包括日本、韓國等地版權，就將資料交由朴雲三先生來處理。
三十一日飛回台北，第二天馬上召開立晉公司會議，要去阿根廷的股
東全都來參加，我報告阿根廷情況，會後當天晚上再飛香港，順利處
理賣給印尼片商韓片的版權糾紛，我決定出了七部片給陳梓河，協助
韓國映畫振興公社，和全社長與葉銀漢兄、星馬金星公司葉振福先生
談韓片代理之事。

　　八月九日乘馬航回台北，母親及勝雄弟、李青松妹夫、玉珍妹
來接機。我向母親報告說阿根廷的居留已辦好了，她很高興正準備出
國行裝中，很多親戚要來為她送行，也很緊張，我說是件喜事。勝雄
弟、李青松妹夫、玉珍妹也想去阿根廷移民，再三詢問阿根廷移民的

情形，對阿移民有興趣，躍躍欲試。

　　我們剛到阿根廷在移民局碰到兩位台灣同胞，是美濃來的黃錦祥、陳吉玉，我們非常高興在國外可遇到同胞。他們慢我半年到來阿，住在鄉下，乘車來首都要兩個半小時，交通很不方便，苦不堪言。我想到我住的Olivos房子後面還有倉庫與車庫，可以讓他們來住，我決定邀他們來住，他們很高興，第二天他們就搬進來。我若回台灣，房子有他們住在一起，可以互相照顧我的家人，有人住在一起是緣份。

　　陳吉玉介紹了他的哥哥陳瑞玉與高醫同學蔣金村、吳英哲，三位全是高雄的醫生，想要了解阿根廷可否移民的情況，專程來台北見面請教，我請他們在中央酒店吃飯，他們早已透過趙神父申請阿根廷移民綠卡，快下來，急著想聽我說阿根廷的情形，不斷來台北聚會幾次，變為好友。

　　韓國東亞公司李兄及韓振公司韓甲振先生來台看片，申氏申相玉導演要來談合作之事，因我沒有時間作罷，泰國汎泰公司買片還要出面忙著應付，阿根廷還有我的家妻、母子五個人之事要煩惱，在異國他鄉真令我心頭亂紛紛。

參加世界華商貿易會議

　　世界華商貿易會議在台北舉行十月三日開幕，我代表阿根廷地區來參加，世界五大洲各地區華僑代表都來參加，與會人士超過千人，在中山堂舉行，盛況空前。

　　很高興有機會參加世界性會議，可認識世界各地來到的華僑及台灣工商界領袖、各機關重要人物，結交很多朋友，獲益不少也可增加很多知識。我被推選為主席團之一，上台報告阿根廷經濟概況。各大報記者找我採訪作專題報導，我說阿根廷是世界糧倉，是移民好地方。再參加慶祝國慶大會，現場電視記者看到我掛著阿根廷代表牌，馬上來對我採訪，問我回國觀感如何，我說台灣工商業發達，各項建設進步，經濟繁榮，很好。電視現場全國同時轉播，街頭巷尾朋友都知道，一夜成名，我馬上變為阿根廷僑領，真不好意思。

　　寶雲結拜姊妹陳碧蓮的先生高清標，託我們代辦阿根廷綠卡很快
准下來，還要協助他辦阿根廷移民出國。我訂好了十二月機位帶母親
到阿根廷，母親為了去阿根廷精神過度緊張引起青光眼，馬上眼睛看
不見，遂立刻送醫開刀，二哥樣杰夫婦、勝雄弟、李青松妹夫、玉珍
妹都趕到陳眼科醫院。手術很久，二哥樣杰從玻璃可看到手術台，已
超過三小時，二哥也許是太緊張突然昏倒，趕快請醫生急救，幸虧很
快就醒來。母親連開五次刀才成功，醫藥費十六萬新台幣，陳醫師收
費貴，醫術差，讓母親受盡了煎熬痛苦，真沒醫德，讓人痛心疾首。
因此母親去阿根廷行程又得延誤一年。

無緣夢中的情人

　　我在前段，曾提過我的初中生活，單戀一位女同學吳淑惠，我在
一九六六年我去埔里拍《最後命令》的外景時，在旅社突然接到一通
電話，真巧我不在，我的內人寶雲接的，問：「請問您是那位？」她
說：「我是高導演的同學吳淑惠。」「他人不在，我是高太太，有什
麼貴事？」「沒有什麼，好，謝謝，沒事。」電話就掛了。我回來寶
雲告訴我，有一位女同學吳淑惠打電話來，後來我去找她，見到我第
一句話問我：「您結婚了嗎？」我說：「是的」，她傻住馬上臉色大
變，我請問她：「有什麼貴事找我」她回說：「沒什麼事，您常出國
到日本，可否代買チューリップ（鬱金香）花的種子」我說：「沒問
題！」我就離開了。

　　轉眼又過了幾年，我曾到過日本幾次找不到花的種子，一晃十
年過去了，我時時刻刻都放在心裡，我的同學說，她已出家當尼姑很
久，在南投縣國姓鄉龜溝明善寺當主持，我嚇了一跳，如花似玉的美
女為什麼會看破紅塵，出家當尼姑呢？我心中好難過，只嘆落花有
意，流水無情，我們這生是無緣份。

　　我到阿根廷後，有一天到日本僑民種花農場拜訪農場主人，花園
規模很大，有很多種花，我問農場主人有否チューリップ（鬱金香）
花的種子，他們說有，我馬上買了十包帶回台灣。路上我想，時間過
了十多年，吳淑惠女同學出了家不知變成什麼樣子，內心好緊張，不

知如何將花種子交給她？用什麼方式見面？什麼樣的表情？要講什麼對白？我幾夜輾轉難眠。

最後決定先寫一到封信給她。回到台灣開完了世界華商會議，等母親眼睛開刀，還未完全恢復視力的期間，我忽然接到吳淑惠同學的回信，我心情非常緊張。她信上說：「高先生很難能可貴，已過了十幾年，您還未忘記我託您買花種的事，我現在已出家，在國姓鄉龜溝明善寺當主持，歡迎來寺祈福禮佛。」我怦怦跳，該不該去？會不會擾亂出家人的安靜？但總想看看她現在盧山真面目，聽聽出家人的聲音，我提起勇氣打了電話，告訴她明天下午去國姓明善寺拜訪，她表示歡迎。

第二天到台中，請朋友陳敏聰兄開車陪我去。台中到國姓鄉約四十分鐘車程，到國姓鄉龜溝明善寺有路標指示，明善寺靠山邊與另一座廟連在一起，中小型禪寺，外面很幽美獨特。

我們沿著指標循小水泥路開到寺前，有圍欄，把車停放在路旁空地。推開寺廟大門邁進寺內，我們行走中，寺內小沙彌出來迎接，開口問我們：「是不是高先生？」我說：「是！」，「請跟我來，師父在等您們。」，我跟小沙彌進旁門房間，吳師父站在房間來迎接我們，要我們坐入客椅，另外沙彌端出兩杯清茶給我們喝，我看到吳師父雖剃了頭沒有頭髮，身穿袈裟，臉孔仍然清秀美麗，她問我：「這位朋友貴姓？」敏聰兄說：「我姓陳，是高先生好友。」她再問：「高先生今天從台北下來嗎？」我說：「是乘火車到台中找陳先生開車陪我來，您要的チューリップ（鬱金香）花種子已在阿根廷找到了。」隨手給她花種子，吳師父說：「真難得，已過了十幾年您還牢記這件事，非常謝謝！阿根廷好嗎？」我說：「出國移民，風俗習慣不一樣，言語不通，又沒有親戚朋友，出外日日難，移民是為了下一代可以生活的更好，我們這一代，不得已要先犧牲自己。」「高先生真能幹偉大，有冒險精神。」「您誇獎了！」小沙彌又送上水果，「龍眼是後院自己種，還有蓮霧、西瓜請用，中午就在寺內用齋吃素食吧！」我不客氣說：「好呀，我們在阿根廷牛肉吃太多，對健康不好，最好多吃素食，對身體好。」我站起來說該到大殿敬拜佛祖，她說：「好，跟我來！」

　　我們兩個隨她走入大殿寺內，正裝修大雄寶座，中間還空著的，左右兩尊菩薩已裝好上座。她點了香給我與陳先生，敬拜後，我問她：「中間空位是佛陀寶座嗎？」她說：「正是，因為經費不足，等有緣眾生來捐獻。」我又問她：「需多少費用？」她說：「三萬元。」我想了一下，決定我來認捐，「可否分期？」她非常驚訝地說：「可以，非常感恩！」也許是因緣具足，我應該要去做一件有意義之事。

　　中午吃過素食午餐後，再看看她相簿上的在學照片，想起了學生時代，自己痴痴想，單思亂想，都是往事如煙了。短短三個小時世紀相會，劃下了句點。回到台北我馬上匯了一萬五千元，在一年內陸續再寄出尾款，完成佛祖金身座入大雄寶殿內，讓我盡弟子之責任。──再想起一段看過的好文章：「情是生命的靈魂，星辰的光輝，學問的生命沒有情的靈魂是不可能的，正如音樂沒有表情一樣，情愛這種東西給我們內心的溫愛和活力，使我們能得到無限的快樂。」

㉓ 阿根廷軍事政變

政變阿成立軍事政府

我離開阿根廷三個月內，因貝隆左傾社會主義政策擁護勞工，增加勞工福利政策，勞工得寸進尺，工資不斷提高，不斷要求福利；工會領袖左右政治，製造工潮，罷工不斷，國外投資工廠企業，無法生存，紛紛撤資。貝隆總統逝世後，由貝隆夫人接棒維持一年多政權，經濟無法控制，貨幣快速貶值，政局紛亂，海陸空三軍聯合組成革命委員會，發動不流血政變，將總統貝隆夫人職權解除，驅遂流亡到巴拿馬，由陸軍總司令擔任第一任臨時總統，第二任海軍，第三任空軍，輪流出任，期間二年。

政變之時，市面平靜，學校宣佈放學，幾位孩子突然回家，寶雲問孩子才知道政變。寶雲剛從總統官邸路過，看很多軍車及軍隊，荷鎗帶彈，包圍總統官邸，有很多直昇機，在上空盤旋。電視報導軍事政府正式成立，鄭重聲明要打擊恐怖及反政府分子，國家安定，經濟一切如常，請百姓安心。寶雲馬上打了電話回來報平安，讓我鬆了一口氣。

軍事政府上台後開始逮捕左傾思想的學生、教授、恐怖反對分子，很多人一去不知去向，一時失蹤幾萬人；全國人民緊張，風聲鶴唳，未經審判，很多人被丟入La Plata大河，引起世界各國抗議，違反人權，成為政治迫害事件。因為大部分華僑到了阿根廷，語言不通，報紙看不懂，電視又聽不懂，在阿發生亂捕人事件，我們都不知情，不知道害怕，政治太危險，與台灣白色恐怖一樣可怕。

陳宋兩家移民阿根廷

　　我四個兒女出生後，除了老二永隆是母親帶到三歲外，其他都是岳母帶大，與她有深厚親情，移民到阿根廷後孩子真想念外祖母，我與寶雲商量要接岳父母來阿侍奉度過晚年，當然我母親也不例外。寶雲四妹的先生是我的同學廖國祥，成為連襟夫婦，又是公司經理，與會計全家也要來阿，寶雲二哥金木、三弟金義全家也想來移民，等於寶雲娘家包括大姊、二姊、五妹，都想加入移民行列，等於寶雲三個兄弟除了大哥往生外，他兒子也想來，全部也都想來阿根廷，等於勝雄、文仲、治良、玉珍，四對夫婦連兒女也有二十多位加入移民行列，一切後續工作同樣要我去打理，來阿往後這個擔子，生活前途好與壞我都要承擔，我與寶雲只好挺起腰桿，向前努力，為帶他們去開拓新天地，我們樂於奔跑，都是為了讓親戚下一代明天會更好。

　　我第一位帶家眷移民阿根廷，又因台灣政局不穩，退出聯合國和中美斷交引起台海風雲變色，人心恐慌不安，台灣居民都想移民出國，以免被共產黨赤化。我找到阿根廷這塊世外桃源淨土，大家都想跟進，先前提起，寶雲娘家八戶，宋家五戶，高家我二姊全家二戶，加起來十五戶將近七十多人，再加我的同學李錦富及他的同事陳國成、他的朋友陳秋義、寶雲朋友陳碧蓮高清標夫婦、我的好友陳子福次男夫婦、我的同鄉曾耀輝醫師、他的弟弟曾耀明及娘家親戚、他的同學劉伯離及弟妹等，超過十戶家庭也有五十人以上加起來總共一百二十人以上，這些人都透過我的關係找到移民阿根廷的途徑，由我當火車頭拉到南美洲阿根廷來移民，真是一件非同小可的大事情。當然前所提這些人，出國一切必須手續，辦綠卡、簽證、訂機位、接機、過境旅館、住的食住、上學、找房子等等之事，忙了二年的時間，我多買了二間房子，當著移民抵達阿根廷之家，包括美濃來的黃錦祥、陳吉玉兄弟姊妹，加起來住過我家新移民超過五十戶。

　　他們只付水電費，象徵性拿一點補貼付房地稅金，大家都把我當成大家長，尤其是美濃來的客家班，我們比自己的親戚還要親，互相照顧關心。後來雖一戶一戶搬出，自己買房店鋪，找立足之處，自求

生路，各自發展，也常往來互相關心，如兄弟般的感情。這一段雖然非常辛苦，東奔西走為了自己親戚、鄉親、同學、朋友，盡心盡力，協助到海外開天闢地。移民這件事這已是三十六年的事，往事如煙，在人生過程中，也扮演了重要的角色，真的做了有意義之事。

去阿根廷移民中，有部分回到台灣或再移居美加，部分留下在阿的人，成功的大有人在，還有子女受高等教育，當醫師、律師、工程師，到美加留學，修碩、博士，人才輩出，讓我覺得無比安慰。無心插柳柳成蔭，回想移民這條路，做先鋒的人不怕人生地不熟，語言不通，千辛萬苦，把兄弟姊妹、親戚、同學、朋友帶來這一個新的國家，幫助他們安家立業。幾拾年過去了，有些家族努力奮鬥，事業成功；有些他們的子女坐享其成，並不知道如何感恩幫過他們先民的辛苦。

移民第二批親戚出發

我們全家到阿根廷轉眼也過了半年多，第二批移民申請辦岳父母、寶雲二哥、三弟、四妹全家來阿居留，約經過三個月內很快辦妥。一九七六年三月三日國祥夫婦全家與岳父母共七人，到香港阿根廷領事館辦移民簽證，事先我早已與阿領事送過禮打過招呼，手續三天辦妥，多住幾天全家遊香港。當然事前已先安排好住寶卿同學林加代的家，一個禮拜後順遊東京。兩老能移民出國看了香港，遊東京，是他們一生從未想到最快樂的事。再經加拿大過境飛阿根廷，這些出國移民各項手續，瑣碎麻煩之事，首先要訂好出國日期、辦簽證、訂機位、接機、訂旅館等等手續，國祥夫婦真幸運，命好有人事先都替他們辦好好，順利三月底到達阿京首都Bs As，到阿後，住在我Olivos的家。

他們到阿京後，寶雲請老僑高國樑夫婦協助帶孩子入學，辦戶口和身分證。約一個月內，寶雲要趕回台灣承接影片公司業務。寶雲四月初回到台灣，這一趟飛行真遇到想不到的意外事件。因為乘泛美班機飛洛杉磯過境飛台灣晚上，由阿京十一點出發飛三小時後，機件有問題，又折返阿京機場修理，人在機上等候不能下機，又不知要修多久，寶雲話又不通，幸虧機上有在阿日僑同機，寶雲略懂日語，問

了日僑才知道飛機故障。等到天快亮才修好，再起飛到委內瑞拉的加拉加斯市，已黃昏了，接駁回美的飛機早已飛走了。當夜，航空公司安排乘客住入機場附近旅館，寶雲又是初次來南美，西班牙語還聽不懂，在機上等了五個小時，也不知什麼原因，飛機飛了又回來，心裡緊張萬分，到委內瑞拉也莫名其妙，要下機跟著日僑後面去住旅館，等到第二天下午才有飛機接上飛洛杉磯，她可說二十幾個小時不曾閉眼睡覺。到洛杉磯託朋友鄭正雄，當然沒接到人，寶雲下了機後，心裡很緊張只好託一位東方航空小姐，代打電話給鄭先生，託他安排在洛杉磯住一天，再飛太平洋到台北費四天，將近一百小時的時間，真夠緊張恐怖、無助心情難熬。這段漫長的旅程對一位未曾出外，單槍匹馬出門的女人是一件不容易承擔的事，寶雲可說是一位勇敢能接受挑戰的女性。

觀音顯靈寶雲有救

寶雲回到台北，我到機場接機，看到她臉色蒼白，勞累不堪，她遠渡重洋，到天邊海角阿根廷要照顧兒女，又要兼顧公司業務，我看到她，內心裡有萬分的不捨與歉疚。當夜，寶雲敘說從阿京回到台北煎熬了一百小時的驚險旅程經過，一路緊張、無助，只能忍耐，克服難關，她的勇氣與沉著應戰精神令人佩服。

翌日，勝雄弟、玉珍夫婦陪母親來探訪寶雲，他們要聽阿京政變的情況及局勢。曾醫師全家阿根廷的移民綠卡已准下，我帶回通知他來拿，他們夫婦很高興，約我們晚上到日本料理店為寶雲洗塵，也邀了曾兄國防醫學院同學劉伯離夫婦作陪。當晚我將綠卡交給曾醫師，他們很高興，可在暑假帶全家去阿根廷報到，我們大家慶賀拿到曾家綠卡，接風宴在歡樂氣氛下結束。

我們回家後，寶雲身體有異樣感覺。到十一點鐘時，肚子開始陣痛，我以為今晚吃海鮮有問題，趕快拿日本征露丸給她吃，還是未能止痛。已痛了一個多小時，我決定送她到至安醫院，曾醫師家敲門急診，曾醫師判斷可能是盲腸炎，最好趕快送台大醫院急診室。

他陪我將寶雲送到台大醫院急診室，已凌晨兩點，馬上抽血，照

X光檢查，診斷是急性盲腸炎，即時要開刀。主治醫師叫護士用麥克風廣播，請麻醉醫師趕快來急診室，結果等十五分鐘沒有來，醫師再叫護士再找找看，原本麻醉師有事已下了班。

已快凌晨三時，寶雲肚子痛得受不了，翻滾大叫，主治醫師決定在沒打麻醉劑之下動手開刀，護士將寶雲手腳捆在手術台，怕她一時亂動，寶雲更緊張，哀嚎大哭，我與耀輝兄在開刀房外走廊等候，曾醫師再三安慰我：「沒事，小開刀！」，我聽寶雲的慘叫聲，亦緊張萬分，不知所措。我急中生智，馬上到外走廊，跪下雙手合十，向上天的觀世音菩薩祈求：「我的內人陳寶雲，正在台大醫院開刀房動割盲腸手術，請觀世音菩薩救苦救難，讓她渡過難關。」

事後寶雲說，主治醫生劃下第一刀後，將腹膜剪開，醫生驚叫了一聲，盲腸已爆裂了，真福氣！濃水髒物還未擴散有救，再慢遲半小時開的話，就麻煩了。在動刀剪腸，縫肚皮穿線，寶雲都知道，劃第一刀時，寶雲同時也嗅到清香花味，在空中看到觀世音菩薩身穿白色袈裟，旁邊有金童玉女，手提花籃出現顯聖。約過了兩分鐘，寶雲心情慢慢安靜下來，也不覺得太痛。這是我出國移民阿根廷後，有災難求觀世音解除危難事的第二次，只要心誠祈求，會逢凶化吉，寶雲說這是千真萬確，歷歷在目的見證。

移民複雜第二部曲

寶雲回到台北忙於影片發行業務，已離開將近一年的時間，很多小地方都沒有來排檔出片，台灣俗語說：「請人哭無眼屎」。

東南亞及韓國片，買賣正是步入順利階段，也想慢慢收傘放下到阿根廷專心發展。建興公司代理發行，韓國振興公社已寄來韓片排配額有六部，在機場倉庫排隊，還有四部未上映，台北戲院要推出首映上線很難，因部分配額與拷貝開放影片進口太多，一時找不到戲院上映，我又沒有專心在台灣掌握發行業務，台灣又有人想爭取韓國振興公社代理權，該社香港代表全先生專誠來台商量代理權可否讓給第三者，我正好也有此意。我只要求代墊費用及已拿到配額按照行情墊回，其他無條件轉讓，我們很順利簽好協議書。建興公司又收回了將

近二百萬台幣，解決了一件大事。我真感謝全先生配合支持，我真的很感恩。

因為我想把影片發行業務重心移到阿根廷，台灣影片慢慢縮小交給仁壽去經營。母親青光眼開了五次刀才成功，她的綠卡也拿回來，她也急著要去阿根廷報到。我正忙於海外影片買賣生意，只好安排寶雲帶母親去日本阿根廷領事館辦SYSTEX簽證，再乘加航飛加拿大經利馬過境，但母親沒有上機飛阿根廷，在前段已提過。

高清標夫婦及子女一男一女也到阿報到，暫住我家。黃錦祥、陳吉玉的兄弟及家族分批到達，暫時一起都住後面房子。黃錦祥與陳吉玉找到房子搬出去之後，第三批移民是寶雲的二哥全家及他的徒弟外號叫大頭仔，及大姊次男施慶源6人再出發到阿京報到，全部人都住在Olivos我家大本營。

我在阿根廷要建立自己事業橋頭堡，想開發中南美洲發行影片市場，計畫先由功夫片做起。我到香港找嘉禾公司，李小龍主演影片《猛龍過江》還未賣出，成龍片都未上映，我把資料帶回阿根廷，透過《人狼戀》製片人Anatacio介紹去拜訪阿京戲院院線幾位老板龍頭，了解阿國影片、阿根廷院線百分之百控制在猶太人手中，要進入市場是不容易但我仍有信心，天下無難事，只要努力一定有希望。

寶雲與我在台北住一段時間後又趕回阿根廷。國祥夫婦已在首都猶太人區Angel Gallar看中一棟舊房子將它買下來，國祥、金木、金義親自監工修繕，改為中國餐廳，取名為台灣飯店，岳父母、金木、金義等人後來都搬入台灣飯店住。裝修三個月後，飯店正式開幕，金木兄掌廚炒菜，國祥、金義做Moso（侍者），他們都是臨時抱佛腳學藝下廚房，學習招呼客人及點菜的簡單西班牙文會話，超快上戰場，匆匆開張。因阿根廷人很多人沒有吃過中餐，也可以濫竽充數，他們只懂點春捲、炒雞丁、炒牛肉、炒麵、炒飯、炒雜碎等六種菜色。全餐廳都是自家人，沒有一位懂西班牙文，就開始下戰場營業了，還好外賣很多，附近沒有中國餐廳，生意還好，大家可以穩定的住下來，都是靠上天佛祖的安排保祐。

台北建興公司有兩位是寄片小弟職員。林春壽他很努力，我升他跑電檢處辦出國文件工作，他又介紹李清貴來公司寄片；春壽當兵

後工作由清貴接，他工作努力，認真求上進，我補助他上高中夜校補習。他當完兵後，來阿根廷公司工作，當我助理秘書，我鼓勵他晚上再補西文。回台後，我再幫助他創業成立公司，專辦中南美洲汽車零件出口，有十二年歷史，賺了很多錢，很成功。

㉔ 樂當車頭移民火車頭

台灣移民溫馨之家

　　陳吉玉的哥哥陳瑞玉醫師及他同學蔣金村、黃慶寶、吳英哲，四位醫生家族都拿到阿根廷綠卡，一起來報到，全部擠在我家打地舖睡地板。我請劉日星兄帶他們辦身分證，看房子，做翻譯。我的住家變成移民之家，台灣來的朋友都安排暫時住幾週後，再搬出買房子、租房子住。

　　黃錦祥姊夫，美濃來的邱煥章兄多我一歲，與我一樣有三男一女，全家六個人。他原本在美濃鄉下開雜貨店，是殷實商人；黃兄從我家搬出後，將車庫讓邱先生住先安定下來。因為帶來本錢有限，只有兩萬元美金，要買房子還要生活費，心裡非常恐慌，全家省吃儉用，找便宜房子；找了幾個月，找到一家地點偏僻的破房子，花了一萬六千元美金買下來自己修理之後做賣水果、青菜生意。邱太太在家，替餐廳包春捲，日夜趕工，孩子負責送交餐廳。水果店週末、禮拜天不休息，全家動員努力賺錢，非常勤奮。三年後，已賺了幾萬元美金，又在好地點買了一間破房子；再過三年後賺更多錢，花了三年時間建成三層樓房，地上一樓做小超市雜貨店，賣雜貨、青菜、水果、牛肉，因為地點好服務好，價錢又公道，生意非常好，每個月可以賺壹萬多元美金，一年累積下來也有拾幾萬元；三年後再買另一區地點好的舊房子做小超市。大兒子娶了台灣媳婦，看第一家店；第二家由第二及第三兒子由台灣娶來大專畢業的媳婦來阿幫忙，分別開第二超市及第三超市；經過十五年後買了乳酪工廠，又買了兩棟房子店面出租，全家動員，努力工作沒有時間花錢，每天收阿幣，有賺就換美金；二十年後又創立製紙工廠做紙巾、衛生紙，供應超市餐廳，越做越好，慢慢擴張又到巴西設一家紙工廠。邱先生一家到阿根廷移民

至今三十五年，現在資產最少有美金五千萬元以上。

　　我離阿十二年，二〇一二年老二永隆高仕太平洋公司廠商招待績優經銷商二名到阿首都BS AS旅遊六天，媳婦讓我與永隆重遊阿根廷。邱兄接到電話內心非常欣喜，我們抵阿即日接我們父子到新擴展工廠參觀，規模比之前擴增大五倍，並添設很多自動機械，產量每日可達二百至三百噸，巴西廠也擴大到比阿廠大三倍，比台灣的衛生紙工廠規模大很多，真了不起，是一位白手起家很成功的移民例子。邱先生為人忠厚仁慈，他也幫忙很多親戚移民來阿，協助創業開店，生根發葉。雖然剛到阿住過我們房子結下一段因緣，他總認為我們是他的恩人，把我當成自己親兄弟看待，年節送青菜水果不斷，我們結交三十五年友誼，成為移民佳話。

　　Olivos房子還住過陳吉玉姊夫，朱麟順先生全家來阿移民，也曾先暫住我家幾天。

　　聖誕節新年就快到，我與寶雲要趕回阿根廷與孩子團聚。我們回到阿京很熱鬧，岳父母及母親，還有二哥金木及金義、國祥全家，再加美濃客家，以及新來的親戚朋友，合起來將近兩百人，我們假日就到郊外農場聚餐，舉辦烤肉大會。孩子玩足球，大人曬太陽聊天，吸收新鮮的空氣，一邊享用大牛排、小細排、烤小腸、香腸、血腸、烤雞、烤魚、烤羊排、水果等應有盡有豐盛的野餐，在台灣從未有過，花費又不多，就是來阿移民的最大享受。親戚朋友有機會聚集一起唱歌，喝葡萄酒、啤酒、汽水飲料與各種美食，成為移民來到阿根廷的唯一特色。

　　我們花蓮同鄉曾耀輝醫生，與他父親全家八個人也來到阿根廷移民報到，安頓住在我家，加入我們阿根廷台灣移民團隊。無形中，我家變成了移民之家，成為阿根廷移民行列的火車頭。

新年舉辦運動會

　　台灣駐阿商務代表處黃文海主任很熱心僑務，在阿促進成立阿根廷華僑聯合會，已有五年歷史，幾十個會員都是來自台灣，包括理事長楊鎔鑑，秘書長王茂全，理事劉日星、高國良、巫均貴等。

　　黃主任邀我加入先聘為顧問，第四屆推選我為副理事長。當時最重要工作在週末，借天主教學校為子弟教育補習中文；楊鎔鑑當班主任，王茂全當教務主任，分小班與中班；請當過老師僑民任義務教育補習老師，由理監事負責開車接送孩子。大家都很熱心關心孩子的教育，我們深怕他們到了國外卻忘了自己國家的文化。

　　一九七七年為慶祝新年，聯合會要辦全僑聯歡運動會，由我負責策劃大會節目，並出面去借美國林肯學校操場做活動會場。當時華僑人數約大小有一千多人，參加華僑約三百五十人。早上九點半開始集合，先升旗唱國歌，再互相拜年。黃主任致詞慶祝迎新年，楊理事長致詞勉勵大家學好西班牙語，努力發展各行各業，注重下一代中文教育等話。運動會分為小學組及中學組，成人分男女兩組，有賽跑，有踢足球，比賽趣味競賽等項目，蔣金村醫生特別出資捐獻大會，買了一綑大繩子，讓大家舉辦拔河比賽，是大會最高潮的重頭戲。中午在戶外烤肉，各帶食物，合在一起聚餐，大家玩的很快樂。阿根廷元旦正是夏天，非常炎熱，與台灣的過年氣氛完全不同，我的親族及來報到的朋友都來參加慶典。因為在異鄉他國心情格外不同，大家顯得更親切，會互相關心，更有團結在一起的感覺。我們在強烈的陽光之下玩了一天，第二天皮膚都曬得發炎，臉頰通紅，痛了兩週，外皮才脫落了。

立晉公司成員報到

　　曾耀輝醫生一家八人拿到綠卡來阿報到，暫住我家。他有兩男雙胞胎，三個女孩，與我四個孩子年齡差不多，每天都玩在一起。我家老三永昌很有演戲天份，常編故事演戲逗得大家開心。曾醫師很欣賞，說他有藝術天才，將來一定是大藝術家。果然讓他猜中，現在永昌從事影視創意公司，辦得有聲有色。

　　曾醫師也是立晉發起人，急著找房子安頓全家，我們一起在我家附近找到一戶約一百多坪含前後院的住家，以美金肆萬元多買下來。過戶辦手續要一段時間，他們全家拿到居留證後又回台灣，房子由我替他點交。

立晉公司成員劉伯離，他的妻弟涂景仁全家，我的同學李錦富，陳秋義及他們同學陳國成，全家都拿到阿根廷居留證，都來阿陸續報到，暫時安頓住入曾醫師買的住家，當然接機辦手續都是我安排找人協助辦理。最麻煩是幣值不穩定，美金換比索一日三市，變化太大，剛到阿的移民真難適應，真是忙得不可開交。

高雄來的蔣金村醫師與黃慶寶醫師也在Olivos區各買了高級住宅，都有花園並附游泳池，都不到美金十萬元非常便宜。我們的團隊劉伯離又把他妹妹及兩位弟弟及母親都接過來，後來耀輝醫師也接他的弟弟耀明全家及岳父母都來阿根廷移民，幸虧曾先生也買了一棟房子，可讓新到的移民落地暫時可居住。來到阿根廷，每一戶都要先找住的地方安頓下來，再找學校讓孩子就讀，學語言，再研究從事那一行業。

阿根廷移民熱潮

我們先到阿根廷，陳吉玉、黃錦祥隨後來阿移民，兩個南北團隊，人數超過數百人，我大部分時間安排來阿移民親戚朋友辦身分證，找房子，找學校，找房地產代書、律師，換美金，真夠忙了。

台灣歌林公司李克竣董事長孫子李敦仁，是我次男永隆的同學，李董事長及劉招沛總經理及三洋公司張川流董事長來南美考察，也到阿根廷來拜訪我們，在阿住了幾天。他們去過巴西並投資買了土地，對阿根廷移民也有興趣，並想投資要我發起組公司，他們說會鼓勵朋友參加投資，回台灣後常來電話探知代辦申請移民之事。

景美戲院胡江竹兄，與他的朋友連享豐、杜毓樑，也來委託申請來阿移民。還有寶卿同學陳鴻智夫婦都想辦來阿移民，有關申請移民我還是交給趙神父統一辦理。他的助理韓安邦夫婦，每天都來我家連絡，趙神父在阿透過天主教會的關係辦得很順利。

歌林公司李董事長又介紹了他親戚，陳振家朋友劉連火、林進財、王鼎川、江支欣都要申請來阿移民。我的姊姊秀珍全家六個人也要來，影界郭南宏導演也請我代申請，無形中造成一股移民熱潮。

在阿還有幾個辦移民的管道。前在韓戰中國戰俘程立人申請獲准來阿移民已十幾年，娶了阿根廷太太做珠寶生意，與移民局關係很

好，已經退休；前台灣外交官劉嘉賓兄也辦移民；台灣有三家旅行社專門配合辦阿根廷移民，即天天旅行社（杜經理）、美崙旅行社和鴻毅旅行社，台灣要出國移民到南美洲阿根廷、巴西或智利都找這三家旅行社辦理，因為他們都有阿根廷、巴西、智利申請移民的經驗，並且跟移民局關係良好。

要拿綠卡要花錢買，行情大約要美金五千到一萬元價錢不等，當時要到美國申請綠卡還是不容易，除非用投資E2辦居留，需要投資美金二十萬元。至於加拿大、澳洲，若沒有門路也是不容易。

25
建立在阿根廷橋頭堡

購置首都辦公室

我急著想在首都找一間辦公室，透過Farvio製片人Anatacio介紹找到電影公司集中地Lavalle 1900號一棟大樓的八樓，是專辦電影進出口的報關行。正好我買了阿根廷影片要辦出口，到報關行接洽。這間辦公室約一百坪大，有客廳、總經理室、會計室、廚房、會議室、貿易辦公室。我就問老板：「你的辦公室可否轉讓賣給我？」老板很驚訝以為我開玩笑，他正想退休，說：「可以！」我說：「請開價！」他很乾脆一句話：「現在所有東西，包括桌椅、櫃子全部美金二萬五千元，如同意明天可簽約。」我想了一下，這個辦公室若在台灣最少要十萬元美金以上，真的太便宜，我馬上沒還價一口答應成交。第二天簽約付款，三週後交屋遷入，正式成為台灣來阿的僑民連絡中心，移民橋頭堡。

布施以德報怨幫朋友

我受託代申請歌林李董的朋友團隊來阿移民綠卡陸續拿到，他們分批要來阿報到。李董也鼓勵他們來阿投資，叫我趕回台灣做阿根廷投資概況說明。有一天突然接到從日本打來的國際電話，是五洲戲院老板林朝顯，以前在台灣被他欺侮，他曾借我公司牌照標租戲院，我給他方便，經營虧了本，翻臉不認帳硬將公司套上，恩人變債主，如今竟敢打電話來求助！他想來阿申請居留，請求協助，既然他開了口，君子不記小人仇，我答應接納他來阿。

幾天後由東京飛到阿京，我接他住入我家，以禮相待。我問他為何來阿，他說不滿國民政府腐敗鴨霸，法院不公。他有一工廠土地五

百坪，租給劉松藩立委，收了劉五十萬押金無條件使用，合約規定不可轉租。未料，劉偷刻印章改可轉租，轉租給日本公司，他發現後想要收回，劉拒不理會，林告劉違反合約偽造文書，一審二審勝訴，最高法院發回更審再勝訴，對方上訴再更審最後變他敗訴。林很不服，再打非常上訴，來回打了二年多也花了不少錢。他說因劉松藩是立法院院長，用國民黨政治勢力干涉司法，無法無天，我半信半疑。

　　我安排他和我的孩子住同一房間，他心情鬱悶，常喝葡萄酒或啤酒解悶，每天都醉茫茫。有一天，洗衣店在林先生大衣袋內發現有一封信件，拿回來給我，無意中打開來看，是法院判決書，劉松藩告他誣告罪成立，林被判罪六個月徒刑不得易科罰金，我嚇了一跳，原來是林接到判決書，不服也不願入獄服刑，逃來阿根廷，準備不想再回台灣。

　　在我家住了半年後，他到市中心買了一小公寓，交了一位阿根廷女友，在阿遊山玩水。他常結交一些台獨分子，因個性偏激固執，常發表不滿台灣政府的言論，很多台灣朋友都不敢找他。後來他兒子女兒也來阿，居住一段時間，又在首都買兩間房子，一間當住家一間開日本料理店，請他妻舅來當廚師，經營一年多生意不理想關門。他太太也來過兩三次，但要兼顧台灣戲院生意，無法住阿根廷；兩個兒女住不慣阿根廷，各自去美國發展，剩下他一個人在阿根廷生活。他進口很多三夾板，有一貨櫃賣不掉，一直放在倉庫，心情鬱悶，每天借酒燒愁，有一天來求我幫忙，剛好我要重修餐廳就向他買了幾百張木板，他才鬆了一口氣。在台灣的林太太，為了他買阿根廷三棟房子，從台灣出口三夾板籌錢匯給他，還是不夠他在阿根廷的開銷，連在台灣的住家、戲院也賣掉了，五洲戲院變成別人經營。他在阿根廷沒有什麼朋友，最好朋友是我，華僑有人批評我，他不以為然，據理爭辯，稱讚我是有情有義的人

　　一九八五年是他六十三歲生日，我在家替他辦慶生以烤肉慶祝。他對我說半年前被兩個阿根廷人持鎗入屋搶劫，他反抗被打昏，強盜還有良心，通知對面華人說有人重傷，被救才活命。三週後他喝太多葡萄酒，醉了六天未醒，幸虧對面華僑鄰居發覺有異樣，敲破大門，他已昏迷不醒，送醫急救才活命。我替他慶幸，對他說：「大劫難不

死，你一定長命百歲。」他很感激，淚流滿面。

購置阿根廷房地產

我來阿移民時，我的影片大部分在周志誠老板的台北戲院上映，周老板是我生意上最密切的好友，常一起上酒家上買醉，他聽我說將去阿根廷移民，對我告誡說：「移民國外，人生地不熟，語言不通，什麼生意都不好做，有錢就買房地產，一定不會失敗，絕對可靠，要牢牢記住。」

我來到阿根廷就想到他的金言玉語，決定先投資房地產，每天從首都市中心到郊區住家開車要五十五分鐘，經過一條通往郊區大街Cabilrt有一萬多號。在1105號有一家店鋪8.5m × 46m後段兩層樓掛牌要賣。雖不是最熱鬧地段，地下鐵已到四條街前，售價美金十二萬元，我與寶雲看了房子有地下樓，大小房間十幾間，約一百五十坪，位於首都近郊，將來一定會繁榮，在台灣最少有五十萬元美金的價值，就與賣方談到十一萬元美金買下來，我們很高興照周志誠兄的公式，開始進行房地產投資。

寶雲大姊兒子慶男、慶源兩兄弟，到阿先住入後，接他的父母親、我弟弟治中到阿也住進，寶雲弟弟金義住在二樓，該房子有門可進後段房子，還有一道門上去樓上。門口本來租給報攤賣香煙和獎券，我們收回給金義的太太繼續做，店面改為中餐外賣店，由治良、慶源和我們合作，生意還不錯。

弟弟勝雄、文仲，妹妹玉珍到阿都住過這棟房子；包括他們的朋友至少二十戶以上人家，住過這個老舊西班牙式房子，也算是來阿移民之家之一。該房子是一九七六年買入，於一九八九年賣掉，有十二年之久，最久住戶是寶雲大姊全家，有大姊夫兩人，長男施慶男全家五人，次男四人，二女純良六人，三女純彩三人，他們加起來有二十人之多。除了純良自己買房，純彩夫婦轉去西班牙外，其他剛到又無一技之長，沒有能力買屋能幫他們先有棲身之地。先學語言，安排次男慶源加入中餐外賣店，給慶男在美麗華餐廳門前做Kiosco（賣香煙、零食的小報攤）維持生活。現在他們都有能力買住家及開雜貨

店，兒女都長大，生活安定，變成阿根廷的一分子，值得安慰。古諺說：「有前人種樹，後人才能乘涼。」後代的子孫應該不要忘記，要知道帶您們來異國移民的長輩，艱苦辛酸奮鬥奉獻的精神。

子女轉入美國學校

我的四個兒女來到阿根廷，先安排在我家附近天主教學校讀西班牙語。第一學期結束後，我們夫婦都覺得阿根廷學校教學太鬆，休假停課太多，決定轉學到美國林肯學校。該學已有五十年歷史，在南美洲算是最好美國學校，但學費很貴，每個月一人學費要美金一千元。本來想小女佳莉一年級轉讀英國學校，每月只要美金三百元，但是佳莉年紀雖小，還懂事，她說：「哥哥可以讀美國學校，我為什麼不能讀？」寶雲說：「爸爸負擔太重，妳要讀美國學校可以，將來就沒嫁粧。」她說：「我不要嫁粧，我要自己賺錢。」我們只好四個孩子全轉入美國林肯學校，每個月要負擔孩子教育費最少美金四千元，這個數目在台灣要十幾位公務員的薪水才夠付，還好林肯學校讀了兩學期就轉去美國。我買了一家汽車旅館，用E2投資簽證申請進入美國，在加州Anahaim買了一棟住宅，選擇好學區，沒有東方人學生的學校學區，讓孩子能受美國最好的教育，盡了我做父母之責。

▌高佳莉在阿美國學校就讀一年級

李董朋友來阿報到

　　歌林公司李克竣董事長，劉招沛總經理，會計師林進財，吳寬輝醫師，三洋公司王鼎川等人來阿報到，由我安排接機，訂飯店，到移民局報到，警局辦居留身分證，並要兼導遊，介紹阿根廷各項投資的優惠，忙得團團轉，還好有韓安邦兄與劉日星兄幫忙。

　　台灣飯店是自己親戚開的，可以讓這些台灣來的朋友吃米飯和家鄉菜，但他們在台灣都是很忙的工商業大人物，無法在阿久留。

　　在阿根廷要辦居留拿身分證，要本人到警察局排隊，最快也要二、三天才有機會排到；辦手續、填表、按手印、照相到拿到證件，最快一個月到二個月時間不等。幸虧我有良好的關係，我駐阿代表黃主任曾帶我拜會過阿根廷警察總監，後來黃主任安排總監訪問台灣，我趕回台灣，請謝隆盛國大代表代我出面邀請警察總監夫婦，盛宴接待，我們也準備一套貴重銀質咖啡杯禮物送他們。訪問台灣後他們又去香港旅遊，我又專程飛去陪他們做導遊，警察總監對我印象良好。回阿時黃主任又在台灣飯店設宴，寶雲親自掌廚為總監夫婦洗塵。

　　總監有陸軍中將頭銜，掌管全國警察大權職位，僅次於三人軍事執政團總司令，出門前後有持鎗武警、十位警察和二台警車保衛，真神氣。我們安排在台灣飯店的餐廳，事前派保安人員先做安全檢查，從此我就變成警察總監好友，隨時可以求見警察總監。為辦李董這班朋友的證件，我一打電話拜託，他的秘書馬上邀請我們到總監貴賓室喝咖啡，派專人為我們趕辦，當天下午所要辦證件全部拿到，效率真快令人咋舌。後來警察總局監察長，即警察總監之下掌管警察負責人Arak，常到我開的餐廳及家裡吃飯聊天，亦成為好友，後來我安排招待他到美國時住在我家。

　　真沒想到阿根廷軍人執政者的權力非常大，李董及他的朋友非常驚訝我來阿短短期間，人脈關係可通達阿根廷的最高階，他們都很感謝我讓他們很快可拿到居留證。

26 房地產大變動

買阿房地產賺錢

一九七七年在首都以美金二萬五千元買了辦公室，一年多後，阿根廷南部發行影片公司老闆很喜歡這個辦公室，出價美金十萬元要買，這個價錢等於扣成本可賺三倍，我想是好價錢可以賣，馬上成交。

軍政府執政後經濟大整頓，金融穩定，房地產馬上飛漲，是投資房地產好時機，我也想結束台灣的業務，專心在阿發展。因為阿根廷離台灣在地球上是最遠的距離，飛機要飛三十五至三十六小時每年要來回跑幾次，太累又費時間，我決定處理台灣房地產。先將辦公室與住家樓房及葫蘆島的小工廠，與建商合建分二層樓分批賣掉，另外在外雙溪中影文化城後面，有一塊別墅區建地也處理掉，又在峨嵋街買了一間公寓做辦公室。

美國長堤旅館於一九七七年以三十二萬五千元美金買入，經營一年後找不到可靠的人可管理決定放棄，賣了四十二萬五千元。為了讓四個小孩在美國好的學區上學，在橙縣狄斯奈樂園同區山上買了一棟住宅，把所有資金集中存在美國銀行，及華人開的華美貸款會。該會副董事長Philip周是介紹我買第一家Motel的仲介商，他一直鼓勵我投資他的貸款會，他說：「二年後會改為銀行，你投資二十萬元美金可安排一席董事，或留在美國再投資房地產買酒店、Motel。」他接著又說：「在Irvine地區Shopping Mall旁有一家Holiday Inn，有六十間房，要賣六十五萬元美金，機會難逢。」

我因為帶了一大批親戚朋友才到阿根廷，馬上要轉跑道到美國真有一點說不過去，就沒有考慮在美國投資，果真失去了良機。五年後，在美國又碰到周先生，他對我說：「華美貸款會改組為華美銀行，已有五家分行，十年後變成三十家分行。以五億元美金轉賣給猶

太集團，現在已變成六十多家分行的財團。那家Holiday Inn現在價值五百萬元美金以上，Irvine地區很多農地、橘子園地價以畝出售很便宜，現在變成美國最高級社區。」只能說我真是沒有福氣。

有鬼不可賭的輪盤

　　成立阿根廷投資公司，把台灣建興公司移轉給仁壽，結束在東方的業務。在阿根廷成立影片發行公司，於十二月中跟嘉禾公司簽約，買了一批李小龍及成龍功夫片在阿根廷放映版權。順便到泰國拜訪五星公司，林偉海、陳漢洽兄，住了幾天也看到湯百器兄，他告訴我說洗澡時滑了一跤受傷，差一點沒命，羨慕我年輕前途無量。譚百器兄與香港十九歲胖小姐結了婚，二年不到也離了婚，是在我們預料之中，因譚兄與小胖女，相差三十多歲，他要與小胖女結婚，大家都不看好以為開玩笑，把婚姻當兒戲，果然讓大家猜到一年半離了婚。過了一年，湯先生心臟病中風往生了，人生真是諸事無常。我聽到消息後真難過，他一生起伏過程變化太多，他精通中英文，會講英語，能編能寫，當過報社編輯，做過新加坡國泰機構業務經理，也不是很得志。為了理想，自己成立製片公司，拍電影自當導演，愛上年輕女主角，與結婚三十年妻子離婚，最後事業失敗，家破妻散，不得已流浪到泰國投靠朋友，卻異死客鄉，真讓人警惕。

　　應印尼陳梓河兄之約，我去雅加達共度聖誕與新年，他正請邵氏當紅武打明星陳觀泰在印尼拍片，陳梓河兄與他哥哥合作開公司拍片，他們兄弟安排我和陳觀泰住在五星飯店。

　　十二月二十四日，邀請與拍戲演員一起慶祝聖誕夜吃大餐，每位男仕都帶有一位女伴，準備到酒店賭場玩通宵跳舞慶祝。只有我單身，梓河兄找了鄰居一對青春活潑的姊妹，一個十八歲，另一個十九歲，在織布工廠工作，全程陪我狂歡度聖誕。

　　我們吃完聖誕大餐後，一起到酒店賭場，先到各角落參觀，有很多人玩吃角子老虎機，也有玩二十一點百家樂。大輪盤人最多變化大，我心想要玩輪盤，不如玩紅與黑，只要有本錢有魄力，先押同一顏色，押一元，輸了加倍，再押再輸再加連前輪的一倍再押，以此類

推繼贖押下去，總有一次會押中紅色，全部就回本又可賺一倍，就走不再玩了，穩賺不會賠。

　　我就將這方法告訴梓河兄，他問我資本要準備多少，我說最少一萬元美金，他問我敢不敢試試看，我說先小玩試試看，我開始換了一疊籌碼試驗一下，果然小贏了不少錢。梓河馬上準備美金一萬元來要我們幹一票，贏了就不玩，我想再證明給大家看，賭一把。梓河兄拿現金一萬元換籌碼給我，大家嚇了一跳，從來沒人換那麼多籌碼。我就開始下注，由最少一元起跳，開始很多人一起押，我押紅色，大家一起叫喊：「紅色！」，結果是黑，二次大家再喊，等輪盤慢慢停到紅色快到靜止又慢慢轉變黑，照我原先計劃的數目加倍押，大家一起喊：「紅的！」結果還是綠的，原來0與00還有一個綠的。賭場兩面客人各站一邊，大家看得很緊張，都停押了，集中來看這一場精彩的遊戲。第四次賭客與我同舟共濟，再大喊：「紅的！」還是黑的，一萬元全部輸掉！梓河再拿一萬五千再戰，連開十三次是黑的，全部輸光，最後大家都勸我不要再玩，不可能十三次，沒有一次紅色，一定有鬼！已賭了二個多小時，全軍覆沒我真不信邪，真的是這樣奇怪，賭場一定有機關操縱，是否碰到老千？賭場如何經營？想到全賭場賭客與我一起緊張，高潮迭起。這二個半鐘頭我實在太累了，竟忘了身邊還有兩位陪我的小姐，結果她們坐在外廳，不敢進入賭場找我，我感到很抱歉，後來帶她們去咖啡廳吃些點心，再帶他們去跳舞。

　　賭博明知會輸，我自作聰明押紅色，或然率統計應該五、六次總會有一次機會吧，但是確實證明不是你所想像的算法，我的自信完全崩潰，心情不是很好。帶兩位小姐到我開的房間睡覺，我再去賭場走走，已是凌晨三點鐘了。我走到一間VIP特別房，服務生看到我就知道我是玩輪盤主角，也讓我走進去。我看裡面有一張特別大圓桌，坐有一位老紳士，旁邊坐了五、六位美女陪在旁邊玩二十一點，籌碼一大疊，起碼有十幾億，好像是輸了不少，他看到我很驚奇，怎麼會有人闖進來？他很高興看到我，這位仁兄看來很有福氣面相，來坐我旁邊，大家來一起玩，馬上撥了一疊籌碼給我，把我弄糊塗了，我不好意思地接受。他用閩南話對我講：「同是故鄉兄弟，出外都愛互相

照顧，沒關係，玩贏的歸你，要靠您的福氣大贏，同心協力反攻，儘管放心押，一起作戰一定會贏，快樂的玩，來，來，快押拿牌！」我只好順他意坐上賭椅，拿籌碼開始下注一起玩，果然一帆風順，我常Black Jack，莊家常臭莊，開出牌都很小，補牌都是大牌，超過21點，所以老紳士押三單位，他也贏了。他高興哈哈大笑，果然手氣勢如破竹。他Black Jack我也一樣，他一贏錢馬上給陪坐小姐們吃紅，大家玩得很開心，滿堂笑聲連連。內場的莊家一直換人，玩到天快亮老紳士輸的全部贏回來，還又贏了很多，這位大善人說：「夠了。」

　　我們停戰休息，我說：「謝謝！都是靠你福氣！」我計算一下，我的部分贏了三萬五千元，這應該是出資人的份，我說：「先生，這是您應得的份。」他笑笑的說：「沒有你帶來的福氣，我怎能收回失地？您別客氣，有福同享，做好兄弟！」轉頭就走出房間去結帳，祝聖誕快樂，說再見就離開了。我想真沒想到，如此意外地幸運，從上天掉下來，上半夜輸了美金二萬五千元，全部贏回來，又多賺一萬元美金，作夢都沒想到。無心插柳柳成蔭，可資證明人在世間，諸事無常，不可大意，世事變化無窮，賭必定是輸，尤其是賭場百分之九十九會輸。輪盤或然率賭客只佔一面，紅色。莊家，佔兩面，黑色、綠色兩面，等於三分之二的贏面，賭客才有三分一機會，必輸無疑。所以最好不要賭，就不會輸。我勸諸君切記不要賭，是我受教訓的經驗。

　　第二天陳梓河兄告訴我昨天那位老紳士是印尼三大財團主之一，法國美之靈輪胎代理商葉大老板，是一位為人慷慨，樂善好施的大善人。我真有福氣，暗中遇到聖誕老人，反敗為勝，福氣連連，感謝上天賞賜，祖先保祐。

成立阿投資公司

　　一九七八年美國與中共建交，即宣佈與台灣斷交，很多台灣有產階級心裡都恐慌，大家都想移民離開台灣。美國移民困難，很多人跳機；加拿大設限，需很多條件；澳洲有白澳政策也不容易；剩下南美洲巴西、阿根廷及中美洲各國成為熱門的選擇。

歌林李董聽到我在阿買了一間辦公室一年內賺三倍，很高興又來看過阿根廷二次，印象良好，鼓勵我籌組阿根廷投資公司，以房地產為主，並自動發起引進要參加移民的朋友為股東。歌林系統李克竣、劉招沛、劉連火、王鼎川等及陳鴻智、胡江竹、連進亨、杜毓樑等人成立阿根廷達林公司，集資一百萬元美金交由我負責，投資房地產與貿易方面。

我回到台北召開幾次籌備會，約三個月時間公司正式成立，資金到位後，準備好好的大幹一番，為了搬運這筆資金，費了很大周章，大部分換成美金支票，再拿到美國存入銀行交換，再分批攜帶入阿根廷。有一次我攜帶美鈔現金二十萬元，用黑手提皮箱裝，乘飛機要去阿根廷，在巴西里約熱內盧轉機需下機住一天。我真膽大包天，瞎子不怕槍，現在想起來真是太危險！尤其是巴西治安極差，大路行走都會被搶，住旅館也會被偷。

提行李入海關時，是由按紅燈或綠燈來決定是否檢查，要是紅燈就要檢查，按到綠燈可通過免檢，我事先完全不知巴西海關通關的辦法。里約市是全世界治安最差，行搶最多的城市，巴西海關也是最黑的機關，若我按到紅色被查出二十萬元美金，一定會被充公沒收，我現在想起來真的是膽大妄為！阿根廷海關也是集體貪污，尤其是特別對台灣移民，東西帶太多要紅包，胃口不大，拾元貳拾元美金也OK。有一次我身上帶了十萬元美金，過海關時要看我的行李，我偷偷塞了二十元美金給海關人員就順利過關。

繼父往生母親到阿

我由阿回到台灣，籌備阿根廷投資公司，處理房地產，整理建興公司，縮小影片業務，將建興暫移交給仁壽弟自己處理，並贈送剩餘影片及配額韓片給他，讓他可以自立。

一九七八年二月二十日繼父心臟病發逝世享年七十七歲。還好我與寶雲都在台灣，我與烈蛟大哥聯合出面，發出訃聞，四月五日在第一殯儀館舉辦隆重告別式。大哥及暉雄弟在電力公司服務，二哥當老師都是公務員，關係人脈很多，我與仁壽、文仲弟在影視界，勝雄

弟、玉珍妹做貿易，人面交往不少，機關團體、工商界民意代表、親戚朋友及影視同業很多人都來參加告別式，極盡哀榮。我也盡了為人子之本分，感謝養育我及照顧母親之恩。

　　不久我安排母親去阿根廷報到，由寶雲陪她飛日本再請加航空小姐帶她飛加拿大溫哥華，再轉飛利馬下機加油休息再飛阿根廷，因母親聽不懂外語，航空小姐已換班，沒人通知帶她上飛機，阿根廷機場接不到人，我在前段已提過這一段故事，最令人難忘。我沒有細心安排，對不起母親，讓她老人家在國外受驚無助的事件，現在想起還是耿耿於懷。

　　我們決定將台北市康定路十八號辦公住家四層樓出售，並在峨嵋街買了一間公寓，將建興辦公室遷入。

　　寶雲認為四個孩子在阿受教育太鬆散，於一九七七年前到美國Long Beach（長堤市）買了一家Motel，向美國申請投資移民E2簽證，正式帶孩子到美國讀書。我們沒有做過Motel生意，最初請美國經理，生意管理營業不甚理想，後來找台灣朋友兒子做了二個多月又不做。孩子們的美國簽證辦妥後，我們從阿把孩子接來美國，暫住入Motel，乾脆自家人來管理，孩子可以幫忙，剛好是暑假可以參加工作。我雖有雇請員工，要孩子協助學習清理房間，整理鋪床，折疊棉被，幫母親接待旅客，訂房，退房，我負責外出購補旅館所需床單、大小毛巾、肥皂、清潔劑、家俱一切的補給物品及跑銀行。寶雲看櫃台接待旅客出入也夠忙碌，又有游泳池每週要清洗一次，每天要開自動過濾機，很費電又麻煩；但生意營業收入，比請人經營好了一倍。

　　但是孩子要上學，也不可能讓他們長住Motel，該地區居民大部分是墨西哥人和黑人，所以我們找到離Motel開車上高速公路四十五分鐘路程的Anahaim市，該地區是高級地區，買了一棟House讓孩子可以安心住下，學校就在山下Canyon，就讀方便。

　　因交房子辦手續要四十多天，我每天早晨六點起床叫孩子起身吃早餐，七點要開車花四十五分鐘送孩子到學校上課，二點半到學校再接孩子回家，連續四十多天也夠累的。

　　住家交房子後孩子搬入House才算安心下來。我又要擔心阿根廷那麼多親戚朋友，台灣又有生意要做，真的沒有時間經營Motel，只

好再登報請華人來當經理，雖有收入但還是不甚理想。我從沒做過旅館生意，就想把Motel賣掉省了麻煩，而且阿根廷的房地產正熱門，李董又幫我招商集資，不得不再回阿根廷繼續築夢。

誠信送同學二十萬元

我回台灣期間，正忙於處理房地產，組織阿根廷投資公司，接受歌林李董事長在家辦桌設宴招待。正好又是清明節，我趕回花蓮，王東乾兄來接機，住在他的美琪大飯店。

第二天，四叔高輝帶明宗兄、明政弟及麗子姊、鳳英妹與我為已故祖父母、我父親、四嬸、曾祖母掃墓祭拜。我建議買一塊墓地，集中已往生祖先親戚的靈骨，建一間高氏家族宗祠，子孫可集中在清明節祭拜祖先，每年親戚可以聯誼，四叔很贊成。

回程我去看楊清枝老先生，他是我以前的老長官，提拔過我的恩人，他提起楊太太已往生，不禁老淚縱橫，過去兩位老人家關心疼愛我真感恩。我再去美崙看我的舅舅與舅母，老人家最關心疼我，我包一個紅包給老人家，他們都很高興，親情真難忘！

回程我搭火車去宜蘭探訪大姊夫。大姊在結婚後生第一個兒子取名天河，與我同樣有個「河」字，後來我把他改名叫「佳霖」，半年後大姊生病，在二十一歲時往生，姊夫再娶繼房，就像往生的秀雲姊一樣，親切真誠對待我，令我有充滿安慰的感覺。她生了八個兒女，都很有禮貌，她是一位有智慧的母親。

大姊夫的住家相當整齊清潔，他準備了盛宴招待我。第二天早上，外甥天河帶我去大姊墳墓。她已往生三十年後我才第一次來祭拜，我真對不起大姊，請原諒！希望保祐姊夫全家大小平安。

我有一位宜蘭中山國校的同學李志燊兄他正在美國找買Motel，也想帶孩子來美國讀書。他知道我有Motel要出售，馬上要求賣給他，我考慮一下，他出價比我成本多出十萬元美金，才一年多的時間應該可以讓出，要與美國寶雲商量一下。第二天李志燊兄馬上給了我一張二十萬台幣的支票做為訂金，要我收下，我說再等一下，因寶雲還沒有回答，李志燊堅持我一定要賣給他，要我收下支票，我只好暫

時收下並未簽約。後來我接到寶雲電話，她早已答應賣給她的結拜二姊，他兒子在美國已等了二個月，價錢是一樣。寶雲在台北的結拜二姊聽說我同學要買我美國的Motel，她很激動要我馬上辭退賣給同學，還請精工舍老板娘大姐一起來爭取，還要加價給我，讓我左右為難，寶雲也為了維持姊妹情並不是貪要加價。最後我想了折衷辦法，我們雖收了李同學一張二十萬支票，放在手上未存入銀行交換又沒簽合約大可拒絕，這椿買賣為了同學情份，遵守為人的人格誠信，我願意拿出同數二十萬元給李兄當補償金，數目當時可買三重市一層房子。我想在社會做人做事要有情有義，隨時有機會賺更多的錢，交更多的朋友。

㉗
努力服務僑社

開拓阿影片市場

我想把李小龍主演的《猛龍過江》、王羽主演的《直搗黃龍》及成龍主演的《師弟出馬》等七部中國功夫片買去阿根廷放映。雖然華納公司發行過李小龍主演的《龍爭虎鬥》和《唐山大兄》，還是沒有中國片觀眾的市場，剛開始推銷給戲院非常困難，因為首都院線分屬三個集團，全部控制在猶太人的手上，外人要進入影圈他們會排斥。

我開始去拜訪院線老板，他們聽說是中國人要拿片發行，讓我等了兩個月，理都不理我們。於是我設法找大導演Favio安排，請院線老板吃中國菜，送大禮，才同意見面商談。我拿了《猛龍過江》及《師弟出馬》二部宣傳材料及預告片試片給他們看，因為華納公司發行《龍爭虎鬥》在阿根廷生意不錯，他們很喜歡，尤其吃到中國料理，感覺太好吃，又愛中國茶葉及工藝品，才同意談發行之事。我算是第一家東方人打進了這個發行圈。

為了打好院線發行的關係，我請了Favio大導演做顧問，又聘請製片人Anatacio做我秘書，第一部推出王羽主演的《直搗黃龍》成績不佳，推出後只放映一週，收入抵廣告費差不多。

第二部李小龍主演《猛龍過江》，秘書Anatacio去找他好友，阿根廷最大唱片公司合作；唱片公司提供電視台全日廣告打三週，要分33%盈利，若以台灣電視廣告量計算，最少要千萬元以上的廣告費太合算，因為唱片公司長年與電視台買下很多時段。本來院線排在二級戲院，廣告打出三天後全市轟動，尤其是年輕學生、功夫片影迷熱烈期待，半夜場在NORMANTI戲院上映賣出了九百五十張票。三個兒子剛回阿度假，跟我與佳莉、寶雲一起在戲院看人潮，全家都高興與觀眾同享李小龍神拳飛腿打壞人的快感，回到家已凌晨四點鐘了。第

一天早場排隊排了三條街，一千二百位全滿，打破有史以來早場爆滿紀錄。第二天最大OCIEN戲院二千四百位馬上加入，兩家全天客滿，後來再加五家聯映演了四週。公司分帳得了一百多萬元美金，但IVA營業稅繳了三十多萬元美金，分給唱片公司也有三十多萬元美金，公司也分帳得了三十多萬元美金，算是大成功，還有其他外州收入六十萬元美金，等於收一百多萬元美金。很多朋友建議我IVA營業稅不要繳，等政府查到可能幾年後再補繳，貨幣已貶值很多或是公司關掉。阿根廷稅務腐敗貪污，要存心逃漏稅是不難，但我的想法不一樣，我們是新移民，要正正當當在阿根廷做生意，置產買地，犯法漏稅被發覺被列入黑名單，萬年不能超生，因此應繳按期稅繳，才是好公民。

第三部成龍主演《師弟出馬》上映三週全國收了二十多萬元美金，花了十萬多元美金廣告費。後來再買嘉禾六部功夫片包括《死亡遊戲》、《李小龍傳記》及成龍主演影片，包括日本片一部，五年時間發行十五部影片，大概收入抵開銷後約淨賺了一百五十多萬元美金，因為稅金、廣告費很重。

一個東方人要打進猶太商圈要請客送禮，影片卻常差一點連看都不被看一眼。有一次影片上映，生意還不錯，演到星期四整天下大雨，賣座受影響未達標準，估計相差七、八票，我們請朋友買票去看，讓院方知道，馬上就要下片。我出面去求情說因為後面是連續假期，生意會更好，並請老板吃飯，他口頭說好再映，第二天照樣下片，完全無商業情義可談。猶太人對人見利忘義是民族性，我真正體驗到猶太人冷酷，無情可言，後來我就不再與猶太人往來，決定移轉陣地到美國發展，把影片發行公司結束。

回想這一段在南美洲值得一提的是秘魯突然來了一位片商要買功夫片，我連一部都沒有，只有一部我導演的國片《尋母三萬里》，他看了試片很感動要買秘魯版權，想不到文藝片也要，我賣他二千元美金，結果秘魯大賣座又來訂拷貝。我要去台灣訂要三千元他同意照付。後來厄瓜多爾片商也要來買《尋母三萬里》，也賣三千元美金，真是意外的收穫。要打入阿根廷影片圈，比我年輕時進入台灣影圈更困難，有著語言不通，國情不同等文化差異，只有靠勇氣、毅力及智慧，才能創出一片天。

當選僑聯理事長

為了孩子教育前途，我到美國買Motel，帶他們進美國讀書，很多朋友勸我留美國發展，但為了去阿根廷移民，帶領親戚同學朋友去阿移民有上百家族，總覺得有責任再回阿根廷照顧這些新的移民。Motel已賣掉，孩子也進入美國學校，住家已安頓妥當，我們決定帶小女佳莉回阿根廷，讓她再回美國學校就讀。寶雲暫留美國訓練三個孩子學習家事，燒飯煮菜洗衣，整理家內花草，暑假要他們去找工作賺自己零用，養成自立精神，孩子很聽話，學了炒菜做料理手藝，房間打掃清潔又整齊，差不多像軍隊般的訓練，才安心讓孩子上學養成獨立生活。

回到阿根廷後，駐阿商務處黃文海主任很高興，僑聯會選我當副理事長，我努力參與，每週六協助載孩子去讀中文班，楊鎔鑑兄當班主任，王茂泉兄當教務及老師，劉日星太太也當老師，巫均貴兄也來幫忙，借教會學校教室上課，大家同心協力。黃主任也幫忙接送孩子上下課，每週六大家聚集在補習班學校，大約有一百多位學生，分中小班及高級班，我們覺得是像一個大家庭，為了傳承中國文化，讓孩子學中國話，寫中國字，我們做得很溫馨又快樂。

借學校很麻煩，黃主任、王茂泉等人遂發起籌募建會館及中文學校基金，我當副主委，首先向蔣金村醫師募款，他馬上答應捐出美金壹萬伍仟元。剛好台灣葉清坤醫師夫婦來阿探訪，準備帶兒子來移民，住了一個多禮拜順便到美國領事館申請簽證被拒，我與美國副領事有交情，替他再申請獲准，他們夫婦很感激捐了六百元美金給僑聯會作建會館基金，我們與蔣醫師登高一呼，大家熱烈響應，第一次募集到基金美金十二萬多元。

一九八○年第五屆僑聯會我當選了理事長，獻身服務僑社。每次開會都印好議案及會議紀錄，可說與一般人民團體開會一樣，做事努力認真，條理有序，新年、春節、端午節、中秋節一年四個大節日都舉辦全僑慶祝同樂大會。我還去日本買了一部十六糎電影放映機，每週六放映一場電影給僑胞觀賞，四年多從未停過。為慶祝春節

我租戲院放映李小龍主演的《猛龍過江》，戲院還未上映，給僑胞先看。過年舉辦過全僑運動聯歡會，國慶舉辦擴大慶祝晚會，邀請阿根廷其他僑社的重要人物來參加聯歡，也加入阿根廷移民局各國移民聯合會，共享阿國移民福利節慶，協助無數來阿華人排解非法居留與僑民糾紛，救助無旅費回台僑胞，創立第一家阿根廷中文報社《南疆新聞》，即使每月要虧揖一千美金仍繼續出刊。

我立下宏願希望在三年任期內建立華僑會館。當時華僑雖稱有三到四萬人，但都是新僑民，很難募到建館費用。我在理事會曾提議回台募款，高國良理事說：「高理事長你別作夢，阿根廷離台灣天高皇帝遠，誰會捐給你？」我說：「讓我回台灣試試看，說不定會有人幫忙也不一定，只要有決心，努力一定會有效果！」黃主任說：「高理事長台灣人脈關係不錯，也許會有成果，希望大家鼓勵他。現在已有了十二萬基金，可先找建地，乘奧幣貶值，地價最便宜時下手。」大家委託楊鎔鑑兄與劉日星、周建宏理事趕快找地。

岳父往生極盡哀榮

一九八〇年二月十四日岳父七十八歲生日，在台灣飯店慶生，在阿子孫有八十多位參加，三重市幸福戲院簡坤木夫婦正好來阿辦居留，也來祝壽，熱鬧非凡。

岳父在三月初膽結石開刀，四月二日不治往生，他一生努力工作，為人誠實，愛好子女，從不生氣，忠厚待人，晚年有福氣，在海外臨終時，有十分之九子女在身邊。阿根廷法律規定人死後三天內要出葬，為了趕辦告別式，擬祭文，我三天三夜未曾合眼，祭文我用白話文七句詞讓大家都聽懂。出葬儀式上僑社、僑聯會理監事、會友、同業來參加人數有五百多人，由我主祭讀祭文：

　　嗚呼！哀哉！岳父在天之靈——
　　岳父生育八兒女，不辭辛苦數十年，一生客氣對兄弟，
　　相敬如賓對妻兒，淡薄名利愛朋友，刻苦耐勞有骨氣，
　　默默耕耘為子女，從不貪心愛財利，絕不求人靠自己，

從未怨天吐大氣，老實坦白講道理，子不成器未撐志，
雖愛至親孝未盡，五名女婿孝敬您，未奉晚年已先去，
叫阮怎麼不傷悲，此別一去不復還，嗚呼哀哉——
爹親願您升天去，望斷雲山痛斷腸，極樂世界等候您，
請爹安息放心去，望您庇佑娘身健，子孫福延萬萬年。

　　　　　　　　　　　　　孝婿　仁河率子孫　揮淚拜

　　祭文讀後，舉行家祭和公祭儀式，黃代表、張主任分別祭拜，僑社各界獻花祭拜，然後家族子孫又向祖父送別致敬合唱〈可愛的家庭〉，歌聲令人感動。儀式莊嚴，氣氛悲淒，在海外舉行告別葬禮極盡哀榮，也算不小的場面。

　　我在僑聯會上台後趕回台灣，先向僑委會毛委員長報告籌建會館計劃。毛委員長問需要多少錢，我說估計要二十四萬元美金等於還欠十二萬元美金。他說僑委會出一半，另一半請高理事長再去努力募捐，我馬上答應。再去找歌林公司李董事長，他帶我拜訪台灣省進出口公會蕭圳根理事長及永固電器徐永祥董事長，他們也是進出口公會常務理事，要他們協助我建會館，他們開會決議通過，決定捐新台幣一百萬元給阿根廷僑聯會建會館，約有二萬八千元美金。我回阿後再發動第二次募款，蔣金村兄再捐美金一萬伍仟元，理事們踴躍捐獻，陳鴻智兄來阿辦居留，捐了美金一千元。

　　歌林公司陳振家來阿考察要去智利看歌林代理商陳勝男先生，我陪他們去智利，陳勝男兄設宴款待，邀駐智代表歐鴻鍊先生作陪，他比我年輕，對人謙卑讓人印象良深，後來升為駐瓜地馬位大使。歐先生在二〇〇八年，馬英九總統任內當過外交部長。

　　一九八〇年十一月十八日雷根當選美國總統，僑聯會第二次款再湊足六萬多元，已有二十五萬元基金。一九八一年買地，一九八二年開工，皇天不負苦心人，終於一九八三年四月阿根廷自由華僑聯合會建館完成，並決定召開第一屆南美洲華僑懇親大會。

投資房地產業

我好友周志誠兄給我名言告誡：「在外國投資最穩是房地產業，絕不會失敗。」這一句名言定律影響我一生。第一筆投資買辦公室，一年半後賺了三倍的鼓舞，我決定從房地產出發。

秘書Anatacio帶我去美商聯美影片公司拜訪，辦公室在市中心鬧區Lavalle 1905號，離中心塔九條街，建物面積7.7m × 64m，是二層樓建築，底層片庫及二樓宣傳部的辦公室又大又氣派。我與聯美經理一見如故，他住過日本十幾年，了解東方文化，我們可以用日語交談，我請他與夫人到家裡吃中國菜，他非常滿意，後成為好友。我看到這棟大廈很喜歡，就問他聯美辦公室要不要賣，他很驚奇向我說怎麼知道聯美要賣辦公室，我說是隨便說的，他說聯美公司急著要結束阿根廷分公司，我問要賣多少錢，他說正估價中，最少也要百萬元美金，我一聽很有興趣，他說可再請示總公司，不久有了回音，開價一百萬元美金。若是這一棟建物在台灣最少有美金五百萬元價值，他開的價錢真的太便宜，我真想買下來，我考慮了一段時間。後來這位經理調回美國，再由法國調來一位年輕的經理，剛好比索大貶值，聯美公司急著結束，經理來找我幾次，我還了價五十萬元美金，若以當地算比索計算是天文數字，他想也沒人會買，再減到七十萬元美金，我想可以成交，決定買下。簽完合約後，聯美公司法國經理送了一大束玫瑰鮮花祝賀。買成這棟大廈這是我投資阿根廷地產的第四筆生意，我在首都最好地段可擁有好房地產，實在作夢也沒想到！我十六歲離家出來，從零開始，二十三年後在異國有能力可以變大亨，想起我的成就，有種飄飄欲仙的感覺。

接著與中心塔垂直Corrientes大道2004號有一棟三層樓8.8m × 36m，底層是很多隔間的商店，地段非常好，我又以五十萬元美金買了一間。同年又在同一條街Corrientes大道5000號一家7.7m × 25m商店，花了十八萬元美金買下，與金義弟買了住宅花了十二萬元美金，過三個月轉手又賣出，賺三萬元。一九七九～八○年就買進八棟房子再轉出二棟，賺了十萬五千元美金。

　　我在房地產方面動用一百六十萬元美金，另外又在貿易上進口歌林電視機及雜貨兩貨櫃四十萬元美金，買入電影成本五十萬元美金，加起來有二百五十萬元美金等於一億台幣，當時是筆非常大的數目，在台北相當於可買進一條街的資金。

　　李董事長與劉總經理再來阿根廷要了解阿國各省情況，我們準備了兩部車，由我和金木兄開車，秘書李清貴、寶雲岳母、佳莉、永昌共十人，行程七天遊北部十一省。第一天先到Santa Fe省，經Rosario在市內中國梅花飯店吃飯，該店是華僑林菊花小舅開，晚上住Conquista Hotel。第二天開了五百七十公里約六個小時到達Santa Fe也是該省首府，我們去拜訪影片代理商。休息了半小時，再往Córdoba省出發要三百七十公里，一路都是大草原，還有牛群、羊群及農場，一望無際的綠色連天邊，看不到人煙，公路又都直線通天，車不多，我們車速可開到100 km/h，到Córdoba也是拜訪影片代理商，夜宿Plaza Hotel。第三天向Santiago del Estero省行駛，中午休息吃飯後再出發到Tucumán省，抵達時已黃昏六時，住在Hotel Del Sur。第四天到Catamarca省，先在La Rioja休息後，再去San Juan，不料走錯了路多開一百多公里，很晚才抵達San Juan。第五天從San Juan到Mendoza省。第六天早上替車補給加油，上午十點往高原雪山出發，開了一小時已到白雪覆蓋的山坡，我們下車拍照玩雪，下午三時轉向San Luis，夜宿Mendoza Hotel。

　　第七天早上起床，外面一片白茫茫，車頂都結了冰，似乎有在日本北海道的感覺。由於天氣太寒冷，車子一直發不動，直到九點半才出發前往Chaco省，半途在農場買了一隻雞和三隻鴨。農場養的狗經過訓練非常聰明，因每隻雞鴨都有名字，主人喊出雞或鴨的名字下命令叫狗捉，狗馬上跑去照主人所指名將雞或鴨捉住，咬含在嘴中給主人，速度快又準，真不可思議有如神蹟般的特技。我們轉頭回首都，開了十多小時，於晚上十時到達首都。

　　這一趟旅行才了解阿根廷是一個地大物博，人煙稀少，資源豐富的國家，我們很感激歌林李董事長以往對我的支持與信任，找了一班朋友參加投資房地產，可說是對我百分之百信任。

　　我真想不到，最可靠的房地產投資後來會變成我最大的夢魘，投資房地產應該是有一萬分之九九九九的成功率，剩下的萬分之一卻會

發生在我的身上。阿根廷原本可稱得上是天堂，後來卻變為地獄，命運急轉直下，如何演變只有聽由天安排，真如「南柯一夢」。

複雜房地產管理

房子太多管理很麻煩，首先要繳地價稅、房屋稅、水費、清潔費、電話費、電費，二個月繳一次，有時稅單未收到或是找不到，還要去各部門排隊申請補發，排隊就要等幾個鐘頭，之後去銀行付款也要排隊。阿根廷人已習慣了排隊，辦事又慢吞吞，喜歡聊天喝咖啡，有時要去排幾次才辦得好。

電話公司服務太差勁，故障修理最快一個禮拜，有時壞了一個月也叫不到人，後來我知道方法，找正在街上修電話的人員，送禮物或小錢給他，與他套情交朋友，他馬上會來修。申請一條新線需等二至三年以上，所以一部電話權利金要五千元美金。出租房子的電話費若房客三次沒繳費，馬上被取消該線號電話，很麻煩，真是電信設備與服務落後的國家。我們房子有五戶，每二月繳一次已夠忙又煩，遇到出國託親戚，不一定會辦得好，常常會找不到單子。我買進的房子都破舊不堪，需重新整理裝修，叫工人不容易，磨洋工慢吞吞；今天約定了木工、油漆包工，明天卻不來，也找不到人。阿根廷人不守信用的習性，做事不認真、馬虎的精神，讓我們無法了解當地文化。

若要按我們方法來做事很難順暢，這就是移民必定遭遇到的難題。我買入聯美大廈，想在樓下開餐廳，花了十五萬元美金裝修費，裝修花了一年半，修修停停，叫不到木工和水電工，若是在台灣，半年全部可完成。另外一棟二層大樓，二樓當辦公室自己用，三樓租給廣告公司，每個月租金三千元美金收入，樓下是小商店有十二戶出租，半數租金不容易收到，半年後改成餐廳裝修花了半年多才完工。Cabilto房子前面店改為中餐外賣店，後段全是自己的親戚住。Corrientes大道5000號整理三個月掛牌出售，後來我弟弟與朋友合夥租了二年開雜貨店，生意普通。

所以房地產多，管理複雜又麻煩。因為幣值不穩定，房地產隨時貶值，算阿幣當然是高漲，但若折合美金卻貶值下降，當然乏人問

津，匯率天天變化令人提心吊膽。全世界房地產生意話說是一定賺不賠，唯有阿根廷是例外，千變萬化日子真的不好過。

好景阿曇花一現

阿根廷軍事政變後，執政三年內努力打擊恐怖分子，改組工會，穩定經濟政策，美金匯率較為穩定一段時間，房地產節節高升，房租一樣提高，是阿根廷的黃金年代。

我每月房租有美金貳萬元以上收入，房地產當時估價已超過美金八百至一千萬元我想還會再漲，全世界人都來投資，暫時觀望看看。貿易方面也是一樣，歌林公司李董來阿時，市面十八吋彩色電視標價美金貳仟元，台灣市價美金伍佰元，差額有四倍，李董說應有二倍盈利可賺，他可以提供電視銷阿，我當然樂於配合，先訂了一貨櫃試試看。

歌林公司李董與劉招沛總經理要去看看世界最南端靠南極火地島的都市Ushuaia，有免稅加工區。連同我與巴西來陪李董的李元福兄四個人，一同於一九八一年十月二十九日乘飛機飛四個半小時到達Rio Grande，看了電視裝配廠，原來是那麼簡單又可以免稅進口。翌日去Ushuaia觀光，吃海鮮，這是一個很寧靜又美麗的都市，約有五萬人口。

南極有半年是冬天，半年白天不落日，今生有機會來到靠南極的最南端都市，作夢也沒想到。李董與劉總轉去智利，李元福兄回巴西，我飛回阿根廷首都前，台灣名導演郭南宏兄來阿拿居留證，我事先安排他住台灣飯店，請國祥兄負責接待。

歌林公司關係企業也買一批錄音帶及瓷器、雜貨等進口貨物到阿根廷，我對貿易是門外漢，隔行如隔山，沒想到買進容易推銷難。阿根廷離台灣是最遠的距離，船期少，航程要二個多月，海關手續又麻煩，我們也不懂稅法，語言又不通，簡直是瞎子摸象。

軍政府上台後，為救經濟再改幣制，變為新比索去掉四個零，一元美金兌一百元新比索，開始三年後，黑市美金一元變兌一萬元新比索，第四年又開始不穩定，每天貶值，再廢新比索改為奧幣，再拿掉三個零，一元美金兌奧幣十元。市面混亂，黑市一日三市，領奧幣薪

水的阿根廷百姓生活跟不上物資指數，物資波動無法生活下去。日本豐田汽車1600cc台灣要價美金二萬元，阿根廷算奧幣要上億元，折算美金二千元，當地的人還是買不起。

房地產一落千丈，我不敢去估價，貶值多少？只能聽天由命，很多阿根廷人跳樓自殺，包括最懂生意的猶太人也不例外，進口日本汽車的日本商社僑民也有人跳樓自殺。阿根廷經濟變化莫測，真的是萬分之一例外的國家。

招待阿秘書遊美亞洲

一九八一年我回台灣籌募興建阿根廷華僑會館基金時，我招待阿根廷秘書Anatacio去美國，因他幫助我開拓阿根廷發行東方影片進入阿根廷市場有功勞，又帶他到台灣、香港、韓國旅遊，他很高興。他之前是阿根廷電影局科長，後改當製片人再到我公司服務，為人誠實，多我一歲，我離阿後貝隆黨重新執政請他當電影局長，很可惜一九九○年心肌梗塞亡故，享年五十六歲。

28
發動福克蘭戰爭

阿天堂變地獄

　　阿根廷軍事政府無法控制經濟穩定，國家負債高達六百億元美金，無法支付世界銀行利息，匯率繼續高漲，人民生活困難，工潮不斷，外商撤退，經濟面臨崩潰。

　　為了轉移民眾目標，阿根廷發動與英國戰爭。靠南極的兩個島嶼福克蘭島，面積比台灣大，海域蘊藏豐富石油，地理上靠近阿根廷領土，因十九世紀英國海軍稱霸世界被英佔領，島上人口稀少又寒冷。阿根廷軍事政府以為福克蘭島離英國太遙遠，遠水救不了近火，阿有一艘航空母艦，又有空軍500戰鬥噴射機，陸軍二十萬人，想以戰迫和，宣戰當天登陸佔領福克蘭兩島，阿根廷全國狂歡慶祝收回失土。

　　英國首相柴契爾夫人宣佈決心收回失土，與美國組成聯合艦隊，開了一個月航程才抵達南極海域。英美聯合空軍先殲滅阿根廷空軍及艦艇，阿航空母艦不敢出門作戰，阿國海空軍全部癱瘓，英軍順利登陸，頭尾不過六個月，即被收回福克蘭兩島。

　　將近一年戰爭氣氛結束，阿國整個國家的經濟完全崩潰，房地產一落千丈，市面蕭條，有錢階級大企業、大工廠紛紛退出到國外避難，遊客幾乎止步，餐廳、商店、批發商、高級百貨沒生意，影響之大令人想像不到，頓時天堂變成地獄，不知如何生活下去。情景就像日本敗戰的慘況，政府懵懂，人民悲哀。

經濟崩潰阿失控

　　阿根廷發動戰爭後，美金每天漲不停，奧幣貶值如天文數字，有好幾家銀行宣佈破產，很多華僑存的美金領不到錢，政府都自身難

保，人民吃虧更無法求償。

我開了兩家餐廳，每天小貓兩三隻，員工比客人多，生意無法做下去；出租樓房又收不到租金，只好退租；餐廳也暫時關門，阿根廷員工要求巨額遣散費，律師與員工合夥來告分帳，所有想像不到的事都發生在阿根廷。

我辦公室兩個大樓有十六條電話線，每月基本費要上千美元，三個月未繳馬上被斷線，每部電話價值美金五千元，真是不合理現象。我們房子有五棟，地稅、清潔費、水費、電費、房屋稅兩個月繳一次，加上電話費要付超過一萬二千元美金，沒有收入還要支出，實在太恐怖！五棟房子價值最好時機時估價有上千萬元美金的行情，戰後一百五十萬元美金還沒人有勇氣敢買。

公司進口歌林十八吋彩色電視每台可賣美金二千元，在台灣只要五百元美金，扣除關稅和運費，最少還有一千元美金盈利。因美金黑市匯率每日漲，貨出海，價錢就貶到一千五百元，貨到港口剩下一千元，提出貨再貶為六百元，不夠成本，暫時存放倉庫再看看，半年後，卻剩下三百元，當然不想賣，放在倉庫兩年。李董來阿知道電視還未賣，他說電視怕濕氣，不可放太久會壞，要趕快賣。迫不得已賣給批發商時，再貶到二百元還要分三十，六十，九十天分期付款，等錢收到時，每台只有五十元美金，好像天方夜譚的神話！

進口的瓷器、雜貨初期賣了一部分，後來當做禮物送人，像做惡夢一樣，阿根廷由天堂蕞墜落到地獄，全世界移民國家不曾發生的事全發生在阿根廷，這萬分之一意外的國家，百密一疏，惡運臨頭。

壓力引起憂鬱症

阿根廷自一九八一年開始經濟走下坡，政府想收回福克蘭島，準備戰爭，奧幣貶值再去三個零，改為新奧幣，房地產價錢一瀉千里，前買入聯美公司大廈行價降到十萬元美金還是沒人敢買。一九八二年對英開戰到八三年兩年間變化，房產總價值原有美金千萬元的財產剩不到一百五十萬。餐廳關門，電視進口貨又賣不出去，電話費、電費、稅金月月要付，阿員工到法院求償，委請律師跑法院，對台灣投

資股東不知如何交代；帶領一大批親戚朋友來阿移民遭到空前浩劫，耿耿於懷，日夜難眠，坐立不安。美麗華餐廳免租金，只求代付電話費、電費、水費及地租、房屋稅讓給我們同胞經營，做了三個月，無法再繼續營業，最後也付不出任何費用，餐廳設備損壞泰半，得不償失，實在沒生意，我只好認了。

聯美公司大樓一樓是大型快餐店，曾與阿根廷人合作，改阿式牛排快餐，談好簽約各半分帳，開張後對方佔據收款台，收現款不結帳，也無法趕他走，最後告上法院，花了很多律師費，告了一年半後才趕走對方；臨走時對方將廚房設備、冰箱等重要器具全部搬走，且炸油爐沒關好，悶燒幾天後起火；我辦公室離餐廳很近，突聽救火車警鈴大響，我出來看熱鬧，整條街煙霧瀰漫，我看不出是那個店起火，附近的人狂叫：「Sr. Kao! Sr. Kao! Casa!」我嚇了一跳，原來是我的家失火，還好身上有鎖匙，趕快衝入火場，打開大門鎖，讓救火車及救火員進入火場救火。幸虧半小時內控制火勢，迅速熄滅，未釀成火災是不幸中之萬幸，感謝上天保祐，乾脆全部關門大吉！但是房子每月要交付稅金，只好回台籌款，我交代小舅金義、侄子慶源代我看管。離開兩個多月後再回到阿根廷，到了聯美大廈開門一看，地下室全部積滿水，二樓門窗被風吹開，門窗玻璃也被吹破，雜物亂七八糟堆了滿地，我看了差一點昏倒。

跟我來阿根廷依靠我的那麼多的親戚中，有自己小舅子、自己的弟弟和侄子，餐廳關了門，他們再也不理，不會去關心前老板交代的事，我的事跟他們好像無關！

我沿著簡單木梯爬穿過天窗，再爬到三樓屋頂，正下著雨。望下一看這棟兩層半老房子，已超過半世紀五十多年了，屋瓦老舊不堪，生了很多苔蘚很滑。我半蹲著身軀用狗爬式挪移，雙手抓到瓦角，身體小心移動，看到屋頂靠天井邊，雨水流通的渠管塞滿了落葉和塑膠袋，雜物塞住了水管，大雨一來水當然會擋住，雨水就會溢出水管外，順著牆流入屋內，滲入天花板，水沿牆壁而下，滿屋變成澤國。我回頭向樓下一看，約有五層高五十公尺之距離，若手沒抓好固定瓷瓦角，一滑就會全身跌下深達五十公尺的天井地面，粉身碎骨，也沒人會知道。又是下雨天，這種情況沒有一位助手一起上屋頂互相照

應，真是太危險賭著自己的生命！也許我的業障未盡，應該再受苦，未失足跌下去，是上天保佑。

想到親戚朋友在最危急的時候眾叛親離，心裡非常寂寞難過，我只好自己承受一切災難。移民是我的理想指標，我自己找的選項，我日夜為此檢討自己，為什麼要拖累這麼多的親戚朋友來阿受苦？李董的朋友們投了那麼多的資金在房地產，他們從未說過一句不滿的話，完全信任我，使我感到更多的壓力和內疚，因此晚上閉上了眼睛，心裡一想再想，到底來阿根廷是對或錯？錯在那裡？

應該如何挽救狂瀾，扭轉大局？眼睛雖緊閉，精神卻是清醒，到天亮還是無法睡，惡性循環，只好買安眠藥幫助睡眠，卻還是一樣無法入睡。母親看到我的異樣很擔心，晚上到床邊陪我，握緊我手心安慰我；到天亮時，母親睡著了，手放鬆了，我還是無法入眠。安眠藥越吃越多，都沒有效果，到了深夜，時鐘每秒的滴達聲都聽得清清楚楚，白天昏昏沉沉沒精神，沒胃口吃不下東西。六十天來我一直感覺我沒睡過一分鐘，體重減了七公斤，好像是患了憂鬱症。

寶雲在洛杉磯照顧三個孩子，我不敢讓她知道，後來岳母知道情況嚴重，叫小舅打電話告訴她，她真嚇了一跳，要我馬上回美國就醫，並請岳母陪我返美，還託黃慶寶醫師隨機親送我到美國，讓我平安回到我的家。寶雲與孩子到機場接機，看到我與岳母還擔心著，我真感謝岳母與黃醫師一路上熱心照顧。

可怕憂鬱症發生

我回到洛杉磯，寶雲的好朋友許醫師來看我，他診斷我是憂鬱症，需要長期休養，建議我趕快回台灣醫治，因為美國醫療太貴，台灣也有很多高明醫師。

我到美國還是不能入睡，因為想到美國四個孩子，每年生活費與學費，要花費五萬元美金，阿根廷無收入，台灣又沒營業，越想越恐怖，更加睡不著。我的三個兒子跪在床前說：「爸爸，我們現在沒有欠任何人的錢，媽媽還保存有五萬元美金現款，阿根廷經濟風暴很快會過去，不必擔心，房地產都在，不會再壞下去。投資的股東都了解

情況，李董還來電關心，要爸爸回台灣治療，不必再擔心，我們都可以出來打工賺錢。」我聽了很感動，寶雲哭了，孩子也哭了，我當然也是哭在一起，難道這是命運的安排嗎？

這是一個人生的過程，也是我的最低潮的一段經歷，寶雲決定陪我飛返台灣治療。到達台北，子福兄夫婦、鼎川兄、文仲弟妹來接機，我們到寶雲大姨母家，大姨媽關心我們，在她家可讓岳母與大姨媽見面，她真慈悲，一直把寶雲與我當著自己兒女看待。住了一天，覺得打擾老人家，還是回到自己公寓與仁壽一起住。

歌林李董介紹我到長庚醫院檢查後，陳子福兄帶我們上木柵仙公廟求神保祐，又去金山看海吃海鮮，希望我不要擔心阿根廷之事。秋香妹與男友林先生，帶我們去佛光山，求見星雲法師為我開示，他說人生道路嶇崎不平，有高低有障礙，要有信心克服萬難向前走，後腳要舉起向前邁進，放下才能前進，放下一切可排除解決困境等鼓勵的話。之後再開車到溪頭觀看養在高山深谷的鱒魚，要我與大自然接觸，忘記阿根廷的事，我有眾多關心我的好友真幸福，要感恩。

寶雲陪我回花蓮看四叔，與堂兄弟一起祭掃祖先和父親之墓。弔祭後老友王東乾兄接我去住美琪飯店安慰我，晚上陪我到七星潭海灘散步。他說可準備二百萬台幣應急和支持我，阿根廷絕對會轉好不必煩惱，我真太感動了，這麼多的朋友伸出援手為我解難，讓我永生難忘。

我突然聽到新加坡好友黃瑞吉癌症往生，台聯公司賴國材先生心肌梗塞，台南王子戲院王梅明兄過世了。他們都未超過六十歲，都是我事業上最親密的朋友，諸事無常，越想越恐懼，更加睡不著。耀輝醫師馬上安排我到三軍總醫院檢查，拜託他的同學，精神科主任為我診斷。然而，我服用醫院開的安眠藥和興奮劑後，卻更加造成反效果。

每晚眼睜睜，頭腦老是想著阿根廷戰爭所帶來的禍害，諸如地產貶值、餐廳關門、電影院停業、電視賣不出去、聯美大廈火燒、屋頂排水溝阻塞、大樓地下室淹水、親戚眾叛親離、解職阿員工求償、美國孩子嗷嗷待哺、錢從那來？……胡思亂想了兩個禮拜還未見好轉。

李董事長邀請達林公司股東為我接風加油，在他天母別墅辦桌歡宴，我害怕丟臉再三說不能參加宴會，李董說帖子都發了收不回一定

要去。

　　解不開的難題與壓力越想越不安，我住的公寓在五樓，窗太高，寶雲細心看護不易上窗跳下，頂樓十二層可通到水塔是平台，跨過圍牆，一躍即可跳下樓，萬事就可解決了。

　　一九八二年四月七日清晨六點鐘，當寶雲熟睡時我起身解尿，乘機逃出上樓，走到十二樓，門鎖住打不開，也許是命不該絕，只好放棄此念下樓回去。我回床躺下，再想其他方法來解脫。姨媽說早上九點要來看我更加心慌，想起衛浴間鏡台下有一把剃頭刀，就在八點半衝入衛浴間，把門鎖緊，拿起剃頭刀往頸子用力的刮，寶雲發現我行為怪異，趕快敲門大叫，寶雲、仁壽用力踏腳衝開浴門，看到我手拿剃頭刀，滿身是血。寶雲把我抱住大叫大哭，仁壽搶走剃頭刀，趕快合力把我抬出到電梯，叫計程車急送天祐外科急救。所幸剃頭刀不夠鋒利，沒傷到喉部，僅是刮傷頸子外皮，縫了十幾針，身體並無大礙，住了兩天後出院。

　　二哥曾耀輝決定安排我轉到三軍總醫院住院治療，但我很不願意去，曾醫師、寶雲、岳母再三勸我，強迫我上曾醫生的私家車，我不得不服從上車。寶雲陪我上車，緊拉住我的右手，當車急速行駛在羅斯福路快車道開往三總時，我望著車窗外看反向有多部汽車對開急駛，我不由自主想打開車門衝往對向車道，讓身體與對方車輛對撞，一切痛苦的人生就可解決，正想要用左手抽上車窗安全栓時，被寶雲發現，緊急把我抱住，大喊：「想幹什麼傻事？別亂動！」也驚動了曾醫師與岳母，曾二哥說：「請再忍耐一下，馬上就到醫院！」

　　我的腦筋一片空白，想要鑽出牛角尖，理智全失去了，這是最危險，重要關鍵的一刻，為什麼那麼傻？我已是嚴重憂鬱症患者，症狀太嚴重、太可怕，心念若失智，變成千古恨，這突然來的殘酷的打擊，令我神智不清。

常人當神經病來醫

　　我們到達三軍總醫院馬上到精神科，主治醫師正在等候我們。曾醫師與主治醫師交談後，決定要我住院，暫時在醫院等候，因為到下

午五點鐘才有病房，我與寶雲還不知道是要進入隔離管制的二十號精神病房。

　　寶雲從清晨陪我出門到醫院，中午沒吃午餐，下午仁壽陪岳母把我要住院的衣物帶來，再送岳母回家。等下午五點後，護士來帶我們走去二十號的走廊，大門深鎖，有人站崗，不知是什麼地方。寶雲問護士，她說這裡是精神患者特別病房。入口前有管理人員開門出來接我，不讓寶雲進去，寶雲捉緊我的手，她對管理人員說：「他是我的丈夫，需要我照顧，不能離開我。」護士說：「裡面有看護會照顧，請妳放心。」寶雲堅持要自己看護，僵在門口，最後管理人打電話連絡主治醫師，院方勉強同意讓寶雲一起進去。

　　我們通過精神病房大堂，有很多精神病患者，分男生與女生兩部分，我們走入男生病房，有很多男患者走來走去，有人呆著看窗外，喃喃自語，有的哈哈大笑，有些人唱歌，還有人跳舞亂叫，寶雲看了怵目驚心，那是她從未見過的場面。管理人員領我們進入病房，剛進門時，有患者狂叫：「心愛的，我等你很久了，您終於來了！」看護馬上說：「我不是，她在外面，我帶你去見她。」把他拉了出去。

　　我覺得莫名其妙，為什麼把我當神經病人醫治？寶雲看到全部都是瘋子，又是男生，她更加緊張，寶雲說：「可能醫師搞錯了，高先生是憂鬱症，不是神經病，我們要退院！」管理員說要等明天主治醫師來，允准才可離開出院。那時才六點，寶雲很怕那些神經病患突然又有人大哭喊著媽媽，大叫特叫，寶雲幾天來沒睡又加上恐慌緊張，肚子又餓，體力已快支持不住。

　　侄女純靜託仁壽買便當給寶雲，他找不到精神病房，東問西查才找到病房。他將買來的兩袋塑膠袋裝炒麵交給管理員再送到寶雲的手，熱又燙，且沒有筷子和碗，不知用什麼方法吃。寶雲問我餓不餓，我搖頭，她在病房也借不到筷子與碗，「算了！」寶雲說：「我不吃。」病房沒有椅子，寶雲只能半坐床邊。看護來量血壓並送藥來，寶雲去拿盛開水，拿藥給我吃。

　　管理員來告知十點要關門，女生不可在病房，她只好退出到餐廳等候。餐室只有不鏽鋼做的冷長椅，不好坐，天氣又冷，就像被打入地牢受刑。微弱的燈光，夜深深，風蕭蕭，真恐怖，又擔心我在病

房裡，會不會有意外？肚子又餓又冷，欲哭無淚，只好在心中默念：
「南無觀世音菩薩，救苦救難……」寶雲太累不知不覺地睡著了，突
然夢見敲鑼打鼓，吹長簫、喇叭的聲音，我岳父、大舅帶來天兵、天
將要保護我，叫寶雲安心，她突然驚醒過來。

　　她內心知道有救了，忍耐等到早上八時，主治醫師來了，看了
病歷，聽我心跳聲，按我手脈，與我對話，然後叫寶雲再去問話，看
我情況還不嚴重，准我們出院，寶雲破涕為笑，趕快收拾行裝打包回
家。我們就像從地獄走了一趟，這一次最緊張恐怖的一夜讓寶雲受盡
了煎熬，這一段最難忘的往事是我人生受苦受難最重要的一課。

㉙ 重新再出發

貴人出現重生

　　由三軍總醫院出院後，經連絡姪女純靜與先生石磊來接我們去住他家，在郊區比較安靜。曾醫師再介紹剛留美進修回來的康和醫院林文隆醫師，他是精神科權威，開了一種新藥妥富腦及配合其他藥劑。我吃藥後第一次進入熟睡狀態，醒來感到心情完全不一樣，不再悲觀想事情，開始想吃飯，繼續再服一樣藥劑，效果非常好，每日都有進步，白天也可睡，中午吃過飯再睡，略為休養後再睡。早上寶雲姪女純靜夫婦，常陪我們爬小山走路做運動，親戚朋友不斷來慰問和鼓勵，在林醫師悉心醫治下，一個多月就恢復正常，每天都可以平靜的入睡。

　　憂鬱症的患者常走不出牛角尖，把事情越想越黑暗，像掉入漩渦深坑，越轉越迷惘，不知所措，心急害怕不安，無法安靜休息入睡。心越急越恐慌，只想擺脫深淵痛苦的漩渦，日以繼夜，惡性循環，太可怕。

　　可以走出牛角尖，太幸運，感謝二哥曾醫師用心找到好醫生，寶雲用生命來保護照顧我，眾多親朋好友關心我、愛我，才能救回了我這條命，林醫師交代我要休養半年，藥不可斷，要繼續吃二年。

　　我在台灣休養了兩個多月後，回美國靜養四個月，身心已正常，決定趕快回阿根廷，重整旗鼓，浴火重生，奮力再起。

回美靜養儲精蓄銳

　　一九八二年五月七日我回到美國加州與孩子們團聚並養病休息，寶雲按時悉心供藥。上午去美國政府為新移民辦的英語補習班上課，

設備和師資都很好而且免費，結交了不少有愛心的異國朋友，下午運動和游泳並按時服藥。美國公民的福利相當不錯，不愧是第一流的國家。

之前老大永興，老二永隆高中畢業典禮，我不在美國無法參加，由寶雲岳母參加。這次老三永昌高中，小女佳莉初中同年畢業，我第一次有時間參加孩子的畢業典禮，非常高興。永昌申請加大沒消息很失望，我知道他愛戲劇，鼓勵他去州立富爾頓大學讀戲劇系，我陪了他看學校，規模大，設備新，他很喜歡這個學校，立刻就申請獲准入學就讀。大學畢業後跟我進入電影界學習，工作認真。之後，創立全球性公司──夢幻娛樂公司Mirage Entertainment，Inc.，發展影視遊樂園硬體設備，企劃、製作各種創意表演節目。

我的精神慢慢恢復中，寶雲大姨媽由台灣要去波士頓看他兒子連三郎，路過加州來看我，關心我的恢復情況，也邀岳母一起陪她去波士頓度假。

耀輝二哥雙胞胎兒子也送到加州寄讀華人區學店，環境不好，生活不習慣很頭痛，找我商量，因他是我救命恩人，我馬上邀他的兩個兒子來住我家，轉學到我孩子讀的Canyon高中就讀，可就近照顧。二哥很高興，結拜老六秋義也送他女兒與兒子來寄宿就學，家裡增加五個孩子，都是在美求學，我家有五間房間，兩個大客廳及大遊樂間，也夠空間住，讀書環境很好，兩位兄弟很安心又滿意。

我家孩子從小寶雲就嚴加管教，提早自立訓練做家事，燒飯做菜樣樣會，正好我們在家，再調整他們的身心，加強訓練和學習管理家務。九個孩子在一起生活起居上下學，作功課之責任交給大哥永興掌管，永隆、永昌、佳莉助理，妹妹記帳，哥哥買菜做飯，三個兄弟輪班。我們回阿後，永興大哥管理得井井有序，五個孩子也很聽話配合，學校功課順利，成績都不錯。兩位結拜兄弟都很高興滿意，他們也補貼該支付的生活費，夠九個孩子的開銷，讓我減輕了不少負擔，我與寶雲很感恩，孝順的兒女是我背後的精神支柱。

我因憂鬱症藥吃太多，運動過於劇烈，以致又患疝氣，許文隆醫師帶我去醫院訂買配吊帶，有了吊帶在身體比較好些。趙石溪立委是我在台的法律顧問，他去華府看兒子趙宇，回程到洛杉磯家來探訪我

們，很感謝這位老人家關心，像父輩照顧保護我。

國祥與寶卿妹全家也移民來美國，暫時住在我家，他們是在五個孩子寄居求學之前來到美國，我建議在洛杉磯發展，寶卿有位同學在德州休士頓市，一直鼓勵他們去德州發展，因為德州正開發石油熱潮中，後來他們決定遷去德州休士頓市申辦美國居留。國祥是我高工同學又是連襟，跟我去阿根廷全家移民，與我二位妻舅合開台灣飯店，五年內賺了三棟房子。他真好運氣，為了孩子學業和前途，放棄阿根廷移民美國是對的。

努力學佛皈依三寶

我在台灣曾求見佛光山星雲法師開示，他說：「心有罣礙應全部放下，前腳放下後腳才能向前走，要放下，一切皆空。」這一句金言玉語，我牢牢記在心裡，帶回星雲大師兩本著作，有關佛教入門之書，努力研讀佛陀說。萬法脫離不了自然法則，輪迴不斷，要解脫要知修行，三法印：諸事無常、諸法無我、涅槃寂靜；要除三苦：貪、瞋、痴；萬物是四大合成，地、水、風、火，因緣組成，因緣散就熄散，一切皆空，色不異空，空不異色，受想行識，亦復如是。

修行學佛、努力潛修，看了不少佛教書籍，書有未曾經我讀，事無不可對人言。在娑婆世界裡，良言一句三冬暖，惡語傷人六月寒。要寫文章時，才知書文讀的太少，佛經學說，浩瀚難懂，需努力學習。

李克竣董事長夫人是虔誠佛教徒，曾介紹台灣勝能法師來加州，找老二永隆陪同協助找地設寺。後來在Monterey Park，順利找到適當地點與房地建立了勝能寺。勝能法師的師父是白聖僧王，開寺時專程來加州主持開寺弘法，我們全家與岳母都參加典禮，求見白聖僧王。我們照約定時間，開車到達勝能寺，在庭院前停車瞬間，大家都嗅到一陣清香芬芳撲鼻，類似玉蘭、桂花香味，我們感到心情愉快。進入寺內，勝能法師出來迎接我們，岳母趕快請教法師香味何來，勝能法師說：「你們有福報佛緣，才能嗅到香味，是有佛緣的感應。有佛緣要歸三寶，自有福報心靈。」我問勝能師父歸三寶，可否拜僧王為師父，他點了頭，引進我們參見白聖僧王。勝能向師父請示，師父很高

興歡迎我們，收我與寶雲、岳母為子弟，我們馬上跪下叩禮三拜白聖僧王為師父，由師父監誓，皈依三寶受禮授證，因緣來臨心自歸佛，從此成為佛陀的弟子。

重整阿根廷旗鼓

我離開阿根廷已超過半年，所有生意暫時關閉停業。寶雲的二姊寶仙在餐廳廚房被滾油燙傷很嚴重，金木的太太二嫂也生病開了刀，驗出子宮癌第三期，我得知後，決定與寶雲和岳母趕回阿根廷處理。回阿後看到金木兄與二嫂愁容滿面，她說要回去台灣，不願死在異鄉，寶雲岳母淚流滿臉，商量結論由金木兄陪她回台，醫治半年後往生。

八二年運氣不順流年不利，老兵不死，還要重回戰場。首先將聯美大廈清理，重新裝修改為撞球間，與工廠合作，由他們提供台桌及圓球分帳。因附近很多學校有學生客源，一生意開始不錯，但學生會偷球很麻煩，寶雲要到現場去盯人看管真累，只為了賺小錢，還要補貼付稅開支。美麗華餐廳重新開幕，電影交給猶太公司代理，慢慢整理把進口存貨便宜批出，等候局勢轉變景氣恢復，再把房子處理掉。

當初離開傷心地時，僑界議論紛紛說我破產不會再回來，有的說我有情有義，會重新站起來，黃主任知道我回阿根廷很高興，設宴邀請很多理事作陪為我洗塵，慶祝重生。接著馬上是雙十國慶，又要忙於僑聯會召開，籌備僑社辦活動慶祝節目。十二月僑聯會改選，我想退出，全體理事會員不贊成，因會館建到一半，任務未完成，黃主任一再鼓勵，要我繼續領導努力奮鬥把會館建立完成，把南美洲華僑懇親會召開成功。僑聯會選舉後我還是以最高票當選連任自由華僑聯合會理事長。華僑聯合會理事們同心協力籌建會館，內人一再鼓勵幫助我重建自己的事業，從什麼地方跌倒，再從什麼地方站起來。

會館落成開懇親會

我於一九八〇年能就任僑聯會理事長，最主要是台灣北部與有我關係的移民團隊和南部美濃黃錦祥客家移民的團隊一家親，都是阿根

廷華僑團隊支持的力量。我也要盡我的力量，把僑社建立為僑民服務
中心，樹立健全制度，發願建立會館和中文學校，每月召開理事會，
我在任四年又三個月除出國外，開會沒有停過。秘書長王茂泉教授是
一位認真有實力，願意奉獻熱心的僑社人士，協助我辦僑社籌開理事
會及各項準備工作，協助楊鎔鑑兄辦中文班，替我做很多準備工作。
我當理事長三年期間內，每年到機場接送自台來阿訪問考察的團體、
親戚朋友不勝其數。

　　僑聯會會館落成時，我想順便召開南美洲僑團懇親大會。僑委
會曾經在十多年前委託秘魯李金球委員出面到南美洲各國跑了幾次，
也來過阿根廷與我見面，談論要籌組南美洲華僑懇親會事宜都未能組
成，毛委員長、林再藩處長鼓勵我負責籌辦，我為此去巴拉圭、烏拉
圭、智利、秘魯、巴西、玻利維亞、厄瓜多爾、巴拿馬等地拜訪各僑
團，親自邀請僑領來參加會館落成及第一屆南美洲僑團懇親大會，在
僑委會毛委員長、林處長大力支持下才能籌組成功。毛委員長親自出
馬來阿參加，林再藩處長及林宴文秘書長邀請美國僑領黃金泉、墨西
哥僑領盧協祖委員來阿參加。會館完成半年前我與王茂泉秘書長開始
策劃，先組大會籌備會，分議事組、接待組、餐宴組、旅遊組、連絡
組、服務組，發動全僑團動員，出錢出力，徵召中文班高級班學生協
助，提前準備。

　　一九八三年四日三十日僑聯會會館落成，南美洲各國華僑來了十
一個國家，僑團二百五十多人，超出原估人數。我們準備了十幾部車
分批接機。首先到達是智利華僑代表團，林進發理事長、賴滌生副理
事長率領二十多人，巴西由錢塘江團長及僑委會廖俊明秘書率領三十
幾位，巴拉圭陳雄才率領來的最多有五十多人，其他國家代表也陸續
抵達。

　　僑委會毛委員長、林處長、林宴文秘書長、洛杉磯黃金泉、墨西
哥盧勝祖委員一起到達。我與黃主任親自到機場接機，毛委員長下機
後，看到我們很高興，乘坐了三十六個鐘頭長途飛行，看到阿根廷的
大草原、牛群，地大物博，意外有好感。天邊海角也有華僑，中國人
真是偉大的民族。

　　報到約二百五十多人，台灣駐阿商務處黃代表在吉慶樓舉辦歡迎晚宴。第二天我與毛委員長、黃代表及各團長一起主持會館開幕落成典禮一起剪綵，請毛委員長代命名為「三民文化中心」，參加僑胞與來賓超過千人。下午南美懇親大會正式召開，我先上台致開幕詞後，毛委員長在歡迎會祝詞，盛讚阿根廷華僑熱心支持祖國愛國，更欽佩高理事長領導阿根廷華僑聯合會，出錢、出力，辛苦募款建立會館，籌組成立第一屆南美洲華僑懇親大會。看到南美洲來了十一國華僑團體，聚集一堂，團結、愛鄉、愛國的精神令人感動。

　　大會議程順利進行，各地區的代表分別發表僑情報告，兩天議程圓滿閉幕，阿僑聯會與巴拉圭華僑會館簽訂姊妹會。翌日，僑委會在機場俱樂部招待參加懇親大會人員，舉辦烤肉大會。大會安排參觀最著名銀河TIGULE河邊別墅遊樂區及LA PLATA史前博物館，招待四天三夜。惜別晚會上，大家合唱〈黃昏的故鄉〉，熱淚盈眶，愛國心與思鄉的心情溢於言表，大會成功圓滿結束。南美洲來參加僑團均表滿意，僑委會毛委員長最高興，阿根廷華僑竟能主辦夠水準的洲際會議，懇親大會大成功。會後，僑委會毛委員長特別頒發獎狀給我，表揚我是熱心服務的優良僑領。我有機會能為華僑服務，感到無限的光榮。

1984年阿廷華僑聯合會會館落成典禮巴西華僑館副理事長錢塘江致賀，二年後不幸被台獨分子殺害

 Estancia

為慶祝阿根廷自由華僑聯合會會館落成及第一屆南美洲華僑懇親會，僑委會毛委員長及各地代表在牛羊排館聚餐合照

㉚
回國參加國慶

國慶獲選僑團總團長

　　一九八三年九月底，我由阿回台參加國慶典禮。歸國僑團超過二萬多人，僑委會安排僑團參加大會慶典，分批到中南部參觀湖口裝甲基地、墾丁公園、高雄港埠、左營海軍基地，準備專車接送，招待僑團膳宿三天，規模浩大，每人送國旗、帽子、紀念禮品。

　　我被選為歸國僑胞主席團總團長，與國慶僑胞主席團二十人到總統府參加中樞慶典，由蔣經國總統主持國慶典禮，十點到總統府廣場主席台兩旁看台。慶祝國慶閱兵大會上有海陸空各軍種、女軍官行列

僑委會安排華僑代表拜訪何應欽將軍合照留念

式，大炮、飛彈、武器、戰車車隊通過主席台，F-86噴射機於空中飛向主席台上空致敬，噴出七色繽紛彩帶，熱鬧非凡。下午在國賓館辦國宴，招待文武百官、歸國僑胞主席團等人。

代表僑胞與總司令閱兵

第一批僑團分乘八十五部遊覽車，到湖口裝甲基地參觀戰車檢閱大會。司令台有三人，中間陸軍總司令宋心濂，左邊是毛委員長，右邊站的是我，代表僑胞身分。

當日天氣晴朗，裝甲基地小丘陵上檢閱開始，大隊長站在戰車上，持旗通過司令台舉手致敬。戰車在後面緩緩開過司令台，有不同型戰車，約有一百五十輛，花了七十五分鐘走完。我既緊張又興奮，能代表海外僑胞站在司令台閱兵，是多麼光榮的感覺！

第二天十一點半出發，抵達恒春墾丁公園時已近黃昏，我們住入五星飯店。第三天上午遊覽台大實驗林公園，下午到美麗海灘。我打

慶祝國慶僑委會招待華僑代表遊覽墾丁國家公園時，拜訪林中志董事長合影

電話給林中志兄，他是資助我成立中興影業公司的恩人，已退休在墾丁成立騎馬俱樂部，每天把養馬、騎馬當作運動。林中志兄接到我的電話非常高興，說在電視上看到我接受訪問，正想上台北找我。他前來看我與寶雲，我們談得很愉快，又邀請我們共進午餐，可惜我排不出時間，只好擇期再約，盡歡而別。

離台前我去看恩人王志遠兄，他已改行做成衣工廠，外銷日本生意很好。我向他再三感謝，我出道時身無分文，剛開始做生意時，他無條件借我三張空白支票起家，此恩此情，沒齒難忘，他說這完全是我自己的努力。他告訴我涂良材兄因工作過勞，四十多歲就腦溢血往生，他沒有福氣，真可惜！

團長代表僑胞致謝詞

第四天去高雄市，僑團十一點到達高雄火車站廣場，高雄市長及議長、各界代表列隊歡迎，上台致歡迎詞。毛委員長上台鼓勵華僑加強海內外大團結，我代表僑團上台致謝詞，稱讚台灣各項建設進步，經濟突飛猛進，外匯存底屢破紀錄，人民生活水準改善，政府努力關心海外僑胞，歡迎歸國僑胞，使僑胞回到自己的家鄉感到溫暖。我代表全體歸僑向中華民國政府與台灣各界同胞致十二萬分的感謝。中午接受午宴。

參觀左營海軍基地

下午去左營參觀海軍左營基地。軍港碼頭停七艘艦艇，海軍健兒列隊演奏軍樂歡迎僑團，僑胞興高采烈參觀軍艦、炮艇、潛水艇。高雄市高樓大廈林立，碼頭貨櫃如山，船隻在港內排隊，出入繁忙。高雄港出口貨物數量和噸數居世界第二位，創造台灣經濟奇績。為接待回國僑胞，政府主辦人員真是用心良苦。

巴西僑務秘書被刺

第一批中南部旅遊僑團於高雄參觀結束後，乘火車回台北。到了台北突接僑委會林再藩處長有急事要我到辦公室，告知我國駐巴西僑務秘書廖俊明先生被台獨恐怖分子射殺慘死，毛委員長要委任我代表僑委會到巴西處理治喪事宜，並代安撫廖俊明家族。第二天我又匆匆飛回阿根廷後再轉往巴西。

廖俊明先生半年前曾來阿參加會館落成典禮，他在巴西僑社服務，工作認真，為人誠懇熱心，在阿開會時交談印象良深。廖先生是公務人員，服務僑社，與台獨政治何干，有何不共戴天之仇，台獨濫殺無辜，天理不容，令我心情悲戚無奈，為廖先生的犧牲嘆氣。人生苦短，諸事無常。

刺殺第二名單錢塘江

我到了聖保羅，顏代表與中華會館副理事長錢塘江先生來接機，心情沉重悲傷，接我到酒店，顏代表請我晚餐。錢兄告訴我後天要舉行告別式，明天帶我去廖家慰問，並告訴我台獨恐怖分子恐嚇他，在六個月內的第二名單就是錢塘江，我嚇了一跳，真有可能嗎？他問我可否幫他申請阿移民，我說：「沒問題，沒問題！歡迎來阿根廷一起發展！」

錢太太是台灣名人林本源後代，名林腰。錢兄在台灣是中華日報記者，退休後來巴西移民，熱心公益為僑民服務。他去阿根廷參加南美洲華僑懇親會，是巴西代表團長，也是我好友中華日報記者劉一民的同事。我們一見如故，對他很有好感，他對人客氣紳士，令人印象非常深刻。

代表政府公祭廖俊明

第二天顏代表、錢副理事長和好友李元福兄陪我去廖家慰問，我代表毛委員長專程來弔喪，祭拜廖俊明先生並慰問廖夫人與家族。全家族都穿黑色喪服，大家痛苦悲傷，自己同胞殘殺自己太無人性，大家都表示譴責、悲恨與同情。

翌日，上午九點開始在華僑天主堂舉辦告別式，駐巴西商務處顏代表、巴西各單位人員、僑社團體、巴西友人三百多人參加告別儀式。家祭後是公祭，我排在第一位代表政府致祭上香弔祭，顏代表陸續上香，約二個小時完成告別儀式。下午搭機回阿根廷，達成僑委會交給我的任務。

不幸應驗錢又遇害

沒想到六月後，台獨恐嚇應驗，錢塘江先生不幸遇害，我實在沒法相信去接受這個事實！兩位紳士突然消失，家庭妻兒悲慘可憐，移民的生命財產沒保障！

幾年過後，聽說台獨恐怖分子在巴拉圭橋頭被巴西人射殺，遭連開六槍慘死，警方查不出誰是兇手，始終無法破案。天理昭昭，因果分明，殺人者終歸會被殺。

③1 駐阿根廷黃主任調職

駐阿主任黃文海調職

我駐阿商務處主任黃文海先生，在阿服務已有九年，他做事認真，對僑胞很熱心，籌建會館盡了不少力量，僑胞很尊敬他，約我到阿總統府的五月廣場見面。他告訴我，他快到退休年齡，外交部要他下月回台，感謝多年支持配合，把會館建設完成。下月來阿接任的是徐斌先生，這位仁兄脾氣不好，要小心應付。我聽到這個消息後，心裡很難過又捨不得他離開。徐斌是我國奧林匹克委員會秘書長，我在台北曾聽過他，當過大學教授，很自傲又有官僚習氣，我心裡有數。

▌駐阿根廷商務處主任黃文海調職送別會上代表致詞並贈送紀念品

我們僑聯理事會為黃主任舉辦一場盛大歡送會，來參加僑胞有幾百人。我上台代表全阿華僑，向黃主任感謝並致贈紀念品，他為國為華僑努力服務，對僑界貢獻良多。黃主任上台致謝，多位僑胞上台，稱讚黃主任愛國愛僑，他要離開阿根廷僑胞都依依不捨，黃主任是一位優秀的父母官。

迎接移民難民貴賓

台灣埔里高樂戲院蕭尋原女兒——蕭秀玉的丈夫盧順興，在台中市經營汽車買賣，大哥盧光明、老三盧順從經營製鞋機械工廠，三兄弟合作無間，父親是虔誠的基督教徒，教子有方。雙親子女透過陳敏聰兄介紹，申請來阿投資移民飛阿報到，我親自接機陪他們找房子、辦居留等各項手續，他很感激。

盧順興介紹台中市前國大代表何宗龍先生，台灣生意失敗來阿當難民求我幫忙申請居留，我同情他在海外無依無靠，又無居住地方暫安頓住在聯美大廈，親自帶他見移民局長，很幸運，局長特准在阿居留，他住了將近一年不辭而別。後來，他在智利的弟弟何宗福兄告訴我，他在中國上海。一九八七年我到上海，他來看我，表示感激幫助他有阿居留證件才能到中國。他是台中市名人，之前做化裝品意文面霜，暢銷全台，賺了很多錢，還有南夜舞廳大飯店，當選國代，風光一時，不久在上海患癌症已過世了。人的命運，變化無常，落泊他國，客死異鄉，真可憐。

美國來了二位貴賓蕭圳根及蕭家勇父子，幫我爭取到籌建阿根廷華僑會館基金，新台幣壹佰萬元捐款。他們要了解阿根廷金融匯兌情況，我介紹訪問日本大城先生給他了解阿根廷金融與貿易的情況。蕭先生在美做房地產餐館生意，為人慷慨熱情，我們相交三十年。蕭老先生已往生，享年八十六歲。

成立統一大同盟阿分會

僑區立委李繼淵老先生每年都來南美巡迴考察僑情，黃主任請他

吃飯要我作陪，他最喜歡吃雞胸肉，稱讚我是阿根廷移民救星。

僑社成立世界反共統一大同盟阿根廷分會，選五名委員，黃文海、楊鎔鑑、王茂泉、巫鈞貴等人推我為主席，每月辦活動。中南美洲大同盟第一屆聯誼會在巴拿馬召開，分會由我帶隊，與楊鎔鑑、王茂泉、巫鈞貴兄共四位去參加開會，會期四天，有十五個地區參加超過三百人。歡迎宴會上巴拿馬僑領主席陳奉天先生、毛委員長、南美洲監察委員、劉華權等人參加，國民黨代表王能章兄也出席，第二天大會開幕討論議題，第三天下午大會閉幕。

最後一天參觀巴拿馬運河，巨大貨櫃輪過運河要排隊，寬度很狹窄，讓人緊張萬分，就像陸上行舟。想當年開鑿運河工程浩大，百聞不如一見，增加很多見識。遊巴拿馬City，認識了不少中南美洲僑領。

毛委員長六月中要退休，他是一位學問道德涵養高深的長者，我們聽了很不捨。五月二十日蔣經國總統第七任總統就職邀我參加，我非常感激，毛委員長對我特別照顧與重視。

接到遴選立委報名表

參加大同盟在巴拿馬開會前，黃主任交給我僑選增額立委遴選報名調查表，告訴我：「中南美洲只有僑選立監委名額各一名，阿根廷華僑有資格候選者有兩位，吾兄與楊鎔鑑兄。這一屆該輪到阿根廷、巴西地區，老兄趕快填表，您很有機會。」

我是新僑，太資淺，又無大學學歷，楊先生是大學畢業又當過二屆僑聯會理事長，該禮讓給老前輩楊先生，我再三考慮後，遲遲不送出報名表。巴拿馬開會期間，各地區僑領紛紛推測中南美洲增額立委應該是阿根廷地區高仁河呼聲最高，我向黃主任說明，我還年輕決定不參加遴選，黃主任表示可惜。

最後是巴西地區簡漢生入選，他在巴西僑齡很資淺，剛被聘擔任巴西中華會館秘書長，他是美國普渡大學博士入選，後來阿拜訪過僑聯會，他能入選立委僑界跌破眼鏡，他立委連任一屆後轉任黨部海工會副主任，再升任北市黨部主委、中央黨部副秘事長、中廣董事長等職，現任世華救國總會理事長。

參見駐巴王昇大使

我回阿再去Rio（里約）交涉前去買巴西片遭禁映，若有合約證明拷貝寄回巴西，片商應退還訂金，巴西片商不守信用，不退訂金，只好委託里約的華僑劉偉麟先生，代請律師催討後再飛聖保羅，探望廖俊明家族也順便拜訪錢塘江兄。

之後去巴拉圭訪問僑社，巴拉圭中華會館理事長陳雄才、沈立國兄、「南美天地新聞」社長胡桐兄、藍智民參事接機，為我洗塵。拜訪我國駐巴王昇大使與夫人，他們在官邸請我吃早餐，再與「南美天地新聞」胡桐兄談妥合作，在阿辦報設立「南疆新聞」，胡桐推介名報人卜少夫先生擔任《南疆新聞》發行人。

招待駐烏大使夏功權

我國駐烏拉圭大使夏功權先生來訪阿僑聯會，設宴招待為黃主任送行。夏大使很高興，盛讚我愛國，熱心僑社，黃主任在阿服務，愛國愛僑，辦得盡善盡美。我們談得很愉快，他的風度翩翩令人印象深刻。後來高升為駐美大使，同行秘書莊瑞光駐巴拉圭使館參事。外交部在南美洲當外交官如藍智民兄、陳顯祥兄、王漢生兄，他們退休有的回台，有的在海外都成為好友。他們很多與我一樣，是華僑總會的會員，開會常常見面，真如兄弟之感覺。

㉜ 參加第七任總統就職

開會華商會接大同盟

一九八四年四月十五日世界華商會議在台舉行，台成立世界反共聯盟會大會，我出席後招待住入圓山大飯店。華商與台灣工商界代表共有八百多人參加，智利代表賴潹生兄與我同住圓山飯店，參加華商會議、大同盟大會和第七任總統就職典禮。華商會議在新開幕的環亞大飯店召開，由菲律賓僑領鄭周敏投資，建築美輪美奐，設備新穎，是台灣最高級飯店。

鄭周敏先生每天在樓下客廳與各國代表交談聊天，為人豪爽帶有江湖氣魄，從小家窮在工廠當小工，做事勤奮，商場臨機應變有魄力，運用技巧和機智，賭場轉敗為勝。他標到車站前空地地王，建立亞洲信託王國，與菲律賓馬可仕總統和艾奎諾參議員都有密切關係。艾奎諾參議員回菲競選總統前夜來台會晤，翌日回菲在機場被刺，是轟動世界的政治謀殺事件，馬可仕總統因此倒台。

鄭先生口若懸河，滔滔不絕，談天道北，印象良深，是僑界一位了不起的人物。

參加第七任總統就職

華商會議十八日閉幕，十九日參加世界大同盟大會。

五月二十日第七任總統就職典禮，華僑代表二十人代表，由毛委員長帶領進入總統府大禮堂參加就職大典，氣氛比國慶大典更隆重。蔣總統與李登輝副總統在國父遺像前宣誓就職，全國文武百官、民意代表及各國駐華大使、商務代表參加觀禮。我們僑團代表服裝整齊，精神緊張真感光榮，儀式約一個小時完成，每人有一份禮物精美紀念

冊。晚上參加國賓館國宴，看到國王、總統、世界政要領袖人物，舉杯敬酒，我有再上一層樓的感覺。

我拜訪立委卜少夫先生，他答應當南疆新聞發行人，設宴招待介紹傳記文學雜誌社社長劉紹唐陪我們喝酒；拜訪黎明公司，簽妥阿根廷地區代理權，可進口該公司書籍雜誌。

我與智利賴滌生兄每日一起開會，他是很有涵養的人，能作詞寫詩，熱情不減，將作品整理印好，送了我一本詩詞全冊，又請我去吃客家菜。真可惜，後來突然心肌梗塞病往生，享年八十二歲，他是我最懷念在海外結交的好朋友。

投資可申請辦移民

寶雲大姊阿素的女婿呂理堅，來阿投靠我們，申請阿的居留。我到移民局請教女科長，她告訴我可用投資移民申請，要買地、建工廠，有計劃書，可申請二十到三十戶，我決定尋這條路來走，可拿到二十戶移民配額。透過旅行社招攬二十戶移民配額，就有十萬元美金收入。申請一個半月後批准二十戶，我們賺了兩萬元美金。

我決定申請投資生力麵工廠，我們買到Sanicola市的農地，位於離首都二百二十公里的郊區，五公頃地要價二萬四千元美金，蓋了兩棟大廠房，做為經營生力麵工廠，並請妻舅陳金木負責管理，還有棟小別墅可住。

金木後來在市內買了房子，並開了間中國餐廳。二嫂在台癌症亡故後，朋友介紹了一位在台灣曾經營酒店的寡婦，岳母和我們都不贊成，金木堅持返台迎親。到阿後每日最少一瓶紅酒，金木後悔娶新娘來侍候，該女拿到居留證，半年不到離阿回台。不聽老人言，吃虧在眼前，賠了夫人又折兵。

癱瘓工廠像蟲蛀骨

經營工廠，要投資機器設備，景氣起伏不定，又找不到可靠的人，我只好等待。建工廠的工作不敢動手，因妻舅離去，怕農地被

侵佔，我又找不出人守護，每兩個月還要繳農地稅、衛生市稅、水
電費，真麻煩，後來就請了一位附近的警察，帶有家眷，免費讓他居
住，代我看管，我還要親自去付稅。

警察家眷反要請求付薪水，真是一件難解夢魘，我在這期間來
回跑了上百次往返之路，每次都需一整天，半夜夢中，就像蟲蛀骨。
想脫手售出又很難，因我常不在阿根廷，買家又找不到我，拖了十二
年之久，最後想捐給附近盲啞學校。我要回美時，好友盧光明兄送我
到機場，他知道此事馬上出兩萬元美金，他說要獻給教會，我一口答
應，解決了十二年的夢魘，我終於鬆了一口氣。

有朋自遠方來探訪

一九七七年，黃瑞吉兄介紹台灣克風邪藥廠老板鄭天地及河洛
歌仔戲的創辦人劉鍾元兩位先生在台北認識。他們想到阿根廷考察旅
行，出發時正巧遇我在美國忙接新Motel工作，他們路過洛杉磯時專
程來看我，還送每個孩子西華鋼筆，為人客氣多禮。到阿時我請廖國
祥代為接待，非常感激滿意。鄭先生有意到阿投資，回台密切連絡
中，突然腦溢血，中風亡故，我們無緣，真太可惜！

三十年後，我回台在國際獅子會擔任文化藝術委員會主席時，與
河洛歌仔戲的劉鍾元先生合作在台北市城市舞台公演台灣歌仔戲《竹
塹林占梅》，獲得不少掌聲。劉鍾元先生是河洛歌仔戲創辦人，耕耘
歌仔戲這項台灣文化已有五十年，演員楊麗花、高玉姍等知名小生、
小旦都是出自河洛歌仔戲團，他已七十八歲高齡，獨力支撐該團，希
望有心愛好台灣文化的青年人士出來傳承接棒。

幫助導演郭南宏來阿

郭南宏導演委託我辦阿移民，綠卡很快獲准。他正在香港忙拍武
俠片，他所拍的《少林寺十八銅人》在東南亞很賣座，我向他買韓國
地區版權，介紹日本Herald公司代發行日本地區。

　　由於《少林寺十八銅人》賣座非常成功，片商紛紛要求他執導武俠片，他連開武俠系列六部，無法抽身去阿根廷。綠卡期限快到，我到香港催告綠卡無法延期。他拍片超支，非常焦急，忙於調頭寸，我問他相差多少，他說欠二百萬元台幣，我又問他是否有未收帳款，他說星馬未交片版權費可收約三百萬元，但要等六個月。我考慮後請教星馬代理葉先生證實確有此事。我從建興公司調借二百萬元支援，他順利帶妻兒到阿報到，住了一個月拿到居留證件再飛返香港。

　　他非常感激我雪中送炭，當時二百萬元台幣可買台北的三層樓房子，數目相當大，沒任何的擔保抵押，是冒險之舉。我相信郭兄與我同是窮苦出身，我有能力應該幫助，這筆借款拖拉一年多才還清，真是有驚無險。

寶成蔡董事長來阿

　　盧順興在台中的朋友，寶成製造運動鞋廠董事長蔡其瑞先生來阿，我與順興去接機。他很樸素，穿自己製造的運動鞋下機，為人謙虛客氣。他想在阿採購大量牛皮，還計劃投資建廠，我帶他到各省看幾位重要省長，及考察牛皮產地與省長談建廠土地，研究投資環境。停留了兩週後，他看阿根廷不是很理想，告訴我中國大陸歡迎台灣設廠，投資有優惠，具備很好條件，他決定去大陸投資建廠，他說是否成敗未知？我贊成並鼓勵他去，我說一定會成功。果然二十多年後，寶成公司成為製造運動鞋工廠，世界第一大製鞋廠，中國、東南亞地區共有五十多間工廠，員工超過百萬人。

㉝ 軍政恐怖的社會

海角有臥虎藏龍

我回台參加蔣經國第七任總統就職典禮，拜訪卜少夫立委，他答應出任《南疆新聞》發行人，我立刻向僑委會申請出版刊物許可證，很快獲取核准交件。回阿開始物色辦報人員，設立辦公室，將美麗華餐廳地下室開出樓梯通大門。

我請了兩位台僑承包裝修工程，有人告訴我，其中一人似乎是在台灣承辦李師科銀行搶案失職的某位警官，潛逃來阿避難。據說他是留學德國的高級警官，外表看來文質彬彬，受環境變化，在海外做粗工受苦，能屈能伸真是讓人佩服。

孤女尋父未願父被殺

台灣報上刊登基隆有位孤女十七歲罹患癌症，只剩六個月生命，要找失去連絡的船員父親許志強，想要見最後一面，希望好心人士代為轉告。

許志強在阿根廷餐廳服務，我回阿後知道他住基隆，本想去問他卻沒連絡到，他女兒很遺憾沒有父親的消息，失望往生了。不知何故許志強不回台看女兒最後一面？據說他拐走了某老三年輕漂亮的太太，某老三與太太離了婚，傷心離開阿根廷。一年後的某日凌晨，許志強突然在住家被一持槍的阿根廷人強迫吞槍射殺，兇手不知何人至今未破案。有人說他曾跟阿根廷女人生了四名兒女，然後把她遺棄而遭報復，或還有其他原因沒人知道？移民夢碎，家破人亡。

綁票女童四綁匪被慘殺

　　一九八五年十月一日獲知阿僑民李勇的九歲女兒被綁票，阿警方很快查出，綁匪是大陸來的居民以廖冠棠為首的四個華人，他們正在室內打牌，武裝警察衝入室內即將四人全部就地槍殺，順利將女童救出，這是震撼阿根廷社會的大新聞。是否有通報在阿中國大使館？我們不得而知；其他三人中文叫什麼名字？警局無法奉告；何家孩子？不知道。在海外遇難被射殺連父母都不知道，橫死天涯真可憐！阿根廷軍政府不講人權，曾濫殺反政府百姓、教授、學生數萬人，手段殘酷真可怕，移民隨時都有生命危險。

探訪同學相繼來阿

　　我小學同學李志燊由台來阿探訪，住我家將近一個月，想來投資辦居留。他很聰明，口才好嘴又甘甜，曾當過導遊，人風流又倜儻。他告訴我他已離婚，新太太是女教師，親戚也在阿根廷，父親是牧師。原來是高清標兄太太的妹妹的先生的姊夫。他們還不知道他以前結過婚，他的風流韻事傳千里，最後他轉去美國移民。

　　埔里初中同學陳維中兄來阿根廷辦綠卡，為了三個孩子找出路來到阿根廷，住了兩個禮拜。我不贊成他把孩子送來阿根廷，因學校制度太鬆散，太自由，應該送去美國，他聽進了我的話，決定放棄阿根廷去美國，請我盡力協助他，後來他將三個孩子送到美國，我盡了不少力。長男讀成醫師，次男大學畢業回台在科技公司上班，兩個女兒都是柏克萊大學畢業。

莫逆知己越洋探友

　　我最好事業伙伴花蓮戲院老板王東乾兄，事業與友情有幾十年交往，可說是莫逆之交。他關心我在阿情形，專程來阿探訪順便旅遊，他有戲院與旅館業務繁忙，無法在阿久住，只住了一個禮拜。他說只

是要來阿根廷了解，看到我一切順利就OK，真讓人感動。我陪他遊覽觀光、吃牛排、喝咖啡、看探戈秀，他非常高興和滿意地返台。四海之內皆兄弟，真是一件難忘有意義之事。

埔里初中女同學洪瑟的大哥是住巴西聖保羅的華僑，我去巴西時李元福兄介紹過，他聽過洪瑟告訴他有同學在阿根廷。洪瑟來巴西看哥哥時順道到阿根廷旅遊拜訪我，巧好我回去台灣，只好請連襟廖國祥代為接待。真抱歉！萬里來訪客，我卻無法盡地主之誼。

怨枉熱心幫友要貼錢

台灣影界中央製片廠攝影某太太與朋友來阿根廷旅遊，正好我不在阿，由寶雲代接待。他們想申請移民拿阿綠卡，寶雲介紹劉日星兄帶他們去移民局申請試試看。約兩個月綠卡准下來，當然要花一些費用，劉兄要求費用美金一千元，託我代收綠卡費用；某太太突然改變主意，如要付錢她不要。真令人想不到！豈有此理？辦綠卡要代價是公開的秘密，莫名其妙的事竟然會發生。

34
南疆新聞在阿根廷誕生

海角《南疆新聞》誕生

　　我曾在夢中觀音顯示四個字《南疆新聞》，醒來後我決心為僑民辦一份中文報紙。不久，僑委會核准文件，有辦公室，我找來台灣兩位好友，陳常裕兄負責總管與編輯，陳昆榮兄負責書局與錄影帶出租。

　　台灣來了一位好友溫正看兄，他來南美洲考察想了解文具器材市場，跟我和陳常裕都是好友，住在陳家，每天陪陳兄來公司，籌備《南疆新聞》開辦工作，他隨陳兄到僑胞商店、住家拜訪，爭取廣告與訂戶，順便了解到阿根廷文化與首都僑民的生活情況。溫兄在台是文具器材的老板，為人謙虛客氣，跑到國外學習，陪陳常裕兄協助籌開《南疆新聞》約有一個月時間，留阿幫助我們，與胡桐合作在巴編印，當時阿還沒有中文印刷，只能與胡桐合作，我們籌備了一個多月。

結婚二十五週年南疆開張

　　一九八五年三月十三日正好是我與寶雲結婚二十五週年紀念日，在自己餐廳席開五桌，招待溫正看兄及籌備報社有關人員及母親、岳母、親戚等。

　　《南疆新聞》與書局正式對僑民推出，獲得駐阿商務處及僑民熱力支持，黨部每月有二百元美金補助金。開始訂戶和廣告不足，每月要虧貼美金貳千元，辦報開始會賠本，我早有心理準備。我們報紙推出後，開旅行社的解俊林兄也辦了手寫印刷的「阿根廷通信」，阿僑社變成兩份中文報刊，僑胞爭先搶訂。我們《南疆新聞》是鉛字印刷，與正規報紙一樣大，版面精美，訂戶與廣告漸漸增加，業務繁

忙，書局與錄影帶生意也步入軌道。陳常裕兄能編能寫，工作努力負責，我比較輕鬆，可以有時間整理我自己的事業。

訪問烏拉圭及智利

我與陳常裕為《南疆新聞》拓展發行業務，兩人一起乘船到烏拉圭首都蒙地美利澳，拜訪僑領黃國男先生，談妥烏拉圭《南疆新聞》代理之事。回阿後，再飛智利首都聖地牙哥，訪問台駐智利代表藍智民兄及僑社，好友何宗福、陳銀漢兄來接機。晚上僑社楊為生理事長席開兩桌招待我們，有藍代表、賴滌生、吳炳煌、陳銀漢、何宗福兄等人作陪。在海外異鄉，同胞之情真有溫馨之感。我來智利是要找代理《南疆新聞》報紙及談買賣影片，接洽陳銀漢兄要來阿建廠之事，順便要去了解智利東岸港口貿易免稅特區。

免稅貿易區Iquique港

智利免稅貿易特區尹基格（Iquique）港，臨靠太平洋，是智利西岸進出口大港與漁港，建在沙漠區域上，由首都聖地牙哥市乘巴士要兩個半鐘頭。

僑商李華兄來接待我們，他帶我們參觀免稅貿易特區及倉庫。華人有二十一家，每一倉庫有一百二十坪，現值美金貳萬元，內有展示中心，區內很多台灣製造及大陸的便宜產品。阿根廷市面上的貨品，大部分是由此進口再走私到阿根廷。

我們對免稅貿易尹基格特區已有概念，與李華兄談妥代理《南疆新聞》，圓滿結束智利之旅。

改選僑聯會理事長

阿根廷華僑聯合會第五屆理監事會任期於一九八三年十二月三十一日屆滿，因為大家忙於會館落成，舉辦南美洲華僑懇親會，將任期延長三個月，翌年元月底改選理監事。

▍與相交幾十年智利僑領賴漈生在Iquique港口合影

　　我任兩屆理事長，不得連選，黃主任還未離開阿根廷，對第六屆理事長人選非常關心，黨部方面是支持副理事長巫均貴兄，其他沒有任何理監事表態參選，商務處已改由賴勝豐先生負責僑務，也認為巫均貴先生非他莫屬，沒做選前運作。

　　投票日開票結果，跌破眾人眼鏡，由沒沒無名陳嘉卿勝巫均貴，當選新理事長，大家都覺得太意外。陳嘉卿在經營台北餐廳，甚少與僑界人士來往，是基督教徒，他在台灣長老教會暗中佈樁，早有準備。選前陳嘉卿認為我是支持巫均貴，反對他，心存不滿，唆使新到任商務處徐斌代表對我有許多誤解，而引起徐代表拒我入商務處，發生轟動僑界的新聞事件。

新任代表徐斌到任

　　一九八四年初新任駐阿主任徐斌到任約已三週，我由台灣返阿，駐阿商務處辦公室已遷移，我到新地址拜訪徐斌主任，我早有心裡準備。第一次見徐主任，我很客氣自我介紹：「僑聯會高理事長。」稱呼他徐主任，他立刻幫我糾正：「不是主任，我是大使階級，與黃文

海不同階級，阿根廷商務處已升級為代表處，應該叫我代表。」我真的領教他第一招下馬威，我致歉的說：「對不起，我不知道，應改稱徐代表，我回台灣無法迎接徐代表到任，請您原諒。」

他接著對我說：「過去黃主任辦公室像小小的貿易商，我到任後，馬上換新辦公室。黃主任過去怎麼搞？我現在只用美金三千多元可以租到辦公室又大又氣派，辦公費還有剩餘。」他把公家錢花到那裡去？我感覺也不太意外，他還理直氣壯地問我：「高理事長，聽說你連僑聯會會費都沒繳？」我對他說：「沒錯，會費美金十元，慣例在召開大會時再繳。」他說：「你們阿根廷華僑，不繳稅，不納糧，辦移民，真是七八糟。」我馬上阻止反駁他的言論，立刻說：「我請問徐代表，您來阿根廷幾天？有走出了僑界了解僑社的情況嗎？」他回答說：「我雖還沒走出去，我也知道，會有人來向我報告。」

代表自稱大使自大

他自我介紹是留西班牙的博士，是大使級，當過很多大學的教授，能畫國畫八駿圖，是美術專家，桃李滿天下，當過我國奧林匹克委員會秘書長，目中無人地炫耀自己。我們是第一次見面我非常的失望，我國政府為什麼會派出這種官僚，自大的人來當外交官？對他印象是非常的惡劣。

僑聯會新任陳嘉卿理事長就任後，尊稱他大使拍他的馬屁，他更得意。陳嘉卿掌控媒體，要求《南疆新聞》交給僑聯會辦，我不同意，他再要求徐代表出面，我拒絕，他很生氣我不給他面子，就壓扣僑委會給南疆新聞的補助款。

新人排斥僑會異己

陳嘉卿當選僑聯會理長當選後，大力拍徐代表馬屁，積極改變僑聯會結構，引教會派人員入會，改組中文學校，換校長與老師。前校長楊鎔鑑兄自己創辦中西雙語學校，華僑又多辦了一家中文補習班，變成互爭學生。

陳嘉卿上屆是僑聯會理事兼會計，我兼出納管現金。理事會任期結算時，他的帳面有結餘四百多元美金，我的結帳是沒有現金，已透支五十元。他堅持他的帳不會錯，我要求他拿傳票，我拿收據對帳，他不同意，他說他的帳是對的，拒絕承認我的帳，來我公司要錢四次，蠻不講理。最後我內人勸我寧可我們吃虧，不必與小人糾纏，我就付錢了事。

黨部策動某單位記者奪權

陳嘉卿選理事長時我沒支持他，為準備參選僑選立委加入國民黨阿支部，正要改選委員，他策動某單位記者出面要求我辭去中常委。《南疆新聞》不給僑聯會辦，他心存報復。

適逢謝隆盛國代率團來阿訪問，徐代表無法安排訪問阿國會，由我代帶團去拜訪國會與副總統，引起徐代表反感，拒我步入商務處。上屆僑聯會理事會通過，擬向僑聯會保荐上屆高理事長籌建會館，召開南美洲華僑懇親會有功，應予嘉獎鼓勵提案，聘我為阿根廷僑聯會名譽理事長。新理事會成立後，應將上屆理事會決議轉代表處報僑委會，他就藉機壓存不報，正好配合徐代表對我不滿之意。

我並不在乎是否有獎與名譽理事長頭銜，我內人說：「有花自然香。」僑委會毛委員長早已準備獎狀給我，又聘我為僑委會顧問，陳嘉卿更加嫉妒不支持《南疆新聞》，他辦一份僑訊對抗。僑社會分門別類，與巫均貴兄對立，造成紛爭，無法連任理事長，把機會送給客家鍾祥生兄。

③⑤ 遊歐走馬看花

參加影展首站英倫

我將《南疆新聞》交給陳常裕負責，才有時間去關心影片發行業務，請了台灣來的黃鴻隆兄、秘書李清貴重整影片發行的業務。

一九八五年五月四日我去參加坎城影展。先飛英國倫敦，到嘉禾機構簽妥李小龍主演《死亡遊戲》及成龍等片六部。倫敦好友戴國新兄請吃飯，又帶我去拜訪台灣駐英的房代表。他在外交部時曾與徐斌有過節，告訴我：「這位是神經質的代表，你要有心裡準備。」真是名不虛傳。

法國坎城影展遊巴黎

離英後我去法國參加坎城影展，競賽攤位就在海灘附近，報上常登坎城有上空美女、明星在海灘曝光，吸引記者注意，但當天陰雨，什麼人都看不到真失望。

我是第一次來法國參加影展，沒有朋友帶路有些吃力，因法國人不會講英文，我只好用西班牙語代替，我買了兩部西片。晚上我想去看有影星王妃葛麗絲凱莉的摩納哥（蒙地卡羅）世界賭城，結果大失所望，原來是小城堡的賭城，不如想像中的豪華，比起美國拉斯維加斯賭城規模差太多，建物古老又小，客人並不多。

坎城影展後去巴黎找越南來的片商郭育訓兄，他在巴黎有國片戲院兩家，是法國地區僑選立委，也是我多年好友。在越南西貢時，曾買我拍的影片《最後的裁判》與韓片，在海外能見面，倍加親切。他請我去看世界著名豪華Lido夜總會，看上空美女秀，票價美金七十元，令人大開眼界，再陪我看凡爾賽宮、巴黎鐵塔、凱旋門、博物館

等地，熱情招待真感謝。

難忘巴黎的紅燈區

　　我到法國最難忘的是巴黎紅燈區，世界最著名色情特別區域。離開巴黎前夜，晚餐後回酒店，我想去紅燈區看看，百聞不如一見，查問酒店服務生，他告訴我直接乘地下鐵可到。我按地圖指標搭地鐵，很快到紅燈區，有幾百家妓院、酒吧、咖啡廳，霓虹燈閃爍，滿街小巷都是粉紅、紫燈色，每家妓院門面百紫千紅，裝設優美，燈光陰暗。特別櫥窗可看到世界各國美女，有白人，金色、褐色的頭髮，有非洲黑女，印度、中東、中、日、韓、越等國美人，千嬌百媚，應有盡有；還有比女人更漂亮的泰國同志能歌善舞，歌舞昇平，生意興隆，觀光遊客很多。這都展示出歐洲的性開放文化比東方先進，使我對巴黎夜生活印象深刻，永難忘懷。

參觀羅馬大教堂

　　我非常感激在法國有郭育訓兄接待，離開巴黎後轉去羅馬拜訪好友鄧神勢先生。他陪我遊羅馬，和我想像中完全不一樣，街道大部分是花岡石砌建，寬度狹小髒又舊。最著名羅馬帝國廣場並不那麼雄偉，雖有噴泉、神像、城堡，印象也是不佳，只有羅馬天主教大教堂建築雄偉，廣場寬闊，雕像林立，不愧為教皇首都。再遊羅馬市區旅遊景點、藝術文化中心、大劇院，已夠累了。我第一次來歐洲，真是走馬看花，印象模糊，還是趕快回阿根廷。

友人林朝顯暴斃

　　一九八五年七月，我由歐洲返阿回到美國住家，接到台中五洲戲院林太太電話，告知林朝顯兄已走了，我問走到哪裡，她說林先生胃出血，死在家裡七天才被鄰居發現，現存放在警察局公共停屍間，因她被限制出境，請我代為處理後事。我馬上趕回阿京，事先打電話給

弟弟治良，請他到警局認屍確認，解剖驗屍報告說因胃出血過多死亡。治良到了停屍間，見林先生赤身露體躺在冰櫃裡，真是慘不忍睹，向檢查處辦理領屍手續，後來買了新內衣、內褲、襯衣、領帶、一套新西裝及皮鞋，替他洗澡化裝，安放入棺木，再移棺至首都公共墓園。

等我到阿京後，與治良及他的台獨朋友共七位為他在墓園公祭禮堂舉辦告別式，我們準備一碗白飯與一顆雞蛋，一些水果和鮮花，及朋友致送花圈三對，每人點一支香，由我主祭向林先生祭拜：「林先生，你來阿根廷也一段時間，陽壽已盡，也脫離人生苦海，已經解脫可安息了，希望你的靈魂直上天堂。你妻兒無法起來送您，由我代理祭拜，請你放心。您的好友高仁河及治良等共七位好友致祭。」敬拜三鞠躬，簡單完成儀式，將他埋葬在中心區墓地，交代墓碑寫明中西文名字，記好埋藏地點，拍照存檔。大家都心情落寞，氣氛淒涼，台灣移民中最悲劇的故事落幕了。

林先生一生為人做事，結果弄得家破人亡，流浪天涯，客死異國，無親人送終。回想他在台灣五洲戲院時，商場得意，呼風喚雨，為利與人爭鬥，官司不斷，六親不認，最後他的人生什麼都沒有，是我親眼看到現世的報應。所以人要積德，要佈施，要慈悲，才會有好的結果。

友妻來阿託孤投靠

草屯戲院張鏗仁兄之前曾委託我排片，他也是中興新村戲院股東，我們親如兄弟，太太羅芳佩又名秋香，很漂亮善交際，夫婦倆都為人慷慨大方。很多人邀他們投資建築買地，景氣低迷，戲院停業，週轉失靈，銀行拒絕往來，罰款無法繳納，他入獄被扣留，我替他繳款保釋出獄。他轉與胞弟合作，經營高雄灣仔內戲院，不歡而散，事業失敗，積憂成疾，突然病故，放下嗷嗷待哺四男一女，讓羅芳佩女士費盡苦心，獨自支撐，到旅館當服務生賺錢，幸虧她會經營餐館，把孩子培養到高中，受盡苦楚，是一位堅強的女性。

她獲知我們移民阿根廷專程來阿探訪，讓兒子來阿發展，拜我母親和岳母為義母，我與寶雲也陪她乘船去烏拉圭遊覽，他將兒子張坤

芳來阿跟高叔學習，我安排他在美麗華餐廳幫忙並學語言，當著自己兒女照顧，協助他開小雜貨店，將弟弟接來阿根廷，他母親替他們買下雜貨店，之後跟阿根廷女孩子結婚生子，我對堅仁兄在天之靈可以交代了。秋香非常感激我夫婦，把我們當兄與嫂看待。我一九八二年憂鬱症返台時，專程陪我們環島到佛光山和盧山去散心，兄妹情份溢於言表。她不幸於二〇〇五年患子宮癌症不治，在台灣往生，享年六十八歲，是一位勇敢最堅強的女性。

小舅陳金義一生糊塗

小舅陳金義初中畢業就跟隨我們，到阿根廷協助影片公司，他做事沒責任感，個性又剛愎，從不承認錯誤。負責經營美麗華餐廳不報帳，催他就一天拖過一天，拖了五年最後我決定關門。金義離開公司後，自己申請移民辦綠卡，找連襟楊安華拉好友合作，投資二十萬元美金要建紙盒工廠。移民綠卡配額拿到後他收了不少錢，在阿根廷新建工廠，採用鐵皮屋由阿根廷建築師承包，因偷工減料，不到兩個月就被大風吹塌，無力再建，血本無歸，讓其姊夫楊安華啞子吃黃蓮無法向朋友交代。他在阿經商失敗，與妻離婚，只好返回台灣，時常出入酒家、夜店，揮霍耗盡。幸好有個女兒靜宜可依靠撫養，女婿也非常有孝心，是台南著名周蝦卷老闆，人際關係很好。他於六十八歲患肺腺癌在台南往生，告別式上，親戚朋友幾百人參加弔祭，死後哀榮。

人不為己天誅地滅

移民出國的的人，常感事與願違，尤其是到達異國他鄉，想法會變。不管是親兄弟、親戚朋友，有人對事要求幫忙，有九十九次達到目的，如有一次未如願，前九十九次的功勞都忘記，一筆勾消，到處謾罵毀謗，最後變成仇人；僑社也是一樣，唯利是圖，爭權奪利，逢迎拍馬。古諺說得好：「人不為己，天誅地滅。」母親常說：「人情薄如紙，船過水無痕，你千萬要記住。」我想通了，一切事隨緣吧！移民在海外更可以體會和了解諸事無常，更可看出人性醜陋的一面。

36
結拜有成功失敗

結拜海外可凝集力量

美國承認中華人民共和國和台灣斷交，引起海峽風雲變化，人心惶惶，希望找一個安全的國家可安居樂業，我們到阿根廷移民的好朋友，都有同樣的目標，希望在海外能開天闢地，建立新的事業天地。

我們聚集了志同道合的好友移民阿國，花蓮同鄉醫師曾耀輝介紹國防醫學院同學陳英址兄、劉伯離兄，埔中同學李錦富介紹朋友陳秋義共六個人，全部都拿到阿根廷的移民綠卡。我們有共識組成結拜兄弟會，海外可互相依靠支援，老大陳英址兄，老二曾耀輝兄，老三劉伯離兄，我排行老四，老五李錦富，老六陳秋義，於一九七六年底在台北市參加聚餐，結盟為兄弟會。

老大移民不成回台為主服務

老大是眼科醫生，有一對雙胞胎男孩，計劃到阿讀醫科，前往香港駐阿領事館，辦簽證沒通過，被迫再回台灣。他轉送兩個兒子到哥斯大黎加讀醫科，完成學業再轉去美國就業結婚生子，達到移民的目的。老大夫婦是虔誠的基督徒，移民不成可能是上帝的安排，決心到無醫村的恆春建設基督醫院，為原住民義診，為主服務。他在恆春奉獻已超過二十五年，所建的醫院成為頗具規模的大醫院，老大的服務精神與愛心令人佩服。

老二離阿轉美子有成

老二曾耀輝雖帶眷到阿，都拿到居留證買了房子，還是放不下

台灣醫院的事業，將兩個兒子改送美國我家，寄讀美國學校，三個女兒帶回台灣。一九八二年我返台醫治憂鬱症時，幸有二哥熱心安排醫院介紹留美陳醫師救治，真是救命恩人，感激不盡。二哥雖離阿，再叫弟弟曾耀明夫婦到阿移民，他帶岳父母來阿宣揚一貫道，並曾邀我參加一貫道講經共修大會。耀明夫婦在會館前開百貨店，兼賣牛肉批發，在阿十年，他努力認真，生意興隆，忙碌過度，突然心肌梗塞病發亡故，客死他鄉，真是移民的悲歌。

老三夫婦貌合神離

老三劉伯離夫婦是醫學院同學，都是藥劑師出身，來阿志願負責兄弟貿易公司，到阿後突然改變主意，要到外省與陳吉玉合作開發農場。Formosa省離首都二千公里，他又對農業外行，我們兄弟都不贊成，他堅持去，開墾經營大農場，種大量番茄供應首都，不幸遇霜害，慘敗回首都，再開小賣店。母親、姊妹、小弟、小舅「涂景仁」夫婦也來阿，生意未順利無面子，只好離阿轉去美國德州發展。

老三夫婦在台開藥廠，是藥劑師，在台屬高收入職業，放棄一切到阿移民，一意孤行，事業才會失敗，是預料中的事。最後在美與妻意見不合，離異收場，這是我們所不想見到的移民悲劇。

老五子女返台就業

老五李錦富代表兄弟組織貿易公司，先來阿準備做開路先鋒，兩年沒拿出成績自動辭職，在阿開Kiosco做小零賣店，他原本當公務員，沒有商場經驗，個性太保守很少與兄弟、朋友連絡，最後還是回台。幸虧兒子爭氣在阿根廷免考可直升醫科，女兒學鋼琴到美國留學。全家回台後，兒子當慈濟醫生，現已轉台中市當私立醫院主治醫生，女兒於中學教音樂，在台中市買四層樓新屋，我們兄弟曾去台中慶賀。我多次探訪他，他從未與誼兄弟連絡或打過電話，真令人無法了解是何種心態？我們常感到心裡寂寞，有欠人情味，不知何謂誼兄誼弟。

老六回台發展情多義重

老六陳秋義是布類批發商，為人誠懇慷慨，有意在阿發展就買了房子，住了一段時間覺得不太適應，遷回台灣重操舊業，一對兒女轉送來美我家寄讀。

秋義回台後，努力重振紡織事業，賺很多錢，買了不少房地產。他對朋友講義氣，熱情大方，我回台時要我住他家，請我最好餐廳吃最高級料理。永興大學畢業學貿易，他自動出一貨櫃藤椅讓他先賣再付款，是有肚量、有修養的好兄弟。

結盟成拜把兄弟，意外在海外合作事業互相照顧。到阿根廷也許是環境空間變化，自然會改變心意，各自為政。移民異地變化莫測，當然有人成功，有人失敗。

37 移民美國發展

環境變化人心會變

我來阿移民，異父同母弟弟勝雄修鐘錶，後開雜貨店在阿奮鬥八年，又轉往美國經商，現轉往大陸開手提包工廠出口美國，他的成品已成名牌，賺了不少錢。

三個女兒都讀到大學，長女宋明璇，美國哈佛大學法學院畢業，已當美國法官，老三文仲到阿外省賣進口貨，阿根廷住不習慣再回台灣，曾在華視當製作人，後轉去民視製作開台第一部戲《春天後母心》及《親戚嘜計較》，收視率創紀錄，賺不少錢，但為人慷慨，你兄我弟，常入不敷出，時好時壞。

老么治中與小舅陳金義負責經營美麗華餐廳，五年間未曾結帳；他性情中人又老實，寶雲最喜歡他，最小的弟弟我們也無可奈何，阿根廷住不下去，跟玉珍妹到美國做成衣，自己也開了成衣廠，生意還不錯。美國生活比阿根廷安定有前途，現改進口大陸手皮包批發，生意穩定，他也當了外祖父。

朋友比親戚可靠

我將美麗華餐廳收回後轉租給阿根廷人做書店，聯美大廈樓上交給秀珍姊姊與媳婦華珍開舞廳和卡拉OK，花了不少裝修費用與燈光設備，開業後大部分客人都是僑胞和親戚朋友，未見外國客人，場內雖很熱鬧卻收不到錢，虧損累累，不得不收場結束經營。

林青松是我內人的親戚，想要開功夫館，要求舞廳租給他，營業一段時間學生不多；寶仙姊兒子英傑與林青松弟弟林正德女婿承租，改為華僑俱樂部。房子移交時，我將金庫鐵櫃讓他們使用，將鎖匙交

他們時，交代不可遺失，古董鎖匙無法再訂做，他保證鎖匙不丟掉；做了幾年生意還不錯，房子要賣我要收回，不願收場，鎖匙卻丟掉，不負責，親戚比不上朋友可靠。

親戚船過水無痕

寶雲大姊長子慶男，全家七人移民來阿，身無分文，我將Cabilto房子兩間無條件給他們住十年，每月象徵性收美金五十元租金，替他免費辦居留，幫他付保證金，給他報攤小店Kiosco讓他可維持生活。後來他有機會轉業做雜貨店，把三個孩子拉拔成大，不但毫無感恩的心，背後常謾罵姨丈房子太舊，房租又要漲價等心有不滿之話，令人心寒。

經驗告訴我，親戚如果能幫最好，若有惻隱之心，最好不要有生意金錢往來，我不會忘記母親常說的話「人心在內」，「船過水無痕」，人親戚，錢生命」的俗語。

協助友兒變怨家

台灣陳姓好友的兒子夫婦帶有嬰兒來阿移民，無條件住我家後樓，我安排他去美麗華餐廳工作。陳姓夫婦來阿關心看兒子，住了一段時間，我帶他見移民局長，代他申請綠卡拿到居留證，他很高興。

他兒子夫婦喜歡賭博，通宵打牌，沒有精神工作，到處借債後離開餐廳，自開賭場，生活過得日夜顛倒，夫妻失和，太太被賭友拐走，留下孩子只好帶回台灣給父母養育。好友悔恨交集，怨嘆跟我來阿根廷，到處投訴。他自己兒子不爭氣，反而怪到別人，真無奈，好心讓雷吻，好心沒好報，活該。

計劃移民美國發展

我於一九七七年將孩子轉到美國洛杉磯求學，孩子知道父母賺錢不易，暑假永興和永隆到貨櫃站搬貨物打工，餐廳當侍者的永昌專為回台客人開車送機，並在洗衣店打工，努力向上求進精神可嘉。

　　轉眼三個男生都進入大學，小女在高中，我們沒有美國居留證，大學學費很貴，每年最少要五萬元美金，有綠卡則可節省一半。阿根廷住了十年，經濟變化無常，政局不穩，差一點丟了生命，想移轉到美國發展，我託在美國華府經營餐館的趙石溪立委，兒子趙宇兄找律師申請就業移民，一年後獲准。一九八五年十月飛美邁阿密機場入關，於十二月十六日，順利拿到兩張美國綠卡，號碼39315684-5號，興高采烈慶祝，開始第二階段美國的移民生活。

　　我們夫婦同心協力在美努力奮鬥，老大永興替台灣網球公司當推銷員，永隆到中國地氈公司服務，甚得老板器重，佳莉申請到柏克萊大學，我馬上替她買一部Acura新車。

　　申請全家居留全部獲准，成立泛美亞娛樂公司，發行影視版權到東方，參加美國製作拍小成本動作片，製作表演節目，開拓遊樂園市場，爭取台影文化公司、中影、六福村、劍湖山、台灣民俗村等遊樂園表演合約，再擴展大陸遊樂園表演市場。十年後永興加入陣容，和永昌併肩作戰，拓展到美國、歐洲市場，擴張公司規模，設立Mirage Entertainment Inc.，奠下我們重振事業的基礎。謝謝上天保祐，我們安心讓子女在美國可發展下去。

見風轉舵轉進美國

玉妹事業有成失去丈夫

玉珍妹來阿根廷買房子開外賣店後，轉開成衣廠，她做事認真，心地善良。妹婿青松是勝雄開南高工同學，為人忠厚保守，來美國發展開了兩家成衣廠，員工幾百人很順利，再接治良弟來美發展，正想退休安享天年，與玉珍妹到廣州看勝雄開的女手提皮包工廠，正計劃到大陸投資，回程不幸突然中風，六十三歲亡故。努力一輩子實現了移民夢，事業雖成功了，可惜已不在人間，放下玉珍妹與兩個女兒，錢賺再多也無法可彌補。

寶雲結拜姊妹陳碧蓮、高清標夫婦最早來阿，自搬出我住家後，就很少有來往。據說曾當過餐廳侍者，慈濟義工在阿負責人，教元極舞為業。長男已回台在大同大學教書，女兒在阿結婚，有孩子後離婚。尚在阿的清標兄夫婦，已退休回台養老。

陳國成兄是李錦富兄在電力公司的同事，到阿後與周建宏合作開中餐外賣店，轉去美國中部開餐廳，最後失去連絡，我們很關心他，已過了三十五年不知他的去向。

新竹國際林象賢的兒子林靖夫婦來阿移民轉加拿大，我去過加拿大溫哥華探訪他的雙親，他兄弟林強，林健，都移民到加拿大，定居溫哥華，兒女大學都畢業。已過三十五年了，林象賢夫婦都安享天年到天堂了。

學者無名氏來美演講

卜少夫先生弟弟卜乃夫先生，筆名無名氏，來美洛杉磯演講，我特地去拜訪他，因為他替《南疆新聞》寫稿。他的小說《北極風情

畫》、《塔裡的女人》膾炙人口，我初中時是他的書迷，崇拜他的文學修養，名聲嚮往已久。我們一見如故，我請他吃飯，他為我寫了一副對聯留念，我將它掛在美國住家大廳中，他為我寫的字是：

「仰觀宇宙之大」「俯察品類之盛」值得保存名人字畫

　　十二月十四日在美洛杉磯召開美洲華僑年會，國民黨黨部來了海工會主任鄭心雄及美僑委會幹事鄭安國兄，黃文海兄代表德州也來參加。我在大會專題演講中抗議外交部派出徐斌，侮視僑民，驕傲官僚，欺瞞國代假稱阿根廷國會休會，獲得在場熱烈回響。我帶黃主任看僑民，與劉家賓共進晚餐。國代返國向外交部反應，徐斌代表被調回外交部，大快人心。

▌與名作家無名氏（卜乃夫）夫婦於洛杉磯演講會

妻妹在美突患乳癌

　　二月寶雲來電告知，寶卿妹在德州醫院查出乳癌已擴散，準備開刀，我馬上趕回美國與寶雲去德州看他們。國祥告訴我他聽到乳癌已擴散，緊張到一時哭出聲，他無法負擔高昂的醫藥費，幸好剛拿到美國居留證，可申請補助藥醫費。

　　國祥在休士頓負責台灣日報，送報紙，帶我去拜訪台灣日報社長傅朝輝先生。我又去拜訪黃文海先生，他已退休，黃錦祥兄由阿轉來美國時，先到加州Anahaim暫住我家，約有五個月，再去經營專賣酒類商店後，遷休士頓定居。

參觀忍者影星豪宅

　　我與寶雲自德州回L.A.。日本影星小杉正一是美國影片《忍者》主角很紅，到阿根廷首都拍外景時，我曾接待他，買過他主演的影片，他在洛杉磯有豪宅在Arcadia，有漂亮的豪華花園，也有泳池和觀音寺，曾招待我們全家到豪宅聚餐，熱情萬分，令人印象深刻。

　　我家老二永隆大學女友段琪雯，父親是珠寶商，她與永隆相交多年，兩人感情甚篤，是一對恩愛的同學。由於才剛畢業，他們計劃先努力打好事業，再論及婚嫁。

　　她與永隆約好週日參加姊姊生日，姊姊男友開車來接姊姊與兩個妹妹，在十字路口暫停時，被醉客從中急速衝撞而翻車，姊姊與男友當場死亡，妹妹琪雯用直昇機護送到醫院急救，琪雯也不治亡故，小妹重傷存活。永隆無法接受這突來的變故，每天悲傷度日，無法忘記她的倩影，每週都到墓園獻花追悼，琪雯的父親看了很感動，不斷地安慰他。我們全家也都替他哀傷，並安慰永隆趕快忘記悲痛，走出陰影。天有不測風雲，人有旦夕禍福。

華商第十五屆在夏威夷開會

　　我與寶雲於一九八六年五月五日由洛杉磯出發，飛到夏威夷參加第十五屆華商會議。當天中午抵達，住在Waikiki Sharaton Hotel，下午三時報到，晚上歡迎酒會，各地代表有五百多人參加。第二天開幕時我被選為主席團，我上台主持開會，發表阿根廷專題演講，獲得大會重視，支持開拓南美洲糧源案。會議中，大會突然宣佈有海嘯警報，大家心驚慌亂，不久警報解除，大家才安下心。晚餐是印尼僑領李文正請客。第二天各地僑情報告及討論提案，晚上僑委會招待，委員長換曾廣順比較年經，有表演節目，大會主席王又曾女友金晶是歌星，搶著上台表演，大出風頭。

　　第三天參觀第二次大戰珍珠港被襲軍艦殘骸紀念館，很有紀念價值。再去看鳳梨農場，鳳梨皮綠，果肉呈白色不甜，比不上台灣鳳梨又甜又好看。再去火山島看大風口，山上可看到島上全部風景，晚上看夏威夷少女裙舞及大溪地土人吞火舞劍秀。

蜜月在Waikiki補度

　　第四天是自由行動，我帶寶雲到市場買紀念品，街上碰到影界王應祥兄與三重國園戲院柯先生，大家異地相逢很驚喜。我們下午到Waikiki海灘遊覽，海岸有各式精美建築，高樓大廈、大酒店、旅館林立，咖啡攤、小吃店名不虛傳，充滿人潮，大小男女玩潮嬉浪，有人駕小船急駛，也有人衝浪，我倆看得真快樂。

　　就像補度蜜月，我們都穿泳衣在椰子樹下海灘散步。走累了，我依靠在椰子樹下，半睡幻想偷渡來美洗盤子，寶雲躺在我腿上看著藍天，回想著我們的初戀時光，《沒晚餐的散步》故事多淒美，轉眼已過了二十六年春天，有四個兒女。我又想到移民阿根廷歷經千辛萬苦，為了下一代尋找美麗的國度，讓他們有好的環境，受好的教育。夢想到好像身入叢林內，有猛虎野獸，千蛇百蟲，侵襲追擊，我差一點損失生命，幸有賢妻寶雲日夜不斷照顧，才能逃出森林虎口，原本

來在天邊作了半個南柯一夢。我們到美國再尋找天堂。

　　寶雲要我下海一顯身手，我年輕時曾代表北二工拿過台北市高中組蛙泳二百公尺冠軍，雖久未下水，奮力游出，依舊寶刀未老。游了太遠，寶雲緊張大叫，我只好游回。夏威夷之旅是我後半生旅程最快樂難忘的記憶。

立委卜少夫來阿訪問

　　我們在阿成立《南疆新聞》，卜少夫擔任發行人，他答應來阿訪問，先到巴拉圭訪問，1986年8月17日飛來阿首都。我先接他入飯店，代表處來了王、孫、洪三位秘書，先向卜先生報告徐代表在阿行徑怪誕簡報，為我申冤，晚上我們在東京花園夜總會席開15桌，舉行「南疆之夜」歡迎會，介紹本報發行人卜少夫立委與大家見面，我請他上台演講，他說太感動，在天邊能有《南疆新聞》存在，證明有這麼多的愛國同胞熱烈支持「南疆新聞」。他已78歲高齡，不怕35鐘頭長途飛行，想多為僑胞服務，鼓勵大家要團結支持《南疆新聞》。楊鎔鑑、王茂泉相繼上台祝歡迎詞，互相敬酒，很多餘興節目，大家要求高社長唱歌，我義不容詞，為卜老上台，獻唱台灣歌「港都夜雨」，卜老真高興，站起拍手讚賞，手舉兩個杯，對我說：「高社長，真有兩把刷子，年輕有為，前途無量，乾杯！」卜老真是好酒量，「南疆之夜」盡歡而散。卜立委回台後，即到立院請外長來申斥徐斌在阿對僑民的官僚言行，不久，徐代表即被調回部辦事。

好友鞏永祿三人往生

　　鞏永祿兄是前電影檢查處科長，他帶我去阿根廷移民，他之前在阿根廷住一年再回台，協助妻蕭季俠當律師。永祿兄好客，俠義心腸，朋友多，好酒量，突然心肌梗塞過世。在他的告別式我兩度前往看他遺容，真捨不得！他未看到大陸開放探親就離開人間，真的太可惜！

　　影界同事王東海57歲被兒子氣死。另一位同事陳益壽45歲酗酒過度心肌梗塞而亡。曾來台灣拍過《最後命令》的韓國編劇肝癌死亡。

這兩年共有七位親友離去，真是太恐怖，「如夢幻泡影」，「如露亦如電」，這是我最陰暗難過的一年。

▋我們最敬愛的好友林象賢夫婦

放棄阿根廷房地產

餐廳合作被佔險火燒

聯美大廈樓下餐館與阿根廷人簽約合作開牛排館，對方營業收入獨霸，侵佔收入不分帳，他們靠人多勢眾欺侮華人。無奈只好向法院提出訴訟，花兩年的時間與不少律師費用，直到1978年6月才收回房子，還差一點火災，我想乾脆關了門。房子空了兩年時間，每兩個月要付地稅、水電費、衛生清潔費、電話基本費，數目不少，有房地產沒利用，無收入是一件頭痛問題。有朋友胡先生要合作開超市，我找不出適當的人，只好讓它空著，要繳費用太多，不得不設法再出租，後租給上海來的華人，經營中餐生意還不錯，他再去開一家餐廳，將餐館高價轉租給他的親人，我得再去法院提出告訴，收回時電話被取消二部，設備破壞損失慘重。人在海外受人欺負，真是叫天不應，叫地不靈，欲哭無淚。

放棄阿根廷房地產

《南疆新聞》總編陳常裕兄為弘揚一貫道，要求聯美大廈餐廳提供他做道場，他每月可付電話費、水電費、地稅、衛生清潔費，補貼美金500元，因陳兄是自己人，不在阿根廷時代我看我的事業，只好答應。

我決定將阿事業及《南疆新聞》結束，讓陳常裕兄去辦一貫道，開素食餐廳。我在阿房地產還有Olivos Estarra 2598住家、Corrientes大道1905號三層大樓、同街5000號商店、Lavalle聯美大廈，決定全部掛牌出售，委託陳兄找代理，我可安心到美國。

妻親大小姨子來阿

　　寶雲大姊陳素全家1982年大小七人包括長子慶男全家都無居留
證，女兒純良、女婿游正友全家也是七人，也急著趕來阿移民。1986
年8月五妹寶采全家，與長女婿邱皇興、二女婿廖麒麟等共10人都一
起來阿移民。由於報到人數眾多，孩子都嗷嗷待哺，好像越南逃難
的難民，令人頭大。全部的人都要接機、搬行李、帶路，我要先安頓
他們分住在Cabilto的房子，及部分住我Olivos的家，還要替該孩子找
學校，找老師教西班牙語，還要找房子，找工作。人要有耐心與慈
悲心。

連襟買我移民之家

　　我離阿前，連襟楊安華夫婦帶了自己家及兩戶女婿共10人來阿，
需要住家與店面及安排女婿出路。我連襟楊安華是板橋紙箱工廠老
板，賺很多錢，為人慷慨好客，女兒出嫁都有樓房作嫁裝，後被妻舅
陳金義拖下水，在阿投資製紙箱工廠，損失20萬元美金，從未向人提
過。他心腸仁慈，決定買我住家，我以新台幣120萬元轉讓給他，有
些不捨，這棟房子是我來阿住12年的第一棟房子，住過來阿根廷的
新移民超過50戶以上，是一棟有紀念性值得讓大家懷念的移民之家紀
念館。

影片出售給巴片商

　　我到智利時，經由藍代表介紹片商我賣了幾部功夫片，之後中美
洲、秘魯、厄瓜多爾、玻利維亞片商來阿，也買了幾部功夫片。巴拉
圭有戲院，在阿片商Mr. Birlman他看中公司兩部新片《忍者》、《殺
手武士》，出價四萬元美金，我同意賣了；他又要買李小龍傳記和成
龍影片三部片，以十萬元美金分兩次付款，我說OK。影片公司結束
後，其餘舊影片賣給其他小公司，解決了公司困難的問題。

40
台灣發生兩大慘案

袋屍命案兇手是僑民

1982年，我在返台班機上，認識來阿移民台胞陳雲飛，算是中年初次到阿無住所，我好意安頓他在聯美大廈暫住。他常來公司聊天，因學過劍道，常帶木劍操練，忠厚老實人，拿到居留證後向我道謝，表示要回台帶家眷來阿定居。後來帶眷到阿近郊買房子住下來，岳父母來過阿根廷之後，甚少與我連絡。

兩年後，1986年9月11日我在台看到一則袋屍命案大新聞，謀殺兇手是阿根廷僑胞陳雲飛，求財未遂將岳父母謀殺分屍裝袋。警方破案，兇手竟是女婿陳雲飛，被逮捕後還很鎮靜。陳雲飛平常看來忠厚，怎知他是人面獸心，真料不到為財殺害自己岳父母，還分屍裝袋，手段殘忍。岳父母曾資助他來阿買房子，他要求再借資未願，就喪盡天良，犯下滔天大罪，令人無法置信！兇手是我曾經幫過的僑民之一，他後來被判兩個死刑，死有餘辜，留下破碎的家庭。發生在阿根廷有關人物，真是難忘的一場噩夢。

參觀名校柏克萊大學

我們從夏威夷回美國本土後，我與永興開了七個小時車程去舊金山看佳莉。

柏克萊大學校園建在山坡上的樹林裡，風景秀麗，校舍是歐式建築，幅員很遼闊的大學城。學生超過三萬人，學風先進，有很多嬉痞，許多男生留長頭髮，看來不大習慣。這個學校是名校，世界排名十大以內，很難申請入校。佳莉是選讀東方文化系，她很喜歡學校的環境，她到校外與同學分租公寓，一切OK，我就放心了。我們到舊

金山唐人街吃過飯後，我與永興才離開學校。

86 Expo在加拿大溫哥華

我乘飛機去溫哥華訪問林象賢夫婦，以前在台有業務關係，他的小兒子林強第一次出國時，我曾帶他到阿根廷再轉來加拿大。

林先生帶我遊覽市區，搭渡輪到維多利亞島，世界花園百花盛開，大公園各種花都有。第二天帶我參觀世界博覽會，美國館電影播放哥倫比亞號太空船太空人在太空漫步，德國、日本、蘇聯等國館都很大，法國館展示新型汽車，中國館長城用磚頭築成，還有兵馬俑展示值得一看，加拿大館規模最大，展示地大物博的資源，其他國家展示館太多，無法全部參觀。晚上在溫哥華杜三館餐廳聚餐慶祝，度過快樂的86 Expo加國之夜。

參加國慶與大同盟

我乘加航飛香港，到嘉禾公司看了一部韓片《移民何價》，東亞公司出品，很賣座，我很看好，應設法買台灣地區版權。

回到台北住二兄樣杰家，翌日去拜訪卜少夫先生，他很高興帶我看新買的公寓。之後去僑光堂報到，碰到陳嘉卿夫婦正為僑選立委準備鋪路，我請他們吃日本餐。第二天外交部歐鴻鍊兄、劉春雄兄請我到中國飯店吃飯，告訴我與徐斌衝突的故事。晚上再與外交部莊瑞雄兄、賴勝豐兄、劉春雄兄相聚吃飯。第三天到中山堂報到，回國的華僑超過25,000人，碰到巴拉圭陳雄才理事長與周天寶兄，他們邀我南下高雄。下午去林口參加四海同心大會，貳萬人場面聲勢浩大，表演節目精采。翌日南下高雄，未料之後發生特別有關係的刑事案件。

咪咪被殺天寶涉嫌

我們這次到高雄，周天寶介紹了一位六合彩組頭邱姓老大，外號叫「咪咪」。

　　巴拉圭投資銀行陳兄找我陪他，周兄來接我們，先按摩、吃飯後，派一位身材高大的司機駕高級轎車接我們，車開得很快，一下子就到達高雄。帶我們去夜市吃宵夜，高雄夜市燈火通明，車水馬龍。

　　翌日到墾丁國家公園，繞了一圈再回到左營，是天寶兄的故鄉，吃當地名產菱角，再送我們去按摩。晚上在最高級的雪莉舞廳俱樂部，與邱先生見面，邱先生又名「咪咪」，身材中等，很斯文，約五十多歲的人，是天寶兄的拜把兄弟，身邊有幾位保鏢都很客氣。他招待我們最高級的海鮮菜餚，有很多美女作陪，喝酒談笑中，微露玩「天九」，輸了幾佰萬還是笑笑。咪咪有江湖大哥的氣勢，美女陪跳舞唱歌到快天亮，盡興而歸。三天花費了新台幣壹拾萬元，我們真過意不去，與咪咪結緣，印象深刻。

　　我回阿一年後，報紙刊出台灣南部黑社會邱姓老大「咪咪」被殺，移屍水塔的大新聞，令我大驚失色，是否就是我所認識的邱先生？詳細看報，始知是他無誤。警察當局認為周天寶有嫌疑，被當局收押，警方再三追查找不出第二兇手與證據，周天寶也提不出反證，百口莫辯，被押超過兩年，警方找不出真正兇手，地檢處提起公訴，要求處周天寶死刑，在訴訟中真正兇手是邱先生的司機，為了劫奪金庫現鈔，迫他說出金庫密碼，邱反抗不從，用鐵線摧殺，兇手心慌地將死屍放入水塔。後來警方發現司機失蹤，查出證據，招認作案，真相大白，周天寶兄獲得平反，我們為他慶幸。

41
阿根廷政府遷首都計劃

加入阿國後移民協會

　　1986年8月23日是日本人移民阿國100週年紀念日，日本僑民協會邀請各國僑團首長，參加在Escobar市花園廣場舉辦的慶祝嘉年華會，內有日本餐點、壽司、甜點招待賓客，並有歌舞表演節目，熱鬧非凡。

　　加入移民局主辦阿國移民協會五年的歷史，每三個月有一次會議，討論協助移民，改進移民政策，可促進各國移民文化交流，認識不少國家代表。最好的國家是蘇聯附庸黑海三小國，僑民反共，與台灣人民同樣命運，心連心。

　　阿根廷是移民國家，每年慶祝移民節，在首都Boca區盛大舉行，各國準備美麗的花車遊行，美女服裝表演來慶祝。剛好姨媽高阿蔥來阿，她穿旗袍，是中國最美麗的服裝，上街遊行，拿中華民國國旗在街上行走，大出風頭，姨媽非常高興，能代表國家遊街促進國民外交是件很光榮的事。

首都計劃遷到Viedma

　　1986年9月4日移民局邀請了十個移民僑團代表，同時來了內政部長。隨員與記者乘軍用飛機到南部，離首都900公里，飛一小時20分，到達Rio Negro省。省長與Mendoza、Neuquén省長接待我們。

　　乘車約30分到Viedma鎮，該城鎮有三萬人口，一望無際的草原，沒有樹林的未開墾荒地，旁有河流，計劃建設600萬人口的新首都城市。阿根廷南部是平原，尚未開發，該市是南部中心點，首都遷此可帶動南部地區繁榮。大會開始在廣場演講，說明政府歡迎各國

共同開發，投資有免稅優惠，午餐後遊行，再到附近城鎮Patagonia參觀，該城鎮約有兩萬人口。

我感覺Viedma地雖大，氣候太冷，像中國東北，荒涼無人煙，要發展很難。事已過27年，至今還未實現，移民開墾不是一件容易的事。

代表歐鴻鍊來阿到任

駐阿代表徐斌拒我進代表處風波後，外交部馬上要調徐代表回部，適逢台灣漁船越界入侵阿領域，蘇澳漁船被阿海軍擊沉，船員被扣，為處理善後拖延半年才調回外交部。派駐智利代表歐鴻鍊12月20日來阿，我去智利拜訪過他，為人非常親切，拜訪僑社訪僑民非常客氣，獲得僑民愛戴。

巴拉圭藍參事智民兄調升智利代表，他們兩位都比我年輕，年輕有為，是可喜現象。最不公平是徐斌將失職責任推給賴勝豐秘書，賴秘書也被外交部調職回部，承擔徐代表醜聞責任。

常裕腎結石緊急電解

1986年12月19日突然接到陳常裕兄緊急電話，他腎結石發炎劇痛，趕去德國醫院急診，我與內人馬上趕到醫院。檢查結果是腎結石不宜開刀，決定用最新電擊碎石法，費用很貴，需等三天才可輪到，常裕兄忍耐吊點滴住院。我很關心他，在住院期間，我與他太太輪班照顧送飯。

開刀時很多新聞記者採訪，因這部新機器是南美第一部採用，常裕兄很幸運，排在第五位使用。他下半身坐在水中浴缸，電線由尿道通到腎部，再通電流電擊幾分鐘發出電擊的聲音，常裕忍痛哀叫，約費三個小時，常裕兄在半昏迷狀態中完成。三天後，我夫婦倆協助常裕辦出院，回到他家，他太太因與友聊天誤時，來不及接出院，常裕很不高興，她竟大發脾氣。我們是出自愛心，還嫌幫忙過頭，因此我才知道，有賢妻真幸福。

意外發生最多一年

1986年12月我51歲，母親75歲，我們分兩次舉辦慶祝餐會，在美麗華餐廳招待阿親戚朋友迎接新年。老三永昌完成福爾頓大學課程，永隆大學同學侯明聰的大姊，阿根廷高清標兄女兒高嘉玲訂婚，我都去參加慶祝。時光轉移25年後，侯明聰姊姊嫁了牙醫先生很幸福，三年前先生心肌梗塞往生，高嘉玲在阿離婚收場，各人命運不同。

這一年意外事件特別多，包括徐斌事件、咪咪被殺、陳雲飛袋屍命案，幾位好友意外往生，是黑色一年。年底結束，等待明年重新出發。

知遇中影貴人洪述棠

參加國慶後，到中影拜訪三一公司副總洪述棠先生，談美國代理該公司錄影帶版權。我與洪先生一見如故。他精通中英文，任亞太影展秘書處秘書長，為人熱情，他知道我與日韓、東南亞地區片商關係不錯，精通日語、韓語，希望我協助他溝通各國關係，邀我參加金馬獎及87年台灣舉行的亞太影展，希望為中影買些韓片，奠下我們二十多年來的友誼，建立中韓影片買賣合作良好的關係。

我想買嘉禾發行韓片《移民何價》，Peter李告訴我已轉賣台灣標緻錄影帶公司吳宏文先生。我向吳先生要求買該片的台灣電影版權，他是錄影帶發行商，電影發行是外行；我要買該片，他緊張到不想賣，我只好放棄。該片台灣上映成績不理想，世事變化莫測，幸虧沒談成。

鼓勵窮苦子弟向學

建興公司寄片小弟林春壽，介紹初中同學李清貴來幫忙寄片，因家境貧寒無法升學，我年輕失學所以知道窮人家無法上學的痛苦，我鼓勵他們兩位夜間上高中補習學校，由公司補助學費。他們認真工

作，努力求學，都完成了高中學業，後來兩位都升任為我的助理，春壽跑海關電檢處，清貴當秘書發行廣告，之後去當兩年兵時，我已移民去阿根廷。春壽退役後回建興公司幫助仁壽，負責影片發行，及辦赴阿移民申請手續等工作，很盡責，仁壽升他為業務經理。

我替清貴辦阿根廷移民居留，來阿協助我影片發行工作，夜間他去補習西班牙語、英語，成績突飛猛進，五年後可通曉西班牙語，能寫英文書信，成為我的好秘書、好助手，假日還在餐廳幫忙。清貴在阿工作認真，努力求學，得到不少僑胞朋友的肯定，是一位有希望，有前程的好青年。屏東僑胞在台養鴨大戶邱顯亮先生很有錢，家有三個女兒，希望招請清貴為女婿，託我作媒，也許清貴對她們不來電，無緣份，沒談成。

42
結束在阿根廷事業

提供影片A計劃給僑民看

1987年新年聯合會慶祝新年，我提供成龍主演新片《A計劃》在首映前，租戲院招待全部僑民，大家都興高采烈地觀賞。

阿根廷元月份是夏季，天氣炎熱，我照計劃暑假將成龍主演《A計劃》影片推出上映，成績不佳，一週就下片，大失所望，賠了廣告費三萬元美金。為了彌補影片的損失，設法到省內的工業區Veintecinco de Mayo（五月廿五日城），找好友市長申請十戶移民配額，很幸運順利辦成。

僑民林應龍與張萬想合作投資San Nicola工廠，看三次都有問題決定放棄。智利陳勝男兄與女秘書來阿，招待他到最出名的Estancia牛排館，他很滿意。

解散美麗華餐廳

美麗華餐廳交給小舅陳金義與弟弟宋治中及妻侄施慶源三人經營五年，未曾結帳，也未付過房租，看在自己親戚情面，忍耐犧牲總是有限度，我要求停業收回。侄子施慶源不同意，因他從未摸到現金，治中弟拿出二千元美金擺平慶源問題，我為幫親戚越幫越忙。

一九八七年一月九日十日，岳母八十一歲和寶雲五十歲生日，在家慶祝，阿親戚都來祝壽。準備了豬腳麵線、麻油雞、雞蛋、壽桃和大蛋糕，大家唱生日歌慶生。岳母與寶雲感動得熱淚盈眶，場面熱鬧滾滾，連襟陳天賜母親也是八十一歲生日，我們也去他家祝壽。

妹妹玉珍拿到美國簽證準備轉往美國，把成衣工廠結束，房子賣掉，機器及剩下布料轉送給大陸同胞，她真有慈悲心，我們大家為她

慶幸。她很能幹，肯吃苦，腳踏實地才會成功。

我想把《南疆新聞》關閉到美國另起爐灶，阿根廷也許不是我住的地方。「南柯一夢」該醒了，應該去美國啦！

敗選陳嘉卿拒交印信

陳嘉卿為爭取連任理事長及僑選立委，用心良苦。先清理會員，引入基督教會新會員，排除異己，開除舊會員超過一百多人。包括楊鎔鑑在內的中文學校改組，分成三個學校競爭。他夢想當立委參加國民黨，聯合某記者逼迫高仁河主任委員辭職，修改聯合會章程，引起不必要爭端，美濃客家會員團結一致，使選舉結果全軍覆沒，十七票比六票終遭落選。新任理事長鍾祥生當選，歐鴻鍊代表非常滿意。五月九日第八屆理監事會宣誓就職，陳嘉卿以選舉不公加以杯葛，拒絕交出印信，成為阿根廷僑社一大笑話，真是人在做天在看。

痛失兩位立委親友

一九八七年五月七日，獲知旅法僑選立委郭育訓兄突然中風往生。兩年前五月我到巴黎時，他招待我導遊巴黎，還歷歷在目，猶如昨日，如今人已到西方極樂世界，我心真難過，痛苦萬分。

七月二十五日，香港又有一位僑選立委梁風先生，心臟病往生。他是嘉禾機構董事，曾幫我不少忙，協助我買成李小龍影片，我每次到香港，他總招待我吃潮州館，鵝肉、魚翅、鮑魚、燕窩等最好的料理，味道猶在口中，卻已天人永隔，他想把中國片打開日本市場，給我李小龍主演的《猛龍過江》拷貝帶往東京試片做宣傳，果然李小龍變成日本影迷大偶像，真有先見之明。沒有想到影界導師會心臟病往生！郭兄五十歲英年早逝，梁兄六十四歲剛發表連任僑選立委，真是僑界大損失。

模範邱嫂移民奉獻生命

　　我好友邱煥章兄夫人是黃錦祥的姊姊，邱兄一九七六年到阿根廷，赤手空拳，全家動員日夜不停包春捲送餐廳，從賣青菜小店做起，刻苦十年，買進了第一家超市，建立事業基礎，才開始步入事業幸福之路，因太過勞累的關係，以致邱嫂患上卵巢癌，馬上送她回台醫治。後又轉送日本用尿療法治療，歷經二年，藥石罔效而往生，真太可憐。

　　一九八七年四月二十五日邱兄回阿，我專程到邱家慰問他，邱兄二十五年後，已成功建立製紙工廠基礎，資產超過美金億元。邱兄是有情有義的男人，每提到夫人眼淚盈眶，他說今天的基礎一半是她的功勞，邱兄是阿根廷最成功的移民第一名。台灣名刊雜誌特別派記者到南美採訪邱先生，刊出「海外台灣客屬在阿白手起家奮鬥成功，最傑出企業家」。

返美經厄到墨西哥

　　義弟陳秋義委託我賣的房子順利賣出，他全家來阿要過戶簽字，順便申請護照，很快辦妥。周建志兄請全家聚餐，兒子歐威對周兄小女方愉特別好感，我們祝福能成佳偶，大家留下好的話題。

　　我與寶雲回美為永興與惠卿安排訂婚，先到厄瓜多爾與片商在機場見面再轉飛墨西哥市。僑領盧協祖來酒店看我們，請我們用晚餐，他介紹祖父，是唐山到墨西哥的難民，赤手空拳做苦工，變成牛乳大王及碼頭大亨。一九八四年毛委員長曾邀他代表墨西哥參加南美洲華僑懇親會認識。我們住墨西哥兩天，走馬看花談不上是觀光，感受到墨西哥是西班牙語系文化的國家。

在周建志兄的農場騎馬留影

第 *3* 部分

投資亞洲電影市場

43
回台辦兒子簽證

回台為兒子申請綠卡

我們回到美國參加侯英煥先生大女兒訂婚,女婿是牙醫生,場面豪華,賓客滿堂。在美國,訂婚是女方要花費。

我拿到美居留證即可申請兒子在美國居留。三個男孩都超過十八歲,要回原居地的美國領事館申請。暑假帶永興、永隆、永昌回台,陳維中兄與雲英開了兩部車來接機,母親也來機場,看到三個孫子很高興。到文仲家,阿蔥阿姨等接我們去住惠珍表妹新北投的新房子,孩子看到親戚的新房子很高興,親情充滿遊子內心。

離開了台灣十三年重回故鄉,感受到無限的人情味,申辦兒子美國居留的手續,體檢證明、移民詢問等順利過關後,就帶兒子看看台灣風光並感受中國文化。

姨丈帶三個兒子上酒廊

連襟楊安華為人慷慨四海,邀我並請侄兒同學林銘進兄作陪,晚餐後去長安西路朝代酒廊,日本客很多,首先我有些猶疑地說:「三個兒子還在讀大學不合適吧!」,安華說:「他們超過十八歲了,難得有機會上社會大學第一堂課。」銘進兄說:「您十九歲帶國祥上茶店仔。」安華兄再說:「讓年輕人見識是好事,OK!」最後我同意了。

兒子們初出洞門,第一次看到花花世界,美女如雲,阿娜多姿,陪坐旁邊。美女笑咪咪敬酒,猜拳乾杯,談笑喝酒,意亂情迷,大開眼界,是初出茅廬兒子意外的收穫。

故鄉祭祖探親訪友

我帶兒子們回故鄉花蓮祭拜祖墳，再去美崙鳥踏石村母親故鄉，舅父已往生，舅媽健在，她看到三個孫子長大成人很高興，表弟帶他們看新建花蓮港口，我告訴兒子花蓮是我出生的地方，是我最懷念的地方。同事吳萬得兄請三個兒子午餐，席間告訴同事曾怡軒兄中風，真可憐。第二天，曾耀輝弟趕來花蓮看他父親，兒子祥富、祥裕一起會合聚餐，大家都很快樂。

王東乾兄叫他兩個兒子陪我兒子去太魯閣國家公園遊覽，由美琪飯店備一部小型旅行車開往天祥峽谷，彎彎曲曲公路穿梭山谷，天橋接隧道入雲間，有高山有原始森林，風景美不勝收。回程又去太魯閣溪底三棧溪，水清如鏡，深不見底，常有人來垂釣大尾鱸鰻魚，風景如仙境。再到北埔七星潭海灘，捉煙仔魚玩一整天，高興到忘了勞累。

堂兄明宗和堂弟明政、明義來看侄子，建議往瑞穗秀姑巒溪泛舟漂流，體驗這項好玩的運動，並請王東乾兄安排秀姑巒溪泛舟漂流的旅程。

泛舟秀姑巒溪漂流旅程

我到花蓮通常是王東乾兄招待住美琪飯店。秀姑巒溪泛舟漂流旅程每人八百元，王東乾兄出面可打折算六百五十元，由東乾兄兒子阿彥、阿棋陪我們去。清晨八時出發往瑞穗，九點半鐘抵達秀姑巒溪，暑假來泛舟的青年很多，須先訂票否則排不上，泛舟遊客都穿泳裝，還要租泳鞋、手套、穿上安全帽、救生衣，全身安全武裝，七個人上一隻舟艇，教練解說泛舟中須注意安全知識，說明秀姑巒溪流水動態，全程有二十五公里，需要六個小時才到海口終點。

演習幾次後，我們十點半出發，舟艇乘滿人數，分梯次開出，滿溪皆船隻，前進加油人聲震天，大家用力划，笑聲連連。水急流處，舟艇會顛波起伏，濺滿水珠，大家緊張萬分，尖叫爆笑聲不斷，高潮迭起，驚險刺激。用力划力不平均就翻船，全舟人都一起落水，大喊

救命，隨船有救生員立刻下水救助，好玩又刺激。陽光強烈照射得每人烤得皮膚通紅，三個兒子玩得興高采烈，中午半小時休息吃便當，五點到達終點，大家都精疲力盡，皮膚都灼傷痛得哇哇叫。這是一次緊張、驚險又快樂的旅程，也是兒子們最難忘的泛舟之旅。

同學招待兒子到盧山

花蓮回到台北後，陳維中兄招待我們去埔里母校，與幾位同學吃飯，晚上到盧山溫泉過夜。當天埔里氣溫是三十六度，盧山是海拔二千五百公尺，氣溫只有二十度，很涼爽，空氣新鮮，兒子們一夜好睡。在盧山賓館正遇台視林福地導演帶隊來拍外景，我來的太晚他們已睡，我留下一張字條。翌晨，他們又一大早出外景，沒有機會見面。感謝陳維中兄接機，安排到埔里，招待盧山溫泉，讓孩子感到人間處處有無限溫馨與情義。

導演揚名俊良設宴款待

蔡揚名、陳俊良是表兄弟，互相扶持合作，都成為了名導演。蔡導演剛入電影界與林福地在人愛服務社認識，我成立中興公司時，他開始拍片步入影壇，我們有革命情操的友誼。他倆兄弟獲知我三個兒子回台忙趕來相聚，我們談合作拍片，也想介紹學者公司蔡松林兄買韓片。與兒子們見面歡聚，讓兒子們留下好印象。

歌林公司李董與劉總及李董之孫李敦仁（永隆同學），特別在別墅辦桌宴請我們。離美前，卜乃夫兄也請我們吃飯。三個兒子回台辦美國居留簽證，同時亦探視許多親戚朋友，讓孩子們知道這社會要先建立自己信用，有情有義，真情對人，朋友才會重視我們。

感慨回台成功移民失敗

大哥陳英址，二哥曾耀輝，六弟陳秋義聯合送行，在日本餐廳宴請我們，對三個兒子讚美有加，肯定父母教育良好，尤其是對永興

能負責照顧寄讀弟弟妹妹，永隆、永昌盡責照顧他們孩子，非常感謝我們。

大哥雖移民不成，到恆春奉獻辦基督醫院十年有成；二哥重執醫業發展貿易，建立音樂鈴工廠；老六秋義從事布業出口，台幣增值景氣回升，賺了不少錢。我離台十三年，努力犧牲為阿根廷移民奔忙，阿根廷政局混亂，貨幣貶值，我的事業節節敗退，不僅財產損失，還險丟了生命，感嘆人的命運不同，業障未完，再繼續努力吧！

▌與永隆訪問阿根廷好友邱煥章夫婦和他們的兒子

44
永興惠卿終身大事

訂親拜訪惠卿雙親

回台灣辦完申請兒子的綠卡後，永興永隆先回美國，永昌陪我飛韓拜訪韓國合同公司，與郭貞煥兄談《人狼戀》版權，郭兄看到永昌很高興，馬上送十萬元韓幣紅包給永昌，以前他來美參加影展時，永昌在麵攤打工，他路過請他吃過麵，郭社長真有人情味。

我回美國後先與惠卿父母親見面，親家服務美國駐台灣大使館，來美十多年已是美國商務部高級主管，他是虔誠的基督徒，要求永興皈依基督徒。惠卿自哥倫比亞大學畢業，在波音飛機公司服務，出身高水準的家庭，尊重年輕人，雙方相愛互信，信仰自由。雙方家長樂意結為親家，商訂十一月二十八日訂婚，女方出面主持儀式，預定十二月二十八日舉行結婚典禮，男方負責主辦，我們談得很愉快。

紐約探訪恩人蕭先生

蕭先生曾幫助我籌募新台幣一百萬，捐款建阿會館，是我要感恩的人，他社會關係良好，是商場導師也是一位有修養的紳士，邀我們到紐約參觀新買住宅。

我們到紐約時，他與兒子蕭家勇接機，家在郊外海邊的別墅區域，與蔣夫人園莊近鄰。他向歐洲貴族後裔買歐式建築，有前後花園、魚池，老樹樹葉蔽天，古色古香，內有十幾間房，只花壹佰貳拾萬元美金買到，現值超過伍佰萬元。他招待我們住豪宅，帶我們到曼哈頓帝國大廈、國際貿易大廈、紐約大都會藝術博物館，乘船遊港看自由女神像，到唐人街美食館談合作投資拍片，他亦計劃來洛杉磯參加永興婚禮。

　　十月台北召開第三十二屆亞太影展，韓國代表團長郭貞煥兄要我趕來台北協助，我與寶雲於十月二十三日飛回台北，維中兄來接機，住在烈蛟大哥的家。

參加第三十二屆亞太影展

　　韓國參加亞太影展代表團於十月二十四日飛抵台灣，我與洪秘書長接機，住圓山飯店，郭團長貞煥兄要求為韓國參展影片《替身》爭取「最佳影片」、「最佳導演」、「最佳女主角」、「最佳男主角」等獎項，是一項很艱難的任務。依照亞太影展的慣例，影片參加影展主要目的是為了促進文化的交流與友邦友誼，有獎大家分，不像美國奧斯卡金像獎、坎城、威尼斯影展得大獎影片版權可賣好價格，大家都想爭取大獎。

　　亞太影展評審委員會有七位評審，三位是台灣評審，四位是外國評審，評審制度公平。主委是影展最重要關鍵人物，由台灣的龔弘先生擔任，台灣兩位評審是我好友，龔弘先生是前中影總經理也與我有交情，只是外國評審來自馬來西亞、印尼與我沒關係，韓國應沒問題，日本話我可通。我心裡有數，當然要交際，離頒獎日期只有三天，我要積極開始行動。

　　翌晨，我準備名貴高麗紅蔘禮物，帶郭兄去拜訪龔弘先生，同住圓山飯店，找到他房間敲門他不在，下樓時在電梯口遇到他，我趕快介紹郭團長與他握手說明原由，將禮物交給他，他說不方便並拒絕接受，讓我感到很尷尬，我設法找製片協會理事長丁伯駪求助。

　　韓國郭兄性情急躁，說我不積極，緊迫釘人，態度蠻橫，每天打來好幾次電話，催促必須完成任務，不斷給我壓力。為了事業要忍耐，我先拜訪台灣評審。他們告訴我《替身》是很好的影片，導演功力不凡，男女主角演技第一流，最佳影片應沒問題。拜訪日本評審時，他們也說韓片確實拍得好。馬來西亞、印尼評審方面，經由洪秘書長介紹請他們喝咖啡。報章上大捧韓片《替身》，有種氣氛不錯的感覺。成功一件事必須要努力，付出代價方可達到目標。

盛大亞太影展頒獎典禮

第三十二屆亞太影展頒獎典禮十月二十七日晚上，在剛落成美輪美奐的國家劇院舉行，有二十幾個國家參加。除了台灣代表團有貳百人，韓國、日本各有五十多位，泰國、星馬、印尼、菲律賓四十位團員，伊朗、澳洲、紐西蘭、印度等國也派代表參加，男女紅星、導演、攝影師、工作人員以及各國政府官員、媒體記者等來賓座無虛席。

亞太影展主席林登輝先生主持頒獎典禮，大會舞台上歌星演唱，燈光燦爛豪華，節目精采。主席上台，典禮開始，依奧斯卡金像獎方式進行，先放片段影片，再介紹入圍影片，由各國名男女演員、導演、製片、名影人上台，發表得獎名單。得獎人上台領獎，全會場掌聲如雷，影人將獎頒給得獎人，中間穿插表演節目，高潮迭起。

這次亞太影展晚會精采最成功的韓片《替身》果然如先前預定獲得「最佳導演」、「最佳女主角」、「最佳男主角」、「最佳影片」四項大獎。當大會宣佈得獎「最佳影片」時，郭團長及泰興公司李泰原兩人一起上台，由主席林登輝先生頒獎，領獎人郭團長和李泰原雙手舉起做勝利歡呼：「感謝大會給韓國大禮物，謝謝，謝謝！」盛讚這是台灣舉辦最成功的大會，最後《替身》男女主角和導演全部上台揮手致謝，觀眾起立鼓掌達五分鐘，在鼓掌聲中大會達到最高潮，我喘了一口氣，總算完成了不可能的任務，大會亦圓滿閉幕。

替身台灣版權爭奪戰

韓國片《替身》得最佳影片，郭團長非常滿意，洪秘書長為我高興，請我代中影買韓片，我要求郭團長協助，他一口答應。洪秘書長帶我見中影總經理林登輝先生，感謝我協助洪秘書長連絡日韓代表團為中影買到韓片《替身》，請李維章經理來見面，準備簽約，我非常高興，晚上打電話問郭貞煥兄說《替身》版權沒問題，安心熱衷買此片。洪先生是三一公司，他告訴我需買很多錄影帶版權，我可乘機帶

三部韓片。我開價美金十五萬元，中影林登輝先生同意，版權是美金十二萬五千五百元簽約，感謝上天對我是努力獎賞。

翌日飛韓國，我在機上看湯臣公司買到《替身》版權，我嚇了一跳，到口的肉又飛走，我心急如焚，到了漢城隨即趕至郭社長公司，他有客人交代沒問題，明天到泰興公司與李泰元社長簽約。我心裡忐忑不安，湯臣公司新聞是否確實？李社長說簽約要等兩天，林導演版權已交代金先生，與新韓公司鄭道煥先生談判需等時間，我急得如熱鍋上的螞蟻不知怎麼辦。中影公司已發表簽到《替身》，變成雙包熱門新聞話題，中影洪副總每天來電詢問，泰興公司李社長說兩天後又要再延一天可能已變天。最後，郭李兩位社長協助下簽成合約，我才鬆了一口氣。

我拿了該片宣材，飛回台灣，中影證實片商高仁河已替中影簽到《替身》，版權爭奪戰終於落幕。我為此緊張兩個禮拜，這一筆交易賺進美金六萬元，真幸運，永興結婚可好好慶祝了。

感恩影展獲酬大禮

我們參加影展爭取到韓片《替身》版權，烈蛟大哥在報上看到替我高興。我曾聽大哥說到恩主公廟祈求願望很靈驗，在大哥家清晨，請大哥陪我到恩主公廟燒香還願，感謝關帝爺保祐獲得《替身》版權，應感謝恩主公及中影公司洪秘書長等人協助。

中影公司再買《替身》新加坡地區版權美金壹萬元，辦妥合約手續，剩餘款匯到香港。我與寶雲搭飛機到香港，秋香妹與我們同機前往，她陪寶雲逛百貨公司，我到楊吉爻兄公司看《西藏王》、《絕處逢生》大陸拍的新片，簽韓日美地區版權付伍仟元訂金。楊先生很高興向我買了韓片《秘女》香港版權，請我們吃晚餐，祝賀永興結婚，送港幣五百元禮券。建華公司周劍光兄找我買《替身》泰國地區版權，以美金貳萬元談成。

這一次台灣之行收穫不錯，是惠卿帶來的喜氣與財運。我與寶雲商量決定先匯美金壹拾萬元回美國，準備六萬元幫永興結婚買房子。我與寶雲搭機經飛韓去拜訪東亞公司，向李于錫、康兄感謝，在韓為

《替身》交涉和協助。中影擬再買十部韓片要委託他們，大家都很高興，李兄大開宴席招待。我們非常愉快地離開韓國，飛回美國加州，全家孩子都到機場迎接，好像是得到世棒冠軍的英雄凱旋歸來的心情。

　　一九八七年是我人生中大豐收，最快樂的一年。

㊺
兒女婚姻天註定

賭城永隆訂婚，新娘換人

　　一九八七年我回台，重整事業旗鼓，亞太影展再創事業高峰。永隆與永興皆自加州爾灣大學畢業，永隆在學中，已在中國地氈公司當業務員，畢業後專心工作，很快獲升業務經理，三年後創立太平地氈公司，他跟大學好友Dona交往四年，恩愛異常，Dona回台灣住過我家，我早把她當媳婦看待。後來，兩人感情突然變卦，永隆前在中國地氈的同事茹莉乘虛介入。Dona個性驕慢，永隆無法忍受，突然換了潮州的女兒茹莉，她是馬來西亞華僑，來美留學，父母是檳城大樹腳人，他們決定來美參加賭城訂婚典禮。

　　連襟楊安華來美，在我家鄰近買了一棟房子給他兒子東如。林銘進、李茂清同學到阿根廷觀光，回程過境美國，也參加了永隆訂婚典禮，儀式在賭城小教堂舉行，參加觀禮三十多人，場面隆重熱鬧。永隆於1990年1月3日結婚宴客。

　　永隆在工業市買了一棟四房兩廳的住宅，前院有花園、車庫，後院有馬廄，房價32萬元美金。我與永隆各付四萬元，以頭期款捌萬元買下。

永昌與星欣無緣份

　　老三永昌，與永隆相差一歲，他喜好藝術，小時候是一個好動兒，福路頓大學戲劇系畢業後想當男模，或是學服裝設計，但我不贊成。他曾參加伶倫劇坊，當選第二屆社長，主演《藍與黑》，演出相當轟動。他對戲劇與電影有興趣，只好跟我回台在電影界闖天下，我帶他跟朱延平導演學習製片與導演工作。

永興婚後，到連襟在美國開的成衣公司當業務經理。陳太太是我的好鄰居，在台北中央市場做進口海鮮買賣，她要去冰島買鱈魚，由於她不懂英語，我要永興陪她去，永興就特地向公司請假作陪。陳太太在基隆有大型冷凍庫，購自台南王子戲院的王梅明先生。王先生在台南還有王后戲院，是我的客戶之一，為人忠厚，一九八二年已往生，是一位讓人懷念的好友。

阿根廷好友周建志兄有三個女兒，都長得亭亭玉立。老大星欣，溫柔聰明，孝順父母，對長輩有禮貌，周家開的委託行全由她掌理，她又要兼做家事，我與寶雲都很喜歡她，希望她可成為永昌的媳婦。星欣與永昌雖未見過面，她也喜歡我們的家庭，對永昌很敬仰，愛慕在心中。我在阿根廷時，經常在周家出入和吃飯。永昌在台灣忙於拍片工作，抽不出時間來阿和她會面，我鼓勵星欣自動寫信給永昌，他也回信給她。在我心中早把星欣當家人看待，而永昌也想找時間去阿與星欣會面。

在美國過境期間，好友介紹日本小姐成子給永昌，兩人一見鍾情。這位日本姑娘與星欣一樣，美麗溫柔。成子就像是一朵粉紅色的玫瑰花，星欣則像是一朵沉醉的夜來香。姻緣天註定，永昌與成子熱戀，要趕回台工作，沒時間赴阿與星欣相會，成子打鐵趁熱，馬上趕去台灣相會，約定訂婚，我們無法阻止，我真不知如何向周家及星欣交代！我回到阿根廷，面對星欣真尷尬，星欣還沉迷在期待中，想託我帶一封情書給永昌。

她跟父親周建志去非洲旅遊，台商劉伯勤先生見到星欣非常愛慕，直接向她求婚，她已有永昌，沒有答應，正等待著永昌。我非常難過又尷尬，只好委婉推說，我要先收星欣為乾女兒，買了金手環做為禮物，周家感覺氣氛奇怪，我只好帶著沉重腳步，離開阿根廷。

我回美後，寫信告訴周先生與星欣，永昌決定與日本姑娘訂婚，後來她父親看開了，永昌與星欣無緣結親，他只好同意星欣與劉伯勤結婚，我們與周家無緣結親。命運無法預料，姻緣天註定，無法照我們的想像安排。

永昌與成子於一九九〇年元旦在洛杉磯訂婚，請親家陳少華先生當介紹人；永隆準岳父母元旦早上趕到美國，準備參加永隆婚禮；

▎永昌結婚，日本親家、馬來西亞親家、在美親家三對夫婦參加婚宴合照

成子的父母親由日本趕來參加永昌和成子的訂婚，典禮非常隆重，高家喜氣洋洋。元月一日永昌訂婚，三日永隆結婚，大家都忙為高家祝賀，我已有三位不同國籍的親家了。

放棄阿根廷的產業

　　辦好三個兒子的婚事後，我決定回阿結束事業，將電影發行公司結束，並將舊片出售。

　　聯美大樓樓下店面，陳常裕兄想開一家「一貫道」素菜餐廳，他出價每月租金五百元美金，只有台灣行情的十分之一價錢，他負責付全樓地稅及水電費、清潔費、電話費，因他曾協助我承辦《南疆新聞》盡不少功勞，只好接受。二樓租給林青松兄，他是連襟陳天賜女婿的大哥，要開功夫館，一年租金美金捌仟元，他還價一半，四千元美金，我也認了。美麗華餐廳，闕先生願先租半年試試看，只想付一千八百元美金，地稅、水電費由他付，我也答應，比關門還好。在我

出國前，周志誠先生曾告訴我：「在海外投資房地產最穩當。」答案是錯的，我真是啞子吃黃蓮，有苦無人知。

阿根廷這自稱是天府富庶之國，竟成為地獄餓鬼城，阿經濟低迷，貨幣貶值一年超過五千倍，是世界第一，也是意外萬分之一，我來阿親自品嘗到。

阿政府執政的激進黨雖推翻軍人政權，第一任總統阿奉幸（Raúl Ricardo Alfonsín）任期六年，他無法挺住，提早半年將政權移交給下任當選總統貝隆黨美能（Carlos Saúl Menem）。他之前當過La Rioja省長，是一位出名的花花公子，好友順興兄曾經邀他到台灣訪問，他上台後改變外匯政策，努力推行新政，連任兩次，改變阿根廷經濟危機，還了幾佰億元美金外債，真是奇蹟。在第二次世界大戰前，阿根廷曾經是世界上最富裕的國家之一，貝隆（Juan Domingo Perón）上台後推行社會主義制度，擁護工人，替工人建造公寓，協助組織工會，後來工人不斷要求增加工資，罷工遊行，導致工廠關門，經濟走下坡，真是沒有邏輯的國家。

一貫道來阿移民傳道

阿根廷來了一批「一貫道」團體移民，有組織，有財力，買入很多住宅、商店，建立「一貫道」道場，人數迅速增加。耀輝兄的弟弟耀明，岳父是一貫道資深經理，熱心傳道佈施工作，曾邀請很多親戚朋友到道場講道聽經，招待大家吃飯，非常誠懇用心。他說「一貫道」是五道合一，佛教、道教、基督教、回教、儒教，沒有主要教義，常結合道親集會演講，聚餐吸收新會員，道親非常熱心，樂於佈施，幫助道友，做事講經傳道，招待餐點食物，行動積極。新會員迅速增加，移民一批又一批來，經營雜貨店、小超市及道場。

風行「收素」練功健身

「一貫道」來阿變成僑社一個有力的團體，也開了不少的素菜餐廳，注入阿根廷僑社生力軍，「一貫道」也帶來神秘的「收素」練功

的風潮。每週六夜間九時後，邀集僑民到野外樹林中、草地上修禪靜坐，吸收氧氣叫「收素」功夫。要持經念咒呼請上天達摩祖師下凡，附身起童，教徒「收素」練功。

我聽了不少的街坊消息，究竟是天方夜譚還是神棍花樣？有幾位老人老婦，包括耀明的岳母，痛風駝背走路不方便，也參加學「收素」練功。她真的起童發功，忘我打起少林拳，手腳矯健可翻跟斗，與年輕人一樣，真是奇蹟！練功後退身，身體酸痛都痊癒了。「你會不會相信？」我問了好友陳敏聰兄，他告訴我真有其事，他也試過起過童，他帶我與陳常裕兄到現場參觀，真熱鬧。

現場有幾十位成員正在練功起童，努力練功打拳，陳敏聰兄親自下場表演，約十幾分鐘就起童。陳常裕不信邪如法泡製，也在操場上起童，亂舞打拳，全身轉來轉去，達到忘我的境界，真不可思議！世界上有陰陽界，有神靈、鬼魂這種事嗎？我真疑惑！但我親眼目睹，是千真萬確，事過幾十年，我還是疑問重重，無法了解。

協助二姊移民阿根廷

我移民阿根廷時，二姊夫從政工幹校退休，他有三子一女，都已高中畢業，二姊要求我帶他們全家到阿移民。我無條件為他們申請綠卡，先帶去日本辦阿移民簽證，住張簡醫生家，安排後讓他們在阿安居，介紹二姊與外甥去餐廳工作。

我想替僑社辦僑訊刊物，請二姊夫做主編，但他不願意我只好另請別人。明先生在家要寫蔣介石與毛澤東傳記兩部著作，他的心中充滿對國民黨蔣介石政府失望，對台灣社會不滿，他瞧不起台灣人，從不學台灣話。他自認是有文化的詩人教授，一生不想向誰彎腰低頭。又認為我是太太的奴隸，我事業都被外親家族佔領，對我有很多誤解，但是我總是體念他是我姊夫不與計較，我了解他個性很固執，年齡已七十多了，我們只好容忍，他在阿住了十年，一事無成，兩部偉大的著作最後也都沒寫成。

姐夫明秋水生不逢時

　　我的二姊秀珍，在五歲時父親過世後，過繼給花蓮東部旅社趙春華先生做養女，趙先生前妻把她當親生女看待。二姊聰明又美麗，十六歲就會跳社交舞，趙先生家教較嚴，他與前妻離婚後，二姊喜歡自由，二十歲就脫離趙家跑到台北謀生，學民族舞蹈，在歌舞團隨團勞軍，邂逅了外省籍的明秋水先生。他是軍人駱駝報社社長，也是詩人，出版過詩集。不久，兩人結婚。

　　明先生是大陸漢口市人，黃埔軍校第十五期，與王昇將軍同期，性情剛烈，熱情，固執，愛國。讀軍校時與三位同學在南京市馬路圓環，披麻帶孝，跪諫呼籲國民黨孔、宋、陳、蔣四大財閥，輸財捐血救國，震撼當局，是一件大膽危險之舉。

　　他畢業後在軍中從未被重用，後來台轉入政工幹校當教官，當時王昇當校長，因為他自視甚高，不善交際，不拍上級馬屁，而得不到上級照顧。他與二姊生兩男一女，生活清苦，我成立影片公司後請他做廣告及編劇，他總不滿意，不滿我內人掌理公司大權，從未叫我母親一聲媽媽，是一位脾氣古怪的人。

　　我承包歌舞團要去越南表演，特別聘請二姊與姊夫明秋水，當國華歌舞團總監及舞蹈編舞老師。訓練歌舞團半年期間，給他們優厚的報酬。後來北越攻入西貢，歌舞團未能成行，在台灣公演不賣座，全團解散，公司損失二百萬元台幣。他退休後，受他的學生，金門當縣長，聘去辦刊物當主編三年，是他一生中最風光的時期。

　　我由阿回台乘加航，在溫哥華過境室碰到他，身穿一件皮大衣，告訴我皮大衣是阿根廷唯一最好朋友魏家龍贈送，稱讚他是好人。他要回大陸定居，嘆了一口氣說：「老弟啊！你真是大好人，帶幾十家親戚朋友，到阿根廷移民，沒有人會有感恩的心，您將來一定會有好報！」他第一次將內心話講出口，還告訴我他妹妹北京的地址，以後到大陸找他。

　　他到大陸後與二姊離婚，再與大陸妹結婚，在杭州住了六年。後來得肺癌回台三軍總醫院醫治，由兒女與二姊照顧，兩年後逝世，享

年八十二歲。姊夫明秋水生不逢時，是一位歷史悲劇人物。

僑社商務處改變很多

歐鴻鍊代表由智利調到阿根廷，接任徐斌為商務代表。他是台灣籍人士，對僑民很熱心客氣，又增加了一位僑務秘書，沈傑爭兒，前在秘魯僑校當過教師，也曾來阿參加過南美洲華僑懇親會。

歐代表特別為我接風，還請第六、七、八屆僑聯會理事長：陳嘉卿、巫均貴、鍾祥生及沈秘書一起聚餐。中央通訊社陳資源，已調去巴拿馬，阿僑社自徐斌被調部休息，歐代表來後商務處改變很多，比較平靜無事。

我陪了林銘進、李茂清同學來阿遊覽，再飛滑雪勝地Bariloche度假，並在首都名勝旅遊二週。回台經美過境，參加永隆的訂婚儀式。

他們離阿前，秋香妹趕到阿根廷，為兒子昆芳租了雜貨店。她將三子接來想開美容院，兒子性情不穩定作罷。雜貨店生意不錯，昆芳娶了阿根廷女店員為妻，不久生了混血男兒，秋香很安慰快樂。

寶雲二姊夫陳天賜很孝順，把高齡母親帶來阿根廷孝敬。他是最可憐的人物，來阿後與二姊寶仙在國祥經營的台灣飯店工作，寶仙姊掌大廚，天賜負責切菜與洗碗工作，從無怨言，努力打掃餐廳，沒有出過門，善盡職守。他吃飯時喜歡吃肥肉摻肉湯，我勸他少吃油膩，不然會中風。他原性不改，果然中風四次，六十七歲在阿往生。

老么連襟楊安華在台大醫院驗出攝護腺癌，隨即住院治療。諸事無常。

46
投資卓別林片集

日韓重映卓別林片集

我回台路過東京時，順道拜訪東和篠島兄，他告訴我日本重推三十年代卓別林藝術片，非常賣座。當時戲院正放映《摩登世界》，卓別林喜劇幽默的表演動作，沒有對白卻笑料百出，自然滑稽，他真是表演天才和偉大的藝術家。接著又推出第二部，票房都很好。

篠島兄帶我去看上映中的蒙古片，日本東和公司資助拍的戰爭大片Mandohay（《漫都海女帝》），動用六千馬匹，在大草原大戰之大製作。我真想買韓國與東南亞版權，我託篠島兄向蒙古製作人聯絡。

我到韓國時，康兄告知宇進公司鄭鎮宇兄買到卓別林系列片，我真高興可託鄭兄買卓別林片集台灣版權，心裡充滿了新的希望。

推銷阿片給韓振公司

感謝韓振公司韓甲振社長，資助我買到韓片《淚的小花》，使我能東山再起。我帶了兩部阿根廷片，他看過預告片後，答應買下韓國版權。為回報他我希望能買他拍的勵志苦學影片《沒媽的孩子》共三集的東南亞版權，等於互相交換影片版權。我對《沒媽的孩子》更充滿信心，預計將會大賣座。

我約康兄去日本看蒙古片，決定合夥買進，並請他說服鄭鎮宇兄代爭取卓別林系列影片的台灣版權。

兩件事都有了好消息，篠島代簽妥《Mandohay》（《漫都海女帝》）東南亞包括版權美金十萬元，我和康兄合資買卓別林片集台灣的版權，鄭鎮宇兄開價美金二十萬元包底分帳，我與鄭鎮宇兄簽約。因成本太高我想冒險想向前衝，再賭一下吧！

學者發行卓別林片

我參加亞展時，蔡揚名介紹了學者公司蔡松林兄，大家叫他小蔡。他向我買了七部韓片發行，讓我賺了不少利潤。學者與龍祥公司掌握發行國片院線兩人集團，蔡先生青年得志，對自己非常有自信，有眼光出重金簽朱延平、蔡揚名、陳俊良三位基本導演大拍國片，部部賣座，勢如破竹。蔡先生講話高調大聲，外號叫「臭屁蔡」，買片有魄力，出價大方乾脆。

我雖拿到卓別林片集，但資金不足，也沒戲院發行，就找他投資合夥發行。他對卓別林片和韓片《沒媽的孩子》都有興趣，但他沒有西片戲院可上映，因控制權都在美國八大公司，而「卓」片是黑白片，很難排入西片首輪戲院，等了一年多，還是找不到西片戲院上映。後來正好演國語片的今日院線兩戲院要出租，蔡松林建議租來放映卓別林電影，我擔心兩戲院位在今日百貨公司六樓，過去生意不佳，蔡兄有自信只要擴大廣告，可與東京、漢城一樣賣錢，戲院要簽保證金，他願代付，我勉強同意，在鳳凰戲院推出。

「卓」片《沒媽》挫敗全軍覆沒

我們租了今日、鳳凰兩家戲院，開始上映卓別林系列片。先推出《摩登世界》，包公車、電視廣告，到學校發特刊、傳單，並舉行記者招待會等，共花了參佰萬元廣告費。鳳凰戲院推出後，第一天只賣出一百五十票，上映一週下片，其他地方全部沒上映。我們向院方包底，第一個月就虧掉一百萬元台幣，我馬上緊急喊停，要求退出租戲院股東，蔡松林答應賠我五十萬元台幣。上演一部《摩登世界》總共賠了四佰萬元台幣，我要賠二百萬元，我賣給學者韓片未收片款超過二百多萬元，正好抵銷，總算還了一筆欠帳。

我特地將韓片《沒媽的孩子》故事小說先請國語日報連載，花了二十萬元廣告費，透過無名氏在黎明文化公司特殊關係，將《沒媽的孩子》的故事出版成書二千本，貼兩萬元台幣給印刷公司，影片發音

由韓語改配成國語，並請作曲家小蟲重新作主題歌，出唱片，花了將近二百萬元，加廣告費一百五十萬元共三百五十萬元。推出後成績平平，扣除成本賠了三百萬元台幣，我賠一百五十萬元台幣。兩部片合計三百五十萬元及戲院五十萬元共賠四百萬元，真是意外挫敗！

蔡松林自此耿耿於懷，常臭臉相待。我們相差近十五歲，他驕氣衝天，他的太太管財務，他投資失敗後，有一次我進入她辦公室要會帳，竟對我下逐客令，我感到莫大侮辱。我自覺有責，要忍耐，默默承受。當年韓信沒沒無聞，還受人欺凌，爬過胯下，如今我失敗就要忍耐，要能屈能伸，原諒他人，才有後福。

代蔡向李導演交涉退片款

蔡松林五年前向李翰祥買在大陸拍的《垂簾聽政》及《末代皇帝》，付了八百五十萬元台幣訂金，五年仍無法進口，損失慘重，委託我到香港向李翰祥請求退款，我與李導演交涉三次會面，討論不出結果。台灣禁止大陸片，不是李翰祥責任，李導演欠資金拍片，鼓勵學者蔡松林來大陸拍片。台灣開放大陸探親後，情況改變有利，我建議小蔡到大陸拍片。

我在美國買到小說《先婚後友》劇本版權，他很喜歡，建議與學者合作，但時機尚未成熟因而作罷。香港南方公司請我看紀錄片《大陸奇談》，非常奇特，我出主意補拍片頭換字幕，可改成美國公司出品，再進口台灣，小蔡同意，我先向南方公司購買版權，再補拍，南方公司也同意了。

一九八六年我與永昌飛北京請李翰祥協助，他派出攝影師、技術人員到八達嶺拍外景，回台剪接再改片頭完成，當作美國公司出品紀錄片，進口電檢通過後，順利在台灣上映，學者公司賺了錢，因此小蔡到大陸拍片也有了信心。

導演朱延平大陸拍戲

小蔡想拍一部遊大陸的喜劇片，要我出面請李翰祥協助，他開價

大陸外景包拍要港幣一百萬元，蔡松林答應，我先帶朱延平與助理三人到北京看外景。

一九八九年五月二十一日，到北京下機後乘車到市區，發現北京市內氣氛很緊張。學生在天安門靜座抗議已三週，街上有幾萬人示威遊行，大喊著要推翻鄧小平、李鵬等話語不絕於耳，交通阻塞，寸步難行，開了三個小時才到酒店。北京市局勢非常緊張，治安情況危險，趙紫陽書記呼籲學生回到學校。

第二天，市面上更多人參加遊行，打鑼敲瓶，治安混亂。

第三天情況更糟，我與朱延平決定先回台灣，我們叫不到出租汽車，只好叫三輪車，開價一百元人民幣，比汽車貴五倍，也只好照付。

五月二十四日我經香港轉飛台灣，朱導演飛新加坡轉機，補票。幸虧跑得快，十天後，發生震撼世界的「天安門事件」。

湄洲勘外景，福建廠協助

一九八九年六月四日，北京發生天安門事件，大陸變成恐怖城，觀光客一下子走光，大小旅社、酒店人去樓空。

學者公司小蔡正想拍《媽祖傳》，找李作楠導演研究，託我去湄洲媽祖廟。我到香港南方公司找劉德生，他陪我去福州拜會福州製片廠陳廠長。他來接機，安排住入新開的酒店，旅客稀少，冷冷清清。他派車送我們到湄洲島，花了四個小時，到海岸湄洲島媽祖廟。

台灣漁船大隊，第二次來進香拜媽祖。媽祖廟由台灣善男信女香客捐建，新廟落成，金碧輝煌，香客一半來自台灣。福建廠劉廠長歡迎我們來大陸拍片，願提供一切協助，並給我關於媽祖海上救人的故事資料。

我們在福州住了三天，回台後，提供在湄洲所拍照片給小蔡和李導演，作為簡寫劇本參考。

47
世態變化無窮

世紀婚禮歌林李敦仁

　　李克竣先生是台灣電氣界三大元老之一，歌林家電創始人，三洋家電的大股東，台灣工業領袖人物，他的長孫李敦仁是永隆的靜心小學同學。我們全家去阿根廷移民時，他到巴西順道來阿看我，找了很多好友來阿投資、辦移民，變成親密關係。李敦仁到美國留學在美經常來洛杉磯找永隆三兄弟，他們交情甚深。敦仁大學畢業即回台進入歌林集團訓練，準備做接班人，他是李董長孫，受祖父及父母疼愛，李董常說敦仁是幸福牌。

　　敦仁的結婚典禮在台北圓山飯店十二樓舉辦，席開二百桌還不夠再開半樓。李登輝總統、五院院長、政要首長、工商元老、立委、議員、藝界紅星好友，全部到齊。李總統及首長分別致詞，名歌星上台演唱，熱鬧非凡，場面豪華，令人難忘。

　　李董事長夫婦為人慷慨愛佈施，人脈廣闊，做人成功，是可敬的長輩。李董事長於二○○二年往生，享年八十九歲，告別式場面哀戚，上千人來參加弔祭敬拜。

　　歌林公司劉昭沛與李敦仁接班，當公司董事長與總經理，兩位正是年輕力壯，急功好利，接班幾年後想到美國與外省人合作，在美國設廠販賣電視。外省股東採取廉價銷售，大受歡迎，供不應求，合作股東急於在美國上市股票，在台灣不斷向各銀行貸款，不知誤入外人陷阱，後又逃稅被美國稅務機關發現，股票被迫下市，外人股東捲款潛逃，公司宣佈破產。

　　李董事長辛苦六十年建立歌林公司，最後被銀行團處分拍賣。李老先生夫婦一生大慈大悲，愛心佈施，是一位大善人，真可惜。俗話說「富不過三代」，我心有無限感傷，世態炎涼，變化無窮。

慈悲善人陳海石夫婦

　　鄰居陳海石夫婦，是中央市場魚市大批發商，在基隆有漁船冷凍庫。夫婦為人慷慨愛佈施，兩個兒子念靜心小學時與永興、永隆是同班同學，逢年過節都會送魚、蝦、進口罐頭、魚餅做賀禮，視我們如親兄弟。他不但對親戚朋友好施慷慨，救濟窮苦老弱，每晚還準備飼料飯糰給流浪貓狗當晚餐，幾十年從未間斷，真是大善人。陳海石兄幾年前癌症往生，屋頂上和小巷內，貓哭號幾天，傳為萬華無人不知的佳話。

　　我到阿根廷去移民，寶雲二姊全家六人想去阿根廷移民，阿機票要四十萬元台幣，他們無法支付。陳太太知道是寶雲的親姊妹，她馬上提供全額機票，幫助寶仙全家移民阿根廷。她們到阿根廷能改善生活，讓子女能受好教育，此恩此德，不是一般人可做到的事。當然寶仙兒女在阿受教育二十五年後，陸續將資助機票錢奉還陳太太。她是一位大善人，她的故事感人肺腑。

秋香買樓開日本餐廳

　　秋香改名羅芳佩，他先生三十九歲往生，留下三男一女，她努力外出工作，扶養全家。她還年輕，尚有姿色，人緣口才不錯，謀生應變能力靈活，在商場結交不少名流富商，賺了不少錢，兒女拉拔成人後，在桃園市買了一棟四層樓房，開了一間日本料理「松町餐廳」。

　　長子昆芳託我去阿根廷辦移民，在我餐廳工作。她來過阿根廷幾次探訪兒子，協助在阿開雜貨店，娶阿根廷女子做媳婦，真是一位能幹的女人。她感恩我們夫婦不斷鼓勵協助她，對我們敬如兄長，認我母親及岳母為義母。她開的日本料理餐廳生意不錯，兒子、媳婦回台灣幫忙店務，生出混血男孫兒。

　　轉眼已過三十年，秋香不幸患上子宮癌往生，享年六十七歲，她是一位了不起的女中英豪。

回鄉掃墓找地建祖墳

　　每年清明我在台灣時都會回故鄉花蓮掃墓，並探望已退休的四叔老人家，四嬸已往生，他孤苦零丁。我與寶雲每次帶一條洋煙和紅包孝敬，讓他高興。高家祖先墳墓很分散，共有六門，掃墓很辛苦，我決心集中祖墳建公墓，託四叔找墓地，我們祖墳都葬在掃窟墓地，四叔在附近看中一塊十多坪地，開價要七十萬元，與市內建地一樣貴，沒買成。

　　阿蔥阿姨帶我們去東海岸看新建墓地。招待我與寶雲到石梯港吃海鮮，真巧在餐廳碰到四叔次子明政堂弟，帶女教師吃飯，他很尷尬介紹說是同事。我阿姨告訴寶雲，那位女人是他的外遇，真意想不到。明政堂弟在台灣電力公司服務，招待過我們參觀龍澗建地下發電廠，為一建在山中的地下水力發電廠，工程浩大，印象良深。明政堂弟二年後，突患猛爆性肝癌往生，真可惜，四十二歲就英年早逝。

　　我在韓國Astoria Hotel巧遇台灣同業曾煥照兄，一起吃早餐。他比我年長十歲，師大畢業，精通日、韓、英語，當過中學老師，後來從事影片買賣，在韓國跑了一陣子，業績不佳，怨嘆人生路途難行。他已與元配離婚，在韓國有女友同居，台北住屋離我僅一條街，辦公與住家一起，自己做飯自己吃，生活寂寞，我常去與他聊天。幾年後，聽說他中風往生，最後他過的是寂寞的晚年。

風流片商A K FOO

　　馬來西亞片商AKF傅先生，新加坡華僑，當過美商八大公司經理，後自營公司。他是洪述棠的朋友，在星馬、印尼等地區發行影片，要我介紹新片給他，為人風流，來美國時我招待他住過我家，他太太告訴寶雲，傅先生不但在新加坡有小三，到處也都有女人，七十多歲了，依舊風流老不修。

　　第三十四屆亞太影展在印尼雅加達召開，有八個國家參加，規模不大。台北代表團林登輝率領三十多位團員來參加，傅先生邀我來吉

隆坡相會。我飛雅加達參加亞太，他帶我吃當地印尼餐，用手抓食物吃，我很不習慣，又帶我去逛夜總會，印尼小姐不超過二十歲，美麗又便宜。這次除參加影展大會及頒獎典禮之外，亦到市內觀光。

影展閉幕後，我先飛新加坡拜訪瑞吉的朋友，幫我們爭取到印尼航運公司台灣代理權股東林鴻模先生，他轉行開酒店，見面特別親切，再去看瑞吉兄離婚的歌星小鳳姊。瑞吉於一九八二年往生，他與小鳳生了兩女一男，往生後財產全部給最後太太拿走，小鳳沒得到一分錢，她對瑞吉非常不滿，幸虧兩個女兒高中畢業，開幼稚園維生，看到我熱淚盈眶，我為這位當年星馬最紅歌星難過，回台後與寶雲岳母趕回美國，準備永隆的婚事。

偉大總統蔣經國逝世

中華民國總統蔣經國於一九八八年一月十三日逝世，享年七十八歲，台灣全民震驚哀傷，全國降旗三天致哀。我在美國聽到噩耗，馬上趕回台北，為蔣經國總統奔喪。

蔣經國總統對台灣十大建設功勞很大，他開放報禁、黨禁、大陸探親，讓台灣人民享受有自由民主政治的權利，比老總統對台灣人民做更多福利，建立台灣快速經濟的基礎。他是一位偉大人物，全國人民懷念他，我親自參加僑胞代表致哀及國葬典禮。中華民國總統暫由副總統李登輝代理。

震憾世界天安門

一九八九年北京發生天安門事件，鄧小平、楊尚昆下令開出戰車，出動鎮壓部隊，開始屠殺，學生慘劇終於發生，全世界無不指責，人民痛心流淚。

當電視上播出在天安門廣場殘殺手無寸鐵的學生和民眾時，我們都哭了，中國人的命運為什麼如此悲慘？中共當局撤銷趙紫陽總書記總理職位，驅除靜坐學生和民眾，而死傷無數，天安門事件震驚全世界，老百姓無力反抗，學生紛紛逃亡國外避難。天安門事件不知死了

多少學生和民眾的生命，到現在中共官方一直未公佈。

　　鄧小平掌權後，專政統治，進行經濟改革，開放外來投資，對台灣開放大陸探親，台商開始到大陸投資，大陸經濟漸漸改善。台商到大陸投資，帶來新技術並幫助大陸工業進入新的時代，新中國開始。這是天安門事件付出慘痛代價換來。

48
全球驚天動地年

一九八九全球驚天動地年

一九八九年美國舊金山發生大地震，天崩地裂，高速公路斷裂，汽車相撞，死傷慘重，高樓倒崩無數，住房夷為平地，民不聊生，真是本世紀最大災難。

日本天皇昭和，病危拖了五年，到二月底，駕崩出葬。明仁登基改年號為「平成」。日本在二次大戰後是戰敗國，全民不斷刻苦奮鬥，努力建設二十年後，變成亞洲新興工業國家，外匯存底為世界第一。而台灣政府配合工商界政策努力，外匯存底則佔世界第三位。

中華民國財部長郭婉容到北京參加世界財經論壇，第一次大陸破冰之旅，新聞轟動世界。國民黨提名李登輝、李元簇為總統、副總統候選人。

謝隆盛姊姊是林謝罕有，宏國集團三重幫大財團董事長。事業正如日中天，創立大成報，聘中影林登輝為大成日報的社長。次子林鴻道喜歡打籃球，花鉅資成立職業籃球隊，並以十七億新台幣買下台北站前的希爾頓大飯店。

林鴻道母親林謝罕有，是甄珍影迷與劉家昌歌迷，林鴻道與劉家昌成親密好友，在林森北路宏國的五層大樓，合作開一家有卡拉OK的豪華餐廳，金碧輝煌。餐廳開幕時，邀請黃任中、翁大銘等各界名人及影歌星參加，儀式隆重，我也受邀陪韓國好友參加。世間是錦上添花多，雪中送炭真少，名人黃任中、謝隆盛都已往生，榮華富貴變往事如煙。

為何替小蔡和李翰祥賭命

天安門事件過了三個月後，大陸情況較穩定，我帶《傻龍出海》外景隊，朱延平導演、廖峻、康丁等二十多位，搭機飛香港再轉飛北京。李翰祥安排在北京、蘭州、青海湖拍外景，李導演最關心包拍款到，才要開鏡，小蔡早透過香港影星鄧光榮送一百萬元人民幣到深圳交款，李派了製片滕洪昇兄陪我飛深圳，第二天果然有人到酒店交一只裝著人民幣一百萬元現鈔的皮箱給我。我們不敢乘飛機，行李要檢查，改租小包車到廣州火車站，廣場人山人海。排隊買票時，武裝員警五步一崗，十步一哨，嚴禁帶危險物品，隨時抽查行李，我手提一百萬元現鈔，真是心驚肉跳。

我靠膽量冒險，提皮箱衝通過員警難關，到窗口買車票，我們才鬆了一口氣，也冒了一身冷汗，安全上火車，三天兩夜車程到北京。在車廂裡，跟新華社攝影專家劉牧雁兄成了好友，我們順利到北京後，將一百萬元現鈔人民幣交給李導演。如今想起運鈔套匯，違反外匯管制，是犯法、天大的事，我是外來台胞，罪加一等，我竟敢為朋友去賭命，冒生命之險，真夠膽量，可為友當傻瓜，可說夠天真。

岳母是偉大的女性

我回阿根廷後的某天，岳母趕來我辦公室，下班一起回家作晚飯。乘公共汽車回到Olivos住家站，正要下車時不慎被摔出車外，乘客大叫，岳母倒在地上，司機緊急停車，請乘客換車，緊急叫救護車急救。當時岳母並未昏迷，她翻身即起，我大驚失色，請她勿動，經救護車醫護人員檢查，看她的傷勢不嚴重，僅是扭到腰部與臀部以及壓傷，岳母很勇敢堅持不去醫院，我只好扶她進家門。

她近八十歲高齡，還很健康，自己可乘公車，替子孫買菜，雙手可提幾拾公斤魚肉。她關心兒女子孫，每天忙不停也從不喊累，也不講他人是非，喜好玩四色牌「十糊仔」，對子孫愛護無微不至，對鄰居總是笑瞇瞇。永興、永昌、佳莉，都是老人家一手帶大，包括寶卿

三個兒女，家瑜，家宏、家億。她在美國、阿根廷、台灣來回跑，最掛心她的兩個兒子金木、金義，這兩位小舅子，跟我來阿根廷，也是糊裡糊塗過一生。

我們回台灣時再帶她一起住，我母親一九九八年二月二十八日往生，岳母五月趕回阿根廷，要照顧金木生活起居。她喜歡玩牌，有時通宵，年齡太大，體力不支，八月中風，寶雲、寶卿、金義都趕回阿根廷探望。後來情況好轉，可半走半動，她知道大限將至，不願拖累子孫，自動將安眠藥收集，吞食要自殺被發現，要求金義將她送到河邊，自己要爬入河中自盡，金義說是違法，她是多麼堅強的女性！大家一直小心看護。她又擔心我在台灣沒有人做飯，要寶雲趕快回台灣。最後在大家關心及壓力下，拖了兩個月，於九月四日往生，享年九十三歲。佳莉專程由紐約趕去參加她的葬禮。

她是一位偉大女性，一生獻給陳家和子女，包括照顧我高家大小，她都是無怨無悔的付出愛心，每位被帶過的子孫都永遠忘不了這位祖母的愛，她是讓大家永遠懷念的一位偉大祖母。

我與李導演的關係

李翰祥導演前在邵氏公司，拍過很多得獎經典好片，部部賣座創紀錄，尤其是古裝宮廷黃梅調戲最拿手。他的《梁山伯祝英台》使台灣影迷瘋狂，是建立邵氏影城的功勞者，他是港台影壇第一把地位導演，在台成立國聯公司拍了不少國片，因經營不善，返港重整旗鼓。第一位進大陸拍《垂簾聽政》、《末代皇帝》兩部片，台灣學者公司蔡松林敢冒險買台灣版權，已付了八百五十萬元訂金，等台灣開放大陸片，進口等五年遲遲未開放，學者公司損失慘重。我在國聯時代借演員江青，與李導演簽過約，很有交情。他又拍了一部《敦煌夜譚》，小蔡有意再買台灣版權，順便向李導演交涉前兩部片解約退還訂金。我到港與李導演交涉去香港三次，均無結果。因台灣無法進口，事前已知道再訂約退還訂金，換片不可能。

李導演知道我是韓國和日本通，希望我帶他走一趟，他很有誠意在香港買了頭等艙機位。我陪他飛韓國後，介紹合同公司郭貞煥社

長，談合作拍片，雙方談得很愉快，請李導演提供拍片劇本。

我們再去東京，我介紹李導演給東和公司，和深澤社長及篠島專務，見面談《垂簾聽政》、《末代皇帝》兩部片的日本代理發行，東和很有興趣，要看拷貝試片再決定，李導演夫婦很高興，在東京住帝國飯店，吃最高級料理，他對我日、韓的關係，商場信用相當肯定。

李導大陸包拍《傻龍出海》

學者小蔡想買《敦煌夜譚》，李導演建議他來大陸合作拍片。朱延平導演正有一劇本《傻龍出海》提供給小蔡，他正想到大陸拍外景，小蔡正想搶第一，到大陸拍戲。學者公司小蔡就要求我去與李導演談包拍大陸外景，李導演開價人民幣一百萬元，小蔡馬上同意，請我當《傻龍出海》製片人，到北京來與李導演聯絡，和朱延平導演洽談，開始研究劇本並找演員。

商場應負道義責任？

我與小蔡的關係是影片買賣，合夥經營戲院，影片發行不是友情關係。我賣七部韓片給小蔡，我賺了不少錢，重整我的江山，借用他辦公室，打國際電話從未向我收費，合夥失敗，帳也結清，我內心還是感恩，感到愧疚，他託我與李翰祥交涉退款，我無條件到大陸託李翰祥拍《傻龍出海》，到湄洲福建製片廠談拍《媽祖》計劃，我只向學者公司申請旅費，從未要求拿製片人酬勞或佣金，想來是傻事嗎？上天最公道，台灣有一句俗語「天公疼愚人」。

傻人傻事自有傻福

我介紹李翰祥給學者公司到大陸包拍《傻龍出海》外景，一百萬元人民幣，介紹人可拿10%佣金，人民幣十萬元，我從未向李導演開口，因前帶永昌來北京補拍紀錄片，曾住過團結湖他的家，用他的器材攝影。我陪他去東京與東和公司談《垂簾聽政》日本地區的發

行，他對我非常器重，常向我開玩笑說：「高兄能伸能屈，不抽煙，不賭，不色，節省，可通日、韓、英、西語，是奇才。」我們互相捧場，他說將來我會成功，再三肯定我。

　　小蔡夫婦與我合夥虧損，心存不滿，我只好忍耐。學者公司《傻龍出海》製片酬勞我開不了口，李翰祥天天調頭寸，我應拿佣金也不要。同學林銘進要求《卓》片與《沒媽》加股，拿了八十萬元台幣投資兩片，結果全軍覆沒，投資金無法收回，體念他無業期待此筆投資，我設法分期退還。

　　我想告訴我的子孫，做生意難免有失敗，對好友應負道義的責任，俗語說：「聰明雖然比傻瓜巧，但聰明吃虧多，傻瓜吃虧少。」

㊾
中韓兩位大導演

投奔自由申相玉回韓

　　申相玉導演與影后崔銀姬於一九七四年被北韓金正日綁票到北韓，八年內在北韓拍了十幾部片，後在西德向美國大使館要求政治庇護，投奔自由，回到韓國後我們於漢城再度見面，有如再生的感覺。

　　他籌拍北韓女間諜炸毀韓航客機的故事，片名《女恐怖分子》，我要求東南亞、台、港地區版權優先給我，申導演答應了。他正籌備拍大片《成吉思汗》，希望永昌能做武術導演，想邀請李翰祥導演做美術顧問。

▋我在漢城金浦機場送申相玉導演出國

▎1990年6月，我陪李翰祥導演（左二）拜訪申相玉、崔銀姬夫婦於漢城

　　我到香港告訴李導演，他很樂意，我們打算與李導演去韓國與合同公司談合作拍戲的合約，及日本東和公司簽代理發行《垂簾聽政》、《末代皇帝》兩部片。韓國與合同簽好拍金瓶梅故事《半妖乳娘》，韓國版權美金二十萬元的合約。

　　我帶李導演到了漢城拜訪申相玉兄，中韓兩大導演第一次見面，兩位都極力稱讚對方的作品，申導演表示要請李當《成》片美術顧問，李要求美金兩萬元還要包服裝製作，申導演說美術OK，但包服裝製作再研究，等於沒有結果，申兄招待吃飯，笑笑而散。

　　我與李導演又飛東京，協助李導演與東和談妥《垂簾聽政》、《末代皇帝》兩部片日本代理發行合約。東和公司徵求李導演兩片改為《西太后》上、下集發行，他很高興地答應。韓日兩筆生意合同都簽成，讓李導演重獲雨露，有再生的機會。兩位導演比我多大十歲左右，他們都肯定我做事勤快，有信用，是電影界傑出人才。

韓國商人少講信義

　　申相玉口頭答應《女恐怖分子》一片東南亞港台版權，以美金四萬元賣給我，我很高興，要簽約時吉氏公司負責人是申相玉哥哥，

要我安心等幾天。台灣龍祥公司王應祥兄已出價美金十萬元想買台灣版權，我迫不及待趕回台北與王兄談妥條件。再回漢城，吉氏公司說《女恐怖分子》片已售出。我大驚失色，再問申相玉兄，他回說：「哥哥已簽出，抱歉！」韓國人多變，自私，不講信義。

我不得不徵求《女恐怖分子》香港新買主購買台灣版權，才解決了此一大問題，馬上與龍祥公司簽約，收貳萬元美金訂金，我計算可賺六萬元美金，竊竊暗喜，結果拖了兩年無法交片，不知何故找不到人，不得已將訂金退回龍祥公司。付香港公司訂金飛了，我浪費兩年的時間，賠了夫人又折兵。

李翰祥拍的《敦煌夜譚》由香港銀都公司發行，我向馬先生簽了韓國地區版權，賣給金動。馬先生突然說早已簽給東亞李于錫兄，李兄堅持要該片，我只好讓給他。

永昌在西來寺成婚

永昌到電影界跟朱延平導演學習當助理導演，努力學製作拍片和武術指導。兩年之後，正想回阿與星欣結緣，突與日本成子訂婚。永昌訂於一九九〇年十二月二十九日，在洛杉磯西來寺結婚，我特別邀請吉隆坡六叔夫婦來美參加，他們於十二月十七日提前到達。岳母、母親、玉珍妹、勝雄弟、寶卿、家瑜及日本林公子都趕來，成子的父母來美國住在我家，賓客滿堂，洪述棠夫人和兒子暫住永隆家。

西來寺主持證婚，侯英煥先生當介紹人，申相玉夫婦送了一對鴛鴦水鴨木雕祝福，請他上場致賀永昌，他說將來永昌能成為電影製作巨人，他用日語講，由陳少華親家翻譯成中文。六叔也上台肯定我事業有成，教育有方。周大聲父親上台致詞，儀式隆重，席開二十五桌，素食宴客，親戚朋友皆大歡喜。最高興是兩位的祖母與六叔夫婦，高家能培養出好的下一代，真慶幸。今年三個兒子都結婚，我與寶雲完成人生第二階段的責任。

文仲華視捧紅白冰冰

我同母異父的弟弟文仲，文化學院畢業，學編寫劇本後到華視當台語連續劇編劇。他曾跟我去阿根廷移民，結婚十年未生育，阿住不慣回台灣，到電視界發展。他告訴我要到華視當製作人，推薦白冰冰當女主角，拍《台灣媳婦》系列，結果一炮而紅。

他生了一男一女，與白冰冰非常親密，常帶我們到歌廳捧白冰冰的場。白冰冰也常去看母親，把我們當親人看待。華視台語連續劇一部接一部推出，收視率都很好，女主角白冰冰與製作人宋文仲知名度跟著提高，白冰冰變成最受歡迎的明星。

白冰冰與文仲關係越來越親密。我們常提醒文仲有家庭和孩子，逢場做戲別當真。文仲弟為人慷慨大方，他當製作人時，跟一大班人馬每天在國聯飯店飲茶、吃飯，埋單都包在他身上，他不重視金錢，有大哥海派的作風。永昌與成子訂婚來台請吃飯，他馬上送他們一隻Rolex金錶，我與寶雲曾資助他就讀文化學院五年，當然他也很敬重我們。我常勸他要勤儉節流，未雨綢繆，他還是我行我素。

我與洪先生合作，爭取台影文化公司各項投資案，饒兄建議我們成立外圍公司較為方便。我請宋文仲做為負責人，成立台映視聽文化有限公司，從此他常用台映公司，並在他華視製作連續劇時，以台映為出品公司名稱。

綁架白冰冰文仲急救

一九九○年宋文仲與華視捧白冰冰主演的台語連續劇。媳婦系列當紅，女主角與製作人文仲兩人正打得火熱，每天拍戲完回家，還要通馬拉松電話聊天到凌晨，最少通話有一個鐘頭。

有一次，白冰冰突然叫了一聲：「請等一下！」而後電話沒有掛，只聽狗吠叫聲，似乎有人侵入的雜音，文仲覺得奇怪，似有強盜入侵，他馬上打電話通知刑事警察局好友，要他們派刑警趕去白冰冰的家。電話還未掛斷，文仲非常緊張，恐會發生意外，幸虧刑事警察

局刑警隊員，很快趕到白冰冰家，破門而入。發現兩個蒙面大盜，已拆開面布，把白冰冰與家人全部綁在椅子上，正翻箱倒櫃，搜括財物中，被刑警制伏，救出白冰冰和全家的生命。製作人救美事件成了轟動一時的大新聞，文仲也成了英雄人物。

文仲與阿鈴結婚十年，才生了一個女兒冠宜，第二年又生了男兒冠龍。阿鈴父母相繼往生，文仲與白冰冰被民視重金挖去製作第一部台語連續劇《春天後母心》，收視率創新高。再製播春節賀歲喜劇後，與白冰冰跳槽到台視製作《雨中鳥》，要我出名當製作人。後回民視製作喜劇《親戚嘜計較》大受歡迎，是七點檔，播到六十五集，文仲決定放棄給他助理。助理（眼鏡仔）接檔後連續播放七年，共二千多集，賺了幾億，文仲無福氣。

(50) 台影文化公司饒曉明

台影文化公司

台影文化公司是台灣製片廠改組成立的新公司。總經理饒曉明先生，是中影洪述棠兄的好友，他策劃建立新影城，設有三百六十度環幕電影院、電影玩樂設施，剛開始營業時生意還不錯。洪先生告訴我，台影公司要美國的動感戲，我去霧峰拜訪饒總，他聽洪兄提過我，是美商有動感戲院的資料。他很親切招待希望我能出面引進美國的動感戲院，我對他印象深刻。

我要永昌趕去美國，查動感戲院資料，兩週後永昌拿美國提供的資料，洪先生要我去霧峰拜會饒總。他看資料馬上要我們報價，要趕農曆年開幕只有半年時間。永昌回美國與同學Brad、李行導演兒子Johnny在美國成立公司，找美國公司簽做成報價單交給我。台影公司

我陪李翰祥導演（中）訪問台影文化城饒曉明經理（左）

召開會議通過審查，要向台灣新聞處報備，辦招標手續，永昌、Brad和Johnny李三人，已等不及簽合約，還要物資局公開招標，會計師公證，我方才得標，得以建立動感戲院的合約。

Johnny李對永昌透露，李行將接任中影總經理。後來中影公司發表總經理是江奉琪，Johnny李很失望。他與永昌理念不合，退出合作夥伴，永昌照樣分紅給Johnny。李看永昌事業順利，不知為何竟找饒曉明，透露動感戲院原價。不久，他在台北出車禍往生，真可惜。

化解危機完成動感戲院

台影公司要求Mirage公司開信用狀保證。美國工廠先下訂單，永昌與Brad在台灣、美國之間來回跑，年前運來機器、大銀幕，趕在農曆春節開幕，時間只剩兩週，廠棚卻還未建好。成子也趕來，我與永昌Brad三人，正式在美國成立泛美亞娛樂機構。拿到台影公司動感戲院訂單，幫忙搭建動感戲院。我們與配合工人組裝，花了七天日夜趕工，已裝妥機器、座椅。

除夕前夜，大銀幕剛掛上牆壁，突然銀幕從中間裂開破損。這塊大銀幕是噴銀粉特製，台灣買不到。只剩兩天時間，若要從美國空運恐怕來不及，春節開幕請帖已發出，宋省長來主持開幕典禮行程也改不了，真不知如何是好。我與永昌急中生智，決定到市內塑膠廠找銀色的塑膠布代替，終於找到銀色塑膠布工廠。在操場上用兩部工業裁縫機縫接，費了兩天一夜，春節凌晨七點鐘掛上銀幕，試映成功，大家才鬆了一口氣。台影文化公司饒總經理很高興可如期在春節開映，由宋省長主持典禮，饒總受宋省長肯定，他再三感謝我們父子。我在美國成立泛美亞娛樂機構的第一筆生意算是成功，奠下了泛美亞公司的基礎。

當選總統李登輝先生

李登輝是本省籍第一位當選的總統，於五月二十日就職第六屆總統，副總統是李元簇。他主張台灣一國，引起大陸江澤民與朱鎔基反

對，恐嚇要收復台灣，局勢緊張。不久，民進黨籍陳水扁當選台北市長，民進黨在台勢力漸漸壯大。李總統連任一次後，由連戰代表國民黨與民進黨陳水扁競選總統，民進黨陳水扁執政，連任一屆。大陸領導人從江澤民換胡錦濤，兩岸政治變化無窮。

坎城《悲情城市》得獎

邱復生年代公司拍了二二八事件的故事《悲情城市》，侯孝賢導演，坎城得最佳影片，轟動全亞洲。台灣第一次得大獎，台灣發行賣座很好；韓國鄭鎮宇弟弟，買了韓國版權，賣座卻不理想；日本、香港地區則賣座平平。我看試片，內容太沉悶，我睡著了，不知主題在講什麼，原來是二二八悲慘事件的故事，描寫了台灣在白色恐怖時代，迫害同胞，台灣人民被壓迫的心聲。製片人邱復生及侯孝賢導演勇敢揭露政治的黑暗面，勇氣可佳。

跌破眼鏡《上帝也瘋狂》

花蓮中央戲院林榮豐先生，為人豪爽慷慨。他亦經營花蓮市中美戲院，生意不錯，台北有公司進口西片，他託美商經理，買了幾部西片。其中一部小片《上帝也瘋狂》是南非出品，沒有大明星，是黑人主演。林先生看過試片很失望不想要，很便宜轉賣給松都電影院劉機師。

他將《上帝也瘋狂》要求戲院排期都碰壁，樂聲戲院年底缺片要拿《上帝也瘋狂》墊檔，劉機師同意，沒有廣告就推出上演。故事很簡單，飛機在非洲草原上飛，空中掉下了一瓶可口可樂空瓶而發生的笑話。從頭笑到尾絕沒有冷場，開演後不斷客滿。本想演兩週，生意好無法下片。拖過春節、春假、青年節，演三個月，創下西片最高賣座紀錄。劉機師轉行當片商，買地建屋，跌破電影人的眼鏡。

將軍張學良九十大壽

　　西安事變張學良將軍被蔣介石軟禁在台北北投已達四十多年，蔣介石已往生，他在台灣平靜過了大半生，感嘆自稱是國家的罪人。張學良將軍能謙虛忍辱被軟禁幾十年，真是一位偉大的人物。

　　大陸六四天安門事件發生後又有千島湖事件慘案，台灣遊客止步，兩岸關係降到冰點。我為了《傻龍出海》海報之事，怕麻煩三年不敢去大陸，犧牲最大是滕洪昇兄，在海外流浪三年才偷偷回去，小蔡為生意不擇手段，害人不淺。

51
轉入遊樂園表演製作

中影總經理是江奉琪

江奉琪兄前是電影檢查處第二處處長，主辦金馬獎有功，深獲國民黨文工會主任宋楚瑜欣賞，調他到高雄市新聞處當副處長。後升任中央黨部文工會總幹事。宋升任秘書長，調江到內政部當科長。中影公司林登輝離職，調升江奉琪來當中影總經理。他在電檢處是我的好友。我帶永昌到中影公司慶賀。洪副總曾向江總推薦美國泛美亞高永昌，承包台影公司動感戲院；中影文化城欠缺外國表演節目，美國有很多遊樂表演節目，可以引進中影文化城。江先生非常高興，請邱順卿廠長與我們見面。永昌建議引進美國牛仔秀來台表演。江總有興趣要去美國看，約定去美國的時間。三個月後洪副總陪江總到美國，參加奧斯卡頒獎典禮，後永昌及Brad安排參觀影城大遊樂園，看表演節目，永昌招待他們乘遊艇出海釣魚，他非常滿意回台。後即與邱順卿廠長開會，決定與美國泛美亞機構簽約，引進美國牛仔秀到中影文化影城表演。

美國泛美亞機構能建立基礎，首先要感謝洪副總協助，及台影文化公司總經理饒曉明先生，中影公司總經理江奉琪先生協助。美國泛美亞機構成為跨國世界著名公司，我們要感謝他們的協助，建立了公司的基礎。

泰興公司李泰元的關係

泰興公司李泰元，是合同公司郭貞煥兄好友，他們來台參加第三十四屆亞太影展認識。他有幾家二輪戲院，半黑道出身，他是韓國參展代表團副團長，與郭團長負有爭取大獎責任，我們在台北日夜研究

奪獎妙法，影展如期獲獎，《替身》得「最佳影片」、「最佳女主角」，林權澤得「最佳導演」大獲全勝，他們非常滿意，對我更加信任。

中影公司託我爭取《替身》版權，與徐楓公司爭奪鬧雙包，我透過有力的泰興公司李兄拿到《替身》版權。為感謝他協助，我向他公司買韓片六部，給中影與學者公司，我們互相交流，大家都有利，笑嘻嘻。他招待我到藝舍House，他請教我賣座的影片應拍什麼故事，以我的敏感度來說，選有名故事或報章、廣播電台名劇，或年輕人比較喜歡的動作片，他也同意。我再告訴他，漢城電台常聽到廣播《將軍之子》的廣告，這個故事好像台灣義賊「廖添丁」應該不錯，他也贊同，馬上要林權澤導演向電台買電影版權。

我協助他邀請在香港，日本武術指導來韓，男主角招考新人。我帶日本武術指導及香港武打演員，參加拍戲完成後。推出首輪賣六十萬人，創韓國片最高紀錄，再續拍四集，捧紅男主角，成為最受歡迎明星。他賺了很多錢買戲院，成為韓國拍國產片最賣座的製片家，韓國政府頒給李泰元兄，最高成就製片人金鐘獎。

賺韓泰興公司一筆鉅款

泰興公司李泰元兄對我有信心。他在韓國只拍韓國片，沒有發行外國片，我建議他買港片，他也有興趣。香港周潤發與劉德華主演的賭片當紅，韓片商爭搶。

我去香港時，向華盛兄弟拍《賭神》大賣座，再推出劉德華主演《至尊無上》也非常賣座，我就去找片主向華盛，談妥購買韓國電影版權，美金拾萬元，包括十個拷貝二十個預告。簽成草約後，我就打電話給李兄，他第三天就趕到香港，看了《至尊無上》很滿意，決定要買韓國版權。我開價二十萬元美金，沒附帶拷貝，只有電影版權。他說OK，出乎意料。生意運氣來了擋不住。突然我有拾幾萬元美金可進帳。卓別林片集損失，可彌補一些。台影公司「動感戲院」我也賺了一筆。永昌和成子年底舉行結婚典禮，真是喜氣洋洋。我對兒子說：「對自己要有信心，不斷努力。失敗是成功之母，要有毅力，最

重要還要有良心。」

　　泰興公司進口《至尊無上》漢城首映動員四十萬人，賺了二百萬元美金，他給我貳萬元佣金。他問我有否包括錄影帶權利，當時也沒有講清楚，報價單無包括錄影帶在內。版權、拷貝費、佣金已賺了將近十五萬元美金，足夠了，我決定無條件錄影帶權利給他。後來金勳向我要買《至尊無上》錄影帶版權。我只好再向泰興公司買，李泰元開價要五萬元美金，堅持不減，韓國人太現實，我又上了一課。韓人的商道，見利忘義，心真橫。金勳不得已照價買，又送我佣金壹萬元美金，我感恩不盡。

胡桐由巴拉圭回台

　　胡桐兄在南美洲巴拉圭創立「南美天地新聞」報刊，獲香港「新聞天地」雜誌社社長卜少夫先生支持。胡桐兄在巴拉圭努力經營六、七年，曾協助我在阿根廷創立「南疆新聞」，為人有情有義，做事認真，在巴拉圭獲得王昇大使大力支持。我在阿與徐斌代表發生衝突，他替我主持公道。在報上連登三天大篇報導，徐斌在阿對僑民作威作福作風，我進代辦處衝突事件轟動南美僑界，胡桐兄為我打抱不平，義氣可嘉。

　　他在巴拉圭努力經營「南美天地新聞」，僑民不多，訂戶不夠，努力七年無法再維持，又與太太婚姻觸礁，不得已再回台另尋出路。他知道我在台，重整旗鼓，我與學者公司分開，我事業低潮的時候來找我求援，我與朋友合租辦公室還有一間睡房，可讓他與女友暫住，我無條件讓他入住，三個多月後他搬去桃園。患難見真情，我無法協助他，心裡非常難過。

姨媽九十大壽有福氣

　　寶雲大姨媽，有兩女一男，長女嫁醫生，婚後癌症往生。次女生了三男一女。先生中風亡故。她將中山北路四層樓房一樓店面與二樓出租，孫女婿達男陪她住三、四樓。

　　岳母八十六歲，寶雲陪她飛香港與我會合。李翰祥導演在九龍環閣，請我們吃粵菜，岳母非常喜歡，有機會與《梁山伯與祝英台》的李大導演吃飯會面，真高興。她回台北和姊妹常見面，曾拍過一張五姊妹合照，看來真福氣。

　　大姨媽今年九十歲。她獨子連三郎，是美國留學博士，曾在台大、海洋學院當教授。回台為大姨媽祝壽，我與寶雲也參加，子孫親戚滿堂喜氣洋洋。她與外孫女孫婿林達男，曾來美旅遊住過我家。大姨媽最照顧寶雲，每當我們回台一定請我們到她家聚餐。我憂鬱症返台時，特別派孫婿到機場迎接我們，接到她的家住三天，可以與岳母聚敘，方便照顧我們。老人家很仁慈，把我們當自己兒女看待。她享年九十三歲，她的離去我們真捨不得，真有愛心的長輩。

　　二哥耀輝是醫生，跟我到阿根廷申請移民。阿根廷居留證拿到後，再送兩個兒子到美國住我家。不幸遇上英阿戰爭，阿經濟崩潰，百業蕭條，我引起憂鬱症回台醫治，二哥找醫院醫生照顧，才能恢復健康。他父親八十七歲因癌症在花蓮往生，我趕去花蓮為他披麻帶孝，見到失聯好友張泉桶兄。

52

申相玉夫婦到阿根廷

邀請申導演夫婦到阿根廷

申相玉夫婦住在美國洛杉磯，他正籌備拍大戲《成吉思汗》。我回美國去好萊塢辦公室與他見面，談拍戲的事。我建議他到阿根廷大草原，很像蒙古，他有興趣。我們馬上訂好行程，帶太太一起去。我們於八月十八日由美出發，飛十七個小時才到阿首都。下機後他很驚訝說，機上看到阿根廷大草原，牛羊遍地連天，是世外桃源。好友闕兄來接機，住入我辦公室附近的飯店。

難忘陪申夫婦遊阿首都

他看到布宜諾斯艾利斯市像歐洲有文化的大城市，又像巴黎，到處是公園與雕像，馬路寬大，高樓大廈林立。我帶他去看我的餐廳，是前美國聯美公司大樓，再去我的辦公大樓參觀，晚上再去招待他們，看阿根廷著名的探戈秀與南美洲牛仔表演，再去吃河邊烤羊、烤牛肉。

請前秘書安排拜訪電影局局長，談協助拍片之事。阿電影局長大表歡迎，並放映幾部阿根廷的紀錄片，讓他參考，並看洗印公司設備。

周建志兄設宴歡迎招待申夫婦，在他的家晚宴。全由周先生三個女兒主廚做出中國料理，申相玉夫婦特別愛吃中國料理，對三個貌美女孩子非常喜歡。離開前又舉行歡送晚會。申兄夫婦對周家印象深刻，尤其是欣星，希望可做他養子的媳婦。

我們在阿首都停留十天，於八日二十八日飛返美國洛杉磯，他們倆夫婦對阿之旅很滿意。回美後申相玉要我到大陸找《成》片的美術及服裝設計。

遊覽上海市與南京市

申導演透過我請李翰祥當《成》片美術設計，但導演要連包服裝只好放棄。他又委託我到大陸找電影學院，教美術的宋教授設計，畫佈景圖彩色圖表，三百張美金四仟元，圖表很美麗，申導演很滿意。《成》片需要很多士兵、將軍服裝，滕洪昇兄帶我去南京看服裝廠。

我們乘機到上海，看到久仰的中國第一大城市，住進新建的波多曼酒店。翌晨，到城隍廟參拜，豫園是最熱鬧市集，車水馬龍。過海底隧道到浦東地區，正在大興土木，建設高樓，我們去參觀了電視高塔。下午轉搭雙層火車到南京。

三個半小時抵達南京站，南京製衣廠已派了兩組人馬分東西站接客，我們在東站下車後才知道，歡迎隊伍真隆重！我們住入玄武飯

1984年阿根廷華僑聯合會會館落成典禮上黃主任、高理事長、楊校長、劉書記簽名

店，晚上席開兩桌，唱歌跳舞，歡迎我們。第二天，張廠長與員工列隊歡迎我們來參觀工廠，看作業流程及成品展示。下午，準備了三部車，陪我們參觀長江南京大橋及中山陵，再去古城烈士紀念塔看雨花台。

晚上河旁建的古城茶館有卡拉OK設備，席開五桌，邀請地方首長和廠內主管作陪，因我是美國來為拍《成吉思汗》片，是大客戶，我真想不到造成這種局面，影片是否拍還是未知數，他們是借題發揮。當天宴會上只有兩位客人，其他都是主人，宴會上杯酒交觥，跳舞高歌，盡歡而散。我們離去時，張廠長又送南京板鴨及其他禮物，我感到莫名其妙，突然成貴賓，這是共產世界的怪現象。

高家轉捩點喜事連連

我到台灣先拜訪中影公司江總，再到台中台影文化公司談合作之事。柯俊雄跑來爭取演《成吉思汗》角色。申兄最喜歡台灣的三溫暖、修腳、按摩及台灣料理，申兄對永昌很信任，想聘他做《成》片武術導演，還要他找人組成武術班底。

台灣太平洋電線公司大股東李先生是永隆的好友，來美國投資。永隆的地氈公司改為太平洋地氈公司，他努力發展公司業務。

永昌在公司附近找到美金二十八萬元的住房，他用自己積蓄加上成子母親給的三萬元美金付了頭期款，即搬入新屋，又買了新車。他大學畢業後，跟我回台在影界努力，成家立業，我可放心。

永興與惠卿結婚不久也買了小公寓，我拿了貳萬元美金湊足頭期款也有新屋，他在連襟公司工作，到辦公室每天來回要四個小時。九月三日惠卿替高家生了第一個孫子。

佳莉是台灣政大交換學生，在台學了一年中文，再回柏克萊大學，六月畢業。

一九九〇年是高家轉捩點，永隆、永昌皆成家，永興買新房，惠卿生孩子，永隆地氈公司有人投資，擴大業務。高家喜事連連，是好過的一年。

周兄突來美暫住申家

阿根廷周建志兄夫婦突然到美國洛杉磯，下機後立刻打電話給我，不巧我在香港，而寶雲又外出。因他不諳英語，第一次到美國，又沒親戚朋友，只好託航空公司代打電話到申相玉家。申先生叫家人到機場接他們，在他的家住一天。找到寶雲後，接到我家住，在美國寶雲帶他們觀光名勝。

他們又飛到香港，我深感意外，我從未聽說他要到美國和香港。我招待周兄夫婦遊海港，看碼頭，到淺水灣看邵氏片廠，吃粵菜和潮州館海鮮，拜訪李翰祥導演，他還請我們到半島酒店飲茶。周兄對李導演講述阿根廷地大物博，歡迎移民及外人投資。李導演聽了也真想去看看。

周兄夫婦在港停留近十天，買了不少古董和禮品帶回阿根廷。他對我很感激，以我為榮，常向朋友誇耀有高先生，才能認識兩位東方大導演，成為好朋友。

機場《銀色世界》主編失態

我在香港約好與台影公司饒曉明兄相會，到啟德機場接機，香港銀色世界主編劉先生也來接饒兄，我與劉先生是一面之交，他是林福地好友。

我們飲過茶後，我提起與曾李翰祥合作，買了一部千軍萬馬大製作的蒙古片，他很高興說可否提供資料照片給他，下期有空位將刊登在「銀色世界」，當然我說：「好！好！」因配國語，拖了時間沒給他資料，我也忘了這件事。

之後他見到我，很生氣破口大罵，說拿不到蒙古片資料，留了大空位害他沒資料可登，「你，沒信用的人，你是什東西！你，王八蛋！……」一陣亂叫、亂罵。他喝了不少酒，借酒裝瘋，我覺得太莫名其妙，在公共場所失態。我輕聲地對他說：「有話好好說。」他竟想動手打我，本想反擊，算了！忍一忍，不理他。我真不了解他，為

何如此小心眼？之前與他飲茶時，並未立約刊登，我有地址電話，可用書信聯絡，何必生氣？我好友把他支開，他真的酒醉，莫名其妙！饒兄從機場出來把他接走，我與饒兄談好明天與李翰祥見面吃飯。事過三十年，在香港發生這種醜事，我永遠不能忘懷。

海珊為石油入侵科威特

　　伊拉克總統海珊，是獨裁霸氣者，與鄰國伊朗為回教派別不同，不能相容，與伊朗為邊疆國土相爭血戰七年。反對美國、以色列，他早就計劃佔領有油田的科威特，不管美國再三警告，揮軍入侵科威特。聯合國及美國決議，要求伊拉克限時退出科威特，海珊不予理會。

　　美國總統布希於一九九一年一月十七日，宣佈美英聯軍向伊拉克開戰。首都被聯軍飛機日夜轟炸，伊拉克戰車六百輛被聯軍摧毀，首都大城，烽火連天。伊拉克求和，退出科威特，波斯灣戰爭四十一天結束停戰。大家認為美伊開戰，股市和油價會大漲，結果卻反而大落價，讓大家跌破眼鏡。

53
越南是貧窮國家

越南已開放想去看看

　　一九八六年西貢市已改成胡志明市，開放外人投資。台灣味新公司及中央投資公司已進入越南投資。中影洪副總告訴我，有一位越南的台商曾來中影買影片，到越南可以約他見面，了解越南的情況。

　　這位台商吳中誠先生，四十多歲，他說以前曾在三晉建設段先生的公司任股東，後來到越南與當地政府電影局合作，做電影進口與錄影帶製作，已有兩年多。前西貢邵氏公司公司辦公大樓，電影局接收做為合資公司辦公室。我邀林銘進同學與吳中誠見面。他對越南充滿了信心，我與林銘進兄聽來像霧裡看花。他邀我們一起到板橋聲寶公司接洽買一千五百台電視機，要出口到越南，請我們參股一半。他在越南也有合作社，看來像是走江湖一般的商人。

越南電影局長來台

　　吳中誠帶越南電影局長阮授來台訪問，我帶他拜訪台灣電影處長，阮局長拿了很多台灣電影輔導資料。我帶他去日月潭、埔里遊覽，再到台影文化村拜訪饒總，他設宴歡迎，帶我們參觀文化村。阮授局長對台灣電影及文化村設備讚不絕口，鼓勵我們到越南合作拍片，饒總興趣很濃。我們對吳中誠不甚了解，越南投資之事，待我們去越南看看再說。

越南是貧窮共產國家

　　我與銘進兄於一九九一年三月十六日飛抵香港，台影饒曉明兄與

中影洪副總在半島酒店見面，討論到越南投資之事，他們兩位也很有興趣。

我們由香港出發乘華航飛曼谷轉乘小型飛機，飛到胡志明機場，還像戰地，美軍殘機、高射炮台、廢戰車，看來些緊張。機場簡陋不堪，天氣炎熱異常，又沒冷氣。西貢市二十年前我來過，是繁華彩色城市，現在變黑白，落後共產國家。越南海關對本地人非常嚴格，金戒指、項鍊都要量要秤重。機場人員都穿軍裝，氣氛緊張，通關費一個小時。

吳中誠派梁先生來接機，住入第五郡的天虹酒店。晚上，吳中誠兄招待我們吃越南海鮮大餐。後帶我們到麗宛舞廳，內有六十至七十位舞女，只兩三桌台商客人，生意蕭條，我們五個客人來了十幾位舞女，每個小姐都年輕貌美，沒花枝招展的化妝，樸素裝扮看來比較自然美。每人兩位以上的小姐服務，為你倒酒，陪你唱歌、跳舞，小姐不會跳舞的也很多。我們從沒想到，在共產世界有如此舞廳。梁先生說在越南上舞廳是全世界最便宜，貨色最多，舞女服務一晚，才能賺幾元美金，上夜渡資只有十到十五元。花一百元美金，包一個月，陪你吃飯、洗衣、睡覺，是男人的天堂。我看到吳公司的人馬，好像是江湖的兄弟。

第二天，五洋旅遊黃子南導遊，帶我們看西貢市總統府及大教堂。到郊外看越共的地道，有三層，可藏四萬人軍隊，長二百五十公里，工程浩大，其用心，令人嘆為觀止。吳中誠自吹是台灣遠東集團徐旭東同學結拜，他媽媽認他為乾兒子，真像是江湖的兄弟。

拜訪越南解放製片廠

我們到吳中誠五洋公司，看來規模還不小的辦公室，是前邵氏大樓。電影局長阮授也到辦公室來歡迎我們，他是合資公司董事長，吳中誠是總經理，潘龍是副總，他正式介紹公司的職員，說明公司業務範圍，公司職員及保安人員、司機等有四十多位。

下午拜訪製片廠和影片發行公司。越南解放製片廠已有四十多年歷史，看了一部文藝片與卡通片，水準差了二十年，錄音設備很陳

舊，雖有洗印廠，是蘇聯老式系統，已不能使用。片廠很大，卻簡陋破損不堪，人員又多，廠長薪水才美金五十元，員工薪資更少，所以廠門外賣電器品補貼員工生活。我對越南片商感覺心涼了一半，越南製片設備比台灣落後三十年。

我們再到影片發行公司拜訪，他們不買美國片，只發行共產國家影片，沒有版權觀念，不管有否版權都可以發行，錄影帶都是盜版，很難做影片上映，還要電檢通過才能上映。西貢市首輪戲院只有五家，也是破損不堪，二輪戲院更差，很多都改建大樓。越南的電影市場，等於停留在三十年前黑白片的時代。

我與阮經理談了兩個小時，才有一點概念。戲院可以用租的，想在越南做生意，一定要走內線，必需官商交結，才有錢賺。我對於五洋公司吳中誠的底細已漸漸可了解，他是一位不露聲色的人物，不簡單的角色，該如何應付，我想不必操之過急，要好好地研究。

54

再到越南投資

再到越南冒險一次

　　我與銘進兄在越南西貢市，走馬看花了解五洋公司吳中誠與電影局合資公司的情形，越南電影市場荒廢，真有機會要再來冒險一次。

　　我們在西貢住一週後，飛泰國，停留三天，由蕭老大帶我們吃飯，洗泰國浴，與陳漢洽兄見了面，再飛香港。我約滕洪昇兄，在深圳見面。他帶我去看「錦繡中華」小人國，「世界之窗」遊樂園，遊客相當多，入場券台胞人民幣五元，大陸人民五毛，差異太大。然後我們租一部車去廣州市轉一圈，火車站人群眾多，市區內嶄新的大樓林立，看來建設進步快速。再去黃花崗七十二烈士紀念碑後，趕回深圳羅湖站，過了海關到香港。

　　我與大陸兩大明星，劉曉慶與姜文約見面吃飯。他們託我爭取演申相玉要拍的《成吉思汗》片的角色，我承諾會向申導演推薦。我再飛回去台北與愛妻相聚，報告去越南及廣州、深圳之事。寶雲不贊成我去越南，但我心癢癢，躍躍欲試。

邀集好友投資越南

　　我從越南回台後，覺得越南經濟落後台灣三十年，共產國家官員貪污嚴重。不過，外人去投資充滿機會，尤其是電影可租戲院，拿台灣舊片給越南發行公司代理發行。我召集林、洪、饒、吳中誠來開會，決定到越南投資，成立公司，資本金五十萬元美金。林、洪、饒各佔10%，永祺15%，我25%，吳35%，初步大家認股完成。寶雲雖反對，但我堅持到最後，她也勉強同意了。

兩大導演相會在東京

我與申導演約在東京相會。我住入他下榻的赤坂東急飯店，將大陸服裝給他看，質料手工粗糙，他並不滿意。他想去大陸拍《成吉思汗》，又怕北韓來找麻煩，猶疑中我建議他到阿根廷拍，有草，有馬匹，還有我的關係，他同意去看看。我陪他拜訪東和公司見淺澤社長及籬島專務，談拍《成吉思汗》片之計劃。

日本友人豐田兄，前曾為買中影拍王貞治棒球故事片來台接洽過，已決定要簽約。我又去拜訪Herald公司長島兄。大筆兄來找我，他也想去越南，對他的背景我不甚了解，要合作拍片是否可靠，應小心提防。我再去看張簡醫生，他們請我吃壽司。他最小女兒阿久，已生了兩個孫女，各十一歲和九歲，她來日本時還是小女孩，轉眼間已變成母親了。

高家入屋生孫雙喜臨門

我離開東京時，申兄很客氣代付了飯店費用，我們約定了赴阿的行程。

我回到洛杉磯，永昌、永興、惠卿帶小孫兒成恩來接機，寶雲、佳莉也由台北回洛杉磯，永隆夫婦趕到機場，我們一家團圓，去金塔粿條聚餐。第二天四月二十六日永昌入新屋，全家都到新屋慶祝聚餐。永隆正緊張茹莉也許明後天臨盆。永興、惠卿飯後去聖地牙哥看朋友，我與寶雲在新屋睡了一夜。

第二天下午永隆送茹莉到Montry Park醫院準備生產，我與寶雲、永昌、成子都趕到。茹莉肚痛三個小時，晚上十一點五十七分生了一個女兒，我取名叫「高成美」，後來寶雲說太俗改叫「雪懿」，現在大學都畢業了。一九九一年高家喜事連連。

阿國Cabildo賣屋簽約

陳常裕來電Cabildo房子有人出價十三萬元美金，等我來阿簽約。我由美飛回阿根廷，常裕與溫正來接機。第二天約律師與買主見面簽約。屋買入時是美金十一萬元，經過十六年，賣十三萬元美金，由於貨幣貶值，換回台幣賠了四成，也只好認了。

我們辦好交屋收尾款後，與陳常裕夫婦飛到美國，我邀他們三位住在我家，招待他們遊覽洛城景點。幾天後，陳夫婦飛去San Jose探友。

永昌已送江奉琪回台灣，洪兄來電說中影江先生對美國牛仔秀有興趣，永昌很高興馬上準備計畫書讓我帶回去。溫兄飛回台灣，我與寶雲一起飛到韓國。

周建志兄的女兒欣星，嫁給非洲台商劉伯勤先生，他們在Olivos買了一層高級公寓，帶我去看。周設宴介紹新郎見面，看來是正人君子好丈夫，有錢的台商，我心才放鬆下來。星欣找到了好歸宿，真有福氣，他們正要去巴黎度蜜月，周兄則要帶太太去巴拿馬旅行，真愜意。

阿商務處王允昌代表、沈秘書與新聞局代表楊萬賀相繼設宴招待。據僑界傳說，槍殺巴西僑領廖俊明和錢塘江兄的兇手在巴拉圭橋頭被射殺。這個亂世年代，怨怨相報，不可做違反良心事，天是最公平的，是非分明。

合同公司不滿李導拍作品

我們到漢城先與李導演見面，他臨時來韓拍片，在漢城租了六間公寓，作辦公室與宿舍。他的辦公室裝潢特別講究，買了古董藝術品裝飾，李導演愛面子，花費了不少資金。他請林福地來執導《半妖乳娘》，是與郭合作的影片。郭社長對李導演製作很不滿意，要求我對李抗議，李導演馬虎應付，我很難交代。影片草草拍完，李導演欠了很多債務未付，只好將攝影機、燈光器材典當給合同公司，就結束了韓國拍片辦公室，我對李導演的作風失去了信心。

　　我在漢城找不到康兒，他太太告訴我，康兒正沉迷方城之戰，有時幾天未回家，我幾次苦勸無效果，真為他擔心。

　　東亞公司李于錫兄買進西片《與狼共舞》和成龍執導的《飛鷹計劃》，生意特別好，又在江南建一座七層大樓，內有戲院，真為他高興。李兄招待我們去吃日本餐，金勳夫婦送機，我們乘韓航回台灣。

　　韓國歌舞團來台表演，團長琴朱吉曾介紹我與韓國大映公司合作拍片，我們分開二十五年未見面，他專程來台看我，有情有義。他到中國學針灸，回韓後當針灸師，生意不錯。我金婚時寄了一張賀卡給他，被退回，他兒子來信告知：「家父已於二〇〇七年往生。他生前常提來台灣時受高先生照顧，念念不忘。」真令人心酸。

55
向越南市場進軍

邀集台灣親友到越南

回到台北我先去看溫正看的公司，研究與美國永隆配合做貿易。後將永昌牛仔秀資料交給中影洪副總、台影饒兄與洪副總，正急著計劃到越南看看。

我與林兄到香港，在啟德機場撿到一只小皮包，內有三百多元港幣、幾張支票和信用卡，上面有主人的名字。我到酒店後，馬上通知失主來領，他很高興拿現金致謝，我拒收，他說台灣人真好，我說這是應該做的事。也許是去越南的好預兆。

陳常裕夫婦早到香港，我介紹了蔡光顯兄給陳認識，饒、洪兄也到，中午大家去潮州館吃飯，饒已約好友高永祺，在泰國會面，一起到越南。

晚上應香港銀都公司馬宏國兄邀宴在新港城，由劉曉慶作陪，大家見面很開心，我約馬先生到越南來看看，他也很有興趣去。

飛向越南西貢訪問

我與林兄、陳常裕、饒兄、洪兄飛曼谷，與高永祺兄會合。再轉機飛到西貢，住入天虹飯店。吳中誠兄叫梁先生招待我們，吃越南海鮮大餐，再去麗苑舞廳，有很多舞小姐，身穿越式旗袍衣裳，阿娜多姿，越南真是男人的天堂，大家盡興而歸。

第二天，帶大家參觀西貢市區，中午帶我們去野味餐廳，吃穿山甲，眼鏡蛇破肚取膽，摻高梁酒喝最是滋補，好多人都不敢吃。下午拜訪電視台，晚上去麗苑舞廳。第三天，電影局代表喬成先生帶我們去離西貢一百五十公里的風景區，頭頓海灘，有保皇夏宮。頭頓也是

大海港，很多輪船出入。午餐吃海鮮大餐，回途吃榴槤，味道好香。晚上在碧瑤餐廳，再準備野味穿山甲、鹿肉，大夥吃得很過癮，之後去天虹夜總會。

第四天，我們參觀解放製片廠，饒兄發現有兩個大攝影棚，可好好利用。再拜訪第二發行公司，阮授局長由河內趕來，饒總在三九餐廳，回請電影局人員及五洋公司人員。大家都很高興已完成了越南訪問行程。

組成越南合資公司

饒、洪、高兄先離越飛泰，我與林、吳、阮局長送機。後再與阮局長、喬成、吳、林召開第一次成立公司會議，資本額定為美金一百萬元。越方電影局，以前邵氏大樓作投資，估價美金五十萬元。台方出資美金五十萬元，經營電影製作、發行錄影帶及經營戲院等業務。阮授當董事長，總經理吳中誠，副總潘宏及高仁河，監事長林銘進，職員不超過五十人。大家同意定名為「Aumovisco歐盟影視機構」，簡稱ATK。

我提議先進口影片，交給發行公司發行，第二步拍越南電影，第三步經營戲院，越方很贊同。我再去第二發行公司拜訪阮總經理，我們新公司將進口三十部外片，委託發行，阮總很高興，希望能合作，約定明天簽約。

麗苑舞廳美女如雲

這次饒、洪兄由香港至越南，我一路以貴賓式招待，遊西貢名勝、看片廠、吃大餐、進夜總會，兩人旅費也由我支付。饒對洪說：「旅費對高先生是一件小事，這位仁兄心懷大志，雄心萬丈，是不簡單的人物。」

我召開公司第二次會議，規定上下班時間要準時，進入公司服裝要整齊，不可穿拖鞋，辦公室要保持清潔，對客人要禮貌等等。

吳中誠召開五洋信用合作社會議，他是該社理事主席，邀我與林

銘進、陳常裕參加會議。吳強調該社是金融機構，台資准設第一家，馬上可升格為銀行。陳常裕個性保守，是一位好軍師，他不想參加我不勉強。吳在會中介紹幾位老僑理事，吳又推薦我們是新投資者，看來弄假會成真，我與林都想進入五洋信用合作社。

　　來越南開幾天會議我疲憊不堪，碧瑤餐廳老闆請吃喜酒，招待兩位台商的朋友到麗苑舞廳。台商見到舞廳裡五花十色的漂亮小姐，不禁神魂顛倒。舞小姐每位都掛有號碼，我身邊坐檯有兩位，左邊三十六號叫李美，右邊五十五號叫陳雪雲，與我太太名字只差一個字，長得清秀，懂一些華語，樣子很溫純，令我印象良深。散場時，吳兄把她帶回到我宿舍，吳說：「不要忘記晚上替男人復仇。」這一下可麻煩了，酒不醉人，人自醉，也不能退貨，只好迫上梁山，不可再言。

集資買舊影片拷貝

　　回台後我與洪兄再見面，他說要聘我為亞太影展在東京召開的顧問。永昌由美趕回來與中影簽牛仔秀。洪兄邀了林、高永棋與吳中誠及永昌吃飯。吳回台再三邀請我們到越投資，高永祺加入，我們開始積極集資五十萬元美金，入股人包括陳常裕、李茂清、高永祺、林銘進，但饒和洪一萬元美金由我代出，我方共集三十五萬元，吳方十五萬元，共五十萬元美金。台資股份佔50%，越方50%，成立歐盟公司。吳也邀饒參加五洋信用合作社，我開始在台灣買舊片拷貝。我又像移民阿根廷的時候，充滿了希望與信心。

連襟往生綠野長跑相送

　　連襟楊安華癌症已到末期，在台大醫院醫治，頭髮已掉光，骨瘦如柴，恐不久人世，他很勇敢不流淚，感謝我們來看他。病情惡化拖到一九九二年六月七日往生，享年五十七歲。

　　他是一位有愛心和義氣的男子漢，愛好馬拉松，是綠野長跑隊的隊長。出葬時，綠野馬拉松隊員百人參加，自式場陪棺跑到墓地相送，途中風雨交加，場面感人，是一位令人懷念的人物。

56
難忘美麗的下龍灣

越南是男人的天堂

我在台北與林、高、饒、洪兄開會，決定投資五洋合作社。高永祺代支付包含饒、洪認三萬元美金，我二萬元美金，林銘進一萬元美金，收集股金後交給吳太太。

我與林飛西貢，入住新辦公大樓的宿舍。陳常裕也趕到，當我的助理。我當五洋信用合作社常務理事，辦公室在樓下，我們現款都存入五洋合作社，每到該社，職員都站起來問候，我們感覺多麼神氣，威風八面。

歐盟公司可免稅進口美國小包車，委託高永祺代買美國兩部小包車，吳、我各一部，出入有司機，多神氣。公司日夜六位保安人員輪流看守，工友、洗衣工、燒飯工、職員共四十多位，儼若大亨。因為人工便宜，課長級薪水折合美金只有五十元，職員四十元等，全公司每月開銷不超過美金三千元，等於台灣三個人的收入，全世界沒有這種地方。我們與幾位台商朋友五個人，每天上舞廳，開銷不超過五十元美金，美女如雲，左擁右抱，像天上人間。美女一個月收入美金一百元，相當於兩個課長的收入，她每夜來陪你睡覺、洗衣、陪吃飯，只要花費台灣的十分之一而已，真是世外桃源，男人會樂而忘返的夢鄉。

拜訪首都河內電影局

我與中文秘書黃小姐，乘機飛到首都河內市。約飛了一個半小時，下機後乘車到首都有一段路，是農村的土路還存有牛車、牛糞。要經過大河、舊鐵橋、被美軍炸毀的殘橋，現在有新橋代替。我們住

進中央書記處，招待貴賓最佳之處，四邊花園環湖，風景秀麗，鄰近電影局辦公室。我們去拜訪阮授局長，他安排重要的主管做簡報，辦公室正在裝修，很雜亂，他們真刻苦耐勞，不像自由世界講體面，講派頭。電影副局長姓高，懂中文，談話方便。

遊覽海防港與下龍灣

李茂清兄、日本大筆及香港馬逢國想來越南，我們三個先到西貢。我帶李茂清到吳中誠的五洋公司，再到平西市場看改建還未完成，正欠資金，要找股東。李是我與林的同學，做為林銘進的有錢財主，林兄叫他來越參加投資，他似乎沒興趣。

我需到河內開會，帶李與大筆兄飛到河內，喬成來接機，住入中央招待所。文化部電影局阮局長為歐盟公司召開會議，會後我帶大筆兄參觀卡通片廠，有三十二年歷史，技術很落伍，要合作不容易。

難忘美麗的下龍灣

文化部電影局喬成兄陪我們去，離河內一百五十公里的海防港。之後去下龍灣，是世界八大景地區。我們住在海軍招待所，位處山頂，臨高望海，可看到九十九個小群島，外圍還有一千四百個島，美景如畫。

下午到海灘游泳，晚上吃海鮮，第二天乘中艇遊九十九個群島，美極了，碧海藍天，逍遙自在，離大陸一百四十公里，海南島二百公里，比桂林的「山水甲天下」，還要美麗，大家都盡興而歸。回到首都河內，吳兄也趕到，我們再與阮局長開會，他說文化部會全力支持本公司，歐盟公司成功的希望近了。阮請我們去法國餐廳吃晚餐。

次日，我們回到西貢。香港馬逢國先生也到達，我招待他看西貢名勝，參觀第五郡中國城、戰時地道、解放製片廠、卡通片廠、洗印廠及第二發行公司，再與歐盟研究合作拍戲方案，請他到九龍餐廳吃飯，再到天虹夜總會唱歌跳舞，他很高興滿意。

無賴導演大筆兵部

日本動畫公司的社長曾介紹我動畫界導演大筆兵部，他去泰國做氣球展覽，帶女助理來台找我。他拿泰國氣球升空展覽照片資料給我，氣球彩色繽紛，升空很壯觀，可配合台影文化城的新項目。我帶他到台中台影文化城，拜訪饒曉明兄，他參觀影城後，又去日月潭九族文化村，遊覽埔里，由我同學設宴招待，他很滿意而歸。他在動畫界已是過時導演，我不了解他實際的情況。

我到越南時他來胡志明市，我招待他去看戰地地洞，又去舞廳跳舞、喝酒，與我和李茂清去河內下龍灣玩。回日本時飯店結帳，信用卡無法使用，欠六百元美金，由我代付，再借他現金四百元，計美金一千元，他約定到東京寄還，他回日本就沒消息。我去東京時，與他約好在池袋車站相會還錢，我準時到站，等了三個小時還是沒有來，日本人也有不守信義的無賴。

越南投資寶雲不安

晚上與愛妻通話，她打到河內都找不到我，她很擔心越南是共產國家，投資風險大，沒保障，美女又多，妻內心不安要我趕快回台，我了解女人的心情，我來越南想重建新天地，我和一般男人一樣，經不起誘惑，內心感到無限的慚愧。

我接到東京篠島兄來電，約定時間到北京會面，一起到外蒙古首都「呼倫號特」看《女帝》導演拍《成吉思汗》外景，我決定準時報到參加。

愛女當英文報的記者

佳莉柏克萊大學畢業後回台灣，想當記者，中影洪先生可向林登輝推薦去大成報工作，她自己則去找英文中國郵報，已沒空位，女社長出來，看到佳莉是柏大畢業又有教授推薦函，同意她當校對生，進

入工作。女社長發現佳莉英文特別好，馬上升她為編輯，專寫社論。佳莉像男孩子，很有自信，文學底子又好，工作認真，女社長很喜歡她，我們都以她為榮。

陳常裕女兒在台北要結婚。他不方便回台，要我代表參加婚禮，我與寶雲、溫正看夫婦一同參加。

57
外蒙首都「呼倫號特」

外蒙首都Ulaanbaatar

我由西貢飛香港與馬先生見面，他有意來越南與無線TV合作，他是一位人材，不簡單的人物，我與寶雲通了電話，她已將資金交吳中誠，影片已寄越南，我弟弟仁壽及他兒子百奇也來香港，我們一起吃飯。翌晨，我飛往北京，縢兄接機後，帶我去見中國電影發行公司張經理與發行組長童剛兄，天氣炎熱，我們喝了不少啤酒。

第二天去外蒙領事館辦妥簽證後，於七月二十九日，與日本東和公司記者訪問團三十一人，乘蘇聯伊留申飛機，由北京上機。飛機老舊又小，放出冷氣全是煙霧，又不冷，我們真擔心安全有問題。起飛後，飛入黑雲中，起伏不定，機身突然下降，大家緊抓手心，我們緊張了三十分鐘，才穩定下來。飛機破雲而出，看到青空下的大沙漠，才鬆了一口氣。

飛一個小時看到綠色的小山脈、溪流與大草原，不久看到很多蒙古包以及城市的建築。二十分後到達首都「呼倫號特」，機場設備簡陋，下機總嗅到羊騷味，好像到南極火地島的感覺。我們住入首都的酒店，首都人口不超過百萬人，高樓大廈不多，這是我第一次來到北國的外蒙古，大沙漠的國家。

開鏡隆重記者招待會

日本東和公司與蒙古合作拍《成吉思汗》，規模龐大，我們早上起床後，看到廣場、山坡上集合了五百多隻駱駝，幾千隻馬匹。《成吉思汗》一片是由《漫都海女帝》導演執導，我們與記者趕快拿起照相機拍照作紀念，下午舉行記者招待會，有烤羊、烤牛、雞排招待賓

客，馬隊、駱駝行軍禮，還有馬術表演，節目精采熱鬧。

第二天，隨外景隊三十一人及工作人員分乘四部車出發，向西南方走了五小時，在大草原紮營，搭蒙古包住入。我們的蒙古包可住五人，覺得很新奇，在此拍五天，住蒙古包生活五天，正值夏天，白天很熱，氣溫三十多度，晚上九點鐘天還是很亮，早晚較涼爽，二十五度左右。我們睡行軍床，我與東和瀧島兄、聖多利‧酒井兄及讀賣新聞野中、講談社鈴木，同住蒙古包。蒙古包帳棚旁邊有小溪，水很涼爽清澈，可飲用又可洗澡，我們的大小便都在戶外，沙漠地帶尿糞的水分被沙群吸乾很快，沒味道，感覺很舒服。

藍色天空，可望星看月，感覺彷彿生活在世外桃源。外景隊有發電機車、道具服裝車、馬隊、駱駝、戰士、演員幾千人，各在山頭紮營，搭蒙古包，萬家燈火，看來非常壯觀。我第一次在大自然美麗的草原過生活，當年成吉思汗率領千軍萬馬征西的偉大戰爭場面就在眼前，這正是成吉思汗的故鄉！我們每天都吃大鍋飯，有水餃、烤牛、羊肉、水果，酒井兄不吃羊肉，自帶方便麵，吃得真香，五個男人睡同一帳棚還是第一次。

《成》片動員千軍萬馬

我們六點半起床，梳洗後吃早餐，空氣非常新鮮，外景隊伍已動員了馬匹、臨時演員、士兵、騎士、駱駝大隊開始準備。九點一到，導演下令準備開拍，攝影機已排好位子，副導演機前指揮，騎兵大隊由山丘走下，重複練習幾次，導演喊：「OK！」，然後正式開拍。記者們搶拍好鏡頭，有戰爭、爆破、士兵廝殺鏡頭，打鬥分鏡拍，每個鏡頭拍得刺激熱鬧，工作人員早已汗流浹背，大家最喜歡聽導演喊：「Cut，OK！」工作人員和演員都很辛苦。

我們在大草原的烈日下看了四天外景，工作夠累，已有外景的資料，決定回首都休息，臨走時導演送我們蒙古寶刀作紀念，我邀請蒙古加入亞太影展，歡迎導演來台灣遊覽，導演很高興地答應了。蒙古草原郊外，蒙古包裡的五天生活真新鮮，我一生難忘。

參觀首都喇嘛教寺

我們回首都乘小包車到郊外的度假村，有旅館、露營區，很多外國學生來露營。小山谷有小溪，溪水清涼，清澈見底，很多學生在游泳。此地空氣新鮮，有很多野花，小山坡上有兩隻小熊在玩耍，好可愛，蒙古還有大自然的森林真好。

我們去參觀喇嘛教寺廟，頗具規模，有很多喇嘛念經，又去看國會政府大廈、獨立紀念碑、博物館，都市計劃完善，有寬廣的馬路及許多花園、廣場，大國首都相當氣派。蒙古人口不多，大部分不會講中國話，但中國餐廳很多，我們在首都看了不少景點。

兩天後我回飛北京，滕兄來接機，帶了兩個編自越南的劇本，已修改完成，中國發行公司張總帶我們去吃蠍子料理，真恐怖！我勉強把炸蠍子吃下肚，再喝白乾，乾杯再乾杯，我們都醉了。翌日，去中國影片公司拿了很多影片資料，下午再飛往東京。

東京東和公司付旅費

我到東京馬上去東和公司會篠島兄，要支付蒙古旅費，他說大約美金一千八百元，要等讀賣新聞旅行社的帳單，結果是三千元美金！蒙古來去八天旅費與機票，應該不會超過美金一千五百元，五天是住蒙古包差價一倍，太離譜！篠島兄叫我問野中兄，為了面子，算了！只好照付，日本人也會乘機敲詐外國人。

我把蒙古拍的《成吉思汗》照片資料交給來東京的成子，帶回美國給申相玉兄，篠島兄帶我去「講談社」看鈴木兄。該社是日本最大出版社，給了我很多漫畫、卡通、雜誌的資料，又請我們到高級「櫻山莊」吃西餐，下午篠島兄又帶我去「電通公司」談JSB衛星東南亞落地代理權，回酒店即與美國申相玉通電話，他要蒙古拍的《成吉思汗》的劇本、照片、資料及《Miss Saigon》（《西貢小姐》）歌劇的故事資料。

回台協助牛仔秀表演

　　我忙著幫永昌接美國牛仔秀，到警政署申請表演許可、槍枝、子彈進口保證手續，夠麻煩，我們努力克服，總算順利在中影文化城演出。

　　由於牛仔秀表演很成功，邱廠長介紹牛仔秀到雲林古坑劍湖山遊樂園表演。遊樂園是耐斯集團投資，規模很大，園內有全世界最高的摩天輪，副總經理游國謙兄是我好友，在台視做過製作人，也是著名編劇、作詞家，遊樂場剛開幕時我與寶雲到劍湖山，與游國謙兄談妥美國牛仔秀，他們很樂意接演，牛仔秀需搭建表演台，他們就立即趕工搭建。嘉義老三翁居山招待我們到關仔嶺洗溫泉，再去阿里山觀日出。

雲海阿里山看日出

　　我們先到關仔嶺泡溫泉，過夜，再乘車上阿里山看雲海、森林、茶園。我們住的旅館位於海拔二千多公尺，早晨起床看日出，雲海下一片白茫茫，太陽從雲霧中發出金色曙光，多麼燦爛，隨後美麗的太陽就慢慢昇起，白雲飄飄，晨霧朵朵，逍遙空中。

　　我們在阿里山住了一夜，乘老式蒸氣火車環山下坡穿過森林和山洞，鐵路建在彎彎曲曲的山腰，經過危橋、山溝與樹林，回到嘉義市，才鬆了一口氣。阿里山真是名不虛傳，是值得一遊的觀光勝地。

58
韓國獨立紀念館

韓國獨立紀念館

我為中影引進美國牛仔秀，表演很成功，永昌建議再引進美國大溪地草裙舞團，也順利在中影文化城與劍湖山演出。

韓國獨立紀念館有兩套環幕電影機器設備想出售，我帶中影江總、洪兄去韓國該館參觀，再看機器設備，但他不喜歡舊機器，沒談成。

東亞公司李兄代我招待中影江總、洪兄及隨員，請他們到高級藝舍House。他們首次到韓國式藝舍，看到藝妓美女個個能歌善舞，美麗溫柔。中影副廠長林鴻鐘、陳嘉模課長與藝妓美女猜拳、乾杯、唱歌、跳舞，大醉不醒；江總有兩位美女侍候，與藝妓不斷乾杯，他說韓國是男人的世界，真太棒。

我帶他們看六三大廈、樂德遊樂世界和其他景點，江總非常滿意，他邀請韓國影界參加亞太影展和台灣金馬獎，合同、泰興、韓振公司都想報名參加。

我代合同公司郭社長，找李翰祥抗議《半妖乳娘》拍得像成人片，他馬虎應答，我也無可奈何，向他要佣金也拿不到，他風流成性改不了，經常發生家變，此君真無藥可救。

拜訪日本映畫聯盟

我陪江總、洪兄飛到東京，拜訪日本映畫聯盟大岡會長和德間社長，他說今年不去參加台灣的金馬獎，我們為亞太影展籌備情形，與日本映畫聯盟交換意見。台灣駐日本新聞局代表廖祥雄兄招待我們吃日本料理，後來他調回台灣當電影檢查處處長，我們變成了好朋友。

東和篠島兄招待我們三個人吃松阪牛肉火鍋，再去小酒廊喝酒，

我帶他們去看日本脫衣舞。第二天與洪兄去秋葉原買電氣品，再去銀座看電影，洪先生對我幫他在韓、日間做亞太影展翻譯和公關很感謝，我們一起飛回台灣。

越南公司百事待辦

東京回台後妻女很高興，中秋帶她們去吃西餐。休息一天後，找張華坤兄談侯孝賢導演兩部片，要買日本版權。饒、洪、高兄在福華研究，越南吳要我們加入改建平西市場之投資，饒兄與洪兄正與楊天生省議員合作籌組有線TV公司，把我列入股東，他要委託我找電視資源，我非常感激。

我打了電話給美國申相玉兄，他告訴我對《Miss Saigon》的故事有興趣，可否到越南看看。我建議他先拍美國小孩功夫片，他聽進去，要永昌組武術班底，請永昌當武術導演，我很高興。

我對吳中誠有些質疑，路上遇到段老先生，三普建設董事長，他告訴我吳中誠不是三普公司的股東，也不是宏記的股東，只做過三普建設現場監工主任。我對他的言行不一開始擔心，越南已投資，需趕快回越南。

香港過境找不到李翰祥

到了香港，我找不到李翰祥，他太太張翠英說，李導演沉迷女色不改，正在鬧革命不敢出面，我真頭痛。我與銀都公司馬先生研究越南拍片之事，他知道李導演去處，最後李兄出面答應去韓國補修《半妖乳娘》，也同意我的佣金改換《女帝》，他退出股份。李導演雖名享天下，但是他的信用與私生活真可惜。李導演的事件解決一半，我才安心飛去越南。

歐盟內部大改組

阮局長來歐盟公司開會，他換掉潘龍，要阮泰和當副總，阿保

位當課長。公司剛成立不久，業務還未開始，文化部房地產登記無消息，公司的開銷全由台方支付，實在不合理，我對阮董很不滿，他說吳總已同意，我也只好默認了。

阮泰和帶我去看五間戲院，昇龍、璇宮、國泰、全勝、永樂都是地點好的戲院，發現全勝用錄影帶播放《第六感生死戀》，政府的戲院竟可公開盜版，這種國家太危險，越想越不安。

南越片商張偉大命大

來到越南我曾託人找南越片商張偉大兄，他從前在西貢有兩家首輪戲院，曾買過我的韓片，是我的老朋友。一日，在西貢突然接到他的電話，他從勞改營出來已有一年多。

我們能再重聚都很高興，他告訴我，共產黨到了西貢，把他兩個戲院充公，還把他關入勞改營十三年，做苦役，受盡煎熬，沒死是福氣。他邀我到他的新蓋住宅，在巴黎的兄弟幫他蓋了兩棟，另一棟可賣給我，美金六萬元。他告訴我：「共產黨不可相信，越南人吃人不吐骨頭，應該小心。」

他已五十八歲，想與我合作貿易生意，我打電話給美國蕭先生，要他來越與張先生見面，後來蕭先生由美國趕到越南來相會，張先生也帶我們去頭頓農業蔬菜區看。蕭先生在日本有買家，研究出口，蕭先生提議各出美金一千元，存入張先生處，做為成立公司之籌備費用，我與蕭先生即趕快給了張先生。

越南電影資料館陳倫金

喬成兄帶我拜訪越南電影資料館館長陳倫金，他曾去過中國留學，通曉中文。他帶我看新建的廠房、電影資料庫和新電影院，他想與歐盟合作可提供影片放映，可是地點太郊外。

他是電影檢查委員，不必翻譯可直接和官員言談，希望我安排他去台灣拜訪國家電影資料館，我答應他到台灣後會安排招待，介紹懂中文的親戚幫我做發行公司的橋樑。

　　第二發行公司簽妥合約，台灣寄出十三部拷貝已到，歐盟公司業務漸漸展開，阮授董事長約我談，但歐盟公司總經理有變化，共產黨人不可相信，吳中誠也有問題。

遊廣州看卡通廠

邀妻來港到廣州度假

寶雲自與我結婚後，幫助我創業，協助處理公司各項業務，又要照顧家庭孩子，孝順母親，之後跟我去阿根廷移民，人生地不熟，受盡煎熬，過了不少苦日子。我在阿根廷受英阿戰爭、經濟崩盤雙重打擊，患了憂鬱症，她用生命日夜照顧，把我從死亡邊緣救了回來，讓我重生。

她說她已夠累，反對越南投資；我個性倔強，她無法阻擋。她在電話中哭訴忍受了三十年的苦難，要求我馬上煞車，退出越南。我於心不忍，請她忍耐，我邀她來香港相會再研究商量，她總算答應了。

遊港到廣州看卡通廠

我飛到香港，與台灣永新公司戴太太（黃翩翩女士）接寶雲。銀都公司馬先生請我們到高級潮州館吃貴賓餐，有魚翅、鮑魚、燕窩，寶雲很感謝又驚訝。

翌日，馬兄叫人帶我們去搭乘火車往廣州市，參觀他投資的卡通片廠。廠內約有二百位員工，我第一次看到動畫製作過程，一張一張的畫，既複雜又麻煩，真不簡單。美術人員都是大專以上男女青年，他們正為日本電視趕製作卡通片，努力工作，忙碌異常。

我們還去看翩翩的兒子，他在廣東中醫學院求學，帶我們到附屬醫院，請他的老師為我們點穴、推拿、針灸。之後陪她兒子吃午餐，翩翩要去買材料做毛衣，我們再到市中心觀光。廣州市內新大廈建築很多，市街車水馬龍，人潮眾多，我們買了不少中藥。回港後，當天夜晚我們去看張藝謀導演的電影《大紅燈籠高高掛》，拍得真好。

研究投資越平西市場

　　吳常回台調頭寸，平西市場已停工，越南信用合作社股東，謝金海兄曾找林、吳合作進口日本舊機車，他說與海關合作進口有暴利，找我入股，要我與林各投資美金壹萬元，結果花了半年才收回本錢，吳向林、饒、高遊說投資改建平西市場有暴利。妻日夜擔心越南投資，我進退兩難，被迫上梁山，我們見面後再好好研究。

好友阿電影局長往生

　　永昌從美國來電說，阿根廷電影局長Sr. Anatasio，九月二十日因心肌梗塞往生，真可惜！

　　Sr. Anatasio大我一歲，是我的前秘書，剛升阿根廷電影局長半年，正期待申相玉導演去阿拍《成吉思汗》片。我曾招待過他遊台灣、香港、韓國、美國等地，他做事認真，有情有義，風流倜儻，到台灣住世紀飯店，把服務小姐肚子弄大，我只好代他解圍。

　　永昌與申相玉先生談妥在美先拍功夫片《三忍者》，聘永昌為武術導演，要他回台籌組武術班底，並請我回美與申先生簽約。我懷疑申兄心情不定，常常變卦，只好飛去美國。

回美與申兄簽拍片約

　　我與寶雲趕回美國，永昌、Brad、岳母來接機。寶雲飛行途中血壓偏高，已緩降下來，晚上永隆夫婦帶雪懿孫女來團聚。翌日恰逢週末，永興帶我去Anahaim球場打高爾夫球，讓我可放鬆一下，中午全家去吃潮州粿條。晚上高永祺請我吃飯，談越南平西市場投資，洪兄來電我已告知他，歐盟公司台灣不設分公司，他很失望。

　　我與申相玉導演談妥協助在美拍《三忍者》影片，組武術班底，永昌擔任武術導演合約，永昌很高興，可在好萊塢大展身手。

美國洛杉磯影展及亞太影展

永昌帶我到高永祺的公司拜訪,他做進口貿易生意,公司相當有規模,他的姊姊在開旅行社。他的自用車是賓士500,看來是相當有財力的商人,曾送了很多瓷器古董給我。

美國洛杉磯影展在好萊塢召開,今年參加人數較少,韓國宇進公司鄭鎮宇兄親自參加,我請他吃飯;東亞公司李于錫先生則派兒子李豪勝來,由永昌陪同。我與永祺到洛杉磯影展走了一圈,沒有大片,他帶我去他家看他父親,已中風在床還可講話,很高興我來,後帶我去吃日本料理。

亞太影展十月要在台灣召開,之後還有金馬獎典禮,洪先生急電要我回台幫忙。我回台找到林萬掌簽好武術指導,六人組武行赴美拍片合約,辦好赴美簽證才放下心。我決定以越南歐盟公司名義參加亞太影展,洪先生很贊成,替我安排在東京亞太理事會申請越南加入亞太組織會,後來提案順利通過,越南電影局阮局長感到意外的驚喜,他可來台灣參加亞太金馬獎。

60
拍越片《愛情的苦味》

歐盟計劃拍越南新片

　　我回到西貢參加歐盟公司主持的業務會議，主張拍越南片，阮局長和吳兄都贊成。我們開始找劇本製片，並為物色演員做準備。喬成兄帶來了名編劇家黎煌，他曾參加過《愛情的苦味》編劇，很賣座，他建議開拍續集，是個好主意，我們決定請黎煌為編導，開始籌備拍片的工作。

　　我們開始招考新演員，選了三位小姐，其中有一位黎美，很漂亮，曾到過蘇聯學舞蹈，選為第二女主角，男女主角決定都用越南最紅的電影明星。預定該片在年底完成，春節上映。

河內文化宮改建戲院

　　阮局長來電要我到河內看文化宮，要找合作改建成新戲院。我馬上與黃秘書到河內文化宮現場，文化宮已夷為平地，變成廢墟垃圾山，天空正下著雨，約有百人老幼婦女在廢墟垃圾中找鐵絲、空瓶、罐頭、塑膠、雜物等，滿身污泥，在雨中不停地找東西，雨下不停，我眼淚都快流下來，這些東西可賣多少錢呢？越南的人民窮到這個程度，真可憐，我決定不考慮合作，我要阮局長準備越南片《荒原》參加亞太影展，他同意，又高興能加入亞太組織。

　　阮泰和帶建築師來公司，帶我去兩家地點最好的戲院參觀，可改建購物中心及戲院，條件簡單，越方出地，台方出建築費，真是好機會。我再去第二發行公司簽影片發行合約，台灣已買舊片即可寄來越南，我對越南的前途充滿信心。

新片《愛情的苦味》開鏡

　　歐盟公司準備開拍新片，組成製片小組，派阿保課長做劇務主任，陳常裕做財務總監，負責製作開支。我們擇日開鏡，公司擺三牲酒禮，敬拜神明祈求《愛情的苦味》開鏡順利，導演、男女主角、演職員上香敬拜。放鞭炮後，即到學校開始攝影，有很多人觀看，第一場戲拍了很久，導演還很生疏，我鼓勵他說：「別緊張，慢慢拍！」之後他拍起來就順利多了

　　每天進行拍了幾場戲，劇務組無法每天報帳，陳常裕兄哇哇叫，我交代劇務主任每天結帳，他仍然我行我素，開銷情況不明，陳常裕兄無法掌控，很頭大，這是共產黨拖的習性，為趕時間只能馬虎處理。影片殺青，帳還未理清，我們在共產世界也無可奈何。我們還需要到泰國拍外景，我先到曼谷去安排。

曼谷拍外景找人協助

　　到了曼谷我想找五星公司協助，找不到陳漢洽兄，這位仁兄雖是合作過的好友，但脾氣怪，難侍候，不得已再找別人，台灣來曼谷的簡鴻基兄代介紹台灣來的製片劉國雄兄，他在泰國拍過很多片，很合適，我把需拍的景物告訴他，讓他做好準備。

　　我在台約了結拜兄弟老三夫婦來泰國相會，還要等三天。我想先去吉隆坡看六叔，飛到了吉隆坡，我持阿根廷護照，海關不准入境，因英阿戰爭後，英聯盟國與阿斷交，我不得已再飛回曼谷，只好向在機場等我的六叔說聲抱歉。

　　我再回到曼谷，翁居山夫婦與劉明裁也要來曼谷和老大蕭錦松兄見面。

結拜兄弟相聚在曼谷

　　我進入電影界有結拜四兄弟，老大蕭錦松，老二是我，老三翁

居山，老么劉明裁。我們已離開三十多年沒見面，第一次約在曼谷聚會，翁居山夫婦先到，劉明裁晚上到，住同一酒店。老大很高興，他在泰國有工廠，有賓士500自用車，事業有成，他很神氣，招待我們去最大的中菜館，內有表演，再去唱卡拉OK。

第二天去高爾夫球場，芭達雅（Pattaya）海水浴場，吃海鮮，遊曼谷市內，看皇宮和寺廟，我也邀他們到西貢玩幾天。臨走前存酒店保險箱的五千元美金，少了一千六百元，真奇怪！我是從美國花旗銀行整數提領，原封不動存入，為什麼會短缺呢？我洗澡後交存酒店保險箱，我洗澡時忘了鎖房門，是否有人來過，我未知，我去吉隆坡無法入關，不順利又丟錢，從此在越南的運氣坎坷不順，不吉利連連開始發生。

我們四兄弟到西貢由我招待他們，到各名勝遊覽，吃各種越南料理，看戰地的地洞。幾天後欲飛回泰國，在西貢機場出海關時要申報，劉明裁在西貢曾向我借八百元美金，填表多出貳仟元，不知什麼原因？

我告訴寶雲在曼谷時錢被偷，她心裡明白，我搖搖頭說沒有證據不可亂猜，寶雲說算了，花錢消災，我才鬆了一口氣。

台灣亞太與金馬影展

台灣十月舉辦亞太與金馬影展，越南以影片《荒原》報名參加，我邀阮局長及《荒原》阮導演、黃秘書來台北參加盛會。影展大會派車來接，我帶阮局長拜訪中影江總，他是亞太影展的主席，設宴招待阮局長。又拜訪台灣電檢處處長，台灣媒體各報記者忙於採訪報導，饒總歡迎會面招待阮局長。

國家電影資料館井迎瑞館長邀請拍台語片的名導演李行、林福地、蔡揚名、郭南宏、李泉溪與我的作品，在新公園放映，介紹導演與觀眾見面，亞太及金馬影展接著舉行，各地區派代表團參加，節目精采，賓至如歸，越南向亞太大會申請入會案順利通過。阮局長來台，豐收而歸，他回到越南大讚台灣電影事業很進步，歐盟公司前途無量。

曼谷拍《愛情的苦味》外景

我帶《愛情的苦味》外景隊十五人，由西貢來曼谷拍外景，劉國雄兄來接機，他已安排好拍外景各場戲工作，曼谷拍戲要向警局申請，劉已事先辦妥，外景先拍市內一間大餐廳內女主角彈鋼琴的鏡頭，後拍機場的飛機起落，男女主角接機鏡頭，老大蕭錦松兄當臨時演員，過過戲癮。

外景工作隊拍了一週，皇宮、佛寺、湄南河船上與遊河、公路飛車、打鬥等鏡頭皆順利完成，預算超支兩倍，要快當然花費多，劉國雄兄是製片高手，我真感謝。《愛情的苦味》拍完後，我們回西貢趕快配音，趕農曆過年，春節上映應無問題。

61
──《愛情的苦味》春節上映──

完成《愛情的苦味》

《愛》片完成後，我們原本要爭取在最大的昇龍戲院首映，但排不到只能在二輪全勝上映。電影廣告看板、印海報都要事先向警局申請，手續麻煩費時，我非常著急，原來要送紅包，馬上可拿到許可證。廣告社估價看板、海報價格是市場的三倍高，我再三查證，他們說外國公司價錢不同，最後阮副總出面才照一般價錢算。

我們到洗印廠洗A拷貝一個，帳變三個的費用，台灣A拷貝第一次洗印出來，一個拷貝是用來看場面鏡頭，剪接或補拍，不必浪費洗三個拷貝。我問了製片廠，他們回答這是越南的慣例，後來廠長告訴我因員工薪資太低，差額片廠拿來補貼員工，我真感意外。當時一元美金是換越幣一萬元，我去買一束花一萬元越幣，是差不多，可是，越南人買只要三千元，差那麼多！越南老百姓真是太窮，我真同情他們。

《愛》片春節賣座破紀錄

《愛情的苦味》完成後，公司訂洗了十五個拷貝，準備春節在全國十大都市上映，果然賣座奇佳，場場客滿。該片製作成本美金十萬元，首映即收回成本，因票價只有美金二毛，照台灣票價，已可賺百萬元美金，我們還有其他城市鄉鎮還未上映，還可收幾拾萬元美金，算是很成功的作品。

該片排十個地區上映，變十一個地區，多一個拷貝。查了洗印廠回答說第一次十五個，第二次是一個，自己的領導公然盜片，雖發現阮泰和副總下令訂印，他不承認，電影局查半天沒消息，這是個什麼

樣的國家，我想不通，部下盜片還可了解，因薪水太低，領導若也可公開盜片，沒有人敢查，我實在無法相信，太失望了。

五洋合作社虧損累累

吳中誠兄強調，河內政府已批准五洋合作社升格為銀行，結果只聽樓梯響，不見人下來。五洋合作社因經營不善，虧損累累，吳兄再求我們增資，我對吳兄言行不一，開始失去信心，台方沒有人再敢投資，謝金海與吳再進第二批機車，林銘進兄代我投資美金兩萬元各半股份，未經我同意，錢已付出，最後被海關沒收，血本無歸，林兄週轉困難，我不忍心，也代還了這筆冤枉債。

我寄河內第一發行公司十七部拷貝，放在海關不領出，不知何故，西貢十三部拷貝通過六部，發行中，其他拷貝檢查一半通不過。在越南辦事越來越困難，歐盟公司地產登記遙遙無期，越南比阿根廷政府還爛，不知如何是好！真是進退兩難，只好聽天由命。

平西市場無法完成

吳中誠的平西市場建築因資金不足無法完成，吳提出保證投資一百萬元美金半年後加倍奉還，數目太大，改為五十萬元還一百萬元，他要開出支票保證，大家想有半年可賺五十萬元厚利，賭賭看。台灣股東湊合五十萬元給吳兄，平西市場才能再開工，我們雖持有支票，到時是否可兌現，大家都心怕怕。

林收了李茂清兄美金貳萬元，有意投資越南，我把他的錢轉入歐盟及平西股份。饒、洪先生建議歐盟在台設分公司，越方不同意只好放棄，半年後支票無法兌現，要求延期三個月。因吳的姑丈是電梯公司老闆，要來投資平西市場，他要求五十萬元盈利降半，我們只好同意。這三個月大家都驚心膽顫，等候支票兌現，幸虧第二財主談成，我們的支票兌現，成本和50%盈利都拿到，真是太幸運了。

永祺西貢替吳解救林

　　三月一日高永祺帶泰國三位朋友來西貢。他代吳墊付二輛小包車和一貨櫃雜貨的費用，拖了半年吳兄未付，平西市場是否恢復開工，高很焦急。吳招待他們到台灣餐廳後，再去XO舞廳，是吳在頭頓的朋友開的。

　　翌日搬到海雲酒店，我帶高去看動工中的平西市場，下午看《愛情的苦味》試片，他感覺拍得還不錯。我們安排請該片導演黎煌，演員俊美、美京等人吃飯，之後他們去海雲樓上跳舞，我因太累先行回去。

　　妻來電話急告林銘進兄調給吳支票二百七十萬元，明天到期若不過關，他會跳海，緊張萬分，果然吳退票，事情糟了，吳兄臉變色，事態嚴重。

　　我找高商量，我要求吳確定姑丈來投資，有保證。高答應先調借吳讓林過關，解決一件事，高永祺替吳救了林銘進，因林是替吳向親友調給他。很幸運吳確已找到新股東，快入款高才敢調給吳，我們真慶幸能渡過這個難關。

韓來越拍片小巫見大巫

　　我帶高永祺與朋友去參觀離西貢一百五十公里的小鄉村。韓國太一電影公司外景隊要拍戰爭場面，來了七十多人，租旅館及三台直昇機。製片人金鶴勳先生是舊識，我們非常高興能在越南見面。

　　韓國公司資金雄厚，該片預算有五百萬元美金，有戰爭、爆破大場面，比我們拍的越南片真是天差地遠，小巫見大巫，我約了韓國製片金鶴勳到西貢再見面。

　　高兄來越一週多，他已看到平西市場及歐盟公司所拍的影片，也知道吳姑丈要投資，才敢代吳解決退票救林，高永祺與朋友於八日飛返泰國。

歐盟銀行泡湯退出越南

我們來越南一年半，歐盟公司要登記，越方投資的房地產手續無消息，五洋合作社虧損累累，要升格為銀行無望，越南人可說是男盜女娼的習性，難與合作，歐盟公司一年虧損二十八萬元美金，幸虧拍了《愛情的苦味》賣座，才能打平公司的開銷。

台灣寄來發行公司的拷貝，上映只有六部，其他全部報廢，與發行公司合作不順利。越南是共產國家，言而無信，又沒有版權觀念，無法再合作下去，阮局長退休，局長換新人，更難配合。

我決定退出越南，歐盟公司及五洋合作社投資全部泡湯，想來比阿根廷退出時更慘！跟我來越投資的朋友很幸運，冒險再投資平西市場，賺回投資的股金，只有我損失慘重。不聽夫人言，吃虧在眼前，真是賠了夫人又折兵，我的人生第二次，最大的失敗可說是「南柯二夢」。

第 **4** 部分

勇闖電視版權之路

⑥2 痛定思定再出發

結婚三十二週年紀念日

三月十三日是我結婚三十二週年紀念日，黑色星期五，不吉的日子，我決定趕回台北與愛妻相聚慶祝。我乘泰航回台，妻來接機，她非常高興，對於越南投資不愉快情節及我的風流韻事沒再提，難得我有賢妻體諒。晚上我們到豪景十二樓燭光晚餐，孩子們也從美國來電致賀，我們度過快樂的三十二週年結婚紀念日。

翌晨，我們到烘爐地敬拜土地公，寶雲向福德正神祈求說：「保佑我夫君仁河，越南投資挫敗不再引起憂鬱症，請土地公協助解除他內心的挫折、恐懼，遠離顛倒，完成夢想。」我非常感動，愛妻對我與家庭真心的付出，我應該振作，重新站起來，不要讓家人為我擔心失望。

返阿收租納稅處理善後

三月底，我與寶雲回阿根廷處理雜務，諸如律師調查訴訟案件和會計師整理付稅，並收回出租房屋店面。外甥陳英傑店面到期，我們要收回出售，他竟然生氣不願退租，我體念他年輕，手無寸鐵，無條件將店面交給他，讓他有機會做生意，只收象徵性房租。他母親要求將房屋交還姨丈，別忘了能到阿移民，姨丈是大恩人。我真料想不到的事，寶雲無法諒解。

阿根廷電影局長Sr. Anatasio於去年九月二十日往生。以前他是我的秘書，親如兄弟，我與寶雲專程到他的故鄉San Nicolás看他夫人，並到他的墓前追悼。

駐阿代表王允昌到任

　　駐阿根廷代表歐鴻鍊榮升駐瓜地馬拉大使，由秘魯王允昌代表接任駐阿代表，我去拜訪他，他非常高興，我們一見如故。他在秘魯時早已聽沈傑爭兄提過，他請我吃飯還邀楊鎔鑑兄及沈傑爭僑務秘書作陪，我們談得很愉快，他告訴我，阿根廷要派代表Sr. Rose下月去台灣赴任，王代表安排請他吃飯並請我作陪。

　　Sr. Rose是前駐法國大使，很資深的外交官。赴台前經美國，我接他到洛杉磯住幾天，到過我家與家人吃飯，很喜歡我的三個兒子與佳莉。他很健談，七十多歲，夫人已去世，他到台灣後，由我代找辦公室和住所，我們常一起吃飯，已變成好朋友。

處理越南爛帳收尾

　　我們投資的五洋合作社，因虧損累累，要求增資，台方沒有人願再投資，所投下資金全部泡湯，歐盟公司結束清算結果，台方投資五十萬元美金剩下兩部舊車及辦公室桌椅、文具等，留給吳中誠。越方連一毛錢都沒出，他們派來職員又領了一年多的薪水，阮泰和不但不承認公開盜片，還把責任推給台方，還要求台方付房租。共產黨真沒有人性，越南人不知廉恥，幸虧及早發現，不然後果不堪設想。

　　我們參加投資機車被充公沒收，血本無歸，在越南投資可說是全軍覆沒，浪費一年多的時間，還差一點連命都丟了；幸虧在平西市場，其他股東拿到盈利沒賠，還有小賺，只有我損失最多。我下定決心不可再留戀，要快刀斬亂麻，不敢再相信越南共產政府及越南人。

疝氣開刀兼修攝護腺

　　我自一九八二年患了憂鬱症，可能是吃了太多解憂藥，以致疝氣。小腸下墜壓到膀胱，走路時肚子會痛，好友許醫師教我買一套吊帶，把膀胱吊起可減輕肚痛，效果有限。

我到國泰醫院泌尿科檢查後,醫生說需要開刀。我告訴醫生說:「我尿尿很慢……」他說:「可能是攝護腺肥腫,順便檢查看看,有必要時一起開刀。」

醫院訂五月二十一日開刀,先住院檢查,醫院發了開刀告知書,內容有一條重要告知:「開攝護腺後,男人射精會倒流,不影響性功能。」我一知半解,我就沒理它。早上十點鐘,我被推入開刀房,有七、八位醫生和護士,幫我做全身麻醉,幾分鐘後我不省人事,疝氣手術縫了七針,連攝護腺肥腫手術也做好了,一切都很順利。醫生問我:「看過開刀說明書了嗎?」我點了頭,他又說:「傷口會痛幾天,要忍耐。」我非常感謝醫生,然後被推回病房。

危難病痛親友見真性

我回到病房四小時後,尿道插管,吊鹽水點滴,尿道開始劇痛,排了很多血水。國泰醫院雖設備一流,我還是非常難受,護士每一小時來換鹽水點滴,愛妻日夜看護。

下午,耀輝兄與女婿醫生及陳秋義夫婦來探訪,真感溫馨,後來管子阻礙尿排不出,無法忍受,再請醫生過來,清出血塊,排出八百CC尿水。

半夜水管斷了,滿床都是水,護士趕快換床,似乎是水腫,半夜叫不到醫生,寶雲趕快打電話給耀輝兄。翌日,趕來三位醫生,我已消腫退燒。

第三天較輕鬆,陳秋義夫婦再來探訪,宋家大哥烈蛟與二哥樣杰也都來慰問關心。李茂清兄與林銘進兄,擔心吳的支票可否兌現,與高永祺、饒兄、洪兄都來醫院探訪,順便討論吳支票之事。我自己親兄弟、姊侄都沒有人來關心,真覺得寂寞。人有病痛、災難時,是親兄弟還是朋友才見真情。

開刀攝護腺後遺症

開刀後我還記得醫生所提的問題，射精會倒流問題。出院後我已康復，我想試試翻雲覆雨情，結果大失所望，所謂射精回流，真正了解與實際情況，是天差地別的錯覺，當射門發炮一響，立即結束，沒有任何束西再射出，談不上有快感，我太失望，也許過一段時間會恢復吧。

但等了幾個禮拜後效果還是一樣，我急著去請教主治醫師，他告訴我：「慢慢你會習慣，沒有辦法再恢復。」我越想越後悔，這一生，我的性生活斷送了，已經過了二十多年，我還是贊成非必要，不要隨便開刀，讓要開刀的人參考為鑑。

祖母泰國旅遊急病

寶卿女兒家瑜大學畢業，帶祖母到泰國旅遊。家瑜同學是泰國的貴族，她非常高興在泰國被當成貴賓招待。

未料，祖母突然受細菌感染，高熱不退，入院無法退燒，急忙返台，送入國泰醫院急救，因她已八十八高齡，體溫難降下，昏迷不醒。國泰醫院動員醫生急救，幾次發出病危通知，寶卿、金木、金義、在台子孫全趕到醫院，寶雲與我到龍山寺和恩主公廟，祈求岳母能渡過危險。祖母在昏迷兩週後奇蹟似的醒過來，大難不死，大家非常高興。

63
──越南最不吉一年──

九二年最不吉利的一年

一九九二年我在越南投資電影,成立歐盟公司拍越片《愛情的苦味》泡湯,參加五洋合作社,虧損累累,進口機車被充公,全軍覆沒,決定退出越南,就像美軍當年在越戰花了二十多年心血,一九七五年狼狽撤軍離開越南的心情完全一樣。

我在報上看到,台北市健康幼稚園在師生旅遊途中突然發生火燒車,燒死二十多位小朋友及老師,全國媒體譁然,家長痛哭哀嚎,全民驚訝悲痛,指責政府無能失職,要求追究檢討,負責賠償。無辜幼苗被無情火摧殘,真可憐!

四月間,美國洛杉磯發生警察因交通事件打死黑人事件,法院判決員警無罪,引起黑人動亂,抗議遊行,造成燒搶超市、商店。這次動亂韓僑損失慘重,我很擔心在洛城家人的安危,幸虧後來政府出面疏解,半年後漸漸恢復正常。

二十五屆世運在西班牙開幕

七月二十六日第二十五屆世界運動會在西班牙的巴塞隆納(Barcelona)開幕,我國派隊參加,棒球隊打勝日本拿到亞軍,全國軍民歡騰。

八月十四日中韓斷交。韓國與我國建交幾十年,同樣都是反共同盟的國家,為了利益竟不顧信義,不惜與中共建交。隨後我國宣佈與韓航斷航,韓將我國大使館的房產及土地移交中共,華僑抗議無效。

十二月十八日韓國反對黨金泳三先生當選總統,軍人盧泰愚政府下台。

重新出發開拓新行業

我自越南撤退後，在台灣與永昌努力改攻遊樂園表演節目製作和特技硬體設計，又協助申相玉導演在好萊塢拍《三忍者》。

中影牛仔秀及夏威夷草裙舞順利在中影文化城及劍湖山推出表演，我南北兩地跑真夠忙碌，辦理申請表演許可證、報稅兼售韓國影片及美國泛美亞公司大小事。

永昌帶武術指導團隊到好萊塢順利拍完《三忍者》。哥倫比亞公司推出第一集《三忍者》很賣座，申氏公司再簽第二集。永昌與Brad配合拍片工作，申兄很滿意。因永昌與Brad都在美國長大，與好萊塢美國工作人員合作無間，也得到不少經驗。

我在越南看過民族歌藝表演，覺得相當不錯，推薦給劍湖山負責安排節目的游先生。他沒時間看，派他的代理陳重安先生與我洽商。他說要帶陳董事兩人去越南看，我不得已自費買機票，帶他們去西貢市看越南民族歌藝表演團。

母親開始患老人癡呆症

母親已八十歲，住在文仲蘆洲七樓公寓的家。每夜她總無法安眠，看到窗子晃來晃去，說有魔鬼入侵，不敢睡；樓太高，她又擔心地震；日夜叫嚷肚子痛，到醫院也查不出毛病。

我把她接來家裡住，由寶雲悉心看護，住了一個禮拜，又吵著要回文仲家，情緒不穩，醫生斷定她是老人癡呆症。我們兄弟商量後，決定送她進華視旁的秀傳醫院，有護士看護，再請一位附添照顧。醫院費用每月四萬元，附添二十四小時看護要六萬元，每月要十萬元開銷，宋家兄妹三人負擔三分之二，我出三分之一。

勝雄弟有異議，他問我：「仁壽為何不分擔責任？」我解釋：「仁壽無業，生活困難，再說宋家有財產分配，高家無份，有責任要分擔，不公平。繼父遺留的畸零地，所得款三百多萬元，應該留給母親做醫藥費，不應給你們自己兄弟分配。你連看母親的時間都沒有，

急著趕回美國，還談什麼責任！」勝雄理直氣壯地說：「繼父退休後都是我一人供養全家，我拿是應該的。若要我們靠大哥供養，我們都會餓死。」我很生氣地說：「繼父退休時，你還在念高中，由誰供應生活，你自己明白。別昧著良心說謊話！」我聲明不再認他是我兄弟，讓人傷心。為了私利，可出賣良心，世間上有此兄弟真悲哀。

住院一個月後，文仲電視製作不順，大家負擔都很重，寶雲建議將附添辭掉。仁壽太太阿蕉與寶雲兩人輪流看護母親，阿蕉來醫院三天後，沒再出現，寶雲為了盡孝，不辭辛苦，每天都去看護母親，替她餵飯、洗澡、按摩，七年從未中斷，直到母親八十七歲往生。我親弟仁壽在台北七年，從未來醫院探訪母親，他不知生從何來，死將去何方？真是一件悲哀事，我家有如此的兄弟，真令人惋惜。

陪同兩陳、曾兄來越

我帶耐斯集團董事陳先生與陳重安兄及台東好友曾清風兄到西貢，我們住在天虹酒店。

兩位陳先生是來看越南民族歌藝表演團，曾兄在台東有戲院，曾代理排片，他想來觀光順便看民族歌藝表演。該團團長陳士貴好禮款待，帶我們到小劇院看一個半小時的表演節目，相當精彩；又招待我們吃越南餐，叫了很多女團員陪我們吃飯敬酒，留下了好印象。

翌日，我帶他們去古秦的戰地地洞，再去頭頓海港，看皇宮，吃海鮮。住度假飯店，內有舞廳，舞女阿娜多姿又熱情，且花費便宜，台灣來的新客無不大開眼界。

他們在西貢住了四天，陳團長約回台時再聯絡，我留在西貢與陳常裕處理越南收尾工作。

好友相繼訪西貢

康範九兄突然想到越南來看外景，我正在阿根廷，只好請陳常裕兄代為接待。康兄他來西貢住三天，看過外景就匆匆回韓，我真感到抱歉！

　　泰國兄弟蕭老大及老四劉明裁，再度來西貢度假。兩位都喜歡打球、跳舞、帶小姐逛街、吃海鮮。他們沒通知我們，只打過電話給陳常裕告知，他們真懂得人生的享受。饒兄洪兄為了投資平西及五洋，與高永祺第二次來西貢，我總是忙於接待。

　　說起歐盟、五洋和平西市場，是我引薦他們來投資，責任重大，自己傻瓜犯賤，貪名好利的後遺症。

64
人是感情的動物

常裕失望心情鬱卒

陳常裕兄曾在阿協助我創辦《南疆新聞》，是一位傑出的主編，我推薦他來越南，投資歐盟一萬元美金，當我助理。歐盟公司解散，資本泡湯，怪我欠缺思考，沒有事前調查，沒有事業計劃，才會失敗。他的口頭禪是：「提兩事取其中，決定重與輕是成功關鍵。」我回台時他託信郵寄廠商，對方沒回信，懷疑是我投郵有問題，我發誓用掛號寄出，他個性常猶疑又固執，我無法了解他的想法。

他不想離開越南，計劃創辦越南中文週刊，寫了一套事業計劃書，我想越南已沒有中文讀者市場，我對越南也失去信心，不想加入。他認為我不支持他，他來越是我拖累他，我拿三千元補償。前調借給他二次共九千元美金，我從未向他開口要回，算是補償他投資的損失。他創辦越南中文週刊，照計劃書進行三個月，照樣關門。他對越南失望，心情萬分鬱卒，後與外甥合作，開塑膠浪板工廠，做了幾年失敗，拆夥回台。

台東遊三仙台發愛誓

我回台灣後，永昌在美發展，幫申氏公司拍《三忍者》很順利。我開拓遊樂園表演節目，漸有收穫。杜慶兄代介紹買了一套美國《奧斯蒙兄妹秀》電視節目，我們賺了三十六萬元台幣。

我們到台東探訪好友曾清峰夫婦，再去看五嬸。二十年前曾來看五叔，如今他已往生，五嬸還健在。我們聚餐敘舊，和堂弟郁峰、堂妹鬱泉一起唱卡拉OK，大家都很快樂。

清風兄帶我們到三仙台海岸，太平洋海浪洶湧，碧波盪漾，藍天

白雲真美麗。寶雲呼叫我快來，指著海洋發誓：「我永遠愛仁河不變！」我也發誓：「我愛寶雲，海枯石爛情不變，愛您到死！」指天為誓，兩人擁抱，我們再生共同努力，創造未來人生，永遠牢記在心。

李導《火龍》版權重複出售

《火龍》韓國錄影帶版權，我以美金壹萬元向李翰祥兄購買，韓方發現該片已發行過，向我要求賠償損失，我只好飛到香港找李導演理論，他承認是失誤，損失賠償免談，只退版權費美金壹萬元，他拿港幣折合官價還我，美金黑市差額港幣四百八十元李導演他不管，豈有此理！寶雲說本金拿回就謝天謝地，差額算了。

永興在美國接到來自阿根廷的電話，稱美麗華房子有人出價美金六十萬元，要我趕快飛阿探個究竟。我先回美國看永昌在美拍片的情況，與申兄再談《三忍者》第三集之事，並與家人共度聖誕與新年。

寶雲為越女發飆生氣

我們趕回美國與家人團聚，慶祝聖誕佳節。寶雲在我的文件中，發現我與越女陳雪雲的合照相片，她生氣發飆，表達嚴重抗議，喊說：「男人有錢找美女，有苦有難找老婆，不是好東西！若是二十五年前發生這種事，我就與你離婚！」事態嚴重，她為什麼如此忌恨，我不了解。我說：「不值得與越南臭女人記仇生氣。男人出外逢場作戲而已，別把越女估價太高。」我再三發誓認錯。

我來越南是人生最大敗筆，幸虧愛妻寬宏大量，鼓勵我重新站起來，把一九九二年不吉利的陰霾掃除一空，迎接新的一年開始。

結束無屋蝸牛的歲月

我在越南認識了三普建設段董事長。他要在漢口街二段蓋大樓公寓，寶雲正想買一家公寓，段董他答應以優惠價賣給我。我們選了八

樓的五十坪房，打算投資平西市場十萬元美金，獲利後可付部分款。結果吳無法按期兌現，延了三個月，大樓建商三普公司退出經營，還了訂金。

我們領到吳的平西分配款後，漢口街二段漢賓大樓改建公寓還剩下一間，在七樓，有四十五坪，可看淡水河，風景優美，我決定馬上簽約，於一九九三年四月十八日遷入新居，結束無屋蝸牛的歲月。後來，三樓被銀行法拍，我很幸運標到，當做建興影業公司的辦公室。

再陪劍湖山董事到越南

劍湖山代理陳重安兄，雖看過越南歌舞秀，劍湖山董事會及游副總仍不安心，想再去越南看，我不得已再度安排他們到越南西貢市看越南歌舞秀。

到西貢後，越南歌舞秀團長陳寶山兄接待他們看了幾項表演，游兄表示滿意。我又安排他們到西貢市堤岸第五郡唐人街觀光，遊覽名勝，上夜總會、舞廳，越南美女阿娜多姿，大家笑嘻嘻，每人都滿意而歸。

我也帶內人寶雲一起來到西貢，我們住在陳常裕家，我計劃帶寶雲到越南的各個名勝，好好地休憩觀光。

大楞鄉村山頂有好人

我們到首都河內觀光，林兄送我們到機場，但沒有機位，林兄建議改去大楞文化城，離西貢三百公里。我們租一部車走了一個小時路程，車壞了再換一部車。開三個小時山路到了高原，又故障在荒山野外。

天色已黑，只好下車走路。好不容易找到山上一間牧草小屋，向女主人借宿一夜。屋子很簡陋，燈光微弱，家中有姊弟二人，都很客氣，將主人房讓我們睡，房內有木板床，鋪上草蓆，只有一條薄毛氈讓我們蓋。由於小屋位在高原上，凌晨氣溫驟降到十五度，即使有氈還是很冷，我們只好穿著大衣睡。

清晨五點鐘，小弟起床用功背書，我也起床走到大廳，才知他們用草蓆鋪地，蓋破布袋睡地上，多麼窮苦的農家，連棉被都沒有！

早上八點鐘，我們臨走時回謝送錢給姊姊，她堅持不收，太令人感動！窮人家有慈悲心，有志節，越南鄉下也有好心的人。

我們的車一直修不好，正好有一部老舊吉普車經過，我們連忙揮手，對方停下車，我們表示要到大楞市郊外，對方說只要再半小時可到大楞市。車上已有十九人勉強再擠進兩人共二十一人，超載三分之二，照開不誤，只有這個窮國家才有的現象。

我們在郊外下車，再讓機車騎士載入大楞市。我們住在私人別墅，乘馬車遊城，搭船遊大湖看瀑布，再去吃土雞，上廟寺、公園，住了兩夜後回到西貢。這條路程共換了四次交通工具，是一趟難忘的旅行。

65
跌倒重新再出發

證明吃虧比佔便宜好

我帶陳重安兄去越南，看民族歌藝表演團。他來美國我招待到環球影城，及拉斯維加斯看節目表演，他女兒由紐約來相會。

越南表演團來台表演，他直接與越南簽約，未通知我，等於我替他白幹，我無怨言，吃虧比佔便宜好。幾年後他失去劍湖山代理權，劍湖山董事長陳志鴻與永昌合作，成立「夢幻山公司」，請永昌當董事長，負責節目安排。

美國總統柯林頓就職

我回美國過一九九三年新年，阿根廷妻侄陳英傑與雅莉男友來美考察，順道拜訪我們，寶雲雖還在生氣，都是過去的事，原諒他年輕無知，還是以禮接待。

前在阿好友李光明的太太來電說，她的外甥黃冠賢在阿當醫生，他是黃美田醫師的次男，最近來美度假，她想介紹佳莉給黃冠賢做朋友。我特地安排在家聚餐，賓主全到齊，只有佳莉卻鬧失蹤，讓我很尷尬，下不了台。事後，她解釋沒有事先徵求她同意，她不方便出現。

元月二十日美國新選總統柯林頓就職，全國慶祝，他年輕有為，將會帶美國進入新世紀，成為有希望的國家。我也應該重新振作站起來，把越南的挫敗當作我的好經驗吧！

永昌重要合夥人結緣

羅伯胡是永昌在美國的好友，他是美國華僑，製作公司的後台老闆，有意投資永昌，計劃在美國好萊塢拍小製作的動作片。他邀請製作兼導演張怡來美與永昌見面，張怡亦全力支持永昌的拍片計劃，他們正式開拍美國動作片。

永昌非常感激羅伯胡與張怡，他們感情相待如兄弟。張怡為小三離婚毀了家，痛苦萬分，常以其前車之鑑勸永昌要小心，勿像他一樣。

張怡在台灣的Kar製作公司結束後，當了保險公司外務員，永昌介紹朋友資助他。永昌與劍湖山陳董事長成立夢幻山公司，永昌請張怡當總經理，他做事很盡責，可惜好人不長命，二〇〇八年因癌症往生。

展開表演秀新路線

我們由美國趕回台北，申相玉期待我代賣出《盲劍客》電視版權一百集。馬宏國先生已離開銀都公司，到李嘉誠公司所屬的亞洲衛星電視公司當副總裁，他告訴我已經開始替新公司向嘉禾、新藝城公司買進舊片所有版權七百多部，並答應考慮《盲劍客》，我隨即轉告申兄。

他拍的《三忍者》錄影帶在美國很賣座，哥倫比亞公司要求再拍第三集。申兄要永昌再到美接導演，並負責武術指導工作。

我們很高興台灣中影文化城與劍湖山的表演秀，由我與Brad及周大聲三人配合，已慢慢展開一條新路線。

越南平西支票未兌現，饒洪兄要我負責。再三約見又為Johnny李，對饒講出永昌工程底價，饒對我的態度有很大的改變。我壓力很重，心裡也明白「人不為己，天誅地滅」。

林銘進兄向吳先拿二十五萬元台幣，他說要退給李茂清，他不承認有投資歐盟公司，這事聽了讓我傻眼。公司賠了不承認，若是賺了錢，要不要退呢？真是豈有此理！

母親癡呆忘記自己

母親住進秀傳醫院，寶雲每天不辭辛苦來看護；宋家大哥烈蛟與二哥樣杰夫婦，也常來探視；宋勝雄夫婦七年來，只來過幾次而已；治中弟與玉珍妹則每年都由美趕回關心。

母親已進入癡呆症，病情漸漸加重。寶雲常聽到她在睡夢中，喊著大伯的名字：「清仔，清仔！」因為母親是高家童養媳，可能小時候暗戀大伯也說不定。我去醫院看她時，她醒了，但認不出我是誰，竟問我：「你的母親什麼時候出葬？」我聽了傻眼，眼淚奪眶而出，寶雲也哭了。

母親生了九個孩子，勞苦一生，我們都沒盡到孝心，沒好好照顧她，讓她享受快樂過。她已變成癡呆的病人，我想有一天我也會變成一個患癡呆症的老人。

結婚三十四週年到嘉義

寶雲為看護我母親，每天八點出門，下午七時回來，從未間斷，真夠辛勞。

大溪地表演團在劍湖山表演，老三翁居山邀我們到嘉義度假。我帶寶雲到居山弟家，他生活安定，開了間餐廳生意不錯，已在郊區買了一棟三層樓房，環境不錯，他把主人房讓我們睡。他母親已九十六歲，有福氣很健康，看到我們很高興。居山買豆漿、油條、蛋餅、蘿蔔糕與母親共進早餐。上午帶我們去吳鳳廟、仁義潭看古蹟，吃名產水果，再到關仔嶺洗溫泉。晚上，居山朋友邀請三對夫婦吃海鮮大餐，喝酒、猜拳又唱卡拉OK到凌晨，盡歡而散。

翌日，先到新港媽祖廟進香，再去北港拜媽祖，廟宇已有三百多年歷史，香火鼎盛，人潮眾多，我們買了很多新港甜豆與北港花生，可送人當作禮物。之後再去吃嘉義有名的火雞飯和碗粿，度過快樂的三十四週年結婚假期。

　　回程到劍湖山看大溪地表演團員，買了水果慰勞團員，大家都非常高興。再向劍湖山莊訂妥房間，預備在劍湖山辦埔里初中同學會。

　　回到台北後，急著趕去看張西村兄，他已入院，檢查結果斷定腎臟有癌細胞。他的女兒是電視紅星張富美，他正要享受晚年，但時間已不多了，真可憐！

　　周彰賢我之前曾介紹過，他到林中志兄公司服務，現在自己創業開貿易公司。他的父親周金土先生，是潮州戲院老闆兼詩人，我移民阿根廷時，他送了我一篇詩祝賀，享年七十八歲，是位有情有義的朋友。

66
人心可怕為財反叛

人心可怕為財可反骨

陳常裕可說是我最親信的朋友，他兒子結婚時我曾代他父親參加。有一天，常裕兒子突然請林銘進兄陪同來找我，約在咖啡廳見面。他臉色發青，很不禮貌地對我說：「我要為父親討回公道，你害他投資越南，讓他浪費一年時間，損失美金壹萬元。你在越南公司假公濟私，我父親到越南的機票，你竟在公司報帳，你應該退回投資款壹萬元美金，還要賠償時間浪費和精神上的損失。希望你答覆，否則他要出面，要黑或白道他都有！」態度惡劣，他竟敢公然威脅。

我很生氣地對他說：「投資越南錢是交給公司，不是投資我！歐盟公司失敗，結帳時你父親也參加做表決，開會通過全部股東都損失，並非他一個人損失。機票是我代支付。股東到越參加，公司可報公帳，並非你父親支付，你父親有疑難雜症，可直接找我解決，你沒有資格對長輩講出不應該講的話！」我很生氣站起來就走人。

我沒想到會發生這種事。回想在阿根廷時，我與陳常裕互相幫助，創立《南疆新聞》，離阿時將一百五十坪大餐廳每月象徵性收五百元美金廉價租金，給他經營幾年。他腎臟開刀時，我與內人每日送飯照顧，情如兄弟，難道他忘了嗎？為了一萬元損失，可以不擇手段翻臉，世事真難預料。我又上了人生重要的一課。

平西分紅，林、饒搶先

吳中誠給我們平西分紅的支票無法如期兌現，饒兄對我說：「你藉故推賣，應負賠償責任。」林銘進、饒曉明已提早兌現一半票款，我代付三萬三千元台幣，林堅不認帳，我也認了，林、陳為我主張買

舊拷有意見，聯合對付我。林又向吳扣我和李茂清的歐盟投資款，他又可提前領支票。由此證明人心可怕，我最親信的同學、朋友可以為利忘義，出賣朋友。

　　吳再延給我支票，分期三次付款，全額二百七十五萬元扣二十萬元再扣16%稅剩餘二百一十萬元，半年後才拿到手中，本金一百二十五萬元，賺八十五萬元台幣的紅利（三萬多元美金），我投在歐盟股本五洋機車共賠了十二萬多元美金，其他股東在越南都賺回股本，賺了紅利。

人格掃地自比小狗

　　陳透過林銘進兄來找我，他向我解釋，他兒子對我無禮並非他指使，是母親亂講所引起，他再三道歉說是他的不對，他是小狗，願再說對不起。他主要的目的是要求我退還他投資歐盟的一萬元美金。我覺得很奇怪，對他說：「你自己去越南再三考慮後才投資，錢是交給歐盟公司，並不是投資我，我沒有義務賠償。歐盟公司你是副總經理，業務賠賺你明白，不是用黑道手段，就可拿到錢。」

　　他很客氣地回應：「高老師，請高抬貴手救救我，借給我支票也可以，救救命！」我自己要買房子，手頭緊，我看他低聲下氣，快哭的樣子，我也心軟了，對他說：「我最多可幫忙十萬元。你可以拿走，算是朋友一場。」他拿了支票後，失望離去，事過二十年我久久未能忘懷。人一旦失去人格，沒有自己，活在世上最可憐。

回阿賣掉商店失掉錢包

　　阿根廷前租給妻侄陳英傑的商店，收回後已售出，我趕去阿根廷收款交店，辦手續，邱煥章兄接我去住他的家。店內雜物及垃圾未清，我自己跑去清理，關上門後，手提箱放在地上忘了拿，內有錢包、證件、信用卡、美金幾百元。回程途中發現手提箱遺失，馬上回店找已找不到，我立刻向警局報案。我心急如焚，如找不回手提箱，還要重辦證件就麻煩了。

第二天律師來電說有人撿到手提箱送回警局，我連忙趕去領回，箱內文件原封不動，只少了美金部分算是幸運。為了答謝好心人，還去他家送他一百元美金，表示感謝。我收的房款恰好駐阿商務王忠義兄要現金，換美金支票給我方便帶回美國。他夫婦來阿快兩年，他的住所是我替他找的，就在我辦公室附近的公寓，他常來公司聊天，為人有情有義。

楊鎔鑑先生是位有愛心的基督徒，奉獻給僑社，專心辦中文學校，他的精神令人尊敬。我託他代收房租、納稅，辦得很完善，比我自己兄弟、妻舅可靠，我真感激他。

我參加妻姊寶仙的女兒雅莉在Sheraton Hotel與秦至聖的訂婚典禮，席開五桌。會中見到阿根廷親戚朋友，大家都很高興。

我回美國洛杉磯時，突然接到老四劉明裁電話，他要求見面要送還在西貢借款八百元，我早已忘了，真是意外的感覺。他又與第二任太太離了婚，在洛城與小三開錄影帶生意，他父親是立委劉金約，他當過台中市議員，一生風流，常換女主角。

埔中同學會在劍湖山

我主辦埔中同學會，建議在劍湖山舉辦，大家都同表贊成，我們於八月十五日召開。劍湖山位在斗南再進入的山丘上，有旅館和遊樂設施，可住又可玩，我引進的大溪地草裙舞團正在劍湖山表演。男女同學與家眷來了一百多人，大家久未相聚，見面時格外高興，笑聲滿堂，我請表演團到席間表演並握手，大家都很驚訝，趕快拍照、錄影留念。

埔中同學會是由我與陳維中兄發起，已辦了幾次會，我們公推陳維中兄為會長，下次由陳維川副會長接辦。大家都老了，很多同學都做了祖父母，還像孩子般的玩遊樂園各項設施，玩了兩天又一夜，歡唱卡拉OK，大家盡興而歸。多虧謝文彧、高君諒、洪瑟等同學幫我聯絡其他同學，才能有很多同學來參加。

大家拍了很多照片及錄影帶，轉眼已過二十年，可拿來再看。謝文彧等同學已不在人間，我們應該珍惜童年的記憶及同學的緣份。

解散阿根廷達林公司

　　一九九二年我受邀參加歌林公司三十週年慶祝大會，在世貿會議中心召開，設宴招待賓客，有千人參加。歌林公司股票上市，每股高達四十五元，李董事長職位升會長，劉招沛升為董事長，歌林公司李克竣先生與劉招沛先生名利雙收。二十年後孫輩接手，到美國設廠，股票上市，被人設計，掏空下市，公司宣告破產，人的命運變化無法預料。

　　我主持阿根廷達林公司，經營七年，毫無成長，阿根廷政局動盪，經濟不穩，房地產低迷，我已放棄阿根廷回美。

　　我在台北召開阿根廷達林公司股東會，經股東們同意，決議公司解散，等候阿根廷房地產恢復處分給股東，我再等了七年，於一九九九年阿根廷達林公司終於解散結束。「南柯一夢」持續十四年才醒。

67
開發動畫、遊樂節目

運律公司合作愉快

陳清標兄是運律公司的經理，專營發行錄影帶、卡拉OK碟片，請永昌和Brad取得美國狄斯耐公司的代理，我找三部日本卡通片與運律公司合作，該公司有錄音室旁有剪接室，要印拷貝很方便，老闆邱先生為人慷慨，我們合作愉快。

陳清標在運律公司負責業務行銷工作，表現很傑出，被香港來的得利影視公司老闆請去當總經理。陳清標兄到得利公司後，努力爭取八大公司代理業務，擴展迅速，在全省建立了多間分銷店。

中環公司翁明昌先生以高價將得利公司買去，香港設立分公司，並與建興公司合作爭取韓國電視劇及大陸影視版權，我們合作無間，得利股票順利上市。後來，陳清標兄，離開得利公司創立網路電視公司，我們合作十五年，雙方合作創造不少盈利，他是我的好夥伴。

卡通片集《無敵鐵金剛》

我與運律合作向日本松竹與卡通公司買了卡通片集《無敵鐵金剛》與動畫電影二部，給海王星林先生錄影帶版權，他配國語我再將無線作電視版權賣給中視播放。我補貼十萬元配國語的費用給海王星林先生，他很高興。

仁壽介紹朋友廖先生要成人片錄影帶，Brad由美選來幾拾部，因太暴露難通過，需重新剪接，花了好多時間，交了一半，小賺一筆，只得經驗。隔行如隔山，慢慢建立了電視錄影帶版權的銷售管道。

開拓遊樂園表演節目

六福村野生動物園已動工，將建立大型遊樂園，規劃有美國西部牛仔表演及街頭表演設計。表演部主任黎晶浩小姐，邀請我們參加現場規劃與請教意見。我與好友廖先生去看現場，整地動工中，要一年才能完成。台灣能辦引進國外秀的公司沒有幾家，我們開始踏入第一步，美國已設立公司可配合，將與永昌、Brad努力開拓新路。

親友兒女喜事連連

韓國東亞公司李于錫兄同意買中影公司出品，李安導演獲奧斯卡最佳外國影片獎《喜宴》。他告訴我，他的女兒大學已畢業，年中要訂婚，長子浩勝十二月九日將要結婚，邀請我到漢城參加。我替他高興，答應出席參加，因他真正要辦兒女的喜宴。

香港郭南宏導演第一次結婚時我曾參加慶祝，又再婚，太太三十歲，生了一個女兒。他今年已五十八歲，我替他擔心，他真有勇氣。

我的高工同學張西村癌症病危，她太太通知我，我急忙趕到醫院看他，他已很衰弱，告訴我女兒張富美將與美國的華僑訂婚，希望我在美國能參加祝福，我點點頭，他是我高工的同學，又是室友一起生活過的好兄弟，我真難過。不久，他就往生了。

慶祝遷入新公寓

一九九三年九月十七日在台北市漢口街二段一百二十七號七樓買了新公寓，有四十五坪，兩房一廳一書房，擇佳日遷入，我們由阿根廷回台租居五年，結束無殼蝸牛的生活，我們先安好神案，擺好鮮花、敬果禮佛，備牲禮拜土地公、地基主，祈求上天眾神明佑我新居，萬事如意，全家平安。

我們決定雙十國慶邀請親戚朋友來新居七樓，看淡水河邊放煙火慶祝表演。寶雲說，總歸我們已有了一個蓋頭的家。

梓河帶馬來片商來台

陳梓河兄是印尼片商，與我結交有二十年交情。九月初，突然來電要帶馬來西亞片商來台，我正要去韓國，只好延後。

我們十七日入新厝。翌日，他們到達台北。五人中，田與宋先生是運通公司錄影帶發行商，兩位是地方經銷商，金星機構葉振福已往生，由他兒子繼承，是香港無線錄影帶總代理，後天可到，我安頓他們住入麗晶飯店。

我帶他們到海霸王吃台灣海鮮，再去五月花酒家，看台北夜生活的花花世界，大開眼界。翌日，拜訪中影公司徐立功副總，與江總安排看《喜宴》，又請吃飯，去中影文化城參觀，梓河兄說他們對我欽佩又感激。

金星葉董到後，再拜訪華視文化公司湯經理與高小姐，我推薦買《包青天》片集，他們認為馬來人看不懂，太可惜。再去中視文化公司拜訪尹小姐和張總經理，看樣帶資料，印象良深，大家看到中視大樓設備完善，美輪美奐，嘆為觀止。

再去運律公司拜訪邱老闆及陳清標兄，讓他們了解卡拉OK製作發行公司。晚上招待他們到萬華華西街吃台南擔仔麵、台灣最著名海鮮店。葉董最年輕，正沉迷於股票，無時不在看電腦行情，他代理香港無線錄影帶，在馬來西亞一枝獨秀，股票又賺錢，意氣風發，高高在上，不像他父親謙虛又有慈悲風範。

遊覽台影文化城及日月潭

梓河兄帶馬來西亞片商共六人，我只能租中型車帶他們南下，到霧峰拜訪台影文化城。饒總好禮請他們參觀動感戲院、環幕電影及影城設備，他們都很驚奇，饒總設宴招待，他們很感謝又滿意。我們再開車到日月潭住了一夜。翌日遊潭，再去九族文化村看原住民跳舞，並遊覽各個景點。

　　他們來台灣兩週，我花了將近三千元美金交際費，期待與他們有生意往來，卻有如石沉大海，無消無息，結果A K Foo兄有眼光，買了《包青天》電視片集馬來西亞版權，大賣座，賺了很多錢。

　　宋與田兄的運通公司代理葉董香港無線錄影帶，為利潤鬧翻，葉董不久就中風往生，英雄無用武機會！而地方代理商其中一人，因停車發生糾紛，開槍打死人，被判無期徒刑。天下事禍福真難預料！事過二十年，往事如煙。

68
北京電影學院

佳莉北京電影學院

　　高佳莉想再修碩士學位，已申請到北京電影學院獲准就讀，過了雙十節後我陪她到北京報到。滕洪昇兄介紹好友宋教授，他是副院長，也在該校教美術，我想拜訪他，可惜他當天休假未能見到，我帶來禮物交待佳莉送給他。

　　佳莉是美國長大的孩子，北京校園的設備簡陋，生活習慣不同，氣候又冷，很不習慣。洗澡時用熱水瓶裝水，來去要裝好幾次，水又太少，洗不慣；吃飯算幾兩，她不會回答；暖氣不夠，要穿多衣才能入睡。功課水準太差，不是她想上的學校，上了一學期，決定回台北，她告訴我，不想再去，我們也同意了。

姪婿高燒有救命恩人

　　寶雲大哥女婿莊瑞發，突然發高燒不退，入馬偕醫院，查不出病因，昏迷不醒，幾次病危。姪女阿瑛急告寶雲，她趕去國泰醫院，請教感染科長，他叫他馬上轉來國泰醫院檢查住院。

　　國泰醫院感染科長查出莊瑞發是感染退伍軍人症候群，台灣新的病症。打兩個禮拜的特效針後，他醒了過來。住院半年後，慢慢恢復了健康，但是身體比前差很多。阿瑛夫婦很感謝寶雲救他先生一命，他再活了二十一年，去年已往生了。

　　駐阿根廷代表王允昌兄回台述職，他在電話中告訴我，前駐台灣阿根廷代表Roes先生，調回阿根廷，約一個月後，心肌梗塞已往生，真可惜！他是阿根廷優秀的外交官，我們已建立友好的關係。諸事無常，說走就走！

花蓮堂姊夫出事

我的堂姊是四叔長女與我同年，叫高麗子，當國小老師，先生褚金松在台灣電力公司服務，派在花蓮銅門地下發電廠當副處長，做事負責認真，他們夫婦相當恩愛。

一天，我突然在報上看到報導花蓮銅門地下發電廠發生爆炸事故，副處長褚金松先生殉職。我馬上打電話問花蓮的四叔，他證實了此一消息。我約堂弟基亮趕去花蓮慰問堂姊，她傷心欲絕，我們參加基督教告別式後，送她到火葬場，堂姊當場昏倒。由於傷心過度，一年半後，她也生病往生了。

四叔在三年內，次男明政、女婿及女兒離世，走了三個親人，雖然還有三個兒子和兩個女兒，卻都各顧自己生活，很少來探訪老人家，他已八十歲高齡，獨居，每天自己燒飯，寂寞孤單。老人常提起俗語有一句名言：「多子餓死爹，多媳婦氣死婆家。」

越南電影資料館長來台

越南電影資料館長陳倫金先生有意來台參加金馬國際影展，要求我寄出邀請函，我馬上寄出，又追加邀請陳夫人一起前來。但越南辦出國手續很麻煩加上延誤，他們無法如期參加開幕典禮，又無任何消息，我們以為他們大概不會來了。

我與寶雲去參加金馬獎開幕典禮，大會完畢後我們回到家，突然接到陳倫金先生來電，他說已到台北，入住一樂園酒店。我馬上趕至酒店接他們夫婦到我家，並請吃宵夜。事出意料之外，越南人辦事沒有準則，他因訂不到機位，改乘在香港轉機，抵達台北已晚上十點鐘，沒能趕上金馬獎開幕典禮，真是可惜。

拜訪國家電影資料館

我帶陳館長夫婦去拜訪國家電影資料館館長井迎瑞先生。他在美

國上研究所時，是永昌好友，常來公司，陳倫金兄在國外開會時也見過井館長，兩人見面倍加親切。井館長帶他參觀資料館內部設備、電影資料庫，並交換資料，又請我們吃午餐，賓客盡歡而散。

辭別井館長後，我與寶雲陪他們夫婦參觀中正紀念堂、總統府，到萬華龍山寺進香，逛SOGO百貨公司，吃台灣小吃，看台灣電影影展。

第二天，帶他們去台中霧峰台影文化城拜訪饒總，他親自出面招待，帶他們看動感戲院，環幕電影及娛樂設施，並設宴招待陳館長夫婦。他們非常感激饒總的禮遇和招待，依依不捨地辭別。我再帶他們遊日月潭住一夜，到九族文化村看山地舞，逛遊樂園。

他們夫婦在台灣遊覽了五天，非常滿意地返回越南。陳倫金兄退休後當上國會議員，常來電話聯絡。

永昌好萊塢招考演員

永昌承接申氏公司到美國協助申相玉導演拍《三忍者》第一集，由美國哥倫比亞公司發行很賣座。申氏公司要永昌再到日本協拍第二集及第三集，他已有拍片的實地經驗，並建立好萊塢拍片班底，替泛美亞公司賺了不少錢，台灣添翔公司Robert胡與張怡集資，支持永昌在好萊塢拍片。

劇本已準備好，水到渠成，決定先招考美國演員，永昌、Brad、我、Robert胡與張怡組成選拔委員會，有男女老少三百多位前來參加報考和試鏡。我們忙了一個多禮拜，選了十五位新人演員，準備訓練一個月後，要開拍第一部小成本色情片，希望在好萊塢闖出一片天下。

檢討要奮發圖強

我十六歲離家出走闖天下，二十六歲建立電影事業王國，三十歲一敗塗地，三年後東山再起，三十八歲移民阿根廷，四十二歲斷翼回台，五十七歲到越南，第二次跌倒，幸虧全靠內人寶雲，不斷鼓勵相助，才能重新站起。

　　我會失敗是因為太自負，盲目亂衝，應好好地自我檢討一番。寶雲自嫁入高家，協助我創立事業，照顧家庭，日夜孝順母親。她時常勸我不要貪，要穩紮穩打；但我自信心太強，又愛冒險，愛名好利，應自己承受，徹底檢討。

　　我在回台飛機上睡著，夢見仁壽弟與勝雄弟，為推卸照顧母親責任，打架廝殺，自私自利，似乎是我的影子，我也是自大、自私才會有如此惡夢，我應該檢討自己，好好學佛禪修，要原諒他人，鞭策自己。感謝內人，我決心不再做負心的人。

69
闖出電視版權之路

新年帶來新的希望

一九九四年新年前的除夕夜,我在永隆家過夜。起床後陽光普照,我到公園山崗上了走了一圈。永昌在家準備日式早餐,邀全家聚餐,慶祝新年開始,長孫成恩頑皮好動,孫女雪懿天資聰敏,活潑可愛。我有溫暖的家庭,新年帶來新的希望。

下午看電視轉播第一○五屆Pasadena玫瑰花車遊行,百家爭艷,中華航空公司也有參展,去年拿到金牌獎,今年花車龍出海,又可得獎。花車遊行實況在全世界直播,長達兩個小時。

翌日,蕭圳根先生由紐約來洛杉磯,我帶孩子去探訪他,並請他吃晚餐。他是一位有修養的紳士,席間他演講為人處世之道,我們全家都受益不淺。

新片《好萊塢夫人》開鏡

元月三日泛美亞公司新片《好萊塢夫人》開鏡,寶雲準備三牲酒禮,敬拜福德正神,祈求保佑開鏡順利,永昌、Brad、我、Robert胡與張怡,都參加敬拜,導演是美國新人,由永昌、Brad執行製片,拍了三十五天殺青完成後,參加洛杉磯影展很快賣出各地區版權,收回成本又可再拍兩部片,奠定了泛美亞娛樂公司的基礎。

洞悉先機,先見之明

華視《包青天》片集在台灣播了兩年,香港無線台播出又大轟動,馬來西亞AK傅兄聽我推薦,他買了馬來西亞播映權,果然大受

歡迎。我再推薦給韓國東亞公司李于錫兄，他來台看樣帶，搖搖頭說：「中國歷史古裝戲，韓國人看不懂。」他沒有自信，帶資料給韓國電視公司經理看，他也沒有興趣。

　　《包青天》在香港越播越紅，打破最高收視率紀錄，我建議韓國李于錫兄招待韓國電視公司經理來台灣、香港看觀眾的反應。他照計劃請了韓國電視公司的人來台灣、香港看《包青天》，結果由於影片無字幕他們看不懂劇情，他說不可能在韓國播出，李兄相當失望，過了 一年後就忘了《包青天》的事。

發現「大道無門」奇蹟

　　我去韓國拜訪李于錫兄，走進他的新辦公室時，看到牆上掛有一副匾額，寫著「大道無門」四個字，是韓國大統領金泳三所贈送。

▌韓國好友李于錫（左）與電視劇
　《包青天》主角金超群（右）
　合影

我馬上反應到，金泳三大統領才剛上台，最反對貪污，正大力打擊貪官污吏，可說是韓國的《包青天》。我問他跟金泳三大統領是什麼關係，他告訴我是同鄉好友。

我靈機一動，這點可運用在推動台灣電視劇《包青天》來韓。我對李先生說《包青天》有救了，他莫名其妙，問我為什麼，我說我會準備二套《包青天》片集，請人翻譯成韓文，並打好字幕，再附一封信，送給韓國大統領金泳三先生收，韓國總統府會很高興。李于錫兄半信半疑，笑笑地說OK，試試看。

稱讚金大統領是「包青天」

我先向華視文化公司張董事長談韓國版權，《包青天》有二百三十六集，要全套買，他們開價每集三千元美金，後來以二千二佰元談成。我另外要求華視出一張公函給韓國總統府大統領金泳三先生收，內容如下：

> 恭賀金泳三先生當選韓國大統領，您最反對貪污，大力打擊貪官污吏，我們都很敬佩，您就像中國最有正義的「包青天」，正是韓國「包青天」。
> 我們準備了二套《包青天》片集，贈送給金泳三大統領閣下參考，敬請查收。
>
> 　　　　　　　　　華視文化公司　張董事長具名

張董事長很樂意配合，更稱讚我們會動腦筋，出點子。

美夢成真《包青天》進韓國

我們按照計劃送去韓國，三個月後華視公司突接獲韓國N電視台通知，要求買《包青天》片集版權。華視文化公司張董事長來電通知我，恭喜我計劃成功。

　　我馬上通知東亞公司李兄與韓國電視公司經理簽約。他們沒有信心，只要兩個單元，又說是總統府推薦，好了再簽約。第二天，國家電視台獲知消息，要向東亞公司李兄全套購買並出加倍價錢，李于錫兄當然樂意成交。

　　《包青天》配韓語播出後果然大轟動，創42%收視率，韓國電視公司經理要再買《包青天》已沒機會了。國家電視台買到《包青天》，連播一年創下韓國電視最高收視率，東亞公司李于錫兄《包青天》片集為公司賺進百萬元美金，我也分了不少紅利，這就是無中生有的原理。

成立高源成基金會

　　一九九四年清明節回鄉掃墓，我發起成立高源成基金會。高家五房，樹字輩代表，大房基亮，二房大山，我是三房，四房明宗，五房郁泉，六房在馬來西亞除外，大家同意成立高源成基金會，每房出資二十萬元，高家在台有五房，共集資一百萬元，做為高源成基金會基金，準備修建祖墳。

　　我們在花蓮東山墓園買了十七坪地，面山靠海，風水很好，建立一間祠堂花了八十五萬元，四月二日清明把祖先骨骸集中遷入。我說明高源成的由來，是為了紀念祖父高查某來花開墾，創立高源成商店，創建高家在花事業、田園的辛苦事蹟。

　　我編好祖譜、親戚名冊、地址和基金會管理細則，規定每年各房輪流主辦，祭拜祖先後聚餐、唱歌、開會，每房每年應捐獻壹萬元做基金，用於祭祖費用、基金會支出事宜。

　　已續辦了二十年，舉辦過兩次懇親會，六房馬來西亞也有派代表來參加。高源成基金會的基金存有二十多萬元，召集人已交四十代炳字輩高文斌接辦。高家子孫可互相交流認識，不會忘記高家源遠流長，祖澤留芳。

⑦⓪ 拍片製作遊樂節目

回訪馬來西亞希望落空

　　印尼片商梓河兄帶馬來片商來台訪問。我安排他們拜訪各電視台和影片公司，再帶他們上酒家，遊覽名勝。我對金星公司葉董抱著很大期待，他們希望我回訪吉隆坡，以了解馬來西亞市場，並為他們爭取華視錄影帶節目。

　　我回訪吉隆坡時，六叔來接機，並招待住他家裡。六嬸請我吃冷凍榴槤讓我吃到夠痛快。梓河兄和田與宋兄來接我去看發行公司，再去餐廳吃馬來餐，並到離市區車程五十分鐘的雲頂賭場看表演，玩大家樂、二十一點，我沒下注，很意外。

　　我到了吉隆坡，才知道葉怡椿兄不是運通公司的股東，和田與宋同一公司。梓河兄是外圍的朋友，不是同夥，為爭生意各懷鬼胎。晚上葉董在麗晶請客，來了十一個人，很多人都不認識，吃得很尷尬，後來到他家玩牌、唱歌，感覺他很不易相處。凌晨五點才回到梓河兄的家。我打電話給美國寶雲祝她生日快樂，她很高興我沒忘記。後我們去檳城大排檔吃燒鵝飯、椰子雞，味道很棒。

　　梓河兄送我回六叔家，他老人家已七十七歲，家庭美滿幸福，是好榜樣。我這趟吉隆坡之旅，只是吃喝玩樂談不上收穫。

寶雲由美趕去阿根廷

　　阿根廷已有人出價要買我在阿最大的兩棟房產，我在台灣為《包青天》的韓國版權未確定走不開，在美國的寶雲代我飛阿根廷。她搭機經紐約轉機到阿根廷，飛機到紐約遇大風雪，無法起飛，在機場過了一夜，再南飛阿根廷，邱煥章夫婦接她去住他家。

　　她告訴我，在美麗華大樓承租開書店的房客想買美麗華大樓，要求分期付款。前託阿根廷律師趕聯美大樓租戶，官司要等我來阿解決，我馬上飛美再趕去阿根廷。

等候十七年賣出阿大房產

　　我到阿根廷後，先與承租書店路易先生談美麗華大樓房產。對方開出條件五十萬元美金，分五年付款，我不同意，改為兩年，付利息六萬元美金，對方答應成交。我們約定一週內簽約，我開始忙著查各項未付稅金。冠賢幫忙我開車、補稅，他告訴我，有好友是建築商，要買聯美大樓，我開價六十五萬元美金，建商要求降到五十七萬元。簽約先付二萬元訂金，一週內再付二十八萬元，一年後付十三萬五千元，第二年再付尾款，我答應成交，付3%佣金給冠賢。我在阿最大兩棟房產等了十七年終於解脫了，真是鬆了一口氣。

看透世事變化莫測

　　駐阿根廷代表黃元隆先生，台灣嘉義人，為人謙虛有禮，他邀請我參加慶祝國慶酒會。我見到很多僑領，有周建宏、楊鎔鑑、傅龍、楊水樹、解老大、趙成玉等人。黃代表關心我房地產是否已簽成，要約我下次再吃飯，會後周建宏開車載我與楊鎔鑑，到他的新居參觀敘舊。

　　我為感謝黃冠賢協助賣出聯美大樓，回請他父親黃美田醫師夫婦，約在餐廳會合，黃美田醫師夫婦準時到達，黃冠賢原說要帶女友，結果單獨出席。原來黃冠賢女友是周建志的次女佩青，他的女友冠賢母親最反對，故不敢帶她來參加，最後我才知道，我勸黃醫師太太，兒女的婚姻要順其自然，她非常不高興。兒女之事是緣份，父母勉強不了。大家很尷尬，最後冤家變親家。

　　曾耀輝的弟弟耀明跟我們來阿移民，他很努力，開了一間很大的禮品店，又批發牛肉，突然中風往生，真可惜！

親人失望離阿轉美國

我妹妹玉珍、勝雄弟，轉移到美國，治良弟也即將去。妹夫與曾先生在墨西哥買了一百公頃工業地。中午去看純良姪女，她在開雜貨店，生意不錯，幾個女兒都認真合作，只是沒好好教養。

純良的兒子阿賢帶我去看慶男姪和阿菊。阿菊嫁給慶男負心郎受苦了半輩子，他們借錢勉強買了間雜貨店，阿菊與三個兒子合力經營，生活安定。慶源姪再買一家店，讓父母可住，另請人看店。金木妻舅經營水果店，勉強可生活，我也就安心了。

周建志的女婿劉伯勤在高級地區買一棟別墅，在美國林肯學校的對面，請我與邱煥彰夫婦及賓客參加宴會，別墅很大，有游泳池、花園。欣星真有福氣，能嫁金龜婿。

中和敬拜烘爐地土地公

台灣華視公司的馬來西亞地區錄影帶開標，我們沒拿到。我馬上趕回台灣，原來是被華視出賣。華視公司張董說，商場如戰場，勝敗乃兵家之常。我只能笑中帶過，請華視公司張董對於《包青天》的韓國版權多幫忙。

我的徒弟李清貴跟我去阿根廷當秘書，在台貿易公司上班，負責開發汽車零件，出口中南美洲，成績很好。我鼓勵他創業開公司，他很保守，因為沒有本錢，不敢冒險。我答應協助週轉，寶雲建議我們到南勢角烘爐地拜土地公廟，抽籤很準。李清貴開車載我們去，我祈求《包青天》的韓國版權可談成，果然靈驗。

清貴求拜土地公，請示可否開公司，他抽到籤王「事業順利，鴻圖大展，大利大發」。後來，公司創立二十年，一帆風順，資產上億。他公司開辦時，我協助他資金週轉，無條件提供辦公室兩年，他非常感激。南勢角烘爐地「福德正神」土地公廟變成民眾信仰中心，是中和市出名的地標。

71
打進六福村遊樂園

六福村遊樂園正式開幕

　　六福村表演節目開標，我們公司標到第一檔牛仔秀及街頭表演秀合同，我請廖叔卿做公關，他當過記者，與六福村表演部主辦關係密切。

　　牛仔秀要進口槍枝子彈，需向警政署特別申請，演員表演節目要經教育部審查，還要替演員報稅，手續複雜麻煩，我自己負責自己跑。另請陳維中同學當英語翻譯及音效電腦遙控，演員接送管理則找堂弟高基亮幫忙，雖都是新手也辦得很順利。我為了申請配合表演時間，各項手續複雜麻煩，想盡一切辦法克服難關，排除障礙，都是靠自己不怕困難和有堅定的毅力。

出賣主人喧賓奪主

　　六福村牛仔秀表演節目，前要我們承建特技、地下機關設備工程，因沒經驗不敢承包。廖叔卿找人來承建，他嘗到甜頭，牛仔秀表演半年很受歡迎，六福村可能再延下去。廖叔卿找美國牛仔秀領隊David合作，換四位新牛仔來台。收買高基亮代申請來台，乘我去阿根廷，把第三檔牛仔秀拿走，我真沒想到好朋友和自己堂兄弟，為利可出賣自己靈魂！

　　美國牛仔秀領隊David最後與廖先生拆夥，在台灣混了幾年，最後要求泛美亞公司收留，服務至今已十五年。

中視饒當副總買豪宅

台影文化公司在中和市有八百坪空地，擬建中型片廠和錄音、剪接、特效室，饒總主持工程開工典禮，招待媒體記者、影界人士來參加。我與洪副總、永昌參加時碰到宋楚瑜省長，以及中影江奉琪、導演李行、郭南宏等人。饒總當時意氣風發。

不久他調職到中國電視公司當副總經理，我與永昌買了一盆蘭花祝賀。他的辦公室在中視大樓八樓，很氣派，有女秘書接待。我的感覺雖是大公司，他不是主帥，而是副座，可說是明升暗降。

我去河內拜訪電影局長阮授。他告訴我吳中誠要帶饒先生來越談合作建電影藝術館及戲院之事。有否成行，我不得而知。

饒總向標緻公司吳鴻文與何麗玲買了二千九百萬元的內湖豪宅。入厝時，賓客盈門，台影公司同事多人參加。饒總機要秘書林亨利，是永昌好友，已轉去TVBS公司服務。

台影公司陳耀圻接總經理，他認為建片廠不好經營，把建地轉賣給建商，太可惜了。前人苦心策劃，沒有考慮到國家電影文化的重要，隨時改變計劃，浪費公帑。

永昌《三忍者》記者招待會

哥倫比亞公司為配合《三忍者》在台灣上映，召開記者招待會請永昌公開亮相，說明拍《三忍者》指揮武術動作以及做執行導演的經過，並接受記者拍照訪問，他對答如流。翌日，各報章相爭刊登永昌照片與報導。

我與寶雲看到永昌拍片消息的報導，感到非常欣慰，不愧為高家子弟。他回到台灣進入影界，先跟朱延平導演學編劇、導演、製片，實地學習三年，再為台影文化城裝設動感戲院，引進美國表演秀來遊樂園表演，又到好萊塢協助申相玉導演拍攝《三忍者》，並拍了幾部低成本電影，一直努力不懈。申相玉兄特別喜歡他，常說永昌前途無量。

前年九月十七日，與入新曆同日，成子替永昌生了一個男兒，重九點六磅，我代取名，成億。

完成東亞不可能任務

東亞公司自韓國播出《包青天》片集，大受歡迎後，開始要買台灣電視節目。中國電視公司拍《黃飛鴻》片集，東亞公司李先生來電指定要《黃飛鴻》的韓國版權。我趕去中視公司時已被人簽走，我回電給李先生，他大驚失色。他已答應給電視台播放，無論如何要設法拿到。

我問中視公司尹小姐，她告訴我合約尚在裴總手中，還未批下，也許可去說說看。我對裴總不熟，只好找剛上任的饒副總去關說。結果造成反效果，裴總馬上批准合約給對方，還對我說：「別拿上級來壓我！」讓我真下不了台。

我只好查是什麼人簽走，原來是韓僑李先生。我去找他商量，他當場拒絕。我想人不為財，天誅地滅，靈機一動，用錢攻心。我問他：「每集可賺多少？」他說：「替公司買佣金5%，每集可賺一百元美金。」我說：「我出每集五百元給你賺，三十集可賺一萬五千元美金，簽約付現。」他嚇了一跳，緊張地問我：「付現金？」我答：「是的。」他馬上說：「OK，談成！」

簽約後我告知李兄，他很高興大家都賺到錢。東亞公司李先生特別感謝我，他說你是神槍手，年底再向我買中影《推手》、《愛情萬歲》兩部電影，今年我大豐收。

陳太來美去墨西哥看鮑魚

陳太太為來墨西哥了解鮑魚產地，先來美國住我家。永昌、Brad有朋友住在墨西哥的鮑魚產地，我們全家動員，開了兩部中型吉普車，沿著四〇五號高速公路南下，通過邊境狄瓦那（Tijuana）海關，再沿墨西哥海岸公路，走了三個多小時後，先停車加油和休息，想找間餐廳吃午餐卻只有墨西哥快餐，永昌他們都說好吃，寶雲、陳太與

我覺得墨西哥餐辣又酸吃不下口，只喝飲料。我們到了鮑魚產地，但是都被廠商包走，對外不開放，只能參觀外圍鮑魚養殖區。

我們帶了很多釣竿到海灘，大家拿起釣竿把長線丟到海中，釣竿立刻震動，幾分鐘魚就上鉤，趕快拉回線，是條約半斤的石斑魚，再摔出釣竿，又一條上鉤，大家忙到不知釣了多少魚，每個人都興高采烈。這海岸是全世界最多魚的漁場。當晚，我們在旅店，享用自己釣的海鮮。

第二天，沿著海岸線參觀不同的鮑魚養殖場，看看不一樣的海灘小島，玩到黃昏太陽下山。Brad開前車，永昌跟在後，沿著海岸小路奔馳，Brad開得太快，見不到人影，海岸砂石路不好走，總車燈熄滅，在荒灘野外一片漆黑，只有海浪伴著風聲，黑暗的世界，看不到路，只能停車。Brad的車消失無蹤，不知該怎麼辦？等了二十分鐘後，Brad車回頭，查出電瓶線脫落，馬上接回，車燈又亮了，再開車到小鎮過夜。第三天回到家，帶回釣的幾桶魚與鮑魚。陳太太會料理，先做冷凍，料理鮑魚先吃，又嫩又脆真好吃。

佳莉自小就很受陳太太喜愛，她早就認她做乾女兒，送了美金伍仟元給佳莉，不收又不行。我們還去舊金山看她的親友，她來美住了兩週後，很高興地回台過新年。

72

《包青天》帶來奇蹟

韓國《包青天》大受歡迎

　　韓國播出《包青天》大受歡迎，連續播了兩年創最高收視率。我又將《黃飛鴻》片集搶回，東亞公司李于錫兄對我有信心，透過我，向中影公司買了三部影片，再向吳敦的公司買了三部《中國龍》小孩功夫片，我們合作都賺了很多資金。李兄買了江南機場轉運站新戲院。我在美國買了店面，給永隆做為太平洋地氈公司門面。

　　他來台灣打高爾夫球，邀請歌林公司李董事長和陳秋義，陪他到淡水球場及金山球場打過兩場。他很喜歡淡水高爾夫球場，靠海風景又美麗。他帶來的高爾夫球具都送給我，要我趕快學打高爾夫球。

春節《包青天》到韓拜年

　　韓國播出《包青天》大受歡迎，韓國很多觀眾都想看《包青天》主角金超群。韓國電視公司要求東亞公司李于錫，請演員金超群來韓，公開亮相宣傳。

　　金超群正在香港為亞視拍《包青天》系列，太忙，要等到春節時才能去三天，要求港幣十二萬元，包括帶經理、助理、化妝師、服裝師五人，頭等艙機位，我還價十萬元成交，李于錫兄很高興。春節前一天，我帶隊飛到漢城，東亞公司李于錫兄招待我們到藝舍House，韓國藝姐婀娜多姿，陪酒、唱歌、跳舞，李兄送每人紅包五百元美金，大家都在漢城過了一個快樂的除夕夜。

奇蹟《包青天》賜福添財

　　《包青天》主角金超群，在韓國電視公司安排下，於春節在漢城獎忠體育場，全國摔角比賽場，做公開亮相。場內有一萬二千人爭看《包青天》主角金超群，經由全國報章媒體報導和電視轉播，轟動全韓國，《包青天》的風潮也帶動到東南亞。

　　《包青天》主角金超群在韓國公開亮相後，韓國廣告公司動腦筋，要找《包青天》主角金超群拍廣告。李于錫兄來電要我聯絡，但是金超群暫時不可能去漢城，拍要在香港拍，也只有三天時間，開價要港幣十萬元。

　　我回李兄報價是二十萬元，加10%佣金，他回答OK，問我美金戶頭。他還再加10%佣金，共二十四萬元美金，三天內匯出，我嚇了一跳。金超群的報酬是談港幣突然變美金，這是奇蹟，《包青天》賜福添財，我無形中特獎，我真感恩，謝天謝地。

星馬賣節目探友親家

　　我帶寶雲一起去新加坡，梓河兄來接機，先帶我拜訪新加坡電視公司，賣了周遊製作的《雪山飛狐》連續劇，再到有線電視也賣了一套卡通片。

　　A K Foo不在，再去拜訪泛亞公司董事林鴻模先生，他八十歲已退休，告訴我瑞吉兄前妻，小鳳患子宮癌症化療中，不方便探訪。因小鳳是寶雲好友，我們不能看她，心裡好難過。

　　梓河兄已從印尼搬到新加坡居住，他安排我們住酒店，與「包青天」金超群同一酒店，他與太太來度假。梓河帶我們去吃出名肉骨茶，又去牛車水出名大排檔吃小吃，有咖哩羊肉串、福建春餅、炒粿條、椰汁炒河粉等太多好吃的點心。

　　我們在新加坡住了三天，再飛吉隆坡探訪六叔，他已七十八歲，是最關心我全家的長者。我告訴他，在花蓮成立了高源成基金，建立高家祖墳已完成，他非常高興，拿了三千元馬幣要給基金會，我沒

拿。因六嬸已中風在床，我們不知何時再有機會見面。兩位長輩同在九十九年往生了。

才俊福祿貝爾機構總裁

劍湖山游國謙副總介紹福祿貝爾機構總裁劉京華先生，在大陸蘇州買下一百五十公頃地，正計劃開發為大型遊樂園。他是參謀大學畢業，上校退役，到德國引進福祿貝爾教育系統，成立福祿貝爾機構，是教小孩學英文的外語學校，開辦五年，全省已有十四間學校。

劉京華先生不超過四十五歲，身材高挑，做事有魄力。他辦事有條有理，講管理、速度和效果。訓練員工用日本商社的方法，有規律，重視禮貌，以軍隊方式進行，員工都是大專以上程度，因此福祿貝爾學校發展迅速，學生已超過萬人，每年有上億元的收益。

我與永昌到桃園總公司拜訪他，我們一見如故，他知道永昌是留美導演，又看到設計遊樂園節目的資料，正是他想要找的人選。當晚，他請我們吃晚飯，彼此都談得很愉快，我們也談好密切合作。

饒曉明兄與長億集團楊天生先生合作有線電視公司，長億集團標下月眉遊樂區計劃，饒曉明兄要永昌找劉京華先生做長億集團主講人。永昌助理與美國華納影城競標，後來美國大公司標到，但最後放棄，由長億集團拿到合約，因此永昌與劉京華先生建立了互信合作的機緣。

佳莉為死刑犯蘇建和申冤

佳莉以記者身分，至監獄採訪涉嫌汐止殺人搶案的蘇建和等三名青年，三審被判死刑，佳莉認為證據不足，司法欠缺公正。在英文中國郵報刊出報導，引起國際人權促進會抗議，全國輿論譁然。許文杉律師等三位律師無條件代為辯護，最高檢察長再提出非常上訴，此案審判拖了十一年，最後宣判無罪。

許文杉律師對我說佳莉是優秀人材。她又兼中廣外語主播，申請美國哥倫比亞大學研究所，兩年拿到碩士學位，之後去香港南華英文報當編輯，不愧為高家子女。

73
歌后鄧麗君暴斃

歌后鄧麗君在泰暴斃

　　一九九五年九月九日，電視報導歌后鄧麗君在泰國清邁暴斃，芳年四十四歲。不知是氣喘還是藥物中毒，議論紛紛，法國男友在身旁急救失效，與李小龍死亡一樣撲朔迷離。她是偶像人物，全世界的歌迷為她哭泣掉淚，真是歌壇一大損失！

　　今年四月十六日是馬關條約簽約一百週年紀念日，清朝戰敗，將台灣割讓給日本的恥辱日，我們做為台灣同胞永遠不會忘記。

　　宋楚瑜當選台灣省長。台北市長候選人有國民黨黃大洲，新黨趙少康，民進黨陳水扁，選舉結果民進黨領先，由陳水扁當選台北市長，台灣人興高采烈，民主意識漸漸抬頭。

好友邱煥章夫婦回台

　　阿根廷好友邱煥章夫婦回台探親，我們非常高興邀他們去香港，招待他們吃潮州菜，有魚翅、鮑魚、燕窩等，兩人非常滿意。再乘船去澳門，順便拜訪王允昌代表，他是由阿轉任駐澳門代表，他來碼頭接我們去酒店，再到代表處參觀，辦公室在大廈八樓，很氣派，可觀賞海景。

　　中午他在葡京飯店招待吃葡萄牙餐並請喝紅酒。王允昌代表非常有誠意，又帶我們去高爾夫球場打球，喝咖啡，看珠江匯流到大海的秀麗風景，我們非常感謝王允昌代表的熱情款待。他再送我們回酒店，晚上大家到葡京賭場觀看，五花十色各種人都有很熱鬧，我玩二十一點，贏了幾佰元葡幣。

　　第三天我們一起回台後，邱夫婦再到美國看三個孩子的事業與

店，對他們的事業非常關心。我與邱煥章兄親如兄弟，邱夫婦非常高興能與我們同遊港澳，這是他們一生中最快樂的事。他們結束旅行後，飛回阿根廷。

會見羽田葉松根先生

我在越南就計劃進口台灣機車到越南。蕭圳根先生與製造比雅久機車的台灣羽田工業公司老闆葉松根是好友，他請他的朋友黃添池先生帶我見葉松根先生。葉先生少我四歲，在台代理法國標緻及日本大發汽車，與日本高島屋合作，在天母開高島屋百貨公司，在彰化設立大葉大學。他經營三十多家公司，是大企業家，做人非常謙虛，他要我去彰化羽田機車工廠及大葉大學看看，我非常感動，他有意到越南和大陸設廠製造汽車與機車，我想介紹劉京華先生給葉松根先生認識，因為劉先生在大陸關係良好。我們約好再見面日期，討論去大陸設廠製造汽車與機車相關事宜，我心裡充滿了希望。

葉董親自到家造訪

葉松根先生清晨到我住家按門鈴，他親自來探訪我，目的要了解我家庭生活的情況及觀察我的做事能力，他做事細心精致。

葉先生決定請我與劉京華兄分頭接洽進行。我與盧順興及蕭先生約在香港會面，又請劉京華兄研究大陸設廠事宜，劉兄去大陸找設廠官方的關係。

介紹大連、西安廠商合作

盧順興與太太由美回台北，他想代理羽田機車，行銷阿根廷與大陸地區，他還有大連與西安汽車進口商的關係，我帶他們夫婦拜訪羽田葉先生，他對大連汽車進口商的關係有興趣，請順興代為安排聯絡。

葉先生計劃要派公司執行長朱信去大連和西安了解。我們與順興到香港和蕭先生會面，談協助羽田公司到大陸設廠之計劃，永昌同學

周敬也參加討論。盧順興介紹大陸的朋友曾欣,他請我們吃飯,對汽車進口大陸很有興趣。我回台後即與葉先生會報,他很高興,葉先生還沒派朱信去,我們決定與順興和蕭先生先去大連了解,葉先生也同意了。

劉京華先生從北京打電話給我。他已找到天津李瑞權的兒子李曉波,有興趣在武漢建汽車廠,葉松根先生很高興。

大連蕭盧會合談汽車

我由台北飛香港與蕭先生會面後,下午我搭國泰航機,蕭乘中國民航一同飛大連。盧順興與太太及助理丁偉豪,和大連代表李明先生來接機。我們都住富麗華酒店。

翌日,大連劉福軍先生,中汽專用車北京製造廠負責人,由蔡文陪同做簡報,有關興建工廠計劃資料與批准文,這是一間有規模的公司。中午招待我們到高級海鮮餐廳,大連是海港,以當地出產的鮑魚、生蚵、龍蝦招待我們,真是好味道,晚上蔡文的朋友請我們喝了很多酒。第二天趕去機場,蕭先生慢了二十分鐘,抵達時機門已關閉,幸李明、蔡文先生有特別關係才准開門。丁偉豪的位子讓給蕭先生先上機,丁偉豪則搭下一班機,我們飛北京會合再轉飛西安。

下午五點到了西安,張誠軍先生派車來接機,住入阿房宮酒店。我與蕭先生一起打電話給葉董報告大連的情況,隔天與西安陝西國泰貿易公司張誠軍先生會談。蕭先生太累要休息,張誠軍先生帶我們到他的辦公室參觀、喝茶,又在他開的餐廳吃晚飯,唱卡拉OK,看來前途有希望,在商場需花言巧語,我是不大適合。

翌日,與張誠軍先生開會,他講了些題外話,蕭對投資建廠有很多意見,但都不是重點,談不出結果。會後請我們去吃陝西餃子,大小不一,有二十多種,好新奇。

74
西安古城看秦俑

寶雞柴油發動機工廠

張誠軍先生又帶陝西機械公司的人來談，晚上陝西貿易公司主任招待我們在高級粵菜館吃飯，花了三千元人民幣，來了兩位開賓士車的個體戶當陪賓。

翌日，蕭先生先回香港。西安機械公司帶我們去離西安一百七十里的寶雞柴油發動機工廠參觀，很有規模的舊軍工廠，還有廢戰車、大炮、舊軍車，早已停工的破廠，是一間破銅爛鐵工廠廢墟，沒投資的價值。

我們回程經過歷史久遠的大洪門、武則天埋葬的山丘墓園、楊貴妃的墳墓，我們可以憑弔歷史遺跡。回到西安已是晚上，再與寶雲連絡報平安。

遊覽西安古城看秦俑

早上我與丁偉豪參觀秦州重型汽車裝配廠，了解大陸情況，增加了很多知識。下午酒店導遊帶我們去看唐明皇、楊貴妃華清池，以及西安事變時，張學良將軍監禁蔣介石的房間，這都是中國歷史上重要的遺跡。

再到我久仰的秦始皇兵馬俑地下宮參觀。時光倒流二千年，秦始皇武功顯赫，建長城，築地下宮，是中國歷史上的偉大鉅作。兵馬俑栩栩如生在我們眼前，真是偉大的史蹟。

西安機械公司尹總來談機車合作設廠，請我們吃餃子。回到酒店，妻從台北來電話說，祝父親節快樂。我們在西安阿房宮酒店住四天，每天四百三十元美金，實在太貴了。

北京住平谷亞運村

我們由西安飛北京。盧順興的朋友蔡武雄先生來自台灣，到機場接我們，前往北京平谷區亞運村招待所住宿。招待所設備完善，備有餐廳和娛樂設施。蔡先生介紹我們與平谷開發處朱主任見面，他們介紹了開發區的情況，歡迎我們來平谷投資，並請我們吃飯。由於前幾天在西安的行程非常勞累，我回招待所後，躺下床就入睡了。

平谷蔡兄換到兩塊地

蔡武雄先生帶我們看他在平谷開發區的一塊土地。他是用美國加州另一塊地換來的，已快建成廠房，120m × 30m有兩棟，有辦公室，設備新穎，很有規模。他也介紹台灣廠商來平谷建生力麵工廠。

平谷開發區投資有很多優惠條件，我們又去看興建汽車工廠的用地。蔡武雄先生正計劃與啤酒公司合作開設啤酒廠，他好意希望我加入，只是我心有餘而力不足。

蔡先生與台灣旺旺集團北京分公司劉總經理是好友，介紹我成了好友。蔡先生為人熱心慷慨，我到北京時常與他相聚。他的兩棟廠房後來賣給台灣旺旺集團，幾年後，據盧順興兄說，他操勞過度導致要洗腎，兩年後已經往生了，享年不到五十歲。他辛苦跑來大陸賺錢，雖已賺到，卻半途陣亡，什麼都沒帶走，真太可惜！

周敬介紹羽田汽車賣南海

永昌的香港朋友周敬，在香港做貿易，對大陸廠商往來頻繁。我曾帶他到台灣見過葉董，在香港也見過蕭先生。他在南海市有位朋友從事進口外國車生意，對羽田生產的1,600cc銀翼汽車有興趣，打算代理或合作大陸設裝配廠。希望我帶葉董到南海市進行了解，並與車商談談。

葉董同意我陪他飛香港，周敬及蕭先生來接機。第二天，我們一

起到南海市與車商接洽，開會談得很順利，大家同意在南海市設廠，設汽車裝配廠，他們保證可拿到批准文。我們下午趕回香港。

我與曾欣兄約好在酒店見面。他在廣州也有進口外國車的朋友，有興趣進口羽田生產的汽車，與葉董見面談得很愉快，約好到台北後再談。我們送葉董到機場，飛回台北。

泰國清邁推銷模仿秀

泰國五星公司陳漢洽兄，介紹了清邁新開的購物中心大酒店做外國表演秀。購物中心耗資四百一十億元泰銖，酒店樓高十三層，房間有五百間。

我與永昌飛曼谷，會漢洽兄再飛清邁。此地離曼谷七百公里，有二百萬人口，靠近緬甸、中國與寮國的邊緣，四面環山，很有藝術氣氛。

老闆是藝術家，泰國人。晚上，他招待我們看古典舞，舞台燈光不錯。早上帶我們參觀佛寺，屋頂整個用金箔雕飾，顯現出金光閃閃，半山是夏宮。我們再去參觀苗族山區，下午與酒店負責人商談合作娛樂表演節目事宜。

我們飛回曼谷轉飛台灣，劉京華兄來接機，談羽田汽機車一事，他說已找到武漢設廠，對象是天津李瑞權的兒子，要再約時間與葉董商量。

泰國漢洽兄太太要進口羽田機車，印尼陳梓河也有意來台參觀羽田機車工廠，我已向葉董報告，他非常高興。

簽成亞視《新包青天》合約

東亞公司李于錫兄，有金泳三大統領的「大道無門」匾額，才能將《包青天》電視劇在韓國播出。香港亞視再請金超群拍《新包青天》，韓國電視台相繼出價，前段片集被人簽走，李兄要求我要拿到後段，我費了兩個月總算拿到下半部影集。又再買一部大片《南京一九三七》（原名《南京大屠殺》），中影公司《少女小漁》、《愛情萬歲》、《烏龍院》三部，雙方互動頻繁，我也獲益良多。

75
大連西安設廠談判

西安陪葉與張誠軍談合作

我陪葉董由台北飛香港轉西安。下機後沒人來接機，我們住入阿房宮酒店，下午三點鐘張誠軍到飯店見面。晚上吃飯後去唱卡拉OK後，我陪葉董到西安城看城牆，城高二十公尺，上面可跑兩輛卡車，真是偉大的建築。

第二天早上，秦川廠宋先生來酒店，他們原本與張誠軍有矛盾，談到下午事有轉機，秦川羽田合作汽車，國泰合作機車，約好明天簽約。未料，國泰張誠軍突然變卦，推翻前議，眼看煮熟的鴨子飛走了，葉董只好失望地趕回台北。我再飛大連，接洽劉福軍談汽車合作之事。

大連劉福軍談羽田合作

我由西安飛大連，與劉福軍先生談羽田汽車合作之事。他要求羽田提供兩輛樣品車免費試用，但葉董並不同意，雙方不歡而散。

我的台灣朋友介紹武漢台商黃國珍先生。我從北京機場欲搭往武漢的班機，因看不懂上機的時間，飛機已飛走了還不知道，只好打電話通知黃國珍兄，要等下一班飛機我才會到，我真是個糊塗蟲。

武漢黃國珍先生兩兄弟合作開設湖北神州房地產公司，在武漢車站前興建購物中心，大樓高十二層，第四層樓是環幕電影院。他們兩兄弟是早期到大陸投資的幸運兒，才能趁地價便宜的好機會，得到武漢市最中心的土地，我替他們感到慶幸。

他們兄弟倆與湖北省委書記、市長的關係良好。招待我吃湖北最好的餐廳，有省委書記、市長作陪。

深圳大連西安代表晤面

我與蕭先生和盧順興到大連、西安接洽合作開汽車、機車工廠，約定雙方在深圳與羽田葉董會面。我們三人都趕到香港與葉董會合，到深圳香格里拉酒店。大連劉福軍先生上午九點鐘到，開始談判，到中午十二點鐘結束，下午西安張誠軍來談。他們都很有誠意合作，簽了意向書後他們回去，我們則回香港，葉董表示滿意。盧順興又約曾欣兄見面，我們回到台北。

武漢設汽車廠談判

一九九五年十一月四日劉京華先生介紹李曉寧，他有意在武漢與羽田合作設汽車與機車廠，事先已與湖北省委書記及省長安排找好了建廠的土地。

我與葉董到達武漢，劉京華先生與李曉寧先生、黃國珍來接機。先去看鄂州葛店開發區，為新合資摩托車裝配廠看建地，當地書記主任都來作陪。晚上在花園酒店招待我們，讓我們住入桂圓總統別館，當年毛主席住過的地方。我們與李曉寧簽意向合約後，滿意地返回台灣。

諸事無常，羽田公司因週轉不靈退票，暫時無法到大陸設廠，合作設汽車廠與機車廠的美夢成空。我忙了兩年，浪費不少金錢與時間，變成水中撈月，浪費我的青春。

76
九六年新希望

恩師往生召開同學會

一九九五年中趙立委石溪律師已八十九歲，在三軍總醫院因腎臟癌往生。他是資深老立委，也是我的法律顧問，及我一生中最尊敬的導師。他為人做事謙虛又慈悲，我能拿到美國的綠卡，全靠他在華盛頓的兒子幫忙，餐廳發出聘書，才能得到綠卡，我們全家都很感恩。

埔中同學謝文彧與陳維中，發起在台北召開埔中同學會，我正要去西安開會，只好表示抱歉不能參加。北二工葉成真同學，在台北市西寧南路巷內，他開的鐵工內召開北二工同學會，聚餐席開四桌，都有帶太太參加，氣氛就像大家庭團聚，令人感到無限的熱情。

母親八十五歲，在醫院已躺了四年之久，患老人癡呆症，認不出我是誰，看來真不忍心。寶雲替我照顧，為她翻身、換衣和洗澡。我弟弟仁壽從未前來探訪，為人子女太不應該！

六十歲生日在北投熱海慶祝

為慶祝我六十歲生日，寶雲最為高興，要永興、惠卿，永隆和茹莉，永昌、成子及佳莉趕回台北，在北投熱海飯店招待親戚朋友。北二工同學來了四桌，埔中同學陳維中、謝文彧及高君諒夫婦、大哥烈蛟、二哥樣杰、暉雄弟夫婦及秀珍、仁壽夫婦，結拜老三居山夫婦、陳英址大哥、曾耀輝二哥、李錦富老五、陳秋義老六夫婦及其他親友共八桌。席間老三居山領銜先獨唱後，維中兄及其他同學相競上台歌唱致賀詞，我也上台高歌一曲。最後大家為我唱生日歌，盡歡而散。永隆第二天趕到，特來為老爸慶祝六十歲生日。我要感謝寶雲的照顧，我才能再過六十歲的生日。

參加越南台灣貿易商展

台灣第一次在胡志明市舉辦台灣貿易商展。李清貴推銷汽車零件，我則推銷羽田機車，從台灣寄來兩台機車作為參展用。

十二月十日飛西貢，張偉大兄與陳倫金先生來接機，我們住入天虹酒店。翌日我與李清貴去胡志明市，參加台灣商展，台灣來了不少廠商。

越南是日本本田機車的天下，台灣三陽也已來設廠，生產VEMP牌機車三年。我寄來的兩台機車，在巫仁傑攤位展出。第二天，我們搬到新裝修好的八達酒店，本想與張偉大兄合作進口機車，但是他對台灣機車沒興趣，我又找不到合作對象，只好將兩部機車轉賣給巫仁傑先生，放棄了越南的生意。

全家在台團聚分道度假

我們全家在一九九五年底趕回台北，慶祝我六十歲生日，佳莉也回來。永隆夫婦回馬來西亞娘家過新年，我與寶雲、永興、惠卿、成恩，五個人飛香港度假。

本多先生於元旦過六十三歲生日，永昌、成子飛去東京為岳父祝壽，我打電話向親家祝賀。

蕭先生與游秘書請我們吃早餐，討論協助羽田公司在香港設立大安公司之事。姪女純靜的兒子石正坤與同事來港，我代訂住入彌敦酒店。南宏兄帶太太和兩個小女兒請我們吃早茶，南宏兄的年輕太太說，帶小孩簡直比死還辛苦。

申相玉導演如約來香港相會，我邀了馬宏國兄，他請吃晚餐談拍《鴉片戰爭》之事。翌日，我陪申兄到機場，接他的姪女李秀珍到彌敦酒店住。晚上，申兄送我們到機場，永興全家飛回美國，我與寶雲則回台北。

慶祝母親八十三歲生日

母親患老人癡呆症，已臥床在醫院四年，瘦到不成形，記不清誰是誰，真可憐！幸虧有醫院看護與寶雲照顧。

元月六日是她八十三歲生日，我邀了大哥烈蛟、二哥夫婦、秀珍、佳莉、清貴，買了蛋糕為她慶祝生日，為她唱生日歌，她似乎感到人多熱鬧而快樂，我們與她合照留念。我曾打了電話通知弟弟仁壽和阿蕉前來參加母親的生日會，很遺憾他們都沒有出現，再也沒機會見到母親的最後一面。

永興在新房兄弟慶新年

一九九一年永興在我美國住家同區買了一棟住宅。他們三兄弟由東方趕回美國，元月七日在永興家新房聚餐烤肉，慶祝新年的開始。

我為周遊拍電視劇，替她到羽田公司爭取到拍廣告預算，拿到七台機車交換廣告，我分一台轉售給寶彩妹。

我從香港回台後，由於太勞累，清晨睡夢中，突然腰間劇痛萬分，痛到無法忍受的程度。寶雲馬上打電話問曾耀輝醫生，他斷定是腎結石，要我趕快到國泰醫院掛急診。先打針吊點滴，檢查後確定腎臟有結石，我在醫院躺了一個上午，才慢慢不痛。醫生說暫時不必開刀，要我回家休養，真是謝天謝地。

台影公司再換總經理

台影文化公司總經理陳耀圻，當不到一年，把中和興建片廠的計劃推翻，售建地給建商，不到一年被換了。

新總經理張時坤先生，是由新聞局會計科長升任，台灣人，很樸實，對影視文化是外行。台影公司想買環幕電影及立體電影，我到霧峰影城拜訪張總經理。杜慶兄是業務組長，他一再推薦泛美亞公司與

台影關係密切。我推銷代拍三百六十度電影及立體電影，他正要去香港接洽看環幕影片，我配合他到香港一起去了解。

我們在香港看了環幕影片，香港公司設宴招待我們。主人都是喝酒高手，然而張總也不是弱兵，我亦奉陪，大家都喝白乾。幾杯之後，我已醉不成形，張總也醉了，由杜慶兄扶張總回酒店。

翌日，我再找一家大餐廳回請香港公司及台影人員，大家又都喝得酩酊大醉，盡興而歸。這趟香港之行我已與台影張總建立了良好的關係。

我要拍三百六十度電影，但是難度很高，預算又不多，只好放棄。我手上有立體電影要向張爾讚先生推銷，台影公司買片是要公開投標，我依約參加投標，台灣沒人有立體電影，只有我一家，我投版權五十萬元台幣。開標後超出太多廢標，我開的太高，我再請杜兄遊說張總再商量降價，張總同意打七折，是三十五萬元，我希望再加一點點，張總加一萬元等於三十六萬元，我太高興，成本是美金九百元，不到三萬元台幣，當然不包括來去北京的旅費。要賺錢是不容易，要費盡心思及時間。

77
NHK《大地之子》

中視饒兄協助賣卡通片

　　饒曉明兄本來在台影公司當總經理，調到中視是明升暗降，當副座太委屈，沒想到中視總經理是由中影公司江奉琪調升，真跌破大家的眼鏡，無論是學歷或經歷，饒都較為資深。

　　我拿了三套日本卡通片，請饒兄幫忙。他即刻要採購外片的胡組長到他的辦公室，交代與我接頭，胡組長馬上請我將三部卡通片的資料留下，問我價錢後，即請我下週來簽約。

　　這次能賣出卡通片當然是靠饒兄的關係才能致成，做生意一定要有門路，有關係最重要。

日本NHK製作《大地之子》

　　我到東京找卡通公司簽了中視要的卡通電視版權，之後找東和篠島兄為推銷《包青天》片集及南京大屠殺影片。我們用午餐時，電視正在播放《大地之子》片集，篠島兄說該劇是日本到中國大陸拍攝，最感動人的電視劇，劇情非常好，令人落淚，收視率也最高。

　　我當晚回張簡醫生的家，他也正在看《大地之子》，他告訴我，該片劇情太感人，他有錄影帶可從頭看起。於是我馬上把帶子拿走，當晚開始看了六集。該片共十二集，描寫日本戰敗後留在大陸的孤兒，在共產世界悲慘的遭遇，以及孤兒悲情奮鬥的故事，真是一部太棒的電視劇。

　　我委託篠島兄買東南亞地區版權，他詢問了NHK電視台，製作人是好友河野兄。他告訴我們該劇是與中國中央電視台合作，版權也許向中央電視台買比較容易，因日本NHK台灣有代理，無法出售，

中國中央電視台方面可找製作人李清水先生商洽，有了這個資訊也只能到北京找關係。

北京中央電視台李清水

我飛到北京，滕洪昇兄來接我，中央電視公司製作人李清水先生是滕兄前同事，我約他見面請吃飯，他說要等他再去日本NHK公司查合約，到時再同我連絡。我問他去東京的日期，我也可準時到東京會他。

NHK查出中央電視台只有10%的股份，但有簽約的權利。我想可由此切入希望他幫忙，約到北京再研究，我請他代帶禮物送他夫人，他很客氣再三謝謝。

簽到《大地之子》版權合約

李清水兄回到北京後，我馬上又飛到北京，藤兄安排再與李清水見面。李先生帶中國電視發行公司程秀麗經理一起吃飯，談如何買賣《大地之子》版權問題。他們經研究後，可根據合約中規定，雙方有權簽售其他地區版權，但不要打草驚蛇，別去問NHK公司以免自找麻煩。程經理說只要買家出得起價錢，他們可以考慮。我想可以賭一下，請程經理先開價，她開了每集二萬元，有十二集要二十四萬元美金。我想了一下，馬上答應說OK，隨即簽約付訂金。我即日飛港，將全額版權費匯出，當天再飛北京。他們嚇了一跳，效率太好，從沒有廠商付錢如此快速，簽約乾脆，做事乾淨俐落。

我對李清水兄與程經理太感激，也不會太失禮。我只要求馬上帶回《大地之子》底片、宣材資料，就安心了。接下來我要好好再配上華語發音，如何包裝在東南亞推出是一件重要的事。

加長《大地》片長配主題歌

《大地之子》全劇只有十二小時，令人感覺太短。我打算加長四集成為十六集，因為通常播放要加十二分鐘廣告，等於每集是四十八

分鐘就多出三小時以上，就可變成16集，片頭、片尾加兩首主題歌就完成了。

　　我馬上開始寫歌詞。為了歌詞配合劇情，全劇我看了好幾遍，費了不少的苦心，花三個禮拜將歌詞寫好完成。再到北京請張牧雁兄找作曲家張丕基作曲，及男主唱楊洪基及女主唱藝術教授演唱。並請中央交響樂團五十人演奏，合唱三十人，錄成主題曲，放入片頭、片尾，整劇完成，看不出有何差錯。推出後都以十六集計算。花了三萬元美金製作費，第一次賣台灣中視每集一萬四千元，三集就收回成本。《大地之子》片集東南版權順利賣出，讓我再創不少的收益。

　　一件事的成功，必須付出相當代價，與苦心加毅力。

《大地》題歌得金曲獎

　　我將《大地》主題歌和片尾曲兩首歌交給歌林唱片公司，製作成CD唱片先發行。我在北京突接到歌林公司的電話，要我趕回台北參加一九九七年金曲獎，因為歌林公司認為《大地》歌詞寫的優雅，就代為報名，已入選為最佳作詞獎前三名，我感到太意外。

　　頒獎日當天，寶雲及陳維中、高君諒同學夫婦都到國父紀念館現場參加頒獎典禮。第一個上台是頒最佳編曲獎，第二個是頒最佳作詞獎，得獎人是《大地之子》高仁河。我上台領獎，媒體記者拍照，電視台現場轉播，我向觀眾發表得獎感言：「我感謝歌林公司支持，替我報名。這是我第一次作詞，能獲得評審委員肯定，我非常感激，謝謝各位！」正所謂無心插柳柳成蔭。

78
福祿貝爾樂園

開拓蘇州蘆虛建遊樂園

　　台灣福祿貝爾公司劉京華先生，在上海與蘇州中間的吳江蘆虛鎮大觀園對面湖旁，買了一百多甲地，準備興建中國最大遊樂園。已籌劃了三年，開始整地、建辦公大樓，員工宿舍已完成，正在建立各個表演館。

　　招募員工有二千五百人，住入新蓋的員工宿舍，開始訓練員工，每晨七點開訓。劉總裁親自示範教導訓話，有如軍事訓練方式。學員排在街上向路人彎腰鞠躬，喊出：「早上好！」「謝謝您光臨！」最少要訓練兩個月時間，劉總裁敬業的精神令人敬佩。

　　樂園是建立在荒蕪的草叢中，要整地、開路、種樹、建築表演館，各項工作千頭萬緒。劉總裁每天睡眠不超過五個小時，他的雄心和魄力無與倫比。

泛美承包樂園八個表演館

　　泛美亞公司承包福祿貝爾樂園工程，有八個表演館。劉總裁對我與永昌絕對信任，我們動員美國技術團隊及北京張爾讚吉地公司協助。我負責好萊塢影視表演館、特效館、環幕電影館、太空館、羅馬競技館、水幕電影等八個館，壓力真大。永昌、Brad和美國工程師全力以赴，日夜趕工。劉總裁每日工作到凌晨，有時幾天沒睡，為樂園在拼命，令人感動。

　　突然發生千島湖事件，台灣觀光團遊湖被劫殺幾十人慘案，轟動全世界。劉京華在台集資股東全部撤資，台灣觀光客止步，也沒人再去大陸投資。然而，劉總裁不能半途而廢，他努力回台借資硬撐，要

趕在一九九六年暑假八月十六日開幕。

慘案千島湖燒船殺人事件

我們承包商努力配合暑假開幕。福祿貝爾公司資金週轉不很順利，週邊廠商告急，福祿貝爾樂園只能勉強按期開幕。

開幕頭三天觀眾超過萬人，然而因很多設備尚未到位，員工對樂園工作生疏，服務不周，之後觀眾慢慢減少。

勉強維持了兩個月後，福祿貝爾公司支票已退票，我承包款手中支票陸佰多萬元沒有提取，劉總裁每天忙於籌錢週轉。協助廠商拿不到工程款，有四佰多家廠商抗議圍廠，蘆虛樂園辦公室的電腦和辦公設備被債主搬走，員工拿不到薪水，抗議示威，場面不可收拾。劉總裁回台借不到錢不敢回大陸，最後由政府出面解決，銀行申請封園。

大陸和台灣很多廠商拿不到貨款，就傳出了有人要追殺劉全家及綁票兒女的風聲。劉先生舉家走頭無路，只有逃亡天涯。我們不知劉京華先生逃往何處，音訊全無，真令人擔心他們一家的安危。

一位努力不懈的英雄，敵不過天災地變也許是他的命運。真為他嘆息、惋惜，英雄無用武之地。

誕生奇胎高家全力搶救

農曆除夕，永昌由美來電話說永隆、茹莉已誕生了一個女娃，我問是否順利，永昌答不出，我感到奇怪。最後他說生產過程不順利，茹莉努力掙扎了八個小時，生出畸型胎兒，醫生正在急救中。我與寶雲都非常擔心，祈求上天觀音菩薩保佑胎兒能平安長大。一個家庭很難十全十美，總會有缺陷。

永隆與茹莉為了畸型胎兒，照顧很辛苦。醫院為胎兒整型開刀，超過十次，小小胎兒不斷受苦，我們於心不忍。美國政府對國民的保護，是世界第一，保險公司馬上派出護士二十四小時看護，直到上學都陪到小學畢業。

現在她已可以走路，還是需要有人日夜照顧，接送上下學。全校老師和同學都很照顧愛護她，明年可進大學。她的父母為她辛苦了十幾年，我更要感謝美國政府，保護公民才能有存活的機會。

泛美公司參加美國影展

美國泛美亞娛樂公司在好萊塢已拍出第一部影片《好萊塢夫人》，參加美國影展租了一個攤位。永昌與Brad努力推銷，第一位客人是土耳其人，賣了版權美金二萬五千元，是好彩頭，第一天營業額已收回製片成本。永昌參加影展對市場有了解與信心，再拍五部影片，後協助申相玉導演拍《三忍者》。

泛美亞娛樂公司參加美國影展。台灣影界龍祥公司、年代公司，韓國合同郭社長，宇進公司鄭鎮宇兄，東亞李浩勝等人都來了，永昌也結識不少國家的片商，奠下了泛美亞公司良好的基礎。

飛阿聯美大樓辦過戶手續

我與陳鴻智兄在台約好，先在美洛杉磯相會，再前往阿根廷，因陳兄要入籍辦護照。此外，聯美大廈提早交尾款，必須辦理過戶手續。

我先參加美國影展，泛美亞機構順利參加，推出了第一部作品，已有了好的開始。永昌與申相玉繼續協助拍《三忍者》，建立不少的基礎。

三月二日，陳兄來到美國一起飛阿根廷，邱煥章兄來接機，接我們到他家住，但陳兄很客氣堅持要住在凱撒酒店。翌日，我請治中弟協助，介紹律師替陳兄辦理入籍拿阿護照。另一方面，我趕快通知黃冠賢約好買聯美大樓的客戶來交款，辦理過戶手續，辦妥後，將房款匯去美國，完成一件事。下午，帶陳兄去拜訪駐阿台灣商務處黃代表，他請我們吃午餐。晚上，治中與金木、侄阿源請鴻智兄晚餐，之後去夜總會直到凌晨四點才回去。鴻智兄三天內辦好護照，我們可提早九日離阿。

　　美國寶雲來電話。李登輝主張一邊一國論，江澤民表示抗議，打了兩個飛彈。一個在基隆外海，一個在高雄近海五十浬。台灣人心惶惶，股票下跌。政府限制人民匯出外匯，不可超過美金二千元，造成移民國外熱潮。

　　劉伯勤帶我到中國大使館，申請去大陸一年簽證，須付一百八十元美金，雖貴一點但方便許多。我去拜訪楊鎔鑑兄，我們一起吃飯，再去找美麗華大樓的買主，簽妥分期再延同意書。劉伯勤、星欣邀我與陳兄、邱兄夫婦，到他的別墅宴會唱歌，度過了愉快的晚上。三月十一日，邱兄夫婦送我與陳兄到機場，飛返美國洛杉磯。兩天後，我與寶雲轉飛台北。

⁷⁹ 台灣選總統、國民代表

三十六年結婚紀念在台北

　　三月十三日是我們結婚三十六週年紀念日。寶雲嫁入高家幫我創業，生孩子孝順母親，千辛萬苦把我從鬼門關救回，重建江山度過了三十六年的歲月，應該好好慶祝一下，就在當時台北市最著名的西餐廳波麗露，有鮑魚羅湯套餐，加燭光晚餐，真有氣氛的晚上。我要感謝愛妻，無怨無悔的付出，為高家努力貢獻。

　　龍祥公司同意將《南京一九三七》版權，再減價二萬元美金；申氏公司《盲劍客》片集，也同意減美金四千元；長宏公司兩部《烏龍院》減四萬元美金。總算解決了東亞公司及長宏公司及申氏公司的問題。

台灣總統與國民代表大表

　　李登輝當選總統連任，得票率54%，民進黨21%，林洋港15%，陳履安9.8%，是意料中之事。國代得票率國民黨52%，民進黨38%，新黨14%，還算是很公平的選舉。

　　兩岸的關係對立緊張。李登輝兩任十一年後，兩千年民進黨陳水扁當選總統，連任兩屆。鄧小平主張開放外來投資，台灣人民漸漸淡忘了飛彈威脅，紛紛又去大陸投資。大陸胡錦濤上台，兩岸對立狀況依舊未改善。切莫忘了前車之鑑，劉京華逃亡天涯的悲慘故事。

日本松竹古賀兄來台灣

　　日本松竹株式會社國外部主辦古賀先生之前我向他買了幾部電影及卡通片，我們變成了好友。他賣出《男人真命苦》影片八部給民

視，並來台訪問。我帶他去中影拜訪邱總，看中影的戲院，再到文化城參觀，由洪副總請客，古賀先生非常感謝與滿意，臨走時還送他兩罐烏龍茶。

阿根廷聯美大樓已售，通知前有所投資股東開會，分配股金給參加投資的股東。大家對我負責帳目清楚加以肯定，雖遇阿根廷經濟崩潰，可算是條好漢。陳鴻智兄提議籌組阿根廷聯誼會，大家都拍手贊成。

拜訪電通公司談買松本版權

我來到東京，篠島兄安排拜訪日本電通公司，由加藤先生帶我們到電通公司與武田部長商洽，購買十二部松本清張原著改編影片的版權。我出價每部伍仟元美金，他們說要考慮後再決定，中午請我們吃飯。

晚上到池袋拜訪張簡醫生。他使用冷煤幫我去除臉及手上的黑斑，真有效，兩週後黑斑都消除了。他埋怨其長子介仁，為了他們兄弟的前途，來到日本鄉下當無醫村醫生，讓他去讀醫學院，他卻不認真當醫生，愛濫交朋友，愛喝酒，一副傲慢人生的個性，他無可奈何地搖頭嘆息。我們相互幾十年像兄弟，無話不談，我很替他擔心。幾年後，介仁腦血管中風，不省人事，拖了很久，不知是否已恢復健康？甚為惦念。

松竹古賀兄招待觀賞歌舞伎

我去松竹會社拜訪古賀兄，他特別在帝國飯店請我吃最高級的日本料理，又帶我去看西片，並預訂了在東銀座松竹歌舞伎座演出的日本歌劇門票。

翌日，我到東銀座時早已滿座。松竹會社全國有幾十家歌舞伎座，已有百年歷史，東京歌舞伎座要半年前訂票才可能買到票。演員全部是男性，演起女人唯妙唯肖，演劇時間三小時，全國各地戲迷都爭看歌舞伎。

因為我不懂日本歷史文化背景，聽不慣日本古典歌劇音樂，看得很苦悶，但總算看過日本歌劇歌舞伎，都要感謝古賀兄的安排。

北京吉地張先生帶看公園

永昌美國朋友拿到百事可樂的廣告代理權，想到大陸推銷。他委託香港好友周敬，來北京與我會合。吉地公司張爾讚先生協助，帶我們去石景山公園接洽，再去世界公園談百事可樂廣告之事。晚上帶我們去吃涮羊肉，真是入口即化的好口味。

翌日，趙樂天兄弟帶我們參觀頤和園，談百事可樂廣告之事。又到李翰祥的製片廠觀看拍攝《火燒阿房宮》排龍門陣的一場戲，李導演約我晚上到他家吃飯。

80
諸事無常，諸法無我

大導李翰祥心肌梗塞猝逝

我應李導演之約到李兄的家參加晚宴，馬漢英兄也由台北來北京，夏祖輝作陪。當晚喝法國葡萄酒時，李導演不斷敬我酒，他說：「仁河兄做事牢靠，穩紮穩打，在韓國、日本、台灣幫了我很多忙，我們今夜要多喝幾杯！」他還為我歌唱，我也開心地痛飲乾杯，高歌幾曲，馬先生說：「高先生應該當歌星！」李導演聽了哈哈大笑。

真沒想到幾個月後，在媒體上得知李翰祥大導演因心肌梗塞猝逝北京，享年七十二歲，讓我久久不能相信李大導已走了，變成絕唱。他之前好像有預先告別之意，讓我心裡更難過，久久不能忘懷。我們曾經合作二十年，共同為電影努力，如今已變成過往雲煙。

參加佳莉哥大碩士畢業典禮

我因忙於業務，東西半球來回忙碌。四個孩子的大學畢業典禮，都是岳母和寶雲參加，我都沒參加過。佳莉柏克萊大學畢業後，出來當記者，拍紀錄片，再去哥倫比亞大學讀新聞研究所。兩年修完碩士學位。這一次我與寶雲飛紐約參加她的畢業典禮。哥大是世界名校，歷史悠久，艾森豪總統曾當過校長。校舍建築古色古香，雄偉龐大。

當天早晨，寶雲忙著為佳莉化妝，穿畢業禮服，帶四方帽。到了校門口，參加畢業典禮的畢業生父母及來賓已有幾萬人在排隊。典禮在大運動操場舉行，儀式隆重有節奏，不愧為名校。典禮後各班級分發畢業證書，發完後畢業生一起跳躍，將帽子丟上天空大叫大笑，我們分享到無限的快樂。

　　晚上，蕭先生的兒子蕭家勇夫婦請我們去吃最高級的素菜餐廳。第二天，佳莉帶我們去中央公園散步。樹木茂盛，百花齊放，爭奇鬥艷，很多男女在曬太陽、遊湖。我們到曼哈頓，乘觀光巴士遊百老匯，看聯合國雙子星大廈，再乘船看自由女神像。這次紐約之旅是最快樂的旅行。

母親病危轉振興醫院

　　母親漸退化臥病已五年，每天在沉睡中度過，醫院通知已病危，我們決定轉院到石牌振興醫院急診。大姊秀珍醫院內有熟人，趕快送到加護病房，我與寶雲忙辦住院手續，文仲和阿鈴幫忙看護。我看到母親半睡半醒，寶雲摸她的手沒有反應，也許日子不多了，她哭了，我們大家都難過地互相安慰。

　　我又去看林銘進兄，他明天要到台大醫院動腸癌手術，很高興地說錢不是第一，友情與健康最重要。

　　母親住振興醫院兩週後又漸漸恢復正常，再回原來的秀傳醫院，寶雲每天上班照顧母親。

世運在美國亞特蘭大舉行

　　一九九六年七月二十日，世界運動會在美國亞特蘭大市舉行比賽。第一天，中國就拿到兩個金牌。這次世運，中國在游泳、體操項目打破世界紀錄，實力雄厚，可與美國競爭，中國已不是病夫，為中華民族增光不少。

　　我台北住家三樓業主楊先生的三樓公寓想以八百五十萬元賣給我，因我需要辦公室，出價八百二十五萬元談成，簽約付訂金一百五十萬元。後來，銀行借款無法過戶，只好取消合約。半年後銀行將該公寓法拍，我去參加標購，只有兩家參加，我透過友人與對方約定分紅十萬元不超過底價投標，我以六百一十萬元得標，比原簽合約省二百零五萬元。寶雲說：「天公疼愚人，福氣自然來。」

難忘勇敢謝文彧同學

謝文彧是我埔中同學，他是工程師，擔任台北市自來水事業處第三淨水場場長。因水庫不當洩洪淹死在下游郊遊的十五名師生，為此負責他入獄二年，積勞成癌，手術五次，與生命搏鬥十五年之久。他做事認真，急公好義，為同學會編印通訊錄，第五次開刀時往生了。

我與維中兄代表同學參加告別式，我擬了一張祭文，用七句白話詞，描述他的身世，以及勇敢與病魔搏鬥的偉大精神，令人落淚。告別式完畢後，謝兄大學同學認為祭文很感人，請我代為影印給他們留念。

永興加入泛美亞機構

永興向連襟辭職，加入泛美亞公司團隊。寶雲建議帶他到亞洲各地廠商見習。他回台北與我會合後再飛上海，轉往吳江蘆虛鎮與吉地公司張爾讚會合。參訪福祿貝爾樂園，拜會劉總裁，接洽承包工程。後飛北京，周敬帶他見兩位美國百事可樂廣告商。吉地公司張先生帶我們與石景山公園與世界公園接洽。後永興一起回台北探望在醫院的祖母。

我們再飛新加坡，拜訪電視台。談妥《大地之子》及《雪山飛狐》片集版權。梓河兄帶我們到牛車水吃新加坡小吃及肉骨茶，再去探訪好友林鴻模兄，他原經營小酒店，現已退休，逸享天年。他告訴我，瑞吉兄的太太小鳳癌症已往生了。梓河兄開車出海關過橋，到馬來西亞國境，再北上開六小時到吉隆坡，先去探訪六叔家，他說他生病住院了幾次，六嬸也中風坐輪椅不能言語。他們於一九九九年相繼往生，享年都是八十二歲。

梓河兄又帶我們拜訪田與宋先生，招待我們吃馬來菜。梓河知道我喜歡吃榴槤，買了一箱在車上吃，永興勉強地吃也上了癮。我們再一起到雲頂賭場玩大家樂、二十一點，讓永興開開眼界。

第 **5** 部分

影劇事業的尾聲

81

最不吉的年度

購置美房產做泛美亞基地

我回美購置一棟一萬二千呎倉庫，部分當做泛美亞公司的辦公基地。來美前我去拜訪鄰近羽田公司的台灣民俗村樂園，施副理及江小姐來接待。

台灣民俗村規模相當大，以台灣傳統的城牆、紅磚瓦屋、廟宇建築、街道為背景，也有豪華酒店。他們打算在山丘的中心挖湖，做為表演中心，我建議做一艘大帆船舞台，可表演鄭成功大戰海盜秀等節目，正好呼應他們的計劃，將向施董事長報告。

純良次女嗲嗲訂婚當媒人

純良次女嗲嗲由阿返台，已有男友提親訂婚，要求我與寶雲當便媒人，我還收了六千元紅包。轉眼間，嗲嗲的長女已十六歲，嗲嗲在一次交通事故中被機車撞死，騎士逃逸，真可憐，青春年華，家庭破碎！

我的好友洪江再夫婦專程來拜訪。洪江再兄過去曾代表林中志兄協助中興公司當製片助理，我們已二十多年未見面，他已退休，患有糖尿病，幾年後病逝，走入歷史。

再飛阿根廷解決房款延期

前售出美麗華大樓，買方無法按期交款，只好再飛回阿根廷處理。因阿經濟不振，只好同意再延後，另加利息付款，問題暫時解決。

回程時我專程到智利探訪好友賴滌生兄，他來接機，招待我住在

他家。他太太在外省海港做貿易，我們兩個都喜歡吟詩作對，談歷史哲學，臭味相投。他帶我參加駐智利台灣商務處舉辦的國慶酒會，藍智民兄當代表，我們再度見面非常高興。臨走前去百貨公司，我買了一套西裝，賴兄硬要付款，讓我感動不已，天下知己有幾位！他回台退休後住在桃園，還請我吃客家菜，並曾送一冊詩集給我留念。他於七十六歲心肌梗塞往生了，我真傷心。

參加上海電影節

　　阿根廷回台後，我與永昌趕去上海參加上海電影節，拜訪中國電視節目發行公司程經理及其他大公司。影展攤位五花十色，認識了不少人，也拜訪了劉曉慶的公司。影展後我們乘火車到杭州，張建生帶我去拜訪浙江音像公司，李社長中午設宴招待浙江菜，有蛇料理等非常豐富。我們再去拜訪浙江電視台張濱副台長，他招待晚宴，永昌與大聲喝到酩酊大醉，我也醉得差不多。杭州之行，令人印象深刻。

拜訪大導演謝晉談阿片戰爭

　　我們請張爾讚先生帶我們到上海拜訪謝晉導演。成志谷先生是謝晉的經理，他要永昌協助《阿片戰爭》片到好萊塢做後期剪接，永昌建議用電腦剪接，謝導演也同意，要請永昌查明費用多少，謝導演中午安排在政協會館招待我們。《阿片戰爭》片版權是交給宇宙公司代理，只好去香港接洽。

慘案槍殺劉邦友縣長

　　一九九六年十一月二十一日早晨，桃園縣長官邸發生大慘案，縣長劉邦友被槍殺，共造成八死一傷，兇手早已逃之夭夭。台灣軍警成立專案小組追緝兇手，過了七年小組早就解散，過了十年案子仍無法偵破。兇手殘忍無人性，上天不會放過，一定會有報應的。

　　建華公司周劍光先生也往生，享年七十五歲。他的子女都在大陸，留下幾億財產，均為台灣繼室、養子和養女繼承。他的告別式參加人數不多，他勤儉過度，對人吝嗇，放不開，也帶不去。

㉒ 風雲變色年代

親家邀請遊覽日本箱根

永昌帶親家及成子和成億孫，到花蓮祭拜祖先。親家回東京後，再邀請我們到日本箱根度假。我與寶雲、永昌、成子和成億孫，一起與親家乘火車，再搭遊覽車往箱根溫泉。沿著山路盤旋上山，滿山都是黃色楓葉樹，天空徐徐飄下細雪，真漂亮，不知不覺已到達溫泉旅館。我們先到後山泡溫泉，滿山一片銀色發光，溫泉水順山而下，一段一個浴池，蒸氣飄飄，真有氣氛。晚宴享用日本料理，真是好味道。第二天，因下雨沒去遊湖，箱根之旅永遠難忘。

四叔往生長女也逝世

四叔已八十四歲，沒有兒女在身邊，自己生活很寂寞，一九九六年十二月十日往生，發來訃聞。四叔長女麗子也同年往生，因姊夫在台電殉職，悲傷過度而離世，我與寶雲趕去花蓮奔喪。

告別式上祭拜四叔，大家都要跪拜叩頭，但只有麗子的兒子不肯下跪。我詢問何故，他說：「我只對上帝下跪，不向任何人下跪。」我說：「你難道不向你父母下跪？」他理直氣壯地說：「頭殼壞了。」我說：「上帝教人要謙卑，要孝敬父母。你母親是祖父生的，難道你是石頭生的？」我真為麗子嘆息。

蔣家蔣孝勇癌症往生

蔣介石在台灣實施白色恐怖統治，雖蔣經國先生對台灣十大建設很有貢獻，但他大兒子花柳病往生，次子蔣孝武突然心臟衰竭去世，

三子孝勇癌症也逝世，都是中年走入歷史。不可不相信因果論，蔣家殺人太多應得的報應。

劉董生不逢時

福祿貝爾樂園的命運多舛，一九九七年該公司開給泛美亞公司承建樂園工程款的支票三十萬元台幣到期，要求再延一個月，還有一百二十萬元要延到二月二十八日，結果全未兌現，未存入支票還有五百萬元台幣全部泡湯。債主有幾百個廠商湧到追討，劉京華努力回台各處奔走求貸，最後還是無能為力。

福祿貝爾樂園生意不佳，員工因薪資發不出罷工抗議，到處找不到劉京華老闆。福祿貝爾樂園關門後，廠商到辦公室抗議、搬東西，不少廠商計畫討債，放出風聲要追殺劉京華及綁架他的子女，劉先生不得不放棄投資大陸蘇州福祿貝爾遊樂園的龐大資產，逃亡天涯避災，真是沒想到的下場。

樂園破產危機應變

福祿貝爾樂園發生破產危機只好應變。因劉京華先生投資蘇州樂園的時機不對，又碰到千島湖事件，而且他對樂園經營外行，再加上資金不足所致。劉先生的勇氣毅力令人佩服，他不是故意讓福祿貝爾倒閉逃債，所以我們願意將損失部分自己吸收，到期支票均未存入銀行，我們只有另求生路，向電視節目發行求發展。

元月間飛澳門推銷《大地之子》版權。元月十三日，到台北市殯儀館參加陳鴻智兄父親的葬禮，場面盛大，極盡哀榮，有千人參加。陳鴻智兄經營金合發鐵工廠，從事拆廢船事業，政商人脈廣闊，為人豪爽慷慨，做人成功。

導演胡金銓心肌梗塞

　　一九九七年元月為李翰祥導演在台北舉辦追悼會，真沒想到《龍門客棧》導演胡金銓因心臟有問題經常出入醫院治療，在心導管擴張手術中失敗，不幸於元月三十一日往生，震驚影壇。他正努力籌拍《華工血淚史》中，真是天妒英才！他是改造拍攝刀劍武俠片新刀、新拍法的緊張大導演，李翰祥則是創造黃梅調聖手，兩人都是中國電影的重要人物，前後兩年都走入歷史，真可惜！

澳門陪寶雲佳莉度假

　　農曆初二，我與寶雲和佳莉飛港澳度假五天。香港大年初二全休，中午郭南宏兄請飲茶，晚上曾欣兄請客。第二天乘飛船到澳門旅遊，去拜訪澳門電視台推銷《大地之子》電視版權。因澳門地方小，經營不易，出價不高，看來這筆生意不容易。駐澳門代表王允昌兄，請我們在葡京法國餐廳晚餐。王兄是前駐阿根廷代表舊識，為人誠懇熱情，來澳已招待過兩次，真感激他。晚上我在葡京賭場玩到天亮，輸了五百元美金和壹萬元港幣。

　　翌日，參觀澳門未來開發觀光賭場、旅館、房地產、遊樂場的計劃，美輪美奐，前途如錦。但需有資金與魄力，我是心有餘而力不足。

　　十年後，美國拉斯維加斯金沙集團進入澳門投資。澳門與小島建立跨海大橋，在荒島建立金沙新的賭場，又新蓋酒店，與澳門、大陸連成交通網，澳門變成東方最大賭城，房地產翻三倍以上，投資要有先見之明。

83
岳母與寶雲生日相差一日

岳母在美寶雲在台慶生日

　　元月十四日，岳母在德州寶卿家過生日，與在台北的寶雲生日相差一日，同時慶祝。岳母是九十二歲，寶雲是六十一歲。相差三十一歲。

　　我與寶雲趕回美國，接岳母來洛杉磯，阿素大姊也到了美國。

　　寶雲在兄妹中排行第五，在姊妹中排行老三。有人說三小姐命最好，寶雲最孝順父母，在五歲時，父親因頭部受傷開刀住院，她小小年紀就會看護父親，並幫忙母親到淡水河邊摸蛤仔與賣菜。有一次，她為了幫家裡撿柴火到工廠牆下找剩炭，不慎被從內牆倒出的剩餘炭灰燙傷，滿頭是血，她強忍著傷痛，勇敢跑回家自己理傷。父親開刀住院需要營養品，她將學校發的牛乳用杯子端回家，剩下半杯留給父親喝，孝心感人。我們移民阿根廷時，她要求我帶大姊、二姊、四妹、五妹及二哥、弟弟全家去移民，並幫他們辦居留，找房子，找工作，讓他們下一代可在國外求生活，發展更好的前途。

兒媳邀我們度假遊樂園

　　永興與惠卿早於一年前曾安排帶我們到奧蘭多世界最大的樂園區，內有狄斯耐樂園、環球影城、小人國、華納影城、派拉蒙影城和太空站等遊樂區，以及豪華酒店、別墅和俱樂部。

　　永興是俱樂部會員，已提早一年前訂房。三月中，我與永興全家包括成斌長孫五人，從洛杉磯飛往邁阿密，再到奧蘭多城，住入高級俱樂部度假五天，共享天倫，放鬆一下自己。

招待岳母與大姊遊賭城

我們決定招待岳母與寶雲大姊阿素去賭城拉斯維加斯看看，由永興與永昌開二輛車載佳莉、茹利、雪懿、凱利到大酒店，開了四個大套房，休息洗澡後，我們一起到樓下金碧輝煌的賭城大廳。

在賭場裡有滿滿的賭客，岳母與大姊從未看過如此豪華的場面。永興領頭帶我們到餐廳，是自助餐可容納五、六百人，各國菜色應有盡有，有西餐、中菜、日本料理等各國美食，海鮮就有刺身、龍蝦、南極天皇蟹等各種菜色，他們看得眼花撩亂，不知挑那類較好，盡力挑選佳餚大吃特吃。寶雲、佳莉都勸阻不要拿太多，吃不完，最少走了七趟，吃得真享受，快樂到極點！岳母與大姊這一生從未吃過如此豐盛的大餐。

後來我們到賭場，看賭客玩二十一點、賭輪盤、吃角子老虎等。賭場內人山人海，我也下去賭押二十一點，我要永隆帶母親、祖母、大姨拉拉吃角子機玩玩，祖母也拉出了幾個銅板，大家都快樂逍遙。

晚上十點三十分我們去觀賞已先訂妥的世界最著名空中水上表演秀，叫「O秀」，每張門票美金一百元，場場客滿，已演了五年，表演時間是一個半小時。演員是加拿大太陽馬戲團員，女生個個青春美麗，都穿T恤緊身透明泳衣，男生也都英俊健美，穿短泳褲在上空盪鞦韆，來回搖盪，突然放開雙手飛下，池水濺起了水花，觀眾都欣喜若狂，實在太美妙，讓觀眾驚嘆太棒！我們都覺得這個一個半小時的表演節目精彩絕倫，是我今生看過的表演秀中最好的秀，岳母和大姊都看得目瞪口呆，驚嘆不已，太精采，太好看！我岳父曾來過賭城拉斯維加斯，但沒看過「O秀」，還是岳母與大姊有福氣。

參加中港台三地導演協會大會

一九九七年一月十日，我到香港參加中港台三地導演協會大會，台灣有不少人參加，有李行、林福地、蔡揚名、辛奇等約三十多位導

演參與盛會。香港導演協會會長吳思遠與成龍出面招待我們與大陸導演協會會員，又招待我們乘遊船，上太平山，看夜景，再到成龍買的大城堡去參觀。大會中我也上台，以中韓兩國製片環境與政府輔助做比較，講稿太長，時間不夠沒講完，真可惜。我在會中與辛奇兄及揚名兄，決定回台後發起籌組台灣影人協會。

我們三位於同年六月十四日在北投新生莊溫泉飯店成立台語片影人聯誼會，一九九八年向台北市政府立案，九日九日舉行台灣影人協會，至今已第五屆大會。台語片時代的製片人、導演、工作人員年紀都大了，很多人已走入歷史，辛奇理事長於二〇一〇年也往生了，幸虧有周遊接續傳承下去。

震撼中國領導人鄧小平逝世

二月二十日中國領導人鄧小平逝世，震憾全世界，由江澤民接班，象徵另一新時代的開始，世事變幻無窮。

華視文化張董事長退休了，高景如也調走了。高永祺兄要去馬來西亞，我介紹陳梓河給他認識，他回到美國有興趣加入泛美亞公司。世態炎涼，泛美亞公司因資金不足，最後永昌又同意他出資美金九萬元加入股東，寶雲很反對，因對他人品不甚了解，說將來可能會出問題，果然有先見之明。

香港被佔一百五十五年回歸中國

清朝鴉片戰爭戰敗，將香港割讓給英國。英國佔領香港一百五十五年，於一九九七年七月一日凌晨中英移交香港主權，江澤民與查理王子代表兩國上台演說後，降下英國國旗，升上了五星旗，完成了歷史的任務。我們在電視轉播中看到香港回歸到中國，做為中國人子孫，非常激動，睡獅子終於醒了吧！

連襟、同學、白景瑞導演往生

　　九月，連襟施文來在阿根廷病逝，享年七十七歲。他一生好賭，有幸與兒女來阿移民，改變了下一代的生活環境。十月中，在台北的埔中同學謝文或肺癌已開刀過五次，拖了九年終於病逝。我與維中、君諒兄四人常相聚的好同學在第二殯儀館告別式中，我代表同學會擬一份祭文，用七句台語歌詞致祭、念祭，謝文或大學同學深受感動，索取祭文的拷貝，此為永遠難忘之事。

　　十二月中，台灣電影界名導演白景瑞病逝。他曾留學義大利學導演，是一位有藝術創意的導演，拍了不少賣座的瓊瑤系列電影，著名影片有《六個夢》、《今天不回家》、《皇天后土》等。後與夏玲玲結婚生了一男，又買房給夏玲玲，晚年沒拍戲，生活困難，與夏玲玲也離婚，最後生病往生，身後淒涼。夏玲玲後來與少她九歲的電視名主持人曹啟泰結婚。

84
陳部長退休學佛求法

部長陳履安退休學佛

　　國防部長陳履安先生自國防部退休後放下一切，決定拆除其先父親陳誠副總統紀念墓園，歸還國家，陳家所住公館房地也還給國家，以全副精神學佛求法，成立佛教救世基金會，每晚在電台弘法。長子陳宇廷是美國哈佛大學碩士，回到台灣後也加入行列，吃齋拜佛，最小兒子宇全到尼泊爾剃髮為僧，全家皈依信佛。他從最高官場退隱，能放下一切，慈悲心令人佩服。

宇廷組團到西藏拍紀錄片

　　陳履安長子宇廷，也全心加入陳履安佛教基金會，計畫組團到西藏拉薩，尋找失去的人間天堂「香格里拉」，拍成紀錄片。他的秘書馬漢英兄以前是李翰祥的製片，也是我的好友，找我編寫英文劇本。我要永昌去拜訪宇廷，他們都是在美受教育，兩人一見如故。永昌雖已有拍片經驗，但要拍出真正英文劇本，可在國際上放映，還真是不容易。永昌推薦他妹妹佳莉是最好的人選，她從小學一直到哥大碩士修完，全部受英語教育，又回台當過台灣英文報及英文中國郵報記者和編輯，現正在香港南華英文報當編輯。聽完永昌的建議，宇廷很高興，馬上要永昌陪他飛香港邀請佳莉加入，永昌只好配合。

佳莉有佛緣愛好拍片藝術

　　佳莉在香港南華英文報當編輯，每月報酬有兩萬多元港幣，陳宇廷只可付台幣伍萬元薪水。她願意去追尋佛國「香格里拉」拍紀錄片

的理想，辭掉香港南華英文報的編輯職位加入陳宇廷團隊到西藏拍紀錄片去。他們全團四十多位，其中五位團員從北京參加。先在北京集合乘火車去成都，再搭機飛往拉薩，參觀布達拉宮，後再去西藏各地藏寺參觀並拍成紀錄片，花了將近兩個月的時間。也去參拜十四歲的法王，法王還為佳莉灌頂祈福。法王成年後，已逃到印度邊境請求政治庇護。

部長夫婦對佳莉愛護

　　佳莉與陳宇廷先去參觀陳履安先生在澳門分設的禪寺，再去北京轉西藏。陳履安夫婦對佳莉印象良好，他們希望能與宇廷配對結成夫婦，他倆相差四歲正合適。透過馬漢英兄邀請我與寶雲會面午餐，我們談得很愉快，陳太太讚美寶雲教女有方，我們也很樂意能談成這門婚事。陳履安夫婦非常喜歡佳莉，稱讚她文靜、聰明又有能力。但後來佳莉認為與宇廷興趣不同，個性又不合，彼此不來電，不久便辭去工作。自己也到西藏繼續尋找拍攝佛教「香格里拉」的紀錄片，花了兩年的時間。為了節省經費，曾由北京乘火車到西寧，再搭巴士到拉薩，路程約三十六小時可到。結果過了兩天仍沒消息，寶雲等不到電話急壞了，五十二小時後才接到電話，原來是遇到下大雪，巴士又故障修不好，只好在半路借廟寺過夜。在大雪山頂廟宇睡覺，蓋了七條棉被還是會冷。這個孩子就是有毅力，為了理想，默默獻出心力，想為眾生求福。

韓國好友李與康兄遊中國

　　韓國東亞李于錫與康範九兄三人約定六月間在北京會合，遊皇宮及八達嶺長城，再飛山東省登上泰山，看三山五嶽，再去參觀張爾讚兒子張汝昆先生在山東大學研究稻草、糞料、廢氣發電設備，也算報答兩位不斷幫助我發展中韓影片文化交流，幫我建立事業基礎超過四十年親如兄弟的感情。

　　台灣五大都選舉，在台北市，民進黨陳水扁以很少票數差距敗給

國民黨馬英九，台北縣、高雄市及台南市都由民進黨勝出，台中市國民黨勝出，可說平色秋分，台灣的民主意識又大幅度提升。

轉行開拓遊樂園客戶

我自電影行業轉入遊樂園表演節目製作，最先是由中影洪述棠兄推薦給台影文化公司饒曉明總經理承建動感戲院，在無中生有之下完成工作，奠下此行的基礎。第二筆生意談成，中影文化城引進美國好萊塢牛仔秀與大溪地草裙舞秀。第三筆是爭取到劍湖山遊樂園接中影文化城兩檔表演秀，再來爭取到新建台灣民俗村承建海盜船，海盜秀及水上芭蕾舞秀的節目，這兩項節目均是白紙，沒有經驗，只能靠自己摸索設計創造。在很短時間內要挖湖放水，建立海盜船舞台。

我們訓練武打演員配合演出，因台灣拍片的武術演員酬勞高，無法雇用，只能設法到菲律賓找演員，我找到菲律賓朱新道兄在台灣分公司秘書陳一光兄，他介紹我到馬尼拉找楊為源先生，他是朱新道的表弟。我們就在咖啡廳招考臨時演員，有百名報名，錄取正取七名，候補三名，匆匆趕回台灣，向教育部申請，再透過外交部黃瓏元兄，他是前阿代表，已到總統府第三局任局長。劉春雄兄已回國，在中美南司當副司長，請他代向我國駐菲商務處關照，申請演員來台表演簽證，一週內就辦妥，真是奇蹟！演員全部是生手，趕快請武術導演劉漢星日夜加緊訓練。

水上芭蕾舞表演團是透過洛陽公司陳重安先生，代介紹蘇聯團來民俗村表演。六個月內，台灣民俗村正式開幕，海盜秀配合水上芭蕾舞秀演出，表演精彩，遊樂園門票收入全省第一。事在人為，努力奮鬥一定會達到目標。

85
─一九九八年最難忘的一年─

邀請親家與演員到家圍爐

新年我邀請日本親家本多先生來台度假，寶雲六十一歲生日，又是年終尾牙，我們邀請六福村工作人員參加。美國來表演牛仔與美國女友結婚，並代辦喜宴，喜氣洋洋。春節請親家到六福村看看表演，美國演員來家團聚，慶祝過除夕圍爐，及過農曆新年，家裡充滿歡樂的氣氛。

國祥、寶卿回台為次子家億娶媳婦，春節初一開車帶親家、成子到彰化的台灣民俗村。因大塞車花了五個小時才抵達，先看海盜秀，後去彰化市吃肉圓，夜宿民俗村白雲莊。

在為親家送機回日本前，永昌和成子去秀傳醫院看祖母最後一面，母親已不省人事，永昌、成子含淚離去。永昌送機後又趕去彰化民俗村，需要再補增兩名菲律賓演員來台，調整舞台動作表演之設計，我必須申辦演員來台表演簽證手續。

母親走完人生路程

母親已在醫院安養七年，寶雲每天都來替她餵飯、洗澡，從未間斷，她已癡呆幾年了，體力漸衰，尤其是過完春節後，好似燈火快熄滅。勝雄、治中弟，由美趕回來，玉珍妹及青松妹夫翌日也趕到。

寒流侵襲，氣溫降到攝氏八度，醫院又來電說家母告急，寶雲趕去醫院，秀珍姊、晶晶、明亮都來，我趕去醫院，治中、美蓉、勝雄也都到。母親不斷胃出血，已油盡燈枯了。

小甥桂霖也到，老人家睜開一眼，微微回笑。桂霖是我大姊秀雲的獨子，出生一個月大姊發燒過度往生，委託乳媽養大。親戚很少人

關心他，我曾叫他到公司寄片，他自由慣了，很快離職，真是可憐的孩子。母親還不知拖延幾天，桂霖志願全程二十四小時看護，讓大家減少壓力。

佳莉去北京，臨走看祖母一面

佳莉要去北京前到醫院看祖母最後一面，祖母昏迷不醒，佳莉揮淚而別。

阿根廷邱煥章兄匯款來花旗銀行，委託我付款給廠商買機器，知道我母親病危，交代由銀行撥付美金一千元給做為母親醫藥費。他是如此慈悲心，把我母親當自己母親看待。此時，母親的病情又有起色，可能拖過元宵節。

我與永昌和佳莉去看電影《鐵達尼號》，非常賣座，成本兩億元美金拍的片，創電影史最高賣座紀錄。

鼓勵弟子上進，祈求土地公

下午，我的弟子李清貴與太太鳳月開車接我們到烘爐地，向一尊新建七層樓高的土地公敬拜求籤，我鼓勵他創業設立公司，由我提供辦公室，做南美洲汽車零件出口，並取公司名為欣盈達公司，由他太太鳳月選的名。結果抽出籤王，大吉大利，果然，清貴公司成立後至今十五年，已有上億的資產。當然是他與鳳月努力勤儉，又有貴人幫助及運氣。他是來我公司當職員弟子班中最成功的一位。

草書高手林達男揮毫

林達男是寶雲表外甥女的先生，是于右任先生草書第三代的傳人，書寫草書是高手。

寶雲表弟、連三郎夫婦回台，由外甥女阿珠請客，我們作陪。我要求達男甥婿為我公司寫對聯，他馬上答應，當場想出一句好詩句「道似行雲流水，德如甘露和風。」爭取我同意後，當場揮毫完成，

我即刻拿去裱字畫店，裱妥後掛在公司大廳，讓人欣賞到現在，事過十六年令人難忘。他於二〇〇四年二月二十七日因患扁桃腺癌病逝，享年六十，太可惜，英年早逝。

▌慶祝兩孫生日一起吹蠟燭

母親走完人生最後一程

母親病逝於台北

母親於一九九八年二月十三日下午一點三十分病逝於台北，我與寶雲趕到醫院時慢了四十五分，無法隨身在側，真不孝，在側有桂霖、文仲、阿鈴和美蓉。

晚上將母親大體送入第一殯儀館，再引魂到文仲家設靈堂，聚眾子孫親戚來祭拜，佳莉隔天要去北京也趕去祭拜祖母。翌日，烈蛟兄前來一起到龍潭看墓地，我開車順道先送佳莉到桃園機場飛北京。

擇日婦女節告別式

我與烈蛟兄在龍潭公墓選好一塊好墓地，擇好三月八日是婦女節好日子舉行告別式，安葬龍潭公墓，我為了發訃音與烈蛟兄研究，費了很多時間才完成，又擬祭文幾夜難入眠，告別式來了親友約有三百多人，我代表家族念。弔祭文如下：

　　主祭者　高仁河
　　　鳴呼哀哉　吾母在天之靈——母親在世八十七　生育三女又二男
　　　細漢呆命無老母　賣去給人做媳婦　無暝無日無休睏　任勞任怨無怨恨
　　　上奉公婆如敬天　服侍尪婿真認份　想起娘懷吃乳時　難忘母親催眠曲
　　　教阮講話知禮義　做事向前要正直　不辭辛苦數十年　默默耕耘為子女

性情溫純傳千里　一生慷慨對親戚　勤儉持家愛佈施　做人樂觀重名譽

伴阮移民遊南美　結交洋人做朋友　美麗愛秀有福氣　子孫滿堂笑嘻嘻

親戚朋友尊敬您　未享天年做您去　叫我如何不傷悲　養育情深似大海

此去一別不復還　恩重如山如何還　吁天搶地痛斷腸　嗚呼哀哉……

我的母親……您已昇天去　極樂世界歡迎您　菩薩蓮座等候您

天國佛陀在身邊　子孫永遠懷念您　您的血脈傳萬年

孝男　孝女　孝媳　孝婿　一同揮淚拜

告別式莊嚴順利完成，移靈出發到龍潭墓地安葬，義弟翁居山前來守盡孝又送紙敬五千元，真有兄弟之情份。母親告別式因有宋家烈蛟兄出面及我與文仲弟影視界人脈，也算哀榮圓滿。

華航印尼飛台班機失事

二月十六日晚上八時二十分，華航CI-676班機，由印尼飛來台灣桃園機場，降落時爆炸，機上死了一百九十六人，地面六人罹難，慘不忍睹，內有中央銀行總裁許遠東夫婦。

永昌是當天下午飛香港，牛仔Hunter也是下午飛返美國，母親又是三天前往生，黑色氣氛籠罩在春節，心情沉重哀傷。

恩人洪述棠兄長子結婚

我們泛美亞公司有今天的基礎，可說是完全靠洪先生不斷地幫忙，他就像我大哥，沒任何條件協助，我對四個兒女，常說要感恩。

他的長男洪慎之，到美國德州留學，與泰國來的女同學結緣訂親，二月中在台結婚，後住泰國，生有一男一女，在曼谷姨丈的電腦

公司協助，後自立成立代理進口台灣電腦軟體，生意做得有聲有色，夫婦非常恩愛。

洪先生夫婦常去泰國共享天倫之樂，未料天有不測風雲，二〇〇九年間慎之頭痛劇烈，回台開刀，不幸往生。洪先生夫婦老年失子，痛不欲生，將媳婦及兩個孫接回台灣照顧。他長子也到過美國往我家，為人謙卑有禮，真沒有想到他會意外往生，我為洪先生悲痛萬分。

春暉買《大地之子》播放版權

一九九八年三月十三日是我結婚三十八週年紀念日，最好的禮物是春暉電視台要買《大地之子》第二輪播映權，賣了新台幣一千八百一十四萬元。翌日，帶岳母與阿素大姊去美國加州及賭城拉斯維加斯度假。

台灣民俗村海盜秀及水上芭蕾舞表演秀，順利上演中。我與寶雲去嘉義看義弟翁居山，邀他們夫婦同遊北京，順道到台南探訪好友洪江再夫婦。我們已有三十五年未見面，他兒子曾來公司協助管理六福村牛仔秀，想不到他曾代表林中志兄來中興影業公司參加製片，轉眼已過三十五年了。

北京王曉梅小姐，是汎美亞公司客戶，與永昌發生婚外情，飛來台灣找永昌，我與寶雲也不知如何處理。

五月十八日，我們也請陳海石太太、居山夫婦遊北京紫禁城和八達嶺長城，之後寶雲、陳太太和居山夫婦飛去香港，我去大連為羽田公司接洽投資汽車廠之事。

歌林《大地之子》主題歌得獎

我去北京時接到歌林公司電話，告知我已獲得新聞局金曲獎最佳作詞獎入圍。五月二十九日宣佈我榮獲最佳作詞獎，獲得獎金新台幣拾萬元，真感意外！陳維中與高君諒兄也出席觀禮，現場電視轉播，遠在吉隆坡的堂妹鳳貞也都看到，我真感受到無限的光榮。

六月十八日，永昌次子成禧出世，我與寶雲非常高興高家又添了一個壯丁。

諸事無常，突傳台影公司杜慶兄夫人心肌梗塞往生，我們感到無限的憂傷。杜兄與我同年，我們交情相當友好，他以前是文化局第二科長，文化局撤銷後，來台影公司協助饒總，負責對外接洽工作。

岳母中風，寶雲飛阿

七月十六日阿來電岳母中風，寶雲馬上飛美，與佳莉及寶卿妹由德州飛阿探視，後有好轉，寶雲於八月十四日返台，九月八日岳母在阿病逝，佳莉馬上飛阿參加告別式。由於岳母在台灣子孫眾多，大家決定在五股的寺廟為岳母做七巡祭禮，寶雲與我因公司業務忙碌無法趕去參加葬禮，真遺憾又悲傷。

我於十一月三十日，飛阿根廷去墓園跪拜岳母，她為我家庭子女付出三十年，替我們帶四個兒女養育他們長大，無怨無悔，大慈大悲。她是偉大的母親及祖母，典型的長輩，永遠銘刻在我內心。

五都選舉陳市長水扁失敗

十二月五日台灣五都市長選舉，台北市長陳水扁以很少票數輸給國民黨馬英九，台中市長由胡志強勝出，台南市及高雄市民進黨大勝。台灣人民的民主政治意識漸提高，國民黨一黨專政已受到最嚴重的挑戰。

參加中國電視金鷹獎

台影饒總組團參加中國金鷹獎

　　饒曉明兄聘我為台影文化基金會董事，出席參加中國電視第十六屆金鷹獎，成員有黃海星、連福民、孫揚、新聞局何先生、聯維公司夏先生、由饒兄領隊，於十二月十一日飛港轉乘東方班機飛南京，下午二點到達，住入南都飯店大會中心。晚上，江蘇省副省長蘇台長出面設宴招待。翌日，參觀網路總站，發射台有三百二十米高。晚上金鷹獎大會開幕，場面豪華，令人震憾，節目精采，不虛此行。大會又招待我們到鎮江金山寺，看白蛇傳故事中大寺的真面目。中午，鎮江電視台招待，晚上回到南京時，北京亞視總裁靳樹增先生也來歡迎我們，他曾到過台灣參加金馬獎，是中國電視界紅人。

成都是訪問第二站

　　我們團長饒總先返台，由連福民代理出席南京大會，後飛成都。
　　四川號稱天府之國，人口眾多，乃三國時代劉備的故鄉。我們住錦江大飯店，晚上四川廣電局招待。翌日，參觀三國武侯諸葛亮廟，已有一千多年歷史；然後到樂山參觀大佛，在長江與岷江會合處，高七十二米，非常壯觀，令人嘆為觀止；再去峨眉山，一路上煙雨濛濛，很多高山大寺廟，遊客眾多；我們又去眉山看三蘇祠堂，千年前大詩人蘇東坡故居，真是不虛此行。下午四川電視台招待我們吃麻辣火鍋後回成都，再飛北京。

北京是訪問第三站

北京由亞視集團靳樹增招待先參觀中央電視台一千六百公尺表演廳及亞視各種頻道設備，再聽靳總裁演說。他投資超過一百億，做人真有魄力和豪氣，並播放一九九七年香港回歸，集全國最著名歌星百人歡唱VCD給我們欣賞，又各送兩片帶回。

北京之後再遊長城，我與泰國陳漢洽去天津，王曉梅帶我們觀看建築中的太極大廈後，完成訪問中國電視界之旅，飛返台灣。

文仲《春天後母心》民視開台戲

民視電視台開播第一炮連續劇請文仲弟製作，白冰冰主演，是由我母親的真實故事改編，收視率創紀錄，連播八十六集。文仲賺了不少盈利，他知恩回報，撥了四十萬元回饋給我，以答謝我曾幫他上大學繳學費之恩情。他又資助仁壽四十五萬元買公寓，秀珍姊及桂霖各拾萬元，大家嘴笑目笑。

文仲為人慷慨大方，後台視爭取文仲與白冰冰為他們製作《雨中鳥》，要我掛名製作人，我也同意，播出成績平平，甚為可惜！

一九九八年人生變化最大的一年

感謝上蒼一九九八年給我恩惠，事業順利，生意不斷成長，又得到金曲獎，辦妥了兩位慈母的告別大典，又增添孫兒，我決心回饋社會及放開我的心胸對待愛妻和家人。

早上起床又過了一年，是一九九九年元月初一，第一句賀年好話祝大家新年快樂，萬事如意。永昌、曉梅由天津來電賀年，永興、惠卿、成恩、永隆、茹莉、雪懿及凱莉都來賀年，佳莉由澳門回台北。

今年我要好好規畫，不再貪心，最快樂的新年將開始……

88
開拓中國遊樂市場

廣州天河廣場看戲院

香港林伯欣財團在廣州天河廣場，建有新大樓及新電影院。香港林百欣主席是饒總的好友，想與饒兄合作在澳門設立衛星電視，饒兄邀我與永昌來看天河廣場新建的電影院。天河區是廣州市外圍區域，還很多田野，是新計劃區，尚未有很多居民，很有大城市規劃，真有發展前途。

王曉梅小姐陪永昌由天津飛來會合，林主席招待我們在天河地區俱樂部吃飯，並要永昌找美商來合作經營電影院，席間賓主盡歡。

中國中央電視節目製作公司總裁來台

中國中央電視節目製作公司，總裁李培森先生，由程秀麗經理陪同，來台灣找遊樂園的表演秀。我之前賣《大地之子》電視播映權與程經理接觸認識，她到台後忙著找表演秀，最後來電話，我才知道她們要找的節目，正是我們在六福村表演的牛仔秀，太巧了，我馬上把資料帶去給李總裁看，他非常高興，馬上約我與永昌到北京商談，他說明是為南海影城代改裝，已挖建水池，建設海狗表演館，我馬上通知永昌回美國做好改裝海盜船合約計劃書。三週後，我與永昌飛北京會李培森總裁。

簽約承包南海影城海盜船

我和永昌與李總裁見面後，開始看承建海盜船計劃書，李總裁非常滿意，對永昌的表演海盜秀說明很有興趣，馬上要我們估價。我與

永昌商量承包金額美金一百五十萬元，可折扣10%，即美金一百三十五萬元，李總裁說要折合成人民幣一次付現，我們真未想到李總裁是如此有魄力與眼光，但限工程六個月內完成，我們同意。翌日，與天津王曉梅公司簽約，一次拿到全部工程款。後再增加影城燈光設備及十五部電瓶車，花費二百萬元美金，數字可說超出我們意料之外，我們感恩之外，全公司同仁都盡力趕工，四個月內完成工程，李總裁非常滿意，奠下泛美亞公司的基礎。

漢洽來台與中影簽泰國秀

泰國五星陳漢洽來台要我介紹泰國表演秀來中影文化城表演，談好簽約我還要代理中影申請泰國演員來台表演，簽證手續費新台弊伍萬元，也盡了朋友之力。他介紹泰國今年度最高賣座紀錄鬼片《娜娜》，台灣、日本、韓國三地區版權美金十二萬元，我馬上同意到曼谷簽約，帶宣材回台。

陳清標兄是得利影視總經理，有意投資《娜娜》影片合作發行，當然台灣地區版權另外作價，所以我又可賺到日本、韓國地區版權，我付了陳漢洽兄美金一萬二千元佣金。大家笑嘻嘻後，又與得利公司合作在台灣開拓《娜娜》鬼屋，大創成功奇蹟。

永祺文化城工程想爭利

泛美亞公司於高永祺加股後，承包南海文化城工程，順利成功，他對公司他的持股比例有意見，我們交換幾次意見，仍無法達成他的目標。他竟昧著良心潛入公司影印公司帳目發票來威脅，要向中國中紀委密告李培森，南海文化城與泛美亞公司交結貪污，要求分美金二十五萬元盈利，真意想不到他是為財不擇手段的小人，最後我們給他四萬元美金，他同意退出泛美亞公司的股東。

南海海盜秀成功要找新秀

我們承包海盜船表演秀很受歡迎，張總裁要我們再找新的秀來表演，我就想到前往大溪地找僑領好友李富權兄。

大溪地是在太平洋東南方的小島，是法屬波西尼亞人口最多的島嶼。之前從阿返台曾搭乘法航半夜在大溪地機場過境，印象模糊。

我回美國休憩幾天再飛大溪地，由劉先生接待，介紹波西尼亞草裙舞團，看了表演與參觀市文化中心後大致上了解了大溪地的情況。劉先生在家設宴招待，餐敘中台灣歌星華僑王冬山先生作陪，後買了兩顆黑珍珠回台灣送給愛妻與佳莉。我決定將大地溪歌舞團資料交永昌研究後，再來看團簽約。

六叔吉隆坡家往生

六叔於一九九九年三月十七日在吉隆坡家中病逝，享年八十二歲，噩耗傳來，令人震驚悲傷。六嬸中風已拖了幾年臥病在床，六叔悉心看顧一生，恩恩愛愛無疑。七月十六日，六叔先走三個月後六嬸跟著去，太幸福了，高成源基金會為他們舉辦了追悼會。六叔和六嬸曾專程來美參加永昌的婚禮，是令人很懷念的長輩。

89
永昌到大溪地簽秀

永昌南海表演海盜秀成功

　　李總裁對永昌有信心，要他再去找新秀來表演，我建議他去大溪地簽波西尼亞秀。他飛到大溪地，經劉權富先生協助簽妥了大溪地草裙舞秀到南海影城表演後，又到桂林的台灣財團投資樂園表演。泛美亞公司的表演節目製作在中國大陸知名度漸漸提升。

清明回花祭祖遇好友

　　每年清明節，我一定趕回故鄉花蓮祭祖並探訪親友。我十六歲離家闖天下，十九歲到船務公司服務，有機會在夜間上一信會計補習班。在花蓮一信服務的許樹旺是我同年好友，他也參加補習班成為同學摯友，我們已有三十多年未見面，他已成家立業，開了雜貨店，前年中風走路不方便，我們再度見面感慨萬千，都走入老年，兒女成群，他很高興握住雙手告訴我：「不要吃太多肉，我今天的情況是自己造成，切記，勿忘！」見面兩年後他往生了，他的話我永遠銘記在心。

公視買《大地》三輪播映權

　　《大地之子》日本NHK電視劇我已賣出首播給中視，二播給春暉，公視又要買三播，我開價每集五仟元美金，順利談妥，又賺了一筆意外之財。

　　秀珍的次子明亮，娶明揚太太華珍的妹妹華婷，要我出面主持訂婚禮，我已先替他寫好喜慶賀詞及「愛的如影隨行」主題歌，他們在

一九九九年五月九日母親節訂婚。結果明揚與華珍早已離婚，明亮與華婷幾年前也離了婚，這對兄弟姊妹都是同樣的命運。

台灣九二一大地震7.3級

一九九九年九月二十一日凌晨一點四十七分，突然一陣天搖地動，神桌上玻璃球燈掉下破碎，寶雲驚慌失措，大叫大哭，地震大約持續搖晃了有二到三分鐘之久，之後並有餘震不斷。

這次地震是台灣百年來最大的災害，震央在南投，造成兩千多人死亡，一萬多人受傷，好幾萬戶房屋倒塌，埔里、集集、霧峰地區災情尤其慘重，台北松山東星大樓及新莊博士之家大樓也不幸倒塌，很多人被壓死在地下，全國動員搶救人命，各國救災團相繼來到。

松山東星大樓是謝隆盛兄弟公司承建，死了不少人，為此纏訟將近十年。謝隆盛先生是我親戚，一九九七年腦中風拖了七年往生了。諸事無常，這次地震影響台灣地形變動，並造成重大經濟損失。

衝命帶泰國亞太籌備團

泰國今年十一月主辦亞太影展，陳漢洽兄為籌備大會聘請我當大會顧問，我出面帶他們訪問並邀請韓國、日本來泰參加亞太影展。

到了韓國，東亞公司李于錫兄、姜太榛會長及宇進公司鄭鎮宇兄都出面招待。日本映畫連盟會長及東寶、松竹、東映公司也都出面招待，讓我有面子與交代。

十月中我提前帶佳莉來東京參加東京影展，讓她增加見識。

泰國曼谷召開亞太影展

亞太影展在泰國曼谷召開，有三十多國參加，越南是第一次參加，熱鬧非凡。我帶寶雲、佳莉、永昌與曉梅也來，佳莉當理事會秘書，用英語解釋，說明得有聲有色，真為我增光。大會安排五天行程招待各代表團參觀皇宮，遊湄南河及曼谷名勝，賓至如歸。頒獎最後

一晚，泰國《娜娜》得到最佳影片，眾望所歸，台灣、韓國和日本版權都在我手中，真是太幸運。

福祿貝爾總裁劉京華先生知道我們到曼谷，特地來見面致謝，他計劃在曼谷創辦外語學校，已開始努力進行中，他的精神令人敬佩。

九九年很多人走入歷史

一九九九年澳門回歸中國，東方睡獅已醒，很多人都想去澳門發展，饒曉明兄已與北京亞視總裁靳樹增及香港林伯興集團合作，申請澳門衛視。

蘇聯總統葉爾辛病逝，他努力為蘇聯脫離共產政權，半途就癌症往生了。之後他的特務部長普廷接管總理，再選總統，連任二任十六年，再改任總理，再被選為第三任蘇聯總統超過十幾年至今，傳說普廷是當今世界最富有的獨裁者。

90
千禧年迎接新的挑戰

邀請得利影視合作鬼屋

我與得利影視公司陳清標兄合作在台灣發行泰國影片《娜娜》，泰國電影未曾在台灣上映過，為宣傳該片，我想到永昌常提起，美國每年十月底萬聖節有鬼屋，相當恐怖，有效果，《娜娜》是鬼片，可以試試看。

清標兄同意由得利投資一半，鬼屋成本壹仟萬元新台幣，雙方各付五百萬元，預計在該片上映前，農曆春節正式開幕，以宣傳《娜娜》影片為目的。

鬼屋於除夕夜推出，兩場票房收九百五十票，真是喜出望外，春節初一收一千三百七十一票，初二收一千四百零四票，鬼屋驚叫，轟動全省，直到元宵賣座收入一天超過四千票，人人稱奇，尤其是中小學生人人爭看鬼屋。

高雄市陳文武兄的影城接續台北場在暑假演了三個月，再回台北士林夜市，又造成轟動人潮，再接台中市、桃園市、新竹市、台南市、嘉義市和基隆市，之後再回高雄市，在台灣演了四年之久，我也賺了不少資金。事在人為，只要是有心人，鐵杵可磨成針。

金勳來台發展網路遊戲

金勳在韓國做錄影帶，擴張拍片製作卻大失敗，來台重整旗鼓，在中和做起網路遊戲生意，幾年後已有基礎，成立歡樂遊戲公司，時來調錢週轉。當時橘子遊戲公司推出〈天堂〉線上遊戲，又成功上市，股票超過一百七十五元，很多大財團相競投資加入網路遊戲。

金勳手上有一部3D〈神話〉遊戲正想推出，他已調頭寸超過五

佰萬元無法如期收回，急需資金要我投資，又讓我擔任董事長，我投資了一千八百萬元資金。新遊戲還需要一億元廣告費，遊戲推出後再增資。

泛美亞公司又找美國公司代理權，拿了貳佰萬元美金給公司，永昌又找新加坡人投資十五萬元美金，最後還是由我退還。我又投入一千二百萬元，共三千萬元資金，又找林園清同學投入一千萬元，還是資金不足，無法再發廣告費。

上線後，頭盛末衰，公司人員眾多開銷大，我再調度三千萬元資助，拖了七年仍無法挽回失敗命運，這七年來共投下六千萬元資金，全部泡湯，這是我人生的第二次失敗，也許是命運注定。

牛仔到廣州表演暴斃

我們請來台灣六福村表演牛仔秀的美國演員Mr. Trevis，在六福村表演秀下檔後前來協助鬼屋的籌備。鬼屋於春節開幕後，Mr. Trevis於初三飛廣州南海影城表演。三天後，突傳在廣州市暴斃，死因是吸毒又喝酒，導致中毒身亡，真是料想不到之事！泛美亞公司派永興前往廣州，替美國家族運屍回美，並處理後事，我們與佳莉在台為他在河邊弔祭燒香，將他的照片放入鏡框留作紀念，客死他鄉的牛仔真可憐！

代簽韓、泰《聖石傳說》布袋戲

台灣傳統布袋戲於黃俊雄時代在電視上播出轟動一時，造成風潮。第二代改良霹靂3D布袋戲更轟動，改拍成電影，也相當賣座，等於是台灣新型卡通片。我推薦給泰國陳漢洽兄及韓國李于錫兄，我與該公司經理談了兩個月時間，才談妥版權費，泰國為四萬五千元美金，韓國為九萬元美金，也賺了不少錢。生意是無中生有，要有毅力才會成功。

總統大選民進黨勝出

第十屆總統選舉,民進黨陳水扁當選總統,得四百玖拾萬票,親民黨宋楚瑜,得四百柒拾萬票,國民黨連戰,得壹佰拾壹萬票,民進黨正式拿到執政權。時代大轉變,政治開始鬥爭,連戰、宋楚瑜聯合把李登輝拉下國民黨主席,李登輝開始組台聯黨變成五黨政治團體。

中環董事長翁明顯邀請電腦界上市巨頭在麗晶酒店聚餐,慶祝陳水扁當選總統,我也受邀參加,與陳水扁合照留念,與有榮焉。

美國公民入籍考試及格

四月三日,在美參加美國入籍公民第二次考試,我臨時抱佛腳,惡補三小時英語模擬試題。幸好遇到美國女黑人考試官,非常仁慈客氣,問了幾個問題,讓我順利通過成為美國公民,真高興!我等了十多年,才拿到美國護照。

▌陳水扁前總統召見高仁河合照

91
參加越南河內亞太影展

河內主辦第四十五屆亞大太影展

越南能成為亞太影展會員國，是我無任何條件下代申請加入，獲准變成會員曼谷之接辦泰國之後，當然規模與參加人數無法與泰國相比。在共產國家主辦影展尚稱第一次，可說辦得有聲有色，我與寶雲佳莉一起去參加盛會，在大會義務當公關。

我曾為邀越南爭取入會，並未獲得越南政府任何的感謝或獎狀鼓勵，讓人失望，共產黨真不講義理、人性。

巨人卜少夫辭世，連襟天賜往生

《新聞天地》雜誌社社長卜少夫是新聞界巨人，藝文界的名人，也是我在阿根廷辦《南疆新聞》的發行人，又是僑選立委。他為人四海，喜歡喝酒，每喝必醉，我在阿根廷時發生徐代表風波，他曾為我出面打抱不平，對後輩很照顧，是一位令人尊敬的巨人。他在九十二歲往生，真是美麗的人生，活得太有價值！他曾寫過如下詞句描述自己的一生：「酗酒如泥，愛色如命，下筆如飛，揮金如土，嫉惡如仇，視死如歸，讓我隨風而去，靜靜悄悄的消失……」

他的二弟卜乃夫，筆名無名氏，也是我好友，逃出大陸後曾到美國加州演講，我去看他並邀他為《南疆新聞》寫稿，我們後來變成忘年之交。他來台後，和一位小他三十歲女書迷結婚，他替她買房子，過幾年後她要求離婚，並將房產過戶到她的名下，當時他已過八十多歲，生活無依無靠，病死時由朋友代辦後事。觀其一生，他是最不快樂的人，令人懷念與惋惜。

▌名作家無名氏（卜乃夫）夫婦新婚照

喉炎入院，親戚三人往生

　　今年我運氣不佳，寶雲陪岳母和大姊去美國，我在台突患喉炎，劇痛異常，入中興醫院住院治療，六天都由佳莉及純良輪流看護。李太太方貴蕾親如姊弟，第一位來探望並送水果。後來，在中興醫院當義工的妻之姪女惠珠，也來看我。出院時姪婿林達男與惠珠為我慶祝，吃豬腳麵線改運，真感激。

　　今年中有三位親戚往生。第一位是在阿根廷的連襟陳天賜，他在第三次中風後往生。他為人忠厚愚直，原在台北第一劇場當清潔工，後來我介紹他到王梅明兄經營的魚丸工廠當技工，並未受重用。之後我帶他全家移民阿根廷，在國祥連襟的台灣飯店廚房當清潔工。他喜歡吃肥肉和甜食，在餐廳有很多剩餘雞頭、尾肉汁湯，他最喜歡，大吃特吃，我常勸他少吃，再不聽會中風。他平凡凡凡過了一生，真可憐，幸虧帶他的兒女到阿根廷都有進展。長女在台商企業服務，長男在哥倫比亞協助台商辦工廠，次女和次男都已婚，在美創業，真為寶仙二姊和天賜連襟兄高興。

寶雲大哥金土四十九歲中風往生，生有兩男四女。長男我曾帶他去阿根廷，不長進，好賭成性，無法扶助，只好讓他回台，後來他將母親住的房子也賭掉，讓母親只好依靠女兒租屋居住。長男在台無業，姊姊買計程車給他開。大嫂不幸今年往生，長男車賭掉後中風，姊妹送他到寺院靜修，真是一位可悲的人物。

阿蔥阿姨長男阿榮肝癌早逝，遺孀今年不幸車禍也往生。阿姨當年和我母親一起到高家做養女，是我最親近的長輩，她失去了丈夫、兒子和媳婦，真為她嘆息。

新航颱風夜在桃園起飛失事

二〇〇〇年十月三十一日夜，在象神颱風強風豪雨下，新航在桃園機場起飛時失事，造成八十三人罹難，七十一人受傷，是新航開航以來第一次失事，震驚全世界。

我到新加坡簽《大地之子》合約後去吉隆坡，順便到六叔嬸的新墓園祭拜追思後，陳梓河兄與田先生招待我上山頂賭場玩，輸了幾仟元馬幣。人不可貪心，是好的教訓。

我今年運氣不佳，首先得喉炎入院，又在十一日二十七日夜突接到信用卡公司通知，問我是否在台中市百貨公司購物曾刷卡簽帳捌萬多元之事。我嚇了一跳，我好久沒刷過信用卡，信用卡公司告知被拷盜刷，幸虧發現得早，已止付，由信用卡公司負責處理。

桂林元大樂園開幕

十二月二日，台灣元大集團投資的樂園在桂林開幕。大溪地劉富權兄帶大溪地草裙舞表演團，我與寶雲和永昌都一起參加開幕式，觀眾人山人海。我希望在二〇〇一年帶來我嶄新希望，改變泛美亞機構的命運。

台灣影人協會由我帶頭發起籌組，註冊登記完成，正式成立。辛奇當選理事長，我當監事長，完成為台語片電影人組織協會的任務。

欣星與夫婿來美

十一月十六日，阿根廷乾女兒欣星與夫婿來美，我前往迎接並讓他們住在我加州的家。他們的長女已八歲，長得漂亮活潑。欣星雖與永昌無緣，但仍然對我們夫妻很恭敬，她的先生劉伯勤是一位股商，夫妻倆過得很幸福。

永昌與日本小姐成子結婚也有兩男，成子是賢妻良母，難能可貴的日本典型女性，夫妻倆過得很幸福。我們為他們兩對夫婦感到慶幸。

電影老前輩周天素慶生

電影界老前輩周天素，經營南部小地方戲院，在新營和麻豆都有戲院，也拍過很多台語片，他為人慷慨四海，風流成性，有兩個太太各看一家戲院，又與年輕舞女生一小女，與我是忘年之交。

他九十二歲的生日宴會在新營二家的別墅慶祝，邀請很多台北的影界好友參加。我與寶雲專程南下，李泉溪導演老前輩是周老長期聘用的導演，也前來參加。當天現場嘉賓雲集，高朋滿座，熱鬧非凡。

他於九十八歲往生，真讓人懷念。

92
二十一世紀動亂年

二〇〇一年新世紀開始

　　二〇〇一年一月二十二日，李翰祥導演夫人張翠英女士往生。二月九日我們在台朋友於台北松山佛光寺為她追悼紀念。

　　我後父一百歲冥壽，我們子孫中由烈蛟兄代表主辦追悼祝壽，辦了四桌。很多長輩都在這年走入歷史。

全家乘郵輪遊墨西哥灣

　　永興費了很久策劃帶全家十七人參加乘郵輪遊墨西哥灣的四天行程，其中有三夜在海洋上渡假。成人每位三百二十元，小孩每位九十五元，一共花了三千多元美金，永興、永隆各負擔一半。

　　要集合全家人真不容易，這是我第一次乘輪船與家人出海，我與寶雲住的房間相當舒適，第一夜很好入眠。第二天早晨八點多抵達Ensenada港口，是小城市，有二十幾萬人口，我們下船去小城觀光，買了雪懿的衣服。下午四點多上船，到了晚上又有豐富的晚餐。船上供應很多美食，應有盡有，可以隨時去餐廳自取享用。永隆的黃姓同學全家及父母也參加，我們加起來有二十多人共進晚餐。黃的父母親兩位老夫婦對牛排大吃特吃太過量，我們則選擇吃龍蝦，吃得非常過癮，永遠難忘。午夜還有水果大餐，大家都吃得快漲破肚子。第三天回到聖地牙哥，在港外來回轉向又回到了美國港口，下船回家，度過了快樂的假期，真是太美的感覺。

桃園租百貨公司八樓做鬼屋

鬼屋在台中演出三個月成績不錯，比高雄的成績更好，我找了林園清同學幫忙入股，代替得利公司，他積極參與工作，我就輕鬆多了。我們談好再到桃園的百貨公司八樓接替台中場。六月二十二日桃園鬼屋開幕，又演了三個月，成績也不錯，真幸運。但鬼屋所賺的錢全部賠在金勳的3D〈神話〉，連林園清同學也拉進去，真對不起！

我們到國防部長家吃飯

全球歡樂財務長張文政的岳父是國防部長伍世文，他請我與金勳夫婦到部長官邸吃晚餐。伍部長對我們很客氣，但官邸有衛兵站崗，讓我們感覺很不自在。

八月十六日寶雲飛往紐約看佳莉，她正在聯合國的附屬公司協助拍攝紀錄片，做得很起勁。寶雲陪她住了一個多月，也去找黃加代姊妹買了幾顆鑽石回來，寶雲說很便宜又值錢，非常高興。

震憾世界紐約九一一事件

二○○一年九月十一日晨，寶卿來電說，紐約世界貿易中心雙子星大廈被炸毀，國防部五角大廈也被炸，災情慘重，死傷數千人，震撼全世界。

我們嚇了一大跳，擔心佳莉在紐約是否為同一大廈，電話又打不通，真急死人。等了半天，佳莉才來電話報平安，她說當時是在帝國大廈，我們才鬆了一口氣。

美國向阿富汗開戰

美國發生九一一事件後，為了追剿逃入阿富汗山區的賓拉登領導之恐怖組織，美軍開始轟炸阿富汗山區，展開艱困痛苦、陷入膠著的

長期戰爭。

　　鬼屋在桃園演出三個月後，又再到新竹市又演三個月，之後去嘉義市，再去基隆市，最後再回台北中國戲院，已是第三次在台北公演。台灣巡迴演出超過四年，我費了不少心血也賺了不少資金，感謝上天惠賜。

93
饒總到北京召開澳視開台

饒總北京召開澳衛視開播

　　饒曉明努力與北京靳樹增先生及香港林百欣生組成澳門衛視，在北京舉行開播典禮。永昌介紹了美國麥金遜集團來投資澳門衛視，他們預算投入一千五百萬元美金。

　　台灣洪述棠兄帶影視演員白冰冰、王識賢來北京，美國永昌及Brad也帶麥金遜集團人員來參加開播典禮，並正式舉行記者招待會，盛況空前，熱鬧非凡。我也請來前新華社攝影師好友劉牧雁代為攝影，花了一千元美金，又代饒付旅館住宿費用也是一筆大數目。我真是賠了夫人又折兵，想來可愛，助人為快樂之本。

烈蛟兄往生，我六十六歲生日

　　十二月八日我敬愛的兄長烈蛟因癌症不治往生，享年七十九歲，我們都非常傷心。他是宋家長子，典範的兄長，後父往生後，開始叫我母親「媽媽」，因為我也照顧後父全家，他很感激我，待我如親兄弟，他的忌日與我的生日只相差一天，我是十二月九日過六十六歲生日。

　　他於十二月三十一日舉行告別式後，骨灰送入市立寶塔，讓我們追思敬拜。由於我不想慶祝生日，隨後趕回美國加州會寶雲與佳莉，想去散散心。

遊覽美西海岸赫氏古堡

　　佳莉與幼幼兩人安排我們到美國西海岸遊覽。開車沿著第一號公路海岸走，先到風景美麗的十七哩海灣（17-Mile Diver），看千佛

寺，再開往赫氏古堡（Hearst Castle），它建築在山頂上，是一位媒體大亨在山頂上所建的城堡，有別墅、游泳池、舞廳，還有私用機場，後來改成古堡博物館讓人參觀。

姊夫秋水往生，秀珍姊開刀

元月二十四日姊大明秋水肺癌不治往生，他的大陸籍妻子交給我照顧，他最後出版了詩集做為他人生的結束。

二月十四日，秀珍姊肺腫入院開刀，我專程趕去醫院看她。她喪失了前夫又生病，我盡了姊弟情。

二月十八日是岳父百歲冥壽，我與寶雲、寶彩和金義一起拜祭紀念。

周劍光先生在西門町有大樓，另外在內湖還有華國製片廠（前潘壘導演向他高利借錢，無力還款，最後將片廠轉售給他），現在他往生也帶不走，家人全在大陸，財產都歸台灣太太及養子所有，人生無常，真是令人感嘆！

五月中又走了兩位好友，一是洪江再兄，二是陳南雄同學，都是癌症往生，真令人難過！

電影界好友詹錫藩兄是製片界前輩遠大經理，比我大十歲。永興出生時我第一個歡天喜地去告訴他，但今天辛奇來告訴我詹兄已過世，我真驚訝！

華航在澎湖海域失事

二〇〇二年五月二十五日台灣澎湖海域有一架華航班機失蹤，後來證實已墜海，曉梅的朋友李影疑似乘搭該班機，查證後結果她沒搭上，虛驚了幾天。

鬼屋第三次在台北演出，地點在中國戲院，有黃玉都先生、蔣炳正先生及謝正榮兄加入股東。因西門町又出現一家新鬼屋競爭，由劉漢星投資，他是前永昌助理，曾請他來做鬼屋指揮。永昌與我有同樣的命運，被親信出賣，結果我要參觀被他拒絕，因為太不好看而沒

人看，很丟臉，後來他賠得傾家蕩產。人不可太聰明，否則反被聰明誤。

韓劇《正在戀愛中》華視要片

我曾為華視電視劇《包青天》開拓韓國市場，現在華視想播韓國電視劇，由於我一直在電影界，對電視界較陌生，只好到韓國找李于錫兄幫忙。他帶我去SBS電視台找申榮均社長，以前我曾請他來過台灣拍戲，我們是好友當然好談。簽妥了第一部韓劇《正在戀愛中》帶回台灣，將電視版權賣給華視，錄影帶交給得利發行，我又將該劇十六集拉長成二十四集，這下又賺翻了。無心插柳柳成蔭。

94
長江三峽九寨溝

參加遊三峽大壩九寨溝團

　　高君諒同學邀我們與純靜夫婦，參加長江三峽及九寨溝旅行團，全團有二十七人。由台灣乘CX一463到香港，轉乘HK3076到武漢，即武昌、漢口、漢陽三鎮，這個位於長江和漢江交會處的大都市。先去武昌看江南四大名樓之一的黃鶴樓，及看武昌起義城門，再搭船一夜到宜昌，晚上再搭巴士到荊州看三國劉備、關公、張飛三結義及大意失荊州的城市，再到三峽大壩，工程還未完成，斷流工程浩大。

　　我們在下游乘船逆水而上，三小時後到神龍溪，溪水清澈見底，改乘小船，每船十人由船夫往上游拉，船夫裸身唱歌拉船。到了目的地，峽谷上有很多千年懸棺，真是奇蹟！古人如何將棺木拉至峽谷上？再回到大船至瞿塘峽，靠近白帝城，我就想起李白的一首詩：「朝辭白帝彩雲間，千里江陵一日還，兩岸猿聲啼不住，輕舟已過萬重山。」

　　很多移民遷移到山上新建區，再過石寶寨，「鬼城」酆都已埋在水底。早上到霧都重慶，高樓大廈林立的山城大都會，我們去吃麻辣火鍋，真辣得過火，大家都吃得哇哇叫。再去自貢看大佛，江都堰看水利工程，再去成都市，然後去九寨溝遊三天，風景如畫，我在九寨溝花了三天寫出兩首九寨溝歌詩，真得意，還未寫曲。

葉董朋友介紹少林寺

　　葉松根兄的律師朋友帶很多少林寺資料秘笈來找葉兄，他通知我帶永昌來了解可否在少林寺合作做遊樂表演。我與永昌、佳莉一起飛鄭州市，嵩山少林寺派弟子來接機，安排我們訪問少林寺掌門人，並

參觀寺內古蹟十八銅人練武的足跡。在嵩山區有幾百家武術學院，很多外國人慕名前來學功夫。

我們第二天去爬久仰已久的達摩祖師坐禪的達摩洞，連爬帶抓了兩個半小時才到達山頂，氣喘如牛，汗流浹背。洞並不大但很有靈氣，想當年達摩祖師能面壁九年，真是毅力驚人，再上山頂一望四周，環繞著很多古樹、廟宇和尼姑庵。

第三天參觀小沙彌學校，校內有七到十歲小童訓練營，有幾百位，練得真辛苦，個個功夫了得，都能倒立，看來可憐又可愛，有的乳臭未乾，愛哭偏要練，看來心酸，父母為了望子成龍，忍心痛苦。這次嵩山少林寺之行，收益不錯。

冤獄蘇建和三人無罪

蘇建和三人被判死刑，最高檢查長提出非常上訴，拖了十一年，最後獲判無罪。當年佳莉在英文中國郵報當記者時去揭發，在國外登出，引起國內報紙熱烈討論。最高檢察總長再第三次上訴後，終於獲得平反，可說是佳莉的功勞，我趕快打電話告訴她。可惜蘇建和的父親為了爭取兒子再三上訴，心力已盡，已往生了。

歌林公司李董事長往生了，享年九十一歲。他是我的恩人，曾替我找了一批人馬投資阿根廷事業，算來已是十七年前的往事，我為他擬出一張哀痛的祭文，感動了很多參加告別式的人。

高樹貴大哥十九歲離家，到大陸參加國共戰　，生死不明四十年，前年獲知回到台灣。可是，二伯父母已往生，只找到弟妹們，他去醫院看我母親，到院拼命叫換床老婦人喊：「阿嬸！」我母親雖知道他是樹貴，但她已痴呆，言語無法表達，真意外可笑。大哥回到台灣，帶來大陸太太，他的太太不久死在上海，房子賣了，被前夫之子騙走了。他一生就是糊裡糊塗，但曾是全國跳遠冠軍紀錄七米三十保持者。

高雄鬼屋再開第二次

　　鬼屋在台南市演出後接嘉義市，再接高雄市第二次開演，我找了在高雄市堂妹瑞華，她原是老師，已退休在家，來幫忙做鬼屋經理，在高雄又演了四個月，成績斐然，女人做事比男人強。

　　秋香兒子老三介生，一生無所是處，秋香因此找我帶他到阿根廷住一段時間，回台灣後開了美容院，半途不做放棄，後來聽說他是同性戀，又去酒吧做服務生。有一天清晨，被人發現死在屋外樓梯間，真令人想不到。秋香妹命苦，死了丈夫又去失去兒子，真可憐！

95
事業豐收的一年

韓劇瘋迷電視台搶購

台灣八大電視台播出《冬季戀歌》後，台灣影迷瘋狂入迷，第二、三集更賣座，女主角宋慧喬主演新的電視劇《賭命All In》大家搶著爭取。緯來陳總透過錄音室江先生，找我幫忙簽《賭命All In》版權，我說沒把握，讓我去韓國試看看。

我先打電話找韓國東亞公司李于錫兄，他與SBS社長申榮均是好球友，申又是我好友，馬上交代SBS外務部長與李社長連絡，確定後，我馬上帶緯來陳總一班人馬飛韓國。李社長以禮招待，帶我們去SBS談合約之時，外務部長說《賭命All In》台灣地區有問題，因SBS換了新社長，剛訪問過台灣八大公司，由楊登魁先生出面招待，當然要求《賭命All In》要給八大公司。新社長答應，申社長又下任，無可奈何！外務部長再三向李社長表示歉意，緯來陳總知難而退，我也再三向陳總道歉，只好失望地回台。

意外天掉下來的禮物

韓國SBS電視台再買《少女開朗記》。SBS表示，申社長有責任給李社長交代，又說《賭命All In》版權除了台灣以外，全世界版權也要給我，要我馬上飛韓找李社長證實此事。

離韓前，韓國開出每集權利金美金貳仟元，共24集，美金48萬元，要先付美金20萬元訂金。台灣得利公司陳清標兄要香港地區版權，就出價美金20萬元要買《賭命All In》版權，剛好可付訂金，我真想不到的驚喜，不必花吹灰之力，可馬上擁有《賭命All In》的世界版權，想都想不到天上會掉下禮物，這是我這一生中最大的收穫。

幸運《賭命All In》帶來無限的利益

　　我簽到《賭命All In》版權後，東南亞片商馬上追來和我簽《賭命All In》版權。我由韓回到台北馬上接到新加坡電視台來電，要簽《賭命All In》新加坡的版權。我問可出多少價？她說一般每集美金貳仟元，但《賭命All In》可出伍仟元美金，我想了一下說：「讓我考慮一下。」隔了十分鐘後，新成立的新加坡台也來電話，說要簽《賭命All In》，他們說可出價每集六仟元美金，要馬上簽約付現，我更緊張不知如何處理，我說：「再考慮一下。」他們急了，他說：「您弟弟宋文仲是民視製作人，談合作拍戲，總經理會去台灣找您。」要我別簽給對方，我頭大，不知如何處理。

　　第二天、第三天雙方都來電催促，我只好以拖延戰術應付。華視文化高小姐來電，說印尼地區葉先生要買片，委託高小姐代買，我問：「可出多少價？」她說：「最多每集三仟元美金。」我心想也差不多，但我假裝說：「印度有人要，出價差太遠，再說好了。」她果真心慌了，要我等一天，我說只要出得起價可以考慮，接連泰國、菲律賓、越南、美、加都來爭取。

　　我每天忙於電話接不停，最後我下了決心，可大撈一筆橫財，機會難逢，真的我賺翻了，因為我還有二部韓劇可一起帶出來賣，又將24集拉長為32集，等於多了一部《賭命All In》，按我的計劃可簽到最高價，再帶兩部片《大地之子》及《春風醫院》，全部如預定的計劃完成，我賺到一筆鉅大資金，我太幸福了，能再次爬起來，再買房子、添孫，是我人生最高峰，最快樂的一年。

韓劇《賭命All In》帶來好運

　　《賭命All In》帶來好運，讓我再逢到好機會，有一部中韓合作電視劇正在華視合作下，邀請當紅歌韓星蔡琳與台灣蘇有朋及香港何潤東主演，共四十集。我找華視文化高景茹小姐代介紹製作人蔡英典先生，他用很奇怪的眼光看我說：「這個大戲你如何買得起？他的台

灣電視版權以外，每集美金貳萬伍仟元。」我還價貳萬元美金。蔡英典說：「一次付清成交。」乾脆，我歡喜。我要乘《賭命All In》熱勢，再推一部接韓劇，果然效果奇佳，也有《賭命All In》三分之二的收入，真不意外，我料想中之事，兩部連打響全壘打，接續《包青天》由港幣變美金的奇蹟連連，我更上一層樓，我的心更貪了，又注定要失手的開始。

▌女兒佳莉與乾女兒幼幼

96
上海國際電影節

參加上海國際電影節

我自《賭命All In》和《情定愛琴海》兩部電視劇後，又有一部韓星合拍影劇，因此到上海參加了國際電影節。我碰到很多影視界名人，錄音室江鴻雄也陪我參加，先會中國電視公司節目部程春經理。她知道我是韓劇龍頭，又賺了不少錢，她告訴我有一部合作韓劇正在上海拍，由《冬季戀歌》女主角崔智友與香港男星孫興主演，由上海建商仲盛集團投資。少東葉茂菁，年輕機敏，我要會他不易，費了兩三個月，也談不出什麼結果，後來才得知原來是有人出高價，已賣出了，真令人出乎意料之外。

看到《一江春水向東流》大戲

我飛上海途中，看到報刊登上影廠正在拍一部大戲《一江春水向東流》，由陳道明、劉嘉玲、袁詠儀、胡軍、詹小楠主演，都是第一流演員，真是喜出望外。我找到蔡英典製作人駐上海的代表陶國菁，幫我介紹上海統統廣告公司奚愉東兄，他與上影廠總裁任中倫是同學。他介紹製片人季震奎先生，他開價每集四萬元美金，有三十集共一百二十萬元美金，我馬上答應，一次付清。為此每月來回飛上海，陪奚總上酒家、卡拉OK，夜夜春宵。等劇殺青再拿回台灣，三十集拉長成四十集，再作曲，加寫詞，花了我半年的時間。

韓劇《天堂的樓梯》錯失良機

我自買到《賭命All In》後賺了錢，韓國李于錫兄專屬導演正為

SBS拍一部崔智友主演《天堂的樓梯》，他推薦給我，價格公道，但我想買《一江春水向東流》大戲，又對《天堂的樓梯》沒興趣，就沒積極爭取，後來就放棄了。

《天堂的樓梯》播出後成績與《賭命All In》差不多，我拿《一江春水向東流》損失新台幣三千萬元，若是拿《天堂的樓梯》，不但不賠，應可賺新台幣三千萬元，人的運氣最重要。

響應二二八牽手護台灣

李登輝前總統號召台灣人在二二八手牽手護台灣，為民進黨陳水扁連任助選，我響應配合，為民進黨寫歌，請林二作曲，作成CD。

二十七日夜在淡水河廢河道搭建的演講台，我與北投區立委周清玉合作，為陳水扁助選，請呂秀蓮及陳水扁的太太吳淑珍演講，我也上台演講助選。歌星洪一峰、文夏、劉福助、紀露霞獨唱，並請孫德銘走唱團表演，聽眾超過六萬人。我花了三百多萬元，蔡英典、二哥曾耀輝、陳清標、魏三郎、陳維中都出錢出力贊助。

陳水扁與呂秀蓮競選連任造勢遊行中，被兩顆子彈擊傷，民進黨以小差距險勝連任。國民黨不服，重新計票，結果還是連宋失敗，是台灣民主政治進一步提升的好現象。

我花費了半年時間寫歌、製作CD發送，到處助選，花了新台幣參佰多萬元，為台灣盡一點力量，我無怨無悔。民進黨聘我為顧問。

達男突患淋巴癌往生

在二○○四年二月二十七日下午，突傳出外甥婿林達男在馬偕醫院病危，我趕去看他時已病故身亡，真感意外！晚上我又要到淡水河廢河道，為阿扁助講。

美國總統福特往生，舉行國葬儀式。約旦胡笙國王往生，用四塊木板做棺木草草埋掉。秀吉胞弟患胃癌後不久，也往生了。

韓國的好友音樂家黃文平兒，及聯邦公司崔春芝也都往生了。日本張簡庸生醫生的兒子阿仁中風，與謝隆盛的命運一樣，人生無常。

甥婿林達男告別式隆重

　　三月八日上午八時在第二殯儀館舉行告別式，我事先為他擬祭文，花了幾天的工夫，有七十六句詞句，描寫他一生努力向上求進，略述幾句於後：

　　　　驚聞噩耗甥病危　　急趕馬偕來探視
　　　　甥臥病床已昏迷　　呼天搶地叫不應
　　　　人生無常泡幻影　　晴天霹靂我不信
　　　　壯志未酬離恨天　　匆忙在世六十年
　　　　諸多心事未告您　　千言萬語您不知
　　　　心痛不甘您離去　　聽天由命無奈何

97
我已到退休時候

退休計劃應該是七十歲

我本來預定於七十歲退休，但已拖了五年，雜事依舊理不完。今年初一，巴西李元福兄來電賀年，告訴我巴西許委員及阿根廷好友周建志及陳資源也過世了。

阿根廷的邱煥章為賀年，托人由阿送了一箱葡萄酒來台，真讓人感動。

饒總由舊金山來洛杉磯

饒總找永昌協助對美國麥金遜集團投資，非常著急，永昌說盡力而為。新加坡張念培先生要投資兒童城，飛來美國找永昌到大陸合作，我看此人來者不善，不宜合作，永昌天真被他出賣了。

參加國際獅子會辦歌仔戲

我幫陳水扁助選時認識了陳星豪兄。他籌組台北獅子會，我同意參加，提議命名為「太陽獅子會」，首任會長是段宜康，他是立委，忙碌異常，自然由我代會長職務。我邀陳清標、金勳、林炳煌、魏三郎、李志燊、孫德銘、張鴻雄、萬招忠等人加入，辦得有聲有色。

推出歌仔戲在新舞台

河洛歌子戲團在中信金新舞台公演《竹塹林占梅》，孫德銘是河洛歌子戲團老板劉鐘元好友，送了我兩張票給我，我說只要一張，他

說要留給太太看。他太太廖小慶，比孫小九歲，年輕貌美。《竹塹林占梅》是新式改良戲，服裝、布景皆新，又有字幕，非常好看。戲演完後我們三人走出大門，遇見劉鐘元兄，我們原是老友，劉先生提議可為獅子會辦一場義賣會，我只好去籌備。

總監邱文彬全力支持

太陽獅子會向台灣A2區總監邱文彬，要求全力支持義賣會，他很乾脆，要來求內閣分配八百張票，其他由太陽高會長負責，將劇團表演費六十萬元開出，要我簽約。

公演城市舞台大成功

城市舞台有一千個位子全滿，站票又有二百票，大滿特滿，首先由我上台說明，後邱總上台演講，再請呂副總統演講，再正式公演，觀眾如痴如狂，再三謝幕，太棒了。獅子會義賣一百多萬元，全數捐獻給慈善團體，大功告成。

金勳瑪莉亞離婚

全球董事長金勳的太太瑪莉亞，是全球總經理，常去大陸接洽業務，一去上月，過一段時間又再去，對金逐漸冷淡，後金在電腦上發現瑪莉亞與大陸人士有出軌行為，兩個人同意正式離婚。

98
參加廈門武夷山

參加獅子會到廈門武夷山團

　　獅子會聯誼會李彩秋會長組團要到廈門武夷山，我們太陽獅子會有三位參加，我、李志燊和顧問許炳煌兄，全團男女共四十多人。我們先飛金門，再搭渡輪到廈門，再到武夷山下住入酒店。翌晨爬武夷山，高山峻嶺很難爬。下山乘竹筏遊九曲溪，很好玩。再看武夷宮、仿宋古街、水簾洞、一線天、風洞、虎嘯岩等世界自然遊樂區與文化區。回到酒店已精疲力盡。第三天去看茶山大紅苞茶樹，走了半天後又下雨，看到小山壁山的茶樹，是大紅苞茶王樹，已有五百年樹齡，只見一片茶山沒花園。回到平地已過中午，吃飯後，再去參觀幾家製茶工廠，再回到酒店。

參觀彩秋投資廈門製衣廠

　　我們來到廈門，李會長招待我們享用海鮮大餐，晚上再遊廈門海灣。廈門市區高樓大廈與台灣建築大同小異。

　　第二天，到彩秋投資的廈門製衣廠參觀，有三層樓高，廠房有兩棟，內有辦公室。兩個兒子掌管專製女內衣褲，外銷日本。廠區內有宿舍、住家，李會長請了好幾個傭人，和兒子、媳婦、孫子住在一起，其樂融融。

　　李會長招待我們午餐，後去看廈門集美區的陳嘉庚紀念堂，位在海岸，可眺望到金門，這趟旅行相當愉快。我在車上特地為李會長彩秋寫了一首感謝讚美的詩。

遊覽台東看釋迦

純良與男友翁添，帶我與寶雲，一起到台東找阿根廷回台的好友江進然先生。他在台東有釋迦園，翁添先生托江先生買了一塊釋迦園。

我們一起住在江先生山下的田舍，他帶我們去吃台東海鮮，晚上到釋迦園參觀，電燈強光整夜照射釋迦，彷彿沒有黑夜，讓它不斷地生長，四季都可出產釋迦，每個果實長得又大又甜，真好吃。

鹿野溫泉東台灣著名

江先生帶我們到鹿野溫泉，泉水清澈見底，熱度超過四十五度，要加冷水才能泡，真過癮！鹿野有露天池，也有觀光飯店，我們與純良、翁先生往了一夜，泡了好幾次溫泉，又吃山產的竹筍和江先生帶來的紫色番薯，真有鄉村旅行的味道。

拜訪五嬸全家曾清風

五叔由花蓮來台東謀生，已有四十年，也已往生。我去看五嬸，她已過了花甲年齡。從前我十六歲回花蓮，依靠五叔家住了二年，已數十年未見過面。胞弟郁峰、郁泉，胞妹都來見面，他們並帶我們去祭拜五叔的靈骨塔，之後又聚餐唱歌。

我們再去找好友，前東台戲院曾清風夫婦，也已二十年未見面，彼此相見歡，大談特談，大家都老了。他十年前已退休安享天年，我說我準備在今年中真的要退休，絕不會再變，大家在笑中有淚中互相道別。

錦富兒子潤宇醫生結婚

錦富是我埔中同學，又是結拜兄弟，他排行老五，跟我到阿根廷移民。他的兒子潤宇在阿讀醫學院，女兒到美國學音樂。後來他們回

台，女兒到女中教鋼琴，潤宇在台通過醫師考試先到花蓮慈濟醫院當醫生，再轉到台中市。他結婚時，五弟發帖請兄弟到台中市參加他們婚禮，除了老三劉伯離以外全到齊。會後，錦富帶我們參觀他台中市郊區新買的一棟四層樓房。

　　老五已退休，患攝護腺癌治療中。人生幾何，他充滿信心到阿移民，斷翼而歸，轉眼皓首蒼顏，又想到黃昏時刻，多悲哀可嘆！

英杰到墨西哥工作

　　寶仙姊的次男跟台灣廠商La New老板，由阿根廷移民到墨西哥工作，再請老板代申請到美國移民獲准，暫住San Diego，我與寶雲去看他們。他們一家是由我帶到阿移民，能改善他們兄弟的生活，我這長輩已心滿意足矣。

1983年到阿根廷雪山觀光

99
第二次憂鬱症又起

韓國王嗣常要《還珠格格》

王嗣常兄介紹韓國要《還珠格格》三輪的電視版權，我先簽給韓方，再擬找製片公司。然而，製片公司早已他賣，變成我盜賣，製片公司寄來存證信函，要我自行解決，韓方不肯退讓，變成糾紛。我一生從未違法，我日夜煩惱，再加上《一江》片失敗，又加上借給音樂老師邱亞的二百七十萬元拿不回，全球投資不順利，火上加油，煩惱憂心不斷，引起第二次憂鬱症，更加嚴重。

愛妻在家悉心照顧

我是第二次得憂鬱症，比前次更為嚴重，躺在家休息了兩年，每月要到康華醫院找陳醫師醫治，吃藥。《還珠格格》電視版權一事未解決，無法安心，最後洪述棠兄找出韓國呂紹寰兄，我同意賠償他的損失，解決了事，我的心才安下來。

愛妻已有了第一次經驗，日夜小心照顧，她是我的觀音菩薩，再三救命之人。

純良解除憂鬱症配方

寶雲女侄純良找到解除憂鬱症配方，是四味藥草：半枝蓮、艾草、帽仔盾草和臭腥草，價格很便宜，寶雲買了一箱三十包，帶去美國。

我病況相當嚴重，無法上公司二樓，寶雲每天花五個小時蒸草藥讓我喝，經過兩週後，病情漸有起色，可以吃飯，一個月後完全康復，真是謝天又謝地。

突患青光眼接近失明

自美國飛回台灣後,我去參加太陽獅子會例會。餐宴中,魏三郎與黃至君兄交接發生糾紛,我居中排解,突覺眼中一片茫霧,再也看不到任何東西。黃至君兄馬上叫助理送我到中興醫院眼科,檢查出是青光眼,當時已是深夜,隔天醫生到才能開刀。第二天順利開刀,出院後眼睛再放光明。

前輩蕭圳坤、申相玉兄往生

今年是不吉利年,我第二次得憂鬱症,又突患青光眼,接近失明。蕭圳坤先生八十六歲往生,申相玉兄八十二歲往生,又有謝隆盛兄、攝影師陳榮樹、導演楊德昌、好友李春生、演員葛香亭相繼往生,陳清標兄潛逃美國,都是不好的訊息。

順興在美闖蕩成功

盧順興由阿根廷來美發作展,他在美闖蕩好幾年,發展迅速,已在Pomona地區建立了大商業區,真是可喜之事。他是苦學成功,我也開始學電腦及鋼琴,準備要退休了。

⑩ 正式宣佈退休

二○○七正式宣佈退休

　　二○○七年七月一日，我已滿七十歲，在社會工作六十年，對外正式宣佈退休，真快樂，並立書給愛妻保證，也開始準備寫我的《南柯一夢回憶錄》。我從二○一○年開始使用電腦和蒙恬寫字板，已寫了三年多，超過三十萬字，於二○一四年十二月底完成。

僑協聯誼會在溫哥華舉行

　　華僑總會舉辦世界分會第一次分會，由總會伍斯文理事長率領，在加拿大溫哥華舉行。我與寶雲提早一天，從洛杉磯飛到溫哥華，住外姪女淑琳家。翌日到希爾頓酒店報到，大會設在酒店內，各地分會來了近三百多人，歡迎晚宴在本會理事夏照林兄溫哥華的餐廳舉行。

　　第二天，在謝國樞秘書長協助下，召開世界分會第一次大會，各地分會熱烈討論。每二年舉行一次的聯誼大會，決定下次在邁阿密舉行。

參加洛磯山脈旅行

　　華僑總會聯誼會安排了洛磯山脈旅行，我們有五十多人參加。乘大型巴士沿著世界最長的高速公路抵達卑斯省奧根娜根湖區，參觀果園，再到釀酒區體驗紅、白冰酒的釀造與製作過程，我們也有機會品嚐各種名酒。然後繼續前往極負盛名的奧根娜根湖，印地安傳說中的湖怪出沒之地。黃昏時抵鮭魚灣，於湖景中式料理晚膳，住四星級渡假酒店。環山有天鵝湖，有酒店，出產很多珠寶，我買了一個紅紫色

手戒,花了美金一千五百元。

第二天早餐後前往崇山峻嶺之間的飛鷹坳,為太平洋鐵路東西橫貫之接駁處,也是鐵路打下最後一口釘之處。遊畢後途經一號公路之最高點羅渣式坳後抵達班芙國家公園,乘架空纜車登上高聳入雲之山巔。然後前往班芙市,遊覽弓河瀑布,再往卡加利市,參觀一九八八年冬季奧運會場。

第三天到有「洛磯山寶石」美譽的露易絲湖遊覽。湖面如鏡,倒影映照著宏偉的山蠏及維多利亞冰川及高原冰山地帶。午後到高原冰山地帶,乘坐巨型雪車,上冰川看千年冰河,這是有生以來首次看到的世界奇觀,一片白茫茫的銀色世界,在陽光閃耀下,簡直美極了。再走了幾個小時,到鹿鎮鹿角村吃鹿肉烤肉,喝楓葉酒,買了很多紀念品帶回。

第四天前往黃金鎮甘露市,參觀人參廠,工作人員向旅客講解花旗參品種、生產、種植方法,隨後沿公路回到溫哥華。這趟洛磯山脈之旅,真是不虛此行。

▌我與愛妻寶雲至加拿大遊覽時合影

此生四個「友」字最珍貴

我此生一共有四個帶「友」字的朋友，最珍貴的第一個是「益友」。首位「益友」是王志遠兄，我出社會做生意，他無條件借給三張空白支票，又介紹林中志先生，幫我建立影業公司起家。第二位是王東乾兄，他是花蓮戲院老闆，他的戲院給我代排片，讓我得到更多戲院代理，奠下事業的基礎；又在我失敗時，無條件贊助新台幣拾萬元，讓我買到配額，進口韓片《淚的小花》讓我再起，我為了回饋他給他貳拾萬元新台幣。第三位是恆春林中志先生，他拿出二十萬元讓我成立中興影業公司拍片，因而起家。這三位真是值得感恩的人。

韓國的「益友」李于錫兄，他提供韓片《淚的小花》一片讓我東山再起又做韓片買賣，以及金泳三總統《大中無門》《包青天》電視劇在韓國播出，出現奇蹟，後期《賭命All In》韓劇讓我第二次再起賺翻，到達高峰。

還有申相玉先生，我與永昌協助他在美國拍攝四部《三忍者》，賺了很多資金，真感恩。

第二是「好友」。韓國康範九兄，他是我從韓國請來台灣合作拍攝《最後命令》的導演。我失敗時帶我到韓國，介紹李于錫兄協助我東山再起，五十年來，好比親兄弟對待的「好友」。

台灣的「好友」葉松根先生是蕭圳根先生介紹給我，他在台灣製造比雅久機車，有羽田工業公司在台代理法國標緻及日本大發汽車，與日本高島屋合作在天母開高島屋百貨公司，在彰化設立大葉大學。他經營三十多家公司，曾有意到大陸設廠製造汽車與機車，我介紹劉京華先生，我們一起飛到武漢接洽設廠、製造汽車與機車事宜，因時機未成熟沒談成在大陸設廠。他是大企業家，做人非常謙虛，我們相交二十年，他對我視如兄弟，讓我非常感動。

日本的「好友」張簡庸生，他在台灣水底寮開信生堂醫院，也有戲院，我曾代理排片。後來他全家移民到日本無醫村當醫生，我們全家移民阿根廷，過境日本時都住他家，之後我姊全家移民一樣住他家。他為人慷慨，好布施，對我有如兄弟，是令我最感動的「好友」。

　　香港有蔡光顯兄也是好友。他代理我海外業務，代配音，代收信用狀，代理我銀行管理，從不差錯，也不計較利益，五十年如一日，是一生難得的好友。

　　第三是「親友」。結拜老二曾耀輝醫生，我得憂鬱症時，悉心為我找良醫治療，真感恩。

　　老六陳秋義弟，為人慷慨好義，我們一起移民阿根廷，他再回台做紡織，賺了很多錢。永興創業時，無條件代開信用狀，真難得兄弟有情。

　　老大陳英址眼科醫師，是我們結拜好兄弟，對我們全家關心照顧。他六十歲就到無醫村恆春義診，服務人群二十年，令人感動。

　　另一位換帖兄弟老三翁居山，又名翁一菁，少我兩歲。在進入南洋公司時，我們有四個結拜為兄弟，他排行老三，為人熱情、幽默，年輕時曾在南洋公司服務，當過《台北十四號水門》男主角。對我死忠，他母親往生時，我去奔喪，我母親往生時，他也來守孝，我們比親兄弟還親。他於三年前胃癌往生，是令人懷念的好兄弟。

　　第四是「朋友」。在阿根廷有邱煥章兄，他初到阿根廷時無屋可住，暫住在我提供的車庫，他努力賣菜、包春捲，三年後買地建了小超市賣牛肉，再買兩家超市、一家起司工廠，再開紙廠，現在每年有千萬元美金收入，已是阿根廷最成功的華僑。他對兄弟重情重義，逢年過節時，遠從阿根廷送葡萄酒來台灣，到阿一定要住他家，真像我大哥一樣。

　　巴西有李元福兄，他是歌林公司董事長李克峻先生「朋友」。來阿考察時，我們也一起去南極火地島，住了三天。我去巴西幾次，每次都帶我去洗裸體澡三溫暖，每半年來電話，開開心心地聊天，真是好「朋友」。

　　美國有一位曾進裕兄，台大畢業，任職台灣電力公司工程師，後離職自組工程公司，曾承包台北市地下水道工程，賺了很多錢。一九七八年移民阿根廷，曾租玉珍妹房子，經玉珍妹介紹我們變為好友。他也懂推拿針灸技術，常為我與寶雲推拿治傷風，後由阿轉來美國移民，同住洛杉磯，我們相交超過三十年，他為人誠懇熱情，是一位好的長輩模範，真正的「好朋友」。

難忘特別的朋友

第一位是劉京華先生。他是台灣福祿貝爾公司董事長，投資大陸蘇州福祿貝爾公司貝爾樂園，給美國汎美亞公司八個項目設計承包，對永昌十分信任，從不還價。可是遇到大陸千島湖殺害全船台灣遊客的慘絕人寰事件，台灣投資者紛紛驚慌撤資，影響到劉京華先生在大陸蘇州福祿貝爾樂園的投資。

劉京華先生為趕著樂園開幕，到處籌借，再回台籌募借款應付開幕。最後雖如期開幕，卻收不敷支，四百多位廠商聚集到蘇州福祿貝爾樂園都收不到款，就搬走電腦，砸毀物品，還有多位廠商組團要追殺劉京華先生。他逃回台灣，兒女還是遭債主綁票，直到債主得款後才放回其兒女，最後只好全家一起逃亡天涯。世間悲劇令人同情，他是英雄好漢，沒被命運打倒。他是我一位最難忘特別的「朋友」。

難忘可惜的朋友

我最難忘可惜的朋友是饒曉明。他與我同年，台影文化公司總經理，他與中影洪述棠副總是好友，他介紹我給饒曉明兄，並推薦永昌承包台影文化公司動感戲院，讓我們泛美亞公司建立基礎。後調升中視副總，幫我賣了幾部電視片，因派系鬥爭被貶為顧問，心有不甘而離職。

他介紹高永祺到越南與我投資，我代饒、洪兄出資共享福利，他們都賺到錢。饒又與香港亞視林百欣先生及北京亞視靳樹增先生合作在澳門設衛視台，因資金不足，請永昌到美國募資，麥金遜集團要投資，在北京已開播，資金不到位，饒總自己設法籌借週轉，我也借他一百萬元新台幣，無法如期兌現。拖了幾年，債台高築，業務拓展不開，憂心成疾，入榮總治療，突於二〇一〇年元月二日病逝榮總，由李行導演告知，真是意外。他是我最難忘可惜的「朋友」。

難忘泰國陳漢洽兄

　　泰國陳漢洽兄，是一位怪胎。他是泰國法學院畢業，有律師資格，好色愛玩，不幸碰到高仁河，帶他入影界，成為五十年生死之交，他個性急躁火爆，快人快語，不講情面。

　　他在泰國建立五星影片公司，在泰國算是前幾名的大公司，拍了幾百部泰片，我也代他買國片。他有妻妾子女成群，現已半退休，還在參加國際影展。我們仍常有連絡，他是我最難忘可愛的「朋友」。

難忘印尼陳梓河兄

　　印尼陳梓河兄來台買韓片時與我結識，成為四十年的好友，他比我年輕七歲，年輕英俊。他曾請香港影星陳觀泰至印尼拍片，招待我去雅加達賭城連賭三天三夜，我輸了二萬元美金。

　　後碰到印尼輪胎大王葉先生，要我陪他玩，讓我贏了三萬元美金，可還梓河兄貳萬元美金，剩下壹萬元與梓河兄平分，已是二十年前的事。

　　他對母親很孝順，兩年前我去新加坡，他已在新定居，我們再次相見非常高興，轉眼間大家都老了。我們現在還常有電話連絡，他是我最難忘的印尼「朋友」。

　　　　　自一九三六年至二〇〇七年六月三十日止七十年六個月

附錄一　秘密檔案──酷暗裡的回響

監督 申相玉 影后 崔銀姬 被北韓綁票

申相玉　原著
陳少華　翻譯

綁架（崔銀姬）

　　一九七八年一月十一日晚約十點鐘我獨自降落了香港啟德國際機場。在機場有香港金鼎影業公司的中國人王棟逸、「申Film」會社前香港支社長金奎華，及另一個不認識的中國人來迎接我。我與王曾於前年十月初在首爾見過面。當時王是在香港經營影業公司及影業雜誌社的影人。當時他自己介紹他來首爾的目的是為了將在十一月初在香港要開的國際電影節，邀請我以韓國代表身分參加。同時他也提議我所擔任校長的安養電影藝術學校與他公司的附設演員學校締結姊妹關係。他回香港後，我因故未能去參加香港電影節。不久王棟逸來信說

對締結姊妹關係的事，要進一步做具體討論，寄來邀請書及飛機票，也好幾次以電話催我去香港。於是我懷著很多的期待，於一九七八年一月初單身赴香港。當時我與申監督已離婚兩年。

因為他與電影界後輩的吳樹美之間生了小孩，後來又獲知生第二個孩子時，我已忍無可忍，與他終結了二十三年的婚姻關係。但是離婚之後，我們還是在友情與藝術關係有連繫。

此次香港之行，我也事前與他商量過，但他反對我的香港之行。但是當時我正陷於學校的移轉及營運問題的苦境，所以聽不進申監督的忠告。到港第三天，金奎華來飯店找我。他與我上午花在shopping後，就去東英大廈申Film辦公室。到了辦公室，有位五十歲出頭的韓國女性及她的十二、三歲的女兒，還有申監督的同業，中國人李永生在那裡。金介紹說他與那韓國女性，李像姬，是二十年的朋友。次日，李像姬請我去日本料理店「大和」吃午餐。飯後她說她認識一個人可能會援助我的學校營運問題。於是我們坐taxi到了レパルス・ベイ（雷巴露斯灣）。她和她的女兒就往海邊去找人。在三、四十米處與三、四個男人說話後回來說：「那人有急事未能來，要我們過去找他。他的別墅在海邊那邊。我們坐船去比較方便。」於是我們就坐上停在岸邊的白色小汽艇。汽艇馬達發動的瞬間，看見有一個中年男人喊著：「喂！喂！」往這邊追來。李像姬在我耳邊說：「那個人就是這小船的主人。」後來我覺得小船不是往有別墅的對岸的方向行駛，而是向外海一直衝去。我問李像姬為何方向不對，她告訴我不要擔心。我覺得很不安，但做夢也沒想到會被綁架去北韓，以為他們是要搶錢的強盜。我問了這小船要去哪裡？其中有一個中年的男人說他是朝鮮人，來了香港已有十五年，用船來往做生意。「崔女士，我們現在正朝著金日成將軍的懷抱。」「什麼？去哪裡？」「我們現在是向著偉大的首領，金日成將軍那裡去。」瞬間，我想站起來，但有人從旁邊把我押下去。我忽然覺得眼前變黑，就昏了過去。

不知過了多久，恢復了意識。被一個年輕人背著上了一隻大貨船，才知無論怎麼吵鬧，已經沒辦法了。我從青年人的背下來的地方，是三坪左右的船長室。看了床對面的牆壁掛著很大的金日成的照片，我又昏過去。醒過來被打一針，聽到隔壁李像姬抗議及哭泣的聲

音，好像她幫他們綁架了我，但沒想到自己也被拉走。我一直叫囂讓我回去，他們反復地把我打針睡覺，並一直監視我。出航第五天，在東海遇到颱風所以在海上停泊了兩天。想到在家等我回去的家屬就非常心痛。

二十二日下午三時左右，離開香港第八天，到達了平壤的外港，南浦港。

終於踏上北韓的土地，是一九七八年一月二十二日，是我永遠不能忘記的日子。低著頭，跟著前面的人走。不久有人往這邊走來，然後聽到了音量低沉的聲音說：「歡迎你來，崔女士，我是金正日。」他伸出手要與我握手，我內心非常的氣憤，但還是低著頭伸出我的手。

（次後描寫如何受到殷勤款待，金日成親身帶她觀看平壤市區，提供他的別墅讓她住，派專屬的接待員指導員，其實也是給她洗腦的專員，豐富的山珍海味的食物，送她可供做各種場合穿用的衣服的布料，共四、五十箱之多，時常與金日成見面看電影等等。）

申相玉

一九七八年我漠然地期待今年會對我申相玉帶來好的事情。花費二十多年心血建立起來的申Film社，在兩年前因為些小的理由被取消了許可證，又與同甘共苦了二十三年的崔銀姬離婚，我天天過著失意的日子。並且又因抗拒大韓民國電影法的檢閱制度，對收賄公務員在電影業界的惡行惡狀不滿而受獄中之苦，我身心都已經疲憊不堪。

只懂拍電影的我，就想將我的活動舞台移到美國，於是借助於亡命在美國的前中央情報部長金炯旭，申請移民美國之間。此時奇妙的事情發生了，就說是去了香港的崔銀姬，早已過了回國的預定日，但沒回來也沒有消息。我與她雖然因吳樹美的關係而已經離了婚，但因為還是朋友及同業的關係，還有深厚的交情。我們兩人賣掉了安養電影藝術學校的土地，並在別處買了土地，正一起為學校的遷移而忙碌。自尊心特強的她，因為我與年輕的女演員吳樹美之間的事，傷害了她的自尊心，並且又因我與吳樹美之間生了孩子，切斷了與我的婚

姻關係。我計劃去美國拍片所以處分了安養攝影所。

結果她也不得不搬移她以校長身分經營的安養電影藝術學校。所以她去了香港以後，由我負責這些事，等她從香港回來後，我才去美國。這是我們之間的約定。

綁架的瞬間

我在新加坡成功地談成了韓國電影出口，後回到香港時，是我久久未有過的最快樂的時候。把輸出契約書寄給回首爾的哥哥，處理了一些重要的事情以後，我的心就開始為今後的方向而煩惱。去西德？或去美國開拓拍電影的路線？或是回首爾？但是無論去那裡，必須有製電影的可能性，此生才過得有意義。看我的護照，有效期間至一九七八年八月九日，快要到期了。七月十八日下午，打電話給首爾的哥哥，哥哥催促我馬上回去。我與我兄在通電話時，李永生也默默地聽著。

次日七月十九日上午，在事務所和李永生碰面，突然想到什麼事地他開了口：「申監督，有件好消息。」「什麼好消息？」「有解決護照問題的辦法了！」「護照？」「是的，一萬元美金就可以取得中南美國家的護照，但是要以作中南美的養子的方式。」「什麼？這個年紀去當養子？」「可是現在最需要的不是護照嗎？」說的也是，我現在需要的是護照，是一本可以安心地來往海外的護照。我想到我在香港住友銀行有三萬元美金的存款。我再問李永生：「對方是否可靠？」「當然」「好，那就進行吧！」他打了一個電話後就說今晚九時，在レパルス・ベイ的一家hotel，與對方吃晚餐時來討論這件事情。於是我們就搭taxi往那家旅社。

過了約定的時間半個鐘頭，護照掮客沒出現。李永生說要去打電話給他，一會回來說：「那個人說這裡人太多不好講，請我們到他的家，他會送車子過來接我們。」我們就在外面等了一會，就來了一部白色Benz。開了約十分鐘，到了很偏僻的地方，車子突然停下來，忽然有三、四個長頭髮的暴徒打開車門衝進來。其中一個年輕人拿一把刀押著我的頸，用不太流利的英語說：「把錢交出來！」另一個較

壯的,衝過來就用尼龍袋把我從頭頂到腳尖套上捆綁。當我快要窒息的瞬間,覺得刀尖經過我的鼻子,空氣一進來,我就拼命呼吸,但忽然聞到噴氣的味道。我覺得是被噴麻醉劑,所以拼命停止呼吸。想到了幾年前在東京發生的金大中綁架事件,我以為我會死。車子走了一會就停下來。我被一個人抱下去,聽到了海浪的聲音,覺得很悲哀,以為會被丟下海底,這是我人生最後的瞬間。然後覺得這些人停了下來,聽到了小艇的馬達聲音,又其中一人說:「軍醫官同志,有船在等我們,不會錯吧!」聽到這句話,我在心裡歡叫:「有救了,不會死了!」

我就曉得會被帶到北韓去。載我的小艇行駛了一會,後來覺得換了另一艘,然後覺得我的身體被提升空中,一定是貨船的起重機用網把我吊上去。當我被卸下來,袋子也被剌開時,有幾個人搬動我的身體,以為我還沒從麻醉中醒過來。然後被打了一針,就覺得萎縮的心臟恢復了活氣。我把眼睛稍微睜開,看見是在一個房間裡面,一邊的牆壁掛有無表情而嚴肅的金日成的彩色照片。心裡在想不知李永生是否逃去報警,或許我有可能從這裡逃出去。可能是疲勞困憊,我一直睡到早上。有一個年輕人監視著我。「我在哪裡?」我問了他。「是在船上。」「我要見你們的負責人,請帶我去見他。」他就帶我去隔壁的房間。有個中年的男人,滿面笑容地伸出手來招呼。「喔,你醒了。我是黨的工作人員。現在申先生是受金日成首領安排,要去平壤的途上。請坐。」「黨的事業?」我就說:「這樣把我強拉去,是不法的。昨晚跟我在一起的中國人,可能向香港警察報案了,警察可能會追來喔!」他笑著說:「你以為李永生是中國人?他是朝鮮人。你看,這是不是申先生的照片?」他拿出來的明明是我的照片,是以前與李永生、李像姬一起去香港海洋公園時,李像姬說要做紀念而照的照片。我啞然無語,以為李永生是中國人,一直信用他,一起工作,這樣一來,我豈不是與北朝鮮的間諜共同做過事業?

過了約三天,船北上黃海,然後在海上拋了錨。後來換乘一艘貴賓用的白色小船,進入了港口,那就是南浦,時為離開香港四日後的一九七八年七月二十二日下午。有兩個穿了灰色人民服的男人及一輛黑色Benz等著。其中一人走近來,伸出他的手對我說:「要

到這裡來，辛苦你了！」另一人也握我的手說：「歡迎你到社會主義祖國！」我一言不發，強裝微笑。這全是違反我的意志，預先計劃好的嘛。好，既然這樣，就仔細來看看，這社會主義祖國是到底是什麼東西。一旦這樣下定了決心，我心就覺得輕鬆一點，要坐上車子的身子也變成輕快。走了約五十分鐘，車子就停在一棟別墅般的巨大的建屋前。從車子下來我發呆站著，那穿人民服的，很驕傲的說「這是外國首相等國賓來住的地方。今天起申先生要住在這裡。」「我，在這裡？」「我，在這裡？哈哈，先生是特別的，這是親愛的指導者金正日同志特別安排的，所以請放心住下來。」

申相玉的逃亡策劃

1 自行車逃亡計劃

當我每天散步時，測量自己的步行速度。設定目標練習在平地一天走四十公里，但是無論怎麼努力，在山路都無法一天走四十公里。但一直都在動腦筋一有機會就要逃走。也許這樣的逃走意念及希望讓我能度過這關閉的生活。

每日繼續上午兩小時學習，之後就午餐。午餐後有兩個鐘頭的午覺時間。午覺後看兩部電影。有一天在看電影的時候，我問副部長：「為什麼把我帶到北朝鮮來，天天只看電影？」「因為你是拍過電影的人，要你製作電影」「我拍的電影需要很多錢喔！」「你不必擔心，要熱心學習。我們親愛的指導者金正日同志擁有金礦。他從金礦來的所得，用很多的錢在電影、演劇、音樂等藝術活動。你不必擔心錢的問題。」每次觀看電影時都有餅乾、核桃等可吃，我每次都拿一點放入口袋，回房間就偷偷藏起來，儲藏遲早要逃亡時的食糧。

我逃亡的決心，一天比一天強。逃亡時需要地圖。為尋找地圖，我翻遍了書房的百科全書，但是那上面的地圖太小不能用。但我仍然夜夜研究那些地圖。怎樣逃出這個招待所是個大問題；四面八方都有高牆圍著，水泥牆的上面又安裝了鐵絲網，只有在牆下挖洞，沒有其他辦法出去。要挖洞必須有鐵鍬，房間裡面都沒有類似的東西

可用。我在房子前面儲水池附近找到了一個小的鐵鍬，就在其手把綁了一條釣魚用的線，浸在水中，以供萬一。我又以需要運動為理由，向他們要求自行車。他們就送來一輛日本製的自行車，我就騎著自行車在儲水池周圍往返，想像著有一天往北方逃的自己。靠近八月底的有一天傍晚，就是決定在深夜逃出的那天。吃晚餐後就假裝就寢，熄燈上床。過八點少許，接待員的小姐開門說晚安即走，她每晚在我上床睡覺時，就開門來道晚安，其實是要確認我在不在房間裡。每晚她來了一次以後，就不會再來，她走了以後，我就起來，拿出藏好的糧食包，深夜要溜出去。我覺得不經過正門，而從隨行員用的房間的窗戶偷偷出去是最好的辦法，所以就決定越出了窗戶後，避開正門的崗哨，爬過山腰的鐵絲網逃亡。

我是個電影導演，看過很多的推理劇，熟悉逃亡的場面。今晚溜出了這個房子，就儘量到自行車能到的地方，然後把自行車埋在土裡，須潛伏在山中半天，等到夜晚出去鐵路邊，乘坐平元線（行駛平壤與元山間）至順川，再向价川方面逃。然後到江界，往滿浦鎮方向北上過鴨綠江逃向中國。每夜藏在貨運列車，不管花幾個月都要越過揚子江，到香港。或者在江界沿著白頭山山麓，從豆滿江上流的茂山，也可以逃到中國。或許利用鐵路到間島省延吉、圖們，再沿著豆滿江下流越過中蘇國境，再乘火車經ウラジオストック（烏拉吉奧斯多克）去有日本領事館的ナホトカ（拿霍多卡）。在ナホトカ就可搭乘往返日本的貨船或客船。

我就這樣細心精密地計劃與行動。深夜十二時。在黑漆中用手摸索，帶著包包走下樓梯到樓下，窺探隨行員的房間，確定沒人才進入裡面，然後慢慢地，不出聲音地開了窗戶。一出外面，看看四面都無人。就去找自行車。沒有！我擺放的地方，我的自行車不見了！一瞬間我毛骨悚然，被察覺了？什麼時候？有誰？現在也許潛伏在什麼地方正看著我？我就害怕起來，若不趕快回到房間就會有危險。於是帶著包包，火急越過窗戶，再進入房間。走上樓梯時我的腳很笨重，一到自己的房間，放下糧食包，無力地躺在床上！唉，沒路可逃呀，孫悟空果然逃不出如來佛的手掌！

2 再次的逃亡計劃

　　九月四日旁晚，副部長來叫我整理行李。我心裡覺得不安，以為前幾天企圖從窗戶逃走是否被查知。他說：「九‧九節會有很多外國貴賓要來，所以請申先生暫時移到別地方，以後再回來這裡。」但是我還是很不安地問：「九‧九節是什麼日子？」「難道你連我們朝鮮民族主義人民共和國誕生的日子都不曉得？」我們的車子到了靠近平壤市中心的地方，一棟五層樓的公寓旁邊就停下來。入口處有武裝的士兵站崗，周圍有高牆。沒有電梯設備只好爬樓梯到第五樓，裡面很廣，有很多房間。有一位上了年紀的阿婆及年輕的小姐迎接我們。阿婆是管家，小姐是接待員。正門進去有一間鋪地板的大房間，我被安排在其右側的房間。我的房間正對面就是阿婆的房間。她從她的房間可以監視我的一舉一動。從窗戶看外面，有火車向北行駛。不知什麼時候才能坐上那火車，我的心嚮往著在遙遠的自由祖國！公寓的前院種很多南瓜及玉米。有一天我將一包放有一些吃的東西及衣服，偷偷地藏在南瓜叢之間。圍著公寓的牆上裝有電線，很可能一觸就會警報大響。我以運動為藉口，走上走下樓梯來觀察，樓梯通到五樓，從五樓沒有再上去屋頂的階梯。但最上面樓梯的上方天花板，有一個方形的換氣孔。雖有蓋子蓋著，但有夠一個人能上下的空間，一定是要上屋頂的出入口無疑。要逃過那位阿婆的監視，必須要從我的房間的陽台上屋頂，然後從屋頂經過那換氣孔下來，只有這個辦法才能逃出。九‧九節那天被帶到人民體育館參加建國紀念的慶祝大會，旁晚又被招待參加慶祝派對。從這兩項活動回來後，我就決定進行自己的計劃。我已忍不住這裡的瘋狂氣氛，更堅定我逃走的決心。

　　平壤市內充滿著慶祝的氣氛，人民都到戶外觀看煙花表演，我就決定利用這個機會，趁大家及正門的警備兵專注於看煙火時溜出去。我正對面的房間門開著，有阿婆監視著我所以不可能從正門出去。我把客廳的衣服木架搬到陽台斜放在欄杆，往下面看，有很多民眾熱衷於煙火，電視也正播放這場面。大家都在瘋狂，這是逃走的良機！一不小心踏錯了腳就會從這五樓掉下，渾身碎骨。我慢慢地移動我的身體，從衣服木架上小心翼翼地移到屋簷，像練單桿般地用力提拉身體

浮在空中，雖然是像馬戲團會出冷汗的動作，終於成功的爬上屋頂。上了屋頂看，果然有如我想像的一個孔蓋著，其下面看到了換氣孔。在煙火的火爆聲音及民眾狂呼的聲音交錯中，我打開了換氣孔蓋，把領帶及一條包東西用的布綁住換氣孔蓋的把手，放下去，很小心地抓住它，下去時忽然想起跳下去的時候會產生巨大的聲音，心裡在焦急的時候，就把腳伸放在正門的手把上，但是這是個很大的錯誤的計算，當我把腳伸到門把手的瞬間，那個門就發出很大的聲音往內打開。聽到了聲音阿婆嚇了一跳就跑出來問：「你要去哪裡？」「我想去看看煙火表演。」回了一聲，我就趕快趴下樓梯。已被阿婆看到，我不得不打消逃走的念頭。又爬上樓梯，費了很大的勁才卸下綁上的領帶。副部長金周永回公寓的次日，叫我準備再度回栗木谷招待所，我就焦急起來，因為在庭院中種南瓜地方我藏了包包及鞋子，若被找到，我的逃亡計劃就會曝光。我就裝作出發準備，到南瓜園偷偷地拿出隱藏的包包，就坐上車子的後座。

3 嚴寒中的逃亡

　　入了初冬，我一直等待著結冰，因為無論選擇往南的方向或是往北的方向，要過河必須要等待很厚的結冰。過鴨綠江沿著鐵路走必有活路。我穿上新做的冬裝，套上厚大衣，戴上毛帽子，穿長筒靴試試能否在野外耐寒，疲累時能否睡覺，又偷偷地在陽台睡過一夜，確證可以耐寒。我也觀察了幾天那輛配給這招待所的汽車。車門常開著，鑰匙也常插在鑰匙孔。司機晚餐後從八點到十一點都會與電影技師、廚司及接待員一起打牌所以不會出來。停車的地方到正門稍成斜坡，所以不需發動引擎也可以滑到湖邊，而不會引起屋內的人的注意。從八點到十一點司機打牌的三個鐘頭，應該可到定州，然後將車子沉於附近的儲水池，不留我逃亡的痕跡。我也在百科事典裡找到了定州地方的詳圖，標示有成為斷崖的儲水池。南韓的電台正播放著聖誕歌曲，一時激起我鄉愁，懷念故鄉首爾及親友的心。我在心中也催促自己快走，我用從香港穿來的長褲做成背包，將一直所準備的糧食及必需品放在裡面，然後藏在客廳的沙發椅底下。這樣一切都準備好了，就一直等待結冰。

　　我這一生難忘的一九七八年十二月十九日，被綁來北韓已經過了約五個月，儲水池終於結冰了。但是我要再等天氣更冷讓河水結冰。十二月二十九日，吃了晚餐後約七點半我上了床，假裝入睡。接待員的女孩也來查房，照例這是她那天的最後點檢。八點左右我爬起來，窺探司機的房間，打牌已經開始。外面風很大，拿了藏在沙發椅底下的背包就到了屋外。風吹著樹葉發出騷音，好像助我逃走。我打開了車門，果然鑰匙還插著。把背包放在座椅，查看存油量，汽油未裝滿，很失望，但是計算了一下，這些汽油好像足夠到達定州，決心還是要走。將排擋排入中間檔，放開手剎車，車子徐徐地滑動，我就發動引擎，開了燈光。過了儲水池約一公里，站崗的警備兵向我敬禮，我就駛向平壤方面。時間不多，我就猛踏加速器。不知走了多久，平壤展現在我的眼前。市區內沒有人，也沒車輛，加速到一百四十公里的時速。這新型的ベンツ（賓士車）性能非常好。為了爭取時間，我加速至時速一百五十公里。經過平原、肅川，快到清川江，也看到橋了，突然有個穿軍服的安全員舉手要車輛停止，我蔑視其停車信號一直往前走，過了橋變了砂石路又開始下雪，不得不緩慢下來。終於看到了定州車站。按照計劃向右轉彎，向水豐水庫的道路走，如照地圖，到龜城之前應該有個儲水池。我的計劃是要把車子沉於儲水池然後跳上火車。通過定州市內朝著儲水池行走，左側看到好像是水路，就把車子轉向那裡，才發現是火車的鐵軌。糟了，要倒退但車子有點怪，下車一看，才知後輪爆胎，無法動它！我馬上放棄沉車的計劃，背包一抓，就沿著鐵軌上走。外面是零下二十度以下的酷寒，不知走了多久，看到了鐵橋。我裝著平常的樣子在鐵橋上走。忽然聽到「同志！同志！」守護鐵橋的兵用燈光照向我，但我假裝聽不見，過了鐵橋就開始跑，喘不過來，但被抓到就完蛋了，所以更起勁地跑。是否因為太冷，衛兵不再追來，終於到了小鄉鎮的火車站，月台堆積很多貨物，我就隱藏在貨堆的間隙。口很渴，抓了一把雪放進口裡。時間已過了十一點。遠方聽到了蒸汽火車的聲音，我就拿著包包蹲在鐵路旁等著。火車的聲音越近，一定是輛行駛定州與水豐水庫間的蒸汽火車。眼前看到了火車頭的燈，速度很慢，是輛貨車。它不停減速就要通過，我帶著包包用渾身的力氣，跳上抓住貨車的把手，然後將身體

向上往前伸就掉進了車輛之內。那是輛沒有頂蓋的車,載有石頭好像是礦石。成功了!心中喊叫:「神啊,感謝你!」鬆了一口氣,放下包包,伸直兩腿。雖然對自己警告千萬不能睡,但是在寒冷中睡著了,也做了夢,像是電影故事的夢。拂曉時光,覺得有人在叫醒我。「同志,同志,下來!」有個穿著貨車工作服的男人拍拍我的腳。「同志,你在幹什麼,趕快下來。」注意看他,才曉得他是這列車的車長。我跳下車廂的另一側,就很快地往後面跑。車長發呆著站在那裡看,也沒追來。火車又開始動起來,吐著猶如白雲的水蒸氣。躲避在鐵路旁堆積如山的枕木後面的我,迅速跑出去,又抓住了火車頭後面的一輛無頂蓋車輛。為了要利用了水蒸汽白雲的掩護,我特意選擇了火車頭後面的那輛。等列車過了這車站的區域後才爬進車內。行李都丟了,只剩下身上的一張地圖。帶出來的糧食都丟了,在這麼冷的冬天不知哪裡找得到吃的東西,前途黯淡!到了下一站火車慢慢地停下來的時候,有三個車站人員走了過來把我拉下車。他們如何得知我在這裡?一定是每幾公里就有站崗的鐵路警備員,發現了我通知了他們。車站的標示寫著「新溫泉」,下一站就是朔州,唉,再過幾站就是水豐呀!在月台來了一個社會安全部的人,我的行李也在那裡。我問廁所在哪裡就跑去,趕快將身上的地圖撕毀,因為萬一被發現這張地圖,我精密的逃亡計劃就會被看穿,罪加一等。經過極度緊張及疲勞的結果,我已看破一切,心平氣和,連死亡也不怕了。如果從這裡逃不出去,則生不如死。我被拷上了手銬,被帶上一架直升機,降落在靠近平壤的一個機場。有二輛吉普車在機場等著,有兩個人夾著我,一上車就用我大衣的頭巾覆蓋了我的臉。

申相玉逃亡失敗後的遭遇

我被帶到一棟建築物,裡面走廊很長,兩邊很多房間。我被帶入其中一個空房。在寬大房間的中央,擺了一個要我坐的椅子,前面備有二個座位,其中一個坐著金周永,他的旁邊坐了一位胖子,都拿著鉛筆紙張。胖子先開口問:「同志去的地方是過了平安北道定州的相當北方,你是不是走錯了路?」因為他問得奇怪,我不能即時回答

而低下著頭。金周永發脾氣地說「我們在問是否走錯路，還是我們所想的情況？」他看到了現場應該知道內情，這樣的問法好像是代替金正日在問我。我想金正日不相信我會以逃跑來報答他的好款待。我覺得已無隱瞞的必要，就說：「因為想去那裡，所以就去了。」「為什麼？」金周永尖叫起來。「因為我覺得在這裡活不下去。」他們二人寫下我的應答就出去了。緊接著四個人進來監視著我。不久，他們二人回來，四個監視員就出去。「那麼你在新年祝賀文所寫的都是假的嗎？」他所指的是逃走之前遵金周永的指示，寫給金日成及金正日含有對他們忠誠宣誓的祝賀文。審問完後，我被移到平壤郊外山中的平壤市社會安全部（警察局）的拘留所，把我關在沒有號碼的獨牢。

　　他們都是少尉階級的安全員（看守）。牢房裡面，有冰冷又骯髒的舊床，角落有便器。安全員說一天有晨午晚三次放水，每次二、三分鐘，可用來洗臉，刷牙。用過的水都集中在便器做沖洗之用。我覺得肚子餓了就大聲叫。一個年輕的看守員來看望一下就走。因為已過用餐的時間，我也不期待能吃到什麼。一會兒他送進來一個鋁製的碗裝有摻雜大豆、玉米及少許白米及碎片蘿蔔的冷飯，沒有湯也沒有菜。湯匙的長柄都被折斷因為怕犯人用來做兇器。雖然肚子很餓，但吃了幾匙就吃不下去。

　　一九七八年十二月三十日的夜晚就這樣過去，一滴眼淚都流不出來。然後牢房的前後配置二個安全員開始監視我，並說明規則：「現在要講的事項必須絕對遵守。第一，就寢的指示未下來以前，須用不動的姿勢坐著，就是腰伸直，兩手放在膝上的姿勢。眼睛要大大地睜開，睨視正前方。身體，頭，双手絕對不能動。明白了嗎？」我稍微動一下或眼睛閉一下，他們就大聲吼叫。就是要我像打坐一樣不動。想要小便，就須舉手請示許可。晚上十點，就寢的電鈴響了，我才能動動身體，揉擦伸展成了僵硬的兩腳，用所配四條毛毯鋪蓋就睡下來，全身不停地發抖不只是因為寒冷，而是也因想到了如果永遠要受這種痛苦及不停地拷問，這豈非比死更可怕的刑罰嗎。不知這種地上地獄的日子要繼續多久！掛了少尉階級章的六人安全員，以二人為一組分為三班，二十四小時監視著我。我把飯中撿起來的小石頭，一個一個擺在窗邊數計日子的經過。好像已經過了十天了，金周永未

曾再來過。天氣很冷，平日接近攝氏零下二十度，所配的毛毯增加至八條。一直要求每天一個雞蛋也毫無消息，是否要讓我死在這裡？經過了十五天，這拘留所的所長終於出現我的面前叫我出去。所長室有金周永及稱為社會安全部部長的人在那裡。金周永開口問：「你要見我，有什麼要求？」我低著頭像順從的羊說：「這段時間我想了很多，發覺我犯了很大的過錯。不瞭解金正日同志的善意，犯了極大的過錯。」那個社會安全部部長立刻提醒我，「不能只叫同志，要稱呼『親愛的指導者金正日同志』。」「是。我未能領悟親愛的指導者金正日同志的好意，今後我會注意。」他們二人就把我所講的話一字一字寫下來。金周永以冷眼看我說：「其他還有什麼事就講出來。」「我的健康狀態非常不好，請讓我每天吃一個雞蛋。」他們二個寫下我所講的話離開後，好久都沒有消息。繼續餓肚子，難以忍耐。

約一個月後，金周永與平壤市社會安全部部長一起來，我就問他：「我知道崔銀姬也在這裡。她是死了還是活著？如果還活著，請讓我見她。那麼我們會一起為偉大的首領親愛的指導者同志盡心竭力。當初是因為想家才想逃走，現在我知道了應該犧牲小我，所以請給我工作的機會。」他們把我所說的寫下來就離開。之後，他們二人不再出現但有個醫生幾乎天天來給我打針，我想是打精神安定劑之類的針。那個時候我患有挫折感，不安感，焦慮感，他們怕我在精神不安定的狀況下會發生什麼事故，為了要防止它發生就給我打針。安全員二十四小時的監視，也是怕我這個被金正日綁架來的會鬧自殺。四月九日我蹲在牢房時，所長開鐵門進來，所長平常是不會來牢房附近，讓我覺得不安。「跟我來。」所長帶我去職員用的浴室叫我洗澡，然後帶我到他的辦公室。金周永及社會安全部長的胖子在那裡等著。胖子開口說：「同志所犯的罪是破壞國家財物，企圖逃亡外國，該處死刑。但這次特別不予論處，所以出去以後必須為祖國效命，不能忘記這祖國偉大的恩情，聽懂沒有？」「是，是，謝謝！」外面停著舊式的黑ベンツ（賓士車）。被帶到這裡來，正好是第一百天的日子。我猜想他們要帶我去的地方，也許不會是監獄，但必仍有鐵窗。但是車子停在一間不大的二層樓洋房前面，是一間招待所。

我被移送來的這間招待所有約二百本書。大部分是讚美金日成

的書，但也有些百科全書及地圖的書。我在這裡也很用心看地圖書。心中決定如有機會就要再逃，於是開始研究抄寫逃走的路線圖，從地圖上看我得知，現在這個招待所的位置是在元興里。我再度開始收集急救用的非常糧食。也從廚房偷了三個火柴盒。但是萬一再失敗，必定沒命。宿舍的前後都站有步哨，平常的逃走方法絕對不行。也就開始考慮逃走的計劃，所以我天天過著非常緊張的生活。二個禮拜後的七月十七日，我的身影從屋內消失了，引起了搜索我的大騷動。我是藏身在平日沒人會來的副官室窗下牆壁中，裝有熱氣爐的四方形的洞內。這是逃走計劃的第一階段。我的計劃是這樣的：他們一旦發現我失蹤，必會總動員到處去搜索，招待所內必成空無一人。他們必會每天以四十公里的範圍步行搜索，我就與搜索隊相隔三、四天溜出去，搭乘火車經元山—高原—清津—雄基—西水羅，然後徒步到蘇聯的ナホトカ（拿霍多卡）。下午七時許有人開我房間的門，叫我下去吃晚餐，他找不到我就下去報告我不在房間。過了約二小時，與汽車的聲音一起有很多士兵靠近的喧嘩聲音，聽起來大概有十幾個人進屋翻找床下、沙發椅底下及這屋子各角落，我躲藏的房間也有幾個人進來查看浴室天花板上面，也有人上去屋頂。他們沒想像到我會躲在熱氣爐的後面，所以沒人來查看那裡，帶領的人臭罵一聲：「他媽的，那傢伙又逃跑了！」就指示帶軍犬去搜索這屋子的附近。我腳不能伸直，縮身橫臥在裡面。當初我的計劃是他們為尋找我都會出去外面，招待所沒人我就可以伺機逃出。但是結果正與我的想像相反；我的寢室及書房反而變成搜索本部，通晚電話聲、指示及報告的聲音吵不停。我躲藏的副官室也有司機進進出出。凌晨三時左右，趁房間無人，偷偷從洞裡出來，趕快去放了憋了很久的小便，又喝了一口水。往外看，屋子的周邊，有探照燈從四方照射，猶如晝夜瞬時交叉。外面擴大範圍地配置了搜索人員，出乎我預料之外，屋子的安全員不是出去尋找，變成空房讓我有機可逃，反而增加了人數。已到第二天夜晚，最痛苦的是忍住口渴及便意。於是凌晨三、四點鐘偷偷爬出來到浴室，慢慢開自來水喝一口，然後坐上馬桶。但是方便後的處理才是問題，不沖掉一定會被發現，要沖掉，沖水的聲音會驚動他們，一時猶豫不決的時候，聽到了狗叫聲，我就趁機按下沖水，然後趕快回到藏身的

地方。第四天，聽到總指揮的聲音，指示接待員查看我每一個所有的東西。那天下午，有一年輕接待員進來副官室，整理室內，放下窗簾，就急忙跑出去喊叫：「在這裡，先生躲藏在副官室。」我知逃亡已失敗，沒有在這洞內橫臥的必要，就爬出來坐在地板上。他的喊叫驚動了很多人來到房間。有位約三十歲的青年，是他們的指揮，好像對我有所瞭解，以平穩的表情及口氣問：「你為什麼又想逃，引起這麼大的騷動？」「我真的沒辦法在這個地方活下去。妻子也不在這裡，我的孩子們及家族都在南韓，這個狀態我怎能單獨在這裡？」「那為什麼你從未提起，要我們也把你家族都帶到這裡來？如果你要求過，我們早就會把他們帶來了嘛！」「你們怎能把我在南方的家族帶來？那邊的搜查機關也許在監視著我的家族。」「你為什麼不能相信民族的力量呢？」有位瘦瘦的社會安全部副部長也急著到來「你犯了國外逃亡罪及背叛祖國罪。這都是死刑的大罪。」「我是想要回家的南韓的人，為什麼會是逃亡國外，背叛祖國？」「你是這裡的公民，你不知道這裡的公民須服從這裡的法律嗎？」「我怎麼是這裡的公民呢？追根到底我還是南韓的人。」他們不立即把我帶到別的地方。晚餐時間一到，照常有接待員叫我下去吃飯，但到了餐廳，我發現對我的待遇發生很大的變化，不是平常吃的飯菜而是給監獄囚犯吃的東西。次日開始強化了屋子周圍的警備，至少有二個中隊的安全部員常駐著，換班監視，也有五、六隻狼犬。屋子的周圍也開始鋪設鐵絲網而且是三重的鐵絲網。二十天過去了。社會安全部長帶了一名掛中校階級章的安全部人員進來。那中校大聲命接待員及廚房人員把我所有的東西拿出來，在我手上扣了手銬，暗示了我要去的地方「你犯了極大罪行，要有心裡準備，從現在要去承受當然報應的地方。」我心嚇了一跳，以為要帶我去處死。我坐的ベンツ（賓士車）在林中的道路行走，看不到民家也沒有路人。他們二人一言不語。帶手銬的手腕部位很痛，請他們把手銬放鬆一點，也不理我。車子來到一棟四層樓建築物前就停下來。那是平壤市社會安全部的本部，他們將我交給在那裡待命的二人。這二人接了我後就帶我坐上吉普車。吉普車渡過大同江，在黑暗中行走山野。手銬的手非常痛，他們也不理我的哀求，我想這是我最後的路程，要赴刑場的路。離開平壤後約二小時，

吉普車在一棟很大白色三層樓房前面停下來。從走過的時間算，我猜想這個地方是沙里院。

申相玉——監禁

我被帶到的地方是只關政治犯及思想犯的政治保衛部拘留所。後來我才曉得我正式被起訴而帶到這裡來。牢房的起居生活依然天天連續難忍。凌晨五時起床鈴響，起床即時就要取所謂的拷問姿勢。七時吃早餐，早餐後用沒喝完的水把臉擦一下就算洗臉。以後就伸直身體雙眼注視正前方，雙手放在兩膝上，以不動姿勢坐著。每三個小時，休息三分鐘。在這三分鐘的時間，站起來把僵化的手腳拼命地揉揉，又回到正坐的時間。十二點三十分吃完午餐後，坐到六點晚餐時間。只有十分鐘的晚餐時間後，再繼續坐到晚上十點就寢鈴響為止。監視員始終從監視孔看著，如果被看到稍微動一下身體，就會被罰減少原本就不多的飯量，這是比拷打還殘忍的刑罰，是長時間弄死你的做法。

一九八〇年一月五日，很冷的一天，我在這收政治犯、思想犯，而未判決囚人的政治保衛部中央拘留所被監禁一百五十天後，又被移到第六所（第六刑務所）特殊監獄。第六所是關已判決犯人的地方。所以我未受審判，就被定為已判決犯人。這裡有很多與政治保衛部拘留所不同的地方。這裡的安全員都比拘留所的安全員階級高了三級，都配著少校階級章。棉被有蓋的及鋪的。日用品有：拖鞋、粗布做的冬天內衣、洗臉肥皂、洗衣肥皂、毛巾、牙刷及刷牙粉、小水桶、洗臉盆、鋁製碗盤三個等等。也規定使用期間：鞋類十個月，毛巾及洗臉肥皂六個月，洗衣肥皂、牙刷、刷牙粉各七個月。期限未到不能交換或補發。日程：五點起床及點名，七點早餐，十二點午餐，六點晚餐。每天二十分鐘日光浴，每二週洗澡一次。分配來的飯湯讓我吃了一驚，飯雖摻有玉米，但是與米飯一半一半，上面放了一片豬肉！湯不是向來的鹽巴湯而是稱為味噌湯，雖然沒有味噌的味道。也有我很久沒有吃過的肉，我捨不得一口氣吞下去，把油脂的肉含在口中，慢慢地嚼了五分鐘才吞下去。但我被關在不到二坪大的黑暗的牢房，一天二十四小時，連一分一秒都不能照自己的意思坐著或躺著，心裡充

滿著完全無法預想下一刻安危的絕望感！

　　這裡政治保衛部第六所（第六刑務所）是關那些批評金日成父子政策而被逮到的思想犯。他們被稱為七號事件政治犯，都未經過正式裁判，而被定為既決囚犯關在這裡。刑期普通從十五年到二十年，大多數家族都未被通知。這監獄分為特別棟及一般棟，以鋼筋水泥高牆隔開。各棟對犯人的待遇完全不一樣。不但設施及食物，對受監人將來的安排也有差別。我被關在特別棟，這裡收容約九十人，受刑人不會被強制勞動而是注重於思想檢討及意識改造。如果被斷定為思想改造不可能，就被移到一般棟去重勞動。如被認為改造成功，出去社會後也有工作。牆的那邊的一般棟無非是人間地獄，共有一千八百人關在那裡，一間牢房擠了三、四十人。一般棟在炭坑地域內，囚犯從早到晚被強制勞動，繼續到死為止。每年四月北朝鮮人民全體都忙於家庭大掃除，監獄也不例外。這是金日成的生日四月十五日以前，每年必須做的迎接領袖誕辰的美化作業。囚犯之間稱這個作業為「四月的拷打」。不過這苦役過後，我期待金日成的誕辰會有特赦下來。加之，約一個月前正在日光浴的時候，有個安全員用照相機拍了我幾張照片。我以為從未見過我的金正日指示他們來拍照的，因此心裡發生很大的期待著金日成誕辰的特赦。心裡就開始空想出獄後逃亡的方法。但是所期待的金日成誕辰的特赦，終未實現。不過我仍期待有一天他們會把我從這監獄放出去，因為金日成需要我所以把我綁架過來。有一天我偷偷地跟隔壁的囚犯聊天，因為想問他被釋放後逃亡時可能要去的地方的情形，「你說過你越過停戰線，不是真的吧。南韓的軍隊沿著停戰線，每數公尺就有放哨，你怎麼能越過來呢？」「說謊對我毫無利益，我怎麼會說謊呢？縱然有十個人守著也必有漏洞，我是潛伏了五，六天看機會才越過來的。」詳細說明了越過停戰線的瞬間及非武裝地帶的情況給我聽。但是有一天我與他密談被安全員看到了，立即被帶回各自的牢房，被迫寫了談話的內容。起初我避重就輕地隨便寫寫，但隔壁的傢伙照實寫了我們談話的內容，害得我當日晚餐開始被「無限期減食責罰」。米飯變成雜穀飯，湯從味噌湯變成鹽巴湯，以前有的豬肉沒了，以前對我親切的醫生我向他要藥也不理會。處罰一直繼續，好幾次要求與搜查官見面，也被漠視。絕望的日

子一天一天過去，於是我決定採取最後的手段，就是絕食鬥爭。從八月初拒絕飲食。

我的絕食不是決意死而是為探索生的出口。絕食是個手段，來確認到底是金正日完全放棄我，還是將來有釋放我的可能性。我想活，被倒吊也要活，我執著的想活。因此，要開始絕食以前，我作了縝密的計劃及事前的準備。算計最長忍耐三天必有反應，所以準備了三天份的糖果。絕食一開始他們必會檢查我的東西，所以用衛生紙包了約十五粒的糖果，藏在他們找不到的地方。要開始絕食之日，我早餐吃了很飽。所有的東西都吃光。午餐就開始絕食，雜穀飯、鹽巴湯都不去碰手。安全員及助手照原樣拿回去，不知我開始絕食，以為我沒有食慾。那天晚餐也原封不動，他們來收回食器就覺得奇怪。「喂，你為什麼不吃？什麼地方不舒服呢？」「沒有，我從今天要絕食至死。我為何要如此受罰？我屢次要求與擔任的調查官見面，為什麼不讓我與他見面？」「哈，絕食鬥爭嗎？好吧，試試看，到底能撐幾天吧！」第二天身體開始沒力氣。準備三日分的糖果兩天就吃光光了。第三天就連去廁所的力氣都沒有。不管我吃不吃，吃飯時間他們仍舊送飯來，聞到味道就很忍不住，但是我想這是他們逼我中止絕食的策略。過第四天覺得一股熱氣從喉嚨上來，偷偷地去廁所喝幾杯髒水也無效。到了第五天我的意識朦朧，第六天傍晚就完全失去了意識，我無法處理大小便而倒在地上，被崔助理發現，據報趕來的醫生給我做了急救措施。次晨我慢慢地恢復了意識，覺得他們在我身上打鹽水針。把眼睛稍微睜開，看到了調查官與不認識的人站在我身旁，他們的後面站著安全員及助理。陌生的那個人，看起來是地位相當高的人。他們走了以後，崔助理拿來有雞蛋的粥，把我扶起來坐下，用湯匙餵我，我一口吞下去，那瞬間我對他感覺從未有過的謝意！

回想起來，我的作戰相當成功，日數雖比原計劃多但得到預期的效果。崔助理告訴我，我失去意識中間發生的事情。「申相玉，沒想到你是這麼大人物。大家都以為你死了，非常驚嚇。其實看到安全員們變了臉色到處跑，我心有點爽。」「崔先生，謝謝你。我昏倒的期間有誰來嗎？」「你恢復意識後看到了我吧！」「對，你與安全員一起站著。」「還有調查官與另外一個人。」「是。那個人是什麼人，

從來沒有看過他。」「那個人就是政治保衛部長。從來沒有看到政治保衛部長，因一個囚犯餓死而親自跑來。你真是不簡單的傢伙！」約二週後調查官來見我。我對他控訴在這裡所受到的不當待遇，然後請他轉告金正日，我對他忠誠的決意。

　　一九八二年，一年將要過去的十二月中旬的某日下午十一時左右，安全員來我的牢房要我跟他走。他帶我到第六所的本館，好似大學建築物樣的很大的白色三層樓房屋。在辦公室裡進來了一位穿人民服的年輕人，年約三十五歲。從安全員向他獻殷勤看來，年紀雖輕但應當是官位相當高的調查官，我內心希望他是金正日派來的特使。他的態度很和善，問我一些南韓電影導演的事，我就趁機為了自己加分，對自己過去的作品做了自我批評：「到這裡以來，我對我所犯的過錯每天後悔數十次。我覺得我自己變成了新的人。」

　　回想過去，我在南韓自己製作的電影，猶如宗教麻痺人民的階級意識，結果變成幫助資本家的作品。如果萬一再給我機會，我一定會做出能透徹階級意識的作品。」與調查官會談一小時，就回到牢房。一九八三年三月二十三日，安全員來通知我洗澡換衣，然後帶我去談話室。稍後，調查官帶一位穿人民服的人進來，看來相當地位高的

人。他從公事包抽出一份文件，然後開口「立正！現在開始我要讀的一字不漏地要注意聽！」於是就大聲開始讀。其正確的文章或表現，雖然記不完全其內容大概如下：「雖然至今同志所犯的罪過很大，茲特別赦免不再追問。今後必須粉身碎骨獻身於祖國，完成其革命事業。一九八三年三月二十三日，金正日。」這就是釋放通告文！談話室門外崔助理已經拿著我的行李等著我。屋外有一部藍色新型ベンツ（賓士車）等著我。車子開動了，我回頭看越離越遠的第六所建築物，一直到它離開我的視線為止。

「這次是真的嗎？」（崔銀姬）

被綁架來，已經過了滿五年又一個月。八十三年二月十八日，有人來通知我要出席宴會。這是三年來第一次的宴會招待。那天金正日間斷地抽煙但不喝酒。「停止喝酒了嗎？」「醫生說暫時不要喝酒。」過一會，他又說：「申監督已經來了。這個星期天可以見他。」聽了金正日的話，我開始心跳。但是這已經是第三次了，是否還在開玩笑，不會是真的吧。我就問他：「這次是真的嗎？」金正日高聲笑著說：「對不起，以前不是故意說了謊，但是這次是真的，星期日必定會見到他。」但是他說的星期日過了，還是沒有任何消息。申監督不可能來這裡，但是金正日為什嗎要說謊？這樣想的時候，又來連絡要出席宴會。今天的宴會在一個最大的廳開，約有四十人參加。我的座位是在金正日的旁邊。那晚約十時左右，有人靠近我說：「今天會是你最高興的日子。」我不懂他說的意思，而想著我這樣的人怎會有高興的日子。

一九八三年三月六日（申相玉）

三月六日是恢復了「自由」之身，被移到政治保衛部招待所後，正好是第十一天。那天我跟著禿頭的調查員去平壤市內觀光。禿頭的以暗示的表情對我說：「申同志，如果你見到了親愛的指導者同志，一開始你要對他講什麼，你說說看。」聽了禿頭的話的瞬間，我有了

預感遲早會與金正日見面，但是不能立刻回答他問的話。那天傍晚，禿頭再來我的房間，微笑地說：「申同志，今晚有好事，不要吃晚餐，準備外出。」從禿頭的表情推測，我確信期待已久的與金正日見面的時候到了，就很興奮地準備外出。心裡就開始想見到金正日時，開頭要對他說什麼。在監獄的期間，想好了有一天見到金正日時要對他說的話，但現在這見面要實現的時候，以前準備好的美辭麗句卻都化為雲散霧消了。

晚餐的時間早已過去，但都沒消息。那晚相當夜深的時候，兩個五十歲左右的男人出現，一個穿人民服，另一個穿軍服。帶我坐上他們開來的Benz。那穿人民服的人對我開玩笑說「申相玉，你以為這裡是什麼地方，竟然想逃走兩次。要不要再試試看！」我只以尷尬的微笑回應。約十分鐘，車子就停在很大的三層樓建築物前面。走過約三十米地毯走廊，到了一個大廳。大廳裡面正展開著大宴會。當我進去的時候，所有的人就一齊向我拍手，歡迎我很熱烈的拍手！

「申監督，你為什麼在這裡？」（崔銀姬）

周圍突然騷動起來，音樂也停下來。姜海龍副部長到我旁邊來並指向入口「你看，誰來了？」看到一個男人被數人圍著走過來。瞬間，我睜開眼睛，再一次用力閉眼再睜眼。啊，那人不是申監督麼。我懷疑了我的眼睛，然後就鎮定地再次確認，向金正日走過來的確是申監督，穿著灰色衣服，剪了短頭髮，看來很瘦。「申監督來了，站在這裡幹嘛？」幾個人把我拉到申監督那邊去，我們兩人的眼睛相互碰到的瞬間，他驚訝發呆。喧嘩的場內靜了下來，全體的視線都盯著我倆。

他與我像木偶般地許久站著，然後我說：「你，為什麼在這裡？」申監督僅發出微笑，發呆站著。「趕快擁抱，為什麼站著呢？」是金正日的聲音，我們緊緊地擁抱，拍手聲響起，閃光燈及拍攝的聲音，平常有那麼多的眼淚不知都哪裡去了，我的眼睛一直睜開著。如果這是演電影的一幕，這麼差勁的演技一定會遭到觀眾的嘲笑。無論哪一個監督一定會立即NG，一定會說這不是與思慕已久

的人相遇瞬間的表情，應多流出眼淚，而會要求重拍好幾次。再聽到金正日的聲音：「好了，擁抱差不多了，請過來這邊。」申監督深深地向金正日鞠躬，金正日拿了申監督的手與他握手，讓他站在左邊，讓我站在右邊，拍了照並說：「不會刊登在東亞日報，放心吧，哈哈⋯⋯」然後舉起申監督的手，向大家宣佈：「各位，申先生從此以後就是我的電影顧問。」掌聲大響。然後金正日就坐下來，讓我們坐在他的左右邊，交互地看著我們說：「讓他們在四‧一五偉大首領的生日，再一次舉行結婚典禮。」響起了笑聲與拍手聲，並對我說：「崔女士是朝鮮女性的代表。」就高興地乾了好幾杯。

「原諒我做的戲⋯⋯」（申相玉）

宴會在快樂氣氛中進行，宴會場地非常寬敞豪華。我曾經看過幾次金正日的照片或肖像畫，但實際跟他見面，這是頭一次。與在他的照片看到的一樣，他身段矮小但兩眼奕奕有神。他看著我說：「申先生，請原諒我做的戲，讓你吃苦了，對不起！」就拉我的手到他的腿上，緊緊地握住。我覺得他的一句「原諒做戲」一詞，是很好的台詞，讓我一直積壓在心的怒氣，一下子融化了。金正日更提高聲音繼續說：「我沒有碰崔女士一指，現在把她完整地還你。申先生，我們共產主義者都是這麼乾淨的，對不對，各位⋯⋯」他的話還沒完，大家熱烈拍手說「對對，哈哈⋯⋯」我就連著稱謝。通宵吃、喝、唱、舞的宴會連續到凌晨三時，我非常疲倦，金正日就囑咐他的助手說：「用我的車子先送他們回去。」銀姬與我正在猶豫的時候，他就笑著說「今天是特別的日子，請二位早點回去新婚的房間休息。我們這裡還有事情要辦。」於是就讓我們坐他專用的Benz（賓士車）離開。

車子經過市區到了有警備兵站崗的高牆大門的前面就停下來。進入裡面，銀姬想起那裡是她被綁架後，住過九個月的金正日的別墅。她離開五年後，再回來了她熟悉的家。對我來看，這是相當豪華的邸宅。進入房間，銀姬突然問我：「如果你不愛我，現在就馬上分開房間，馬上回答我。」雖然我們一時解除了婚姻關係，但一起走過同樣目標，是互相可以談心的親友，做事業的同伴，我們之間有比愛情更

深的友情，但是現在要讓我說「我愛你」是多麼尷尬，我只用微笑的眼睛但用力把她抱住。這時一直沒看到流淚的銀姬激烈地震動她的雙肩。兩人有太多的話要講，但可能處處都裝有偷聽器。我們就假裝要入浴，開了水龍頭，讓流水的聲音掩蓋我們的對話。她說：「我們一直以來演了別人的人生。從今以後讓我們來演剩下來的我們自己的人生。熱心地用最好的演技來把它演出。」聽她這句話，我頓時理解了她為何對金正日及其親近的人那麼諂媚。她的話充滿著她決意無論怎麼做，都要取得金正日的信任，來找到有一天能回到她親人的首爾的道路。那晚我們談了並釋放所有累積在心中的話，一直到天亮。我們兩人第二次新重逢的那天三月七日，很偶然，是我倆結婚二十九周年的紀念日！真是偶然中的偶然！

製作電影的構想（申相玉）

在等候金正日來連絡的一百多天的日子，我專心於研究北朝鮮的電影，也開始動腦筋構想將來要開始電影製作活動時要作何種電影。金正日前在三月初讓我與銀姬再相會時，對初見面的我說過：「今後絕不會強求政治思想，我要你製作為民族統一的偉大電影。」雖然我對他所講的「為民族統一的偉大電影」的真意不太瞭解，我決心要作一部與民族有關的好電影。加上他也說過對內容不會加與政治上的要求或干涉，並且所需資金不加限制，趁此機會，有北朝鮮這麼巨大的後盾，我決定盡我所能來製作連以前在首爾所構想但未能實現的電影。

我首先計劃以前在監獄中所想過的「現代史百年」中的人物依次取一人，也決心製作《全奉準與東學革命》。全奉準的農民蜂起（一八九四年發生的大農民叛亂。全奉準是數十萬農民的領導者）是我經常認為比世界史上，任何農民蜂起更有理念的正義的鬥爭，但是在首爾時，因為檢閱上的問題未能著手製作。又在首爾時因龐大製片費，而放棄製作的《李舜臣》（豐田秀吉出兵朝鮮時，率領朝鮮水軍大破日本軍的名將），也決心這次一定要作。其他也計劃製作正規的古典音樂片。最後，我也計劃從以前看過的《血噴萬國會》的演劇而得到啟示的李儁烈士，一定要將他的故事來製片。我決心要製作這個電

影，是因為電影舞台的相當部分的背景是在歐洲，將來製作這個電影，去歐洲取景可能是我逃向自由的機會。日後我以李儁烈士做模型的《不歸來的密使》而去歐洲現地拍片時給了我們逃走的決定性機會。

冒險的錄音（申相玉）

十月十八日是我五十六歲的生日。在首爾時因為工作太忙，很少做過生日。被拉來平壤的現在，生日更讓自己覺得很空虛。不知怎樣知道我的生日，副部長的崔逸久來電話祝我生日，並告訴我說已準備中餐時要開生日派對要我參加。我們被帶到平壤市內，在普通川旁邊的麵類專門的飲食店，清流閣。在貴賓室裡面，崔逸久已與キル・スアム（電影課長）、白仁俊（白頭山創作團團長）、李ジョンスン（電影同盟委員長）、嚴ギルソン（電影演員兼監督）等先來等著我們。我們進去時大家都站起來，握手祝賀我的生日。預先準備的中餐，非常豐盛。

開始用餐之前，崔逸久拿出「親愛的指導者同志賜下的禮物」，一個自動的Nikon照相機及一套Christian Dior的男用化妝品，就開始說他的祝詞：「親愛的指導者同志，雖然在百忙當中也不忘記申先生的生日禮物，並親切地囑咐我們準備這個慶生宴。讓我們大家將親愛的指導者同志充滿慈愛的恩情深刻在心，更努力獻身於革命。尤其請申先生今後製作很多好作品，來讓親愛的指導者同志歡喜。讓我們舉杯祝福我們偉大的首領及親愛的指導者同志的健康，及申先生的生日。」午餐後，我們約四時回到宿舍。傍晚，在宿舍晚餐後不久，約九點鐘，金正日打電話來「申先生，祝你生日快樂。最近較忙，所以未能見面。這星期三下午五時與六時之間，我派人來接你們，請到我的辦公室來聊聊。」

星期三正是明天，十月十九日。與金正日在他的辦公室正式見面這是第一次。這麼期待著與金正日面談，就迫在明天！從接到他的電話，我的期待感及面談準備，讓我那晚睡不著覺。與金正日面談之際，狀況報告以外，還有一件非做不可的事，那就是要把與金正日的

對話內容錄音起來。我計劃無論用什麼誘導問話，必須讓他的口講出綁架我們兩人來的理由。這是冒生命的危險，但對我們非常重要。因為我熟悉南韓的反共法，有一天脫走成功回到首爾時，錄音會作為證明我們清白的證據。

　　我與銀姬商量這事，起初她懼怕，猶豫，最後還是同意了我的計劃。錄音機將由她操作，那天她將一個小型錄音機放在她的手提包，對話開始時，她就按下錄音機開關。那個錄音機是我三月去參觀軟片洗印所後去一家專賣外國人的商店買的ナショナル（National）牌的小型錄音機，是為了像這樣的機會而買的。

　　十九日下午五時左右，金正日照約定派來他專用的車來接我們。當我們進入三層樓建築物，看到警備的武裝軍人時，我很緊張怕他們檢查身體及所帶的東西，幸好他們僅做了立正敬禮就讓我們過去。電梯到三樓門開的時候，穿濃灰色人民服的金正日在電梯前面迎接我們。他滿面笑容以握手迎接我們。我們進了約三十坪的接見室。正方形的房間有一辦公桌，在其前面有一套沙發椅及圓形的玻璃桌。右方的牆上掛有六台電視機，也可以收看南韓各電視台的播放節目。「讓我們坐下來，聊差不多一小時，然後一起去吃晚餐。」金正日開了口。他講話很快如機關槍，與在宴會場初見時不一樣，或許有點興奮。銀姬就如計劃，把手提包放在腳邊，裝樣要拿出手帕，伸手進去就打開錄音機開關。

　　金正日開始從七‧四共同聲明、以後的南北對話失敗的原因、金大中綁架事件、我倆夫妻綁架的目的及準備過程、北朝鮮電影業的實情及其落伍的原因等，不讓我們插嘴一個人不停地說。

申Film社再生（申相玉）

　　金正日的話遠超過了預定的一個小時，然後我們的對話才開始。金正日的要點是要提高北朝鮮的電影品質，對電影從業人吹入新風，養成更多的新人。當對話開始時金正日建議創立一個新的電影公司。他說：「我共和國雖有朝鮮藝術電影攝影所。我要你們另創一個攝影所。」「謝謝您的設想。這也是我們所希望的。我想這新開設的攝影

所命名為『申Film社』。」他說:「好吧,就照你們的意思做。」我對前遭首爾取消許可的申フィルム有強烈的愛惜與不甘,一直希望今後設立新電影公司時,一定要再取這個名字。在社會主義國家,朝鮮民主主義人民共和國不存在私有財產,更何況個人名義的企業,但是金正日樂意接受我這樣的要求。並且立刻任命我為申Film的總長(社長),銀姬為副總長(副社長)。這樣,一個電影公司,社長及副社長就誕生了。

情況的這樣急進變化讓我很驚訝,於是我提議把以前看過的《血噴萬國會》戲劇裡的李儁烈士的故事,拍成電影作為申Film的第一部作品。對此,金正日未表示任何異議就同意。接下來我提出國際電影節。現在金正日最大願望之一是要在平壤開一次國際電影節,但是那天他直率地說出對於尚未能做出能參加電影節夠水準的作品,正在傷腦筋。金正日似等著我提到此事,就很高興地說:「根據以前在平壤舉行的非同盟教育文化部長會議的決議事項,八五年要在平壤開非同盟國電影節。」我也說:「八六年首爾要開亞洲太平洋電影節。」「我知道,所以我要在我國搶先首爾舉行國際電影節。」「但是我想有一點問題。」對我的這句話,金正日焦急地問:「有什麼問題呢?」「第三世界的非同盟國,不是在發展途上的國家嗎?老實說這些國家都還沒有自己的電影產業。所以一旦要開已決議的八五年平壤電影節,不但只邀請非同盟國,應該盡可能也邀請日本,亞洲各國,及西方各先進國。這樣才成為名符其實的國際電影節。只限於非同盟國的電影節,是沒有什麼意義的。」「申監督,這是非常好的意見。我非常贊成!但是如何邀請西方諸國來參加呢?」「這才要經過外交路線,我有自信邀請日本。我有很多朋友在日本電影界具有影響力,請給我機會直接與他們聯絡。」「好吧,就照這樣進行。事務所也已準備好,請明天就正式上班開始運作。還有,去東歐旅行一下如何?去看看毛兒子(指蘇聯)及東歐的人怎樣過著乞丐般的生活也不錯。」我一聽到他提到東歐旅行,就抓著這機會說:「李儁烈士死的時候是一九〇七年七月十四日,是盛夏的時候,所以要趕拍《血噴萬國會》,就要趁在ハーグ的樹木還有葉子的時候取外景,現已快十月下旬,不久ハーグ的樹木就要落葉。所以這次去東歐時,最好也去ハ

ーグ攝影外景。」對我的建議，金正日也同意，並提出我沒預想到的禮物：「我每年會在外國銀行的戶頭存入一百萬英鎊（當時相當於二百萬元美金），要從事海外活動時，就用這筆錢吧！」歷時三個小時的正式會議結束後，金正日即囑咐崔逸久：「崔同志，你現在帶他們兩人去照護照用的相片，明天就去辦護照。」照相後，就往與金正日約好的晚餐會場。到達時，金正日在大宴會場的門前等候。在會場也有白頭山創作團團長的白仁俊及未曾見面的兩個人。他們自己介紹是黨藝術部電影課長キル・スアム及擔任金正日記錄電影製作副部長李ミョンジエ。金正日就指示他們積極協助我們兩人及申Film。他又對我倆說：「明天開始正式上班，專心於申Film的企劃，去從朝鮮藝術電影攝影所及二・八電影攝影所選拔出優秀的人才組團，並且配屬幾個年輕的新監督在申Film下面，讓他們工作與學習。」又指示崔逸久：「崔同志，介紹給他們我國的作家，美術家及攝影師。安排他們與朝鮮藝術電影攝影所技術總長見面。購買必要的器材，若須分配使用的就照樣辦。」

　　次日，黨藝術部的崔副部長及キル・スアム電影課長，及配屬於申Film的行政副總長金ヨンス已到事務所。席上也來了白頭山創作團團長白仁俊。那天我們必須討論的重要事情之一，就是要具體計劃已經決定要作的第一作品，李儁烈士的電影化。白仁俊也參加討論，因為他掌管與此有關連的《血噴萬國會》的演劇。席上我說明了這部電影（後來名《不歸的密使》）的具體攝影計劃後，為選拔演員，請他們提供北朝鮮的所有男女演員的照片。接著說明了申Film的機構編制案後，請他們安排必要人員二百三十名。因為我根據以前安養攝影所的營運經驗，判斷若能確保這個人數，就可以一年至少可作出四十部的電影。我的話說完後，大家互相看著臉就笑出來。キル・スアム不同意地說「營運一個攝影所，只有二百三十人必有問題。現在朝鮮藝術電影攝影所，一年製作十幾部，一千八百名人員還嫌不夠。只有二百三十人就只營運也是不可能的事」於是崔逸久出來打圓場說：「親愛的指導員同志說過申監督的做法是有效率的，叫我們要跟他學習並叫我們要提供照他要的。所以讓我們就順從申監督的計劃吧！」

　　後來實際營運起來，與當初預定的相異，總數二百三十人明顯不

足。因為北朝鮮的社會構造，根本是非效率的。比方說需要的東西不能一個電話就能購得，而需一年以前做成計劃申請，然後政府才編預算。所以需要一根木材時，需要有測定的人、申請的人、趕辦的人、搬運的人、製材的人等等增加了許多的人員。後來申Film的職員大幅地增加到七百人。

申相玉到東歐拍片

一九八三年十月二十四日上午，姜海龍與崔逸久帶了我們的護照及金錢來事務所，催我們趕快準備明天出發。護照是用英文及韓文表明「朝鮮民主主義人民共和國」的官用外交護照，並用我們的真名。他們又給我們一個信封說是親愛的指導同志給我們的旅費。打開一看，有二萬元美金及二萬盧布。崔姜兩人也能與我們同行而高興，並說我們這個訪問團要經莫斯科去東德、捷克、匈牙利、南斯拉夫等國。次日九點半左右我們從北韓唯一的國際機場，順安機場起飛。我們乘坐蘇聯的Aeroflot航空的中型飛機，頭等艙我們以外只有兩名外國人。從平壤直飛，於當地時間下午兩點半降落莫斯科機場，下榻莫斯科Hotel休息一天。次日下午三點四十分起飛，六點到達東柏林。有一個姓權的中年男人來接我們，並帶我們住進Metropole Hotel。在東柏林的三天，我們觀光之外也參觀了聯合國三巨頭會談的Potsdam及Frederick二世宮殿。二十九日向捷克出發，從東柏林到布拉格機場的飛行時間約四十分鐘。在機場，駐捷克的池大使來迎接我們。到達旅館以前，崔逸久向我們要護照，說是旅館報到時需要，但以後從未還給我們。他們說以後在機場辦出入國手續需要護照為藉口，保管我們的護照。他們也住進我們房間的隔壁，並叫我們出門時必須與他們連絡，我們一出去外面，他們就跟在我們的後面。

次晨為拍李儁烈士的故事，我們就去布拉格市區做實地勘察。我暫時以《不歸來的密使》為題，並已經考慮到全體構想，完成了其中海外拍片部分的劇情。來此地途中，在飛機上或是在旅館房間，一有空我就寫台詞。布拉格市區有古風的情趣，也有很多的古建築物，很適合拍攝《不歸來的密使》。下午我們就照事先通過大使館約好，

拜訪了國立Barrandov攝影所。說明了我們的計劃後，請他們提供我們攝影所需的器材、臨時演員、衣裳等。攝影所出乎意外地樂意答應我們的要求。回到旅館後，讓崔逸久打電話給平壤，請立刻送來要飾演密使的李儁、李相□、李瑋鐘三人（從演員寫真集挑選），攝影師及助手各一人，助理導演一人，及軟片五千英尺。十一月七日拍片開始。雖然有攝影師及其助理在我旁邊，但我親自操作攝影機，從共同墓地的正面開始拍。墓地很大，樹葉多已開始變黃，很不容易找到夏季的場面，因此費了比當初所預定的相當多的時間。

完成二十幾天的東歐之旅，回到平壤是十一月十七日。回來後不休息就馬上進入《不歸來的密使》的攝影。如此趕工，是為了要趕上明年金日成四月十五日的生日以前完成這第一個作品，作為他的生日禮物，來博取他的信任。回平壤後第五天的十一月二十二日，金正日叫我與銀姬到他的辦公室對我們獎勵一番，並說：「我接到報告說二位這次在東歐的活動極辛苦。今後二位要偽裝成不在平壤，而是在東歐偶而回平壤工作，這樣就不會引起閒話，給人家你們自由自在工作著的印象。又為要進出西歐需要根據地，再去歐洲在南斯拉夫、匈牙利及捷克三國尋找能做根據地的場所。今後須設立申Film攝影所，去那些國家多看看人家的攝影所的設施。」不知金正日從姜海龍及崔逸久接到什麼報告，好像對我們的工作非常滿意。於是準備了一些器具，我與銀姬於十一月三十日再度經莫斯科飛往東歐，這次只有崔逸久隨行。

我們這次再度去東歐，是為了要與捷克的Barrandov攝影所簽訂拍攝《不歸來的密使》國外場面的室內攝影的契約，付清美金二萬元應付款經費，及派遣攝影師去現場，並且與約好的日本人好友K見面。到達莫斯科就住進上次住的旅社，隨即打電話給東京的K約好於十天後的十二月十日在匈牙利布達佩斯希爾頓飯店見面。次日下午飛捷克布拉格，當晚乘火車於第二天下午二時左右抵達Beograd（貝爾格勒）。去南斯拉夫的目的是要確認將來向西方世界推出電影的根據地。在南斯拉夫停留四天後，為要與日本友人K相會，十二月八日前往匈牙利布達佩斯，住進與K約好的希爾頓飯店。匈牙利不像其他共產主義國家，對於海外旅行不加限制，每個人都可以兩年一次，到

西方資本主義國家去旅行。兩年一次的限制是為節省外匯。匈牙利人口不到一千萬，但電影的水準很高。電影製作資金是國家供應但素材的選擇有某種程度的自由。在著名的國際電影節如法國的Cannes（坎城）電影節或美國的奧斯卡金像獎，都獲得最優秀外國電影作品獎。我在布達佩斯感到的最大魅力，就是在這裡如持有外交官護照就不必簽證，隨時可以進入奧地利。到維也納只需四個小時的車程。因此我判斷布達佩斯是設立申Film分公司的最好據點。

我們在布拉格，貝爾格萊德，及布達佩斯工作了約十五天，於十二月十六日回到平壤。次日立刻著手國內的攝影準備，選擇演員及配角，並開始點檢所訂購的李朝宮中衣裳。一方面銀姬與我，開始選拔申Film專屬的新人演員，並從徵聘新演員的廣告做了一次照片審查，選出三十幾名。一月四日早上銀姬與我帶了演密使的男演員三人，女演員二人及攝影師、助手、照明技師、衣裝管理員等十五個人，第三次步上布拉格之旅。五日晚抵達布拉格。九日完成所有攝影準備並開始攝影作業。我與銀姬每天清早三時起床，七時到攝影現場開始攝影，我與她一人扮演四、五人，連日趕拍。當時布拉格正值盛冬，外面冰凍寒冷。但是戲裡萬國和平會議場面，開的時候是七月，屋外攝影時在冬天要拍盛夏的景色，困難萬分；穿著夏季服裝橫臥在清除了結冰的石板上，又為了開口講話時吐氣不發出白煙，須喝冰水，不發聲音只動嘴唇等等，相當的困難。我身兼演員及攝影師，銀姬做演員助手及演技指導，兩個人都力竭聲嘶，發揮了所有的實力與能力，於約定時間內拍完所有的劇情。我們拍完後離開布拉格，在莫斯科換乘朝鮮民航機，第二天中午抵達平壤。

三月十三日，比預定提早一個月完成了《不歸來的密使》的製作。銀姬與我歡喜欲狂，周圍的人也歡呼起來。兩天後的十五日，金正日打電話來，以非常高興的聲音讚賞我們的辛苦，並說明天馬上要開試映會。於是我與銀姬合作歷史性的《不歸來的密使》的試映會於三月十六日下午三點半在中央黨部的放映室舉行。金正日之下黨藝術部副部長崔逸久、電影課長キル・スアム、白頭山創作團長白仁俊，金日成記錄電影部長李ミョンジエ等都列席觀看。試映中可聽到發出感歎的聲音。上映完後，金正日握了我與銀姬的手說：「非常滿意！

我沒有絲毫的意見。好像在看歐洲電影。」又鼓勵我們說：「我們的同志們官僚主義太多，或許有固執驕傲的傾向。但是不要介意那些人，繼續做，不管誰說什麼，我做你的後盾。」他又說以後攝影需要時可以用他的專用直升機及飛機。以後的拍片我們充分利用了他的直升機及四十人座位的飛機。並且在這席上，也決定了在布達佩斯開設「申Film」的據點事務所。

　　未完成《不歸來的密使》以前，我就想拍一九二〇年代的作家崔曙海原作短篇《脫出記》作為我第二作品。《脫出記》是描寫一位遭遇榨取與貧困的農村青年，帶著老母及妻子渡豆滿江向往有廣大肥沃土地的新天地──間島。他想在那裡開墾荒地，耕農飽腹，教育無知的農民，建設一個理想村，這是他的夢想。但是他的夢想與理想立即變成了水泡，因為在間島沒有空地，向中國人租土地，拼命耕作，也難以糊口。於是他在村裡租了一個房間，替人家修理煙囪，割草，劈材，做臨時工。妻子與母親也辛苦做工，但有時候也餓著肚子過日。這樣勉強維持生命過了最低生活數年，有一天在他的腦筋浮上一個信念，認為這樣勤勉正直的人會有福氣是騙人的。「我與老母、妻子一直誠實的過來，但這世界一直欺騙我們，充滿了邪惡與虛偽，擁護那些邪惡之輩，我們是在邪惡的制度下的犧牲者。這樣的制度不能讓它繼續下去。」於是他拋棄老母與妻子，偷偷離家，加入了××團，不管風雨晝夜，為正義獻身走更險的人生道路。

　　《脫出記》的男主角選用四十幾歲的崔昌洙，這個人無論什麼角色，他都會演得很好，在東亞是很難得的演員，但是女主角是很大的問題，雖檢討了幾個女演員，但是演技與年紀上找不到一個能適任的女主角。最後不得已請銀姬出任女主角，於是五十幾歲的銀姬答應演二十幾歲的妻子的角色。完成種種準備後要開始拍片時已是五月底，春天末的時候到處已找不到有雪景的地方，於是用金正日前所允許的直升機及小飛機去了白頭山，山上還有殘雪，因為含有水氣的春雪，踏上去雪會淹到大腿，在那上面銀姬在雪中演滑倒的場面相當辛苦。做男主角妻子的銀姬，站立在要拉走丈夫的日本警察前，強力推開警察時絆倒場面，因為對方演員的演技不好必須重演二十幾次，以致全身擦傷多處，但她也不叫苦，以全身演技演到最後。

我在朝鮮製作指導作品

自己創作的作品：《不歸來的密使》、《脫出記》、《鹽》（一九三〇年代姜敬愛原作短篇，描寫一位尋找抵抗日帝殖民政策而離家的兒子的賣鹽母親，逐漸瞭解兒子的過程）、《愛、愛，我的愛》（《春香傳》的音樂片）、《沈清傳》（音樂片）、《防波堤》（建設二里長的南浦閘門的故事）、《プルガサリ》（高麗末期出現在松都，只吃鐵的怪獸故事，特殊攝影）

指導製作的作品：《道路》（描寫女性卡車司機的傳記）、《盡職於鐵路》（火車司機一家的故事）、《生離》（南北離散家族的故事）、《約束》（因戰爭失去青春的少女電話接線生的故事）、《紅色翅膀》（根據金日成的要求而製作的類似北朝鮮草創期空軍《紅色圍巾》的作品）、《超越悲喜》（描寫一生執著於鱒魚養殖男人的故事）、《朝鮮，跑！》（描寫在捷克長跑賽獲勝的北朝鮮長跑選手的故事）、《光州在叫喊》（日帝時代發生的光州學生事件）、《林巨正》一，二，三部（洪命熹原作）、《洪吉童》（俠盜故事）、《擊沉》（六·二五當時，擊沉美國巡洋艦的北朝鮮魚雷艇故事）。

金日成遵守他的約定，對我的作品絕未曾加以他的意見或要求。

布達佩斯托密友逃亡安排

《不歸來的密使》試映後的十七日，我與銀姬為與住在美國的親友H見面再往布達佩斯出發。這次黨藝術部電影課長キル·スアム與我們同行。到達布達佩斯後立刻與打電話給H。他已經與夫人及長女於前一天來到布達佩斯，但不是住進原來約好的希爾頓飯店而是在Danube Intercontinental飯店。我們馬上去找他們。當然キル·スアム也跟著來。確認他們的房間後就讓キル·スアム留在樓下，我們就上樓去他們的房間。銀姬與H夫人相擁而泣久久。她們是H移民美國的二十五年前就互相認識的好朋友，而且與她同來的長女一歲的生日

時，銀姬也去參加祝賀。H夫人說她與女兒雖持有美國公民權但為了
與我們相會不敢直接飛入共產國家，而是從紐約飛日內瓦然後假裝要
去雅典觀光乘火車來到布達佩斯，並問起一切發生於我們的事情。為
預防有人從外面偷看，我們拉起來窗簾，到房間的角落詳細地將過去
發生於我們身上的經歷完全講出來，並表明我們要逃亡的意圖。H夫
婦前在電話裡是聽我們請他們過來商量有關於我們孩子們的事情，但
以心傳心他們早已察出我們的逃亡意圖。我告訴他們除非有百分之一
百的把握，我們不會做無計謀的嘗試，將來我們能到西歐時，就要趁
機逃奔美國大使館。於是我們將幾點事前的措施寄託於H夫人，她們
也表示願意為我們的逃亡排除一切困難積極來協助。他們潤著眼眶說
要積極地幫助我們。首先我請夫人回美國後，聯絡美國政府有關當局
說明我們的處境實況及逃亡的意圖，並且為提供有關我們身上的具體
證據，來表示我們逃亡的決心。我請他們向日本友人K取回以前托K
保管的我們與金正日對話的錄音帶，及金正日在南浦港迎接銀姬的照
片，提供給美國政府當局。又為今後信函及電話的聯絡，約好如下幾
個密碼：

　　【本家】──指美政府有關當局
　　【弟弟的家】──指逃亡時要投靠的美國駐西歐的大使館
　　【外甥的家】──指美國駐東歐的大使館（萬一不可能去西歐
　　旅行時必須考慮東歐的美使館）
　　【妻子的娘家】──指韓國

　　於是我就托給H夫人我寫給日本友人K的信，在信中我請K把錄
音帶及照片交給H夫人，並請她回去美國後儘快赴日本向K取回這些
重要的證物。

我與夥伴們心中告別

　　一九八六年元旦，每年照例在金日成家舉行的新年慶祝會，今
年停止舉行。因為從來沒有發生過這樣的事，我以為金日成的健康有

問題。那天中午我與銀姬在影業界專用的玉流茶房，宴請申Film的四十餘名幹部慶祝新年。這天的聚會表面上是慶祝新年的派對，但對我與銀姬則是與長久以來一起做事的夥伴們的惜別聚會。我們一起唱的歌也正是離別的歌。純樸的他們不知我們的心中，與我們不分晝夜一起工作，已與我們建立了好夥伴的情感，想起不久就要與他們分離永別，未能再相見，心中就興起了一種難離別的感情。當時我們已取得金日成的許可，出席柏林電影節後，去維也納與當地人合作開設申Film分公司。去柏林與維也納是我與銀姬頭一次一起去西歐的旅行。我們決心從這兩個城市選擇一個做我們逃亡的目的地。

　　忙碌的過年也過去，我們逃亡的D-Day也越來越近，我們開始逐一整理我們的身邊對我們所栽培的後輩，想要教的，想要對他們講的，最後也都完成，對周圍的人離別的心內的準備，行李的整理也一一辦好。在北韓的藝術界，正月一個月是對去年所做的活動做總檢討的時候，分別在電影、文學、音樂、美術各類別，所有關係人士聚集，分析批判上一年的活動，所以一整月停止創作活動。我們也利用這段時間，對申Film社製作的有關人員開了講座及懇談會，我負責演出部，銀姬就負責演員們，她對演員們諄諄教誨地說：「演員的道路表面上很光輝，但是多苦難的道路。要做偉大的演員必須兼備五個基本要素，即心、姿、技、書、言。要不斷地努力練習舞蹈及有氧運動，做偉大的演員，要做到忍住眼淚，在心中哭泣。」我對演出部的職員最強調的是電影人的姿勢，做電影是為興趣而不是為義務而做，是要以身去感觸，不是只靠讀、聞，要多累積經驗。一方面為不讓我們的態度被懷疑，也到新建中的「申Film」及我們的住所工事現場巡視。另一方面也整理出發時所要帶的行李。最重要而不能缺的是我們的照片集與金正日、金日成對話的錄音。照片與錄音帶是我們逃亡成功時，要讓外面的世界知道我們被綁架及在北韓生活的實情，是決定性的資料，對我們是比任何東西都重要。

　　一九八六年一月二十九日是我們一生永不能忘記的歷史性日子。上午九點十分，銀姬與我為參加柏林電影節，離開住了六年多的金正日的別墅。在銀姬與我的心裡將來不會再來的平壤機場，照例有黨藝術擔當副部長崔逸久、「申Film」黨秘書李ソクキュ、「申Film」行

政總長等五、六個人來送行，我們在心中與他們做了永遠的話別。上午十點左右，我們乘坐的朝鮮民航機往莫斯科起飛，在莫斯科宿一晚。次日到達布達佩斯。二月一日傍晚打了電話給美國友人H夫人告訴她，我們在二月中旬會去西柏林，問她到時候能否來西柏林相見，H夫人樂意地答應了。因為到時候必須空手逃亡，我想事前將照片及錄音帶等重要證據送往美國。二月十五日柏林電影節正式開幕。十七日下午H夫人與她的兒子到達西柏林下榻希爾頓Hotel。銀姬與我隨即前往拜訪H夫人，將從北韓帶來的照片，錄音帶交給她，並請她萬一我們的逃亡失敗，就把這些公諸於世。H夫人聽了覺得很怪地問：「這裡是自由世界，為什麼不在這裡投奔自由？」我說：「請注意聽我說；我也考慮過，但是北韓的監視員晝夜都像影子跟蹤我們，現在電梯前也在監視我們的行動。前幾天也在他們的車子看到有手槍，在這種情況進行非常危險，可能也會拖累你們。雖然我們很想現在馬上逃，除非有百分之百把握，我們不會做。」二十八日我們又回到布達佩斯。

百分百逃亡的可能性

一回到布達佩斯的旅社，我馬上打電話給日本共同通信社派駐維也納分局的局長蓮實記者，問他什麼時候會來維也納。他告訴我他們的涉外部長榎先生正在歐洲，做有關經濟新聞的採訪，也可能來維也納。三月十一日打電話給原已決定在維也納共同設立電影合作公司的當地合夥人潘德拉，約好十三日在維也納見面。又打電話給日本共同通信社維也納分局。接電話的蓮實分局長說榎涉外部長預定今、明天會到達維也納，於是我告訴他我明天會來維也納。對指導員朴得男說明，我在維也納的活動是要與共同通信社記者商談合作公司的設立。朴得男要我十二日早上出發，十三日把事情辦好，十四日早點回布達佩斯。三月十三日我們終於要往維也納出發那天，與我們同行的布達佩斯大使館秘書一早就來旅社會我們。五十歲過半的這位黨秘書，被派布達佩斯已有六年，但沒有黨的許可不能離開駐在國，所以從未去過鄰國的奧地利，這次能託我們的「福」可以出國，就像小學生要

去畢業旅行那樣很是高興。上午九時，銀姬與我、指導員朴得男、布達佩斯黨秘書，及朴書記官一行五人分乘二輛大使館的車，向維也納出發。

　　從布達佩斯到奧地利國境的路程約二小時半。在奧地利大使館擔任「申Film」的崔書記官及黨秘書來迎接從匈牙利來的我們一行，並送我們到他們預訂的Intercontinental Hotel，我們的房間是在九樓角落的套房，朴指導員與黨秘書的房間在我們斜對面。我們要外出必須經過他們房間前面，他們選擇那個房間可以容易監視我們。一進房間我就打電話給共同通訊社分局的蓮實記者，他說榎部長正好到達維也納，又恰巧住進與我們同樣的Intercontinental Hotel的506號房。我心中叫喊：「快哉！」好像一切都照預定進行著。我立即打電話給榎先生，但他不在房裡。我對監視員說要與榎部長及蓮實記者見面的理由是要交涉預定在日本上映的電影的宣傳事宜。以前曾經與金正日對話時，我說將來與外國記者會見時，若有監視員始終跟著就會給他們我並非自由之身的印象，已得到他的承諾在那種場合不要有監視員的跟蹤。我對監視員講的藉口，也就是要擺脫他的跟蹤以便逃亡。榎部長與我有交情又值得信賴的人。若對他告白一切，他必定會全力幫忙我們。我們兩天後就要回布達佩斯，所以無論如何明天十三日一定要與榎部長午餐會面，說明我們的立場並請他協助。晚上應崔書記長邀請，一行六人赴他的家吃晚餐。

　　回到旅社馬上打榎部長房間電話，他不預期地接到我的電話很高興，邀我下去酒吧，我為顧及避免引起朴指導員及黨秘書的注意，對他說今晚已累約定明天共進午餐，並問他有無車子，他說沒有。於是告訴他，我明天十二點三十分會在旅社門口大廳等候，請他先在計程車內等我。晚上十點先前約好的旅社的日本人職員，應我的請求叫門來訪，我趕緊拉他進來對他簡單說明在我們身上發生的事情，懇請他明早美國大使館開門後立即傳達我的訊息。最初他對我們的故事半信半疑，但看到我們迫切而誠懇的樣子，答應了我的請求。我給他看先前用英文寫好：「我們申相玉及銀姬，要向美國大使館逃亡，懇請協助。」的字條，並請他明天中午十二點到我們房間來告訴結果。雖然他保證會傳達，但為防萬一，我從銀姬的手提包取出數千元美金給

他，他很吃驚地要退返，我強壓他的手勉強請他收下，並請他小心對面房間的監視員。次晨，我請他們一行在我們房間一起吃早餐，在用餐時我說：「今天中午我有與日本記者很重要的約會。我們想要把北朝鮮《春香傳》等影片推進日本，必須獲得日本的輿論界，尤其是共同通信社的協助，必須要做宣傳。今天要見面的日本共同通信社涉外部長是非常重要地位的人，也是與我很親密的人。同志們請在旅社等，因為他以為我可以自由地在西歐活動，若發覺你們跟蹤著我，那個人是很敏覺的資深記者，他會怎麼想，各位應該都知道，請記住親愛的指導同志說過我與外國記者會見時不要跟蹤的指示。」也許我說得有道理，他們都無異議的點了頭。

到了中午十二點，答應去過美國大使館傳達我們要向美使館逃亡訊息的旅社的日本人職員，沒來任何消息。已經十二點十分了但電話都不響，十二點二十分左右打電話給櫃檯找他，但被告知他今天不上班。我再打電話給榎先生請他晚十分鐘，改在十二點四十分見面。但時間快到日本人職員終於沒來電話。我們不能再等下去了，偷偷地從房間溜出來，躡手躡腳經過對面監視員的房間前面，覺得好像有人從後面拉住著，經過三個房間左轉彎二十公尺處就有電梯，覺得這段路的漫長，終於到達電梯，雖是高速的電梯，但覺得降落的時間怎麼這麼的慢又長，全身都流了冷汗！

投奔自由世界

到了樓下未看到榎先生，不知發生了什麼差錯，心裡很不安。在大門口觀看外面的銀姬揮手叫我，跑過去看，榎先生不是在計程車旁等我們嗎？我們就跑到他的旁邊，也沒有打招呼，就趕緊拉他的手坐進計程車。榎先生要坐在前座，金姬就請他坐在後座以便於與我交談。司機問我們要去哪裡，我們就告訴他先繞一周市區。車子離開旅社門前，我才開始對榎先生交談，詳情想留在適當的地方，吃飯時告訴他，我先開始把大概的經過講出來：「榎先生，我們現在絕對……絕對地需要你的幫助。我們夫婦已忍不住在北朝鮮待下去，想永遠逃出那個地方，請你幫助我們。」「北朝鮮是那麼待不下去的地

方嗎？」「吃飯的時候我會詳細告訴你，這地方我不熟，請你帶我們去適當的地方好嗎？」榎先生因不知我們被綁架的事實，以為是我們自願去北韓的，所以好像不瞭解我說的話。坐在前座的銀姬邊聽我們的會話，常常回頭看車後。她看到後面有一輛白色計程車與我們保持著三十公尺距離一直跟隨，她以為只是開往與我們同方向的車。我們的車在紅燈信號停，那部車也在我們後面三十公尺處停下來，我們開轉彎信號燈，他們也開與我們同方向轉彎的信號燈，她終於確定那部車並非偶然與我們走同方向的車，警告我們後面的白色車始終跟著我們。我們的司機為確定是否被跟著，就開入車輛較少的公園路，走了四、五分鐘後銀姬回頭看，那輛車仍然跟著，她慌張地說：「那車依然跟著，沒有時間了，我們現在馬上做吧！」我也覺得滋事體大，很可能是黨秘書與當地大使館職員追蹤我們而來，心中起了不安與恐怖，但也想不起什麼好辦法，因為尚未確認我們要投奔的訊息有無確實傳達給美國大使館，如果我們的逃亡失敗，明早就必須回布達佩斯，腦海裡起了無法形容的一陣恐慌。

在猶豫不決之間，我們的車來到十字路，逢紅燈而停下來，其間有數輛車子來停在我們的車與那輛白色車之間，終於形成那輛白色車跟隨我們的障礙物。我們的車是在左轉彎線上，信號變綠燈時反方向直行的幾部車子過後，我們急速轉左，後面的幾部車輛被反方向直行的車輛擋住，無法跟來。銀姬喊叫：「後面沒車跟來，沒時間一起吃午餐了，現在馬上進行吧。」我也覺得不能再猶豫了，於是實話告訴榎先生：「以前我們見面時，我對你講過進入北韓是自願，那是謊話，其實我是被綁架的，請原諒我那時候對你說謊。我們並不是社會主義者，想在西方國家靜靜的過這輩子，現在必須逃亡西方，請你幫助我們！」計程車的無線電話響，車子就慢下來司機問榎先生：「現在電話問承載三名東方人的計程車往哪方面去，怎麼回答？」瞬間榎先生從口袋裡抓出鈔票給司機，叫他回答相反的方向。記者的職業上，榎先生的判斷非常敏捷。我看到他給司機的是一千法郎的高額鈔票。不能再浪費時間了，銀姬與我幾乎同時地叫司機儘快開往美國大使館。我的背部發冷但頭額發汗，心跳加速激動，銀姬的臉部蒼白如紙。從那裡到大使館只有五分鐘的路程，但覺得猶如五個鐘頭長。

我對榎先生說如果我們逃亡後，消息即刻被報導出來，恐就沒時間安全藏身，請你延遲幾天才報導，然後預先準備的裝有鈔票的信封拿給他，請他當做旅費的一部分收下，但他堅決地拒絕收下。

　　美國大使館前面的路是單行道，車子開到大使館建築物旁鐵柵門前就停下來。從那裡到正門有五十公尺左右，我請司機趕快開到正門前，但因為大使館前面停著一列車子，我們的計程車過了正門約三十公尺處才能停下來。我對榎先生說，萬一我們跑到大使館以前發生事故，請他做證人，也請他等看到我們進入大使館裡面才離開。一說完，連向他道謝的話也來不及說，計程車費用也沒付，就拼命地拔腿而跑，覺的到正門的距離怎麼這麼遠！終於看到了大使館的玻璃門，我們兩人爭先恐後地碰著肩膀想進去，結果我先於銀姬一足，開了玻璃門進去。銀姬興奮之餘，一直緊抓住著我的衣服，身體抖著不停。這玻璃門的裡面正是自由世界，是似遠又近的自由之門！在大廳右側的桌位坐著一位中年男性，我走近他表明我是申相玉，並給他印有「申Film」的英文名片。他帶我到在邊邊的受理窗口，那裡坐著一位年輕職員。我給他我的名片說我要見領事。他反覆幾次看我及名片，立刻瞭解情形的樣子，再帶我到剛才那位男性的桌子，檢查我的皮包及身體，然後帶我們進去一間小房間，給我們倒杯紅茶。在這時候我們才能深深地吐了一口安堵之氣，那麼夢寐以求逃亡自由世界終於實現了，心中終於湧現了實感！看看手錶，指著一點十五分，是一九八六年三月十三日下午一時十五分！

　　在喝茶十五分左右，一位三十多歲美國人匆匆忙忙地跑進來，很高興地與我們握手，自己介紹說他是擔任我們案件的官員，對我們的事情非常明白，並且今晨也收到了我們托那位旅社日本人職員傳遞的紙片，他也安撫還在緊張的銀姬放心。我們後來到美國才得知H夫人受我們之托，向美國政府遞交與金正日談話的錄音帶及相片，並傳達我們逃亡的真意，美政府當局就早已將我們的逃亡計劃通報給所有美國駐歐各國的大使館。約半個鐘頭後擔任的官員催促我們出去，說有備計程車在外面。我以為要用大使館的車護衛我們，對他說絕對不要坐計程車。他大聲笑著說：「沒有問題的，我已查看外面，大使館的車會引起注意更危險。」外面有兩部計程車等著，出門走到計程車的

地方也非常怕。那位官員與我們乘坐前面一輛，另一輛載著兩個美國人跟來。在路上銀姬與我一直畏縮在座位上不敢望外看，所以不知走過什麼地方。不知走了多久，車子停在有很多樹木的住宅區的一家房子前面，那位美國官員帶我們進入房子，然後出去一下，不久，手持淡桃色的一朵玫瑰花回來，伸手獻給銀姬說：「WELCOME TO THE WEST！」銀姬感激涕零接受了玫瑰花。我突然覺得全身的緊張鬆開，疲憊不堪！

（韓國名導演申相玉及影后崔銀姬相繼被北韓綁架，當初在南韓不少人以為是他們自願進入北韓。八年後成功重返自由世界後，著書詳述他們被綁架在北韓的生活及逃亡的經過。以上摘譯自他們的日文著作《酷暗裡的回響》）

感謝親家陳少華先生為申相玉監督
秘密檔案：《酷暗裡的回響》日文版翻譯成中文

附錄二　《大地之子》主題曲

作詞：高仁河
一九九八年度金曲獎最佳作詞獎

獨唱：……狼煙漫漫的遮住了紅黃，再也見不了松花江，烏雲茫茫淹沒了方向，再也難尋爹娘，有家難回，有眼難張，小妹妹的淚水流在大地上。

合唱：有大地在，就有城牆，有城牆，有故鄉，就有希望，春風已吹，在那並不遙遠的地方。

獨唱：長白山下風也隨我流浪，再也不見紅海棠，雙腳下熱土已是冰涼，再也難得慈祥，星星不明，月亮不亮，憂傷的身影印在大地上。

合唱：啊！有大地在，就有城牆，有故鄉，就有希望，春風已吹，在那遙遠又不遙遠的地方。

新美學37　PH0159

新鋭文創
INDEPENDENT & UNIQUE

南柯一夢
——高仁河導演回憶錄

作　　者	高仁河
校　　對	胡穎杰
責任編輯	蔡曉雯
圖文排版	楊家齊
封面設計	王嵩賀

出版策劃	新鋭文創
發 行 人	宋政坤
法律顧問	毛國樑　律師
製作發行	秀威資訊科技股份有限公司
	114 台北市內湖區瑞光路76巷65號1樓
	電話：+886-2-2796-3638　傳真：+886-2-2796-1377
	服務信箱：service@showwe.com.tw
	http://www.showwe.com.tw
郵政劃撥	19563868　戶名：秀威資訊科技股份有限公司
展售門市	國家書店【松江門市】
	104 台北市中山區松江路209號1樓
	電話：+886-2-2518-0207　傳真：+886-2-2518-0778
網路訂購	秀威網路書店：http://www.bodbooks.com.tw
	國家網路書店：http://www.govbooks.com.tw

出版日期	2015年4月　BOD一版
定　　價	490元

國家圖書館出版品預行編目

南柯一夢：高仁河導演回憶錄 / 高仁河著. -- 一版. -- 臺
北市：新銳文創, 2015.04
　　面；　公分. -- (新美學；PH0159)
　BOD版
　ISBN 978-986-5716-42-4 (平裝)

1. 高仁河　2. 導演　3. 回憶錄

783.3886　　　　　　　　　　　　　103026981

讀者回函卡

感謝您購買本書，為提升服務品質，請填妥以下資料，將讀者回函卡直接寄回或傳真本公司，收到您的寶貴意見後，我們會收藏記錄及檢討，謝謝！
如您需要了解本公司最新出版書目、購書優惠或企劃活動，歡迎您上網查詢或下載相關資料：http:// www.showwe.com.tw

您購買的書名：＿＿＿＿＿＿＿＿＿＿＿＿＿＿＿＿＿＿＿＿＿＿＿＿＿

出生日期：＿＿＿＿＿＿年＿＿＿＿＿＿月＿＿＿＿＿日

學歷：□高中 (含) 以下　　□大專　　□研究所 (含) 以上

職業：□製造業　□金融業　□資訊業　□軍警　□傳播業　□自由業
　　　□服務業　□公務員　□教職　　□學生　□家管　　□其它＿＿＿

購書地點：□網路書店　□實體書店　□書展　□郵購　□贈閱　□其他

您從何得知本書的消息？

　□網路書店　□實體書店　□網路搜尋　□電子報　□書訊　□雜誌
　□傳播媒體　□親友推薦　□網站推薦　□部落格　□其他＿＿＿＿＿＿

您對本書的評價：(請填代號　1.非常滿意　2.滿意　3.尚可　4.再改進)

　封面設計＿＿＿　版面編排＿＿＿　內容＿＿＿　文／譯筆＿＿＿　價格＿＿＿

讀完書後您覺得：

　□很有收穫　□有收穫　□收穫不多　□沒收穫

對我們的建議：＿＿＿＿＿＿＿＿＿＿＿＿＿＿＿＿＿＿＿＿＿＿＿＿

＿＿＿＿＿＿＿＿＿＿＿＿＿＿＿＿＿＿＿＿＿＿＿＿＿＿＿＿＿＿＿＿

＿＿＿＿＿＿＿＿＿＿＿＿＿＿＿＿＿＿＿＿＿＿＿＿＿＿＿＿＿＿＿＿

＿＿＿＿＿＿＿＿＿＿＿＿＿＿＿＿＿＿＿＿＿＿＿＿＿＿＿＿＿＿＿＿

11466
台北市內湖區瑞光路 76 巷 65 號 1 樓

秀威資訊科技股份有限公司　　　　收

BOD 數位出版事業部

· ·

（請沿線對折寄回，謝謝！）

姓　　名：＿＿＿＿＿＿＿＿＿　年齡：＿＿＿＿　性別：□女　□男

郵遞區號：□□□□□

地　　址：＿＿＿＿＿＿＿＿＿＿＿＿＿＿＿＿＿＿＿＿

聯絡電話：(日) ＿＿＿＿＿＿＿＿＿　(夜) ＿＿＿＿＿＿＿＿＿

E-mail：＿＿＿＿＿＿＿＿＿＿＿＿＿＿＿＿＿＿＿＿